Studienbücher zur Kommunikations- und Medienwissenschaft

Herausgegeben von
G. Bentele, Leipzig, Deutschland
H.-B. Brosius, München, Deutschland
O. Jarren, Zürich, Schweiz

Herausgeber und Verlag streben mit der Reihe „Studienbücher zur Kommunikations- und Medienwissenschaft" an, das Fachgebiet Kommunikationswissenschaft als Ganzes wie die relevanten Teil- und Forschungsgebiete darzustellen. Die vielfältigen Forschungsergebnisse der noch jungen Disziplin Kommunikationswissenschaft werden systematisch präsentiert, in Lehrbüchern von kompetenten Autorinnen und Autoren vorgestellt sowie kritisch reflektiert. Das vorhandene Basiswissen der Disziplin soll damit einer größeren fachinteressierten Öffentlichkeit zugänglich gemacht werden.

Herausgeber und Verlag wollen mit der Reihe dreierlei erreichen:

- Zum ersten soll zur weiteren Entwicklung, Etablierung und Profilierung des Faches Kommunikationswissenschaft beigetragen werden. Kommunikationswissenschaft wird als sozialwissenschaftliche Disziplin verstanden, die sich – mit interdisziplinären Bezügen – vor allem mit Phänomenen der öffentlichen Kommunkation in der Gesellschaft befasst.

- Zum zweiten soll den Studierenden und allen am Fach Interessierten ein solider, zuverlässiger, kompakter und aktueller Überblick über die Teilgebiete des Faches geboten werden. Dies beinhaltet die Darstellung der zentralen Theorien, Ansätze, Methoden sowie der Kernbefunde aus der Forschung. Die Bände konzentrieren sich also auf das notwendige Kernwissen. Die Studienbücher sollen sowohl dem studienbegleitenden Lernen an Universitäten, Fachhochschulen und einschlägigen Akademien wie auch dem Selbststudium dienlich sein. Auf die didaktische Aufbereitung des Stoffes wird deshalb großer Wert gelegt.

- Zum dritten soll die Reihe zur nötigen Fachverständigung und zur Kanonisierung des Wissens innerhalb der Disziplin einen Beitrag leisten. Die vergleichsweise junge Disziplin Kommunikationswissenschaft soll mit der Reihe ein Forum zur innerfachlichen Debatte erhalten. Entsprechend offen für Themen und Autorinnen bzw. Autoren ist die Reihe konzipiert. Die Herausgeber erhoffen sich davon einen nachhaltigen Einfluss sowohl auf die Entwicklung der Kommunikationswissenschaft im deutschen Sprachraum als auch einen Beitrag zur Aussendarstellung des Faches im deutschen Sprachraum.

Die Reihe „Studienbücher zur Kommunikationswissenschaft" wird ergänzt um ein „Handbuch der Öffentlichen Kommunikation" sowie ein „Lexikon der Kommunikationswissenschaft", das von den gleichen Herausgebern betreut wird. Das Handbuch bietet einen kompakten, systematischen Überblick über das Fach, die Fachgeschichte, Theorien und Ansätze sowie über die kommunikationswissenschaftlichen Teildisziplinen und deren wesentliche Erkenntnisse. Das Lexikon der Kommunikationswissenschaft ist als Nachschlagewerk für das gesamte Lehr- und Forschungsgebiet der Kommunikationswissenschaft konzipiert.

Bjørn von Rimscha · Gabriele Siegert

Medienökonomie

Eine problemorientierte Einführung

 Springer VS

Bjørn von Rimscha
Universität Zürich
Zürich, Schweiz

Gabriele Siegert
Universität Zürich
Zürich, Schweiz

ISBN 978-3-531-18801-0   ISBN 978-3-531-18802-7 (eBook)
DOI 10.1007/978-3-531-18802-7

Die Deutsche Nationalbibliothek verzeichnet diese Publikation in der Deutschen Nationalbibliografie; detaillierte bibliografische Daten sind im Internet über http://dnb.d-nb.de abrufbar.

Springer VS
© Springer Fachmedien Wiesbaden 2015

Lektorat: Barbara Emig-Roller, Monika Mülhausen

Gedruckt auf säurefreiem und chlorfrei gebleichtem Papier

Springer Fachmedien Wiesbaden ist Teil der Fachverlagsgruppe Springer Science+Business Media
(www.springer.com)

Inhalt

Vorwort

Braucht es wirklich noch ein weiteres Einführungsbuch in die Medienökonomie, sind wir während des Schreibens gefragt worden. Die Antwort lautet ja, absolut, denn das hier vorliegende Einführungsbuch ist nicht einfach ein weiteres. Wir wollten ein Buch schreiben, dass unseren eigenen Bedürfnissen in der Lehre gerecht wird, als eine Einführung für Bachelorstudentinnen und -studenten der Kommunikationswissenschaft. Das heißt erstens, wir setzen kein wirtschaftswissenschaftliches Basiswissen voraus. Zweitens zieht sich durch alle Kapitel eine Perspektive, die Medien nicht als eine Branche wie jede andere betrachtet, sondern die besondere Rolle der Medien mit ihren auch politischen, sozialen und kulturellen Funktionen berücksichtigt. Drittens wollten wir die übliche Zweiteilung überwinden, wo erst traditionelle Medien vorgestellt werden und dann diskutiert wird, was sich in Zukunft durch digitale Medien ändern wird. Für heutige Studienanfänger ist die Digitalisierung keine Veränderung, sondern gelebte Normalität und ehemals „neue Medien" ein Thema für die Einführung in die Mediengeschichte. Entsprechend orientieren wir uns nicht an Mediengattungen, sondern an übergreifenden Themen.

Den 13 Kapiteln dieser Einführung ist jeweils eine Frage voran gestellt. Eine Frage, wie sie sich Studienanfängern stellen könnte, deren Blick noch unverstellt durch gewohnte Pfadabhängigkeiten ist. Die Kapitel beantworten jeweils anschaulich und mit vielen Beispielen die Frage. Die notwendige Theorie wird dabei nicht separat dargestellt, sondern am jeweiligen Beispiel vermittelt. Kontrollfragen und Tipps zu weiterführender Literatur ermöglichen einerseits, den Lernfortschritt zu überprüfen, und andererseits Aspekte, die in einer Einführung nur knapp behandelt werden können, nochmals ausführlicher nachzulesen.

Ein Lehrbuch erfindet die medienökonomische Welt nicht neu, sondern bietet vor allem eine Strukturierung von Bekanntem. Dennoch schreibt es sich nicht von allein und deshalb gilt unser Dank den vielen Menschen, die uns unterstützt haben. Das sind zunächst die Teilnehmerinnen und -nehmer an der Vorlesung „Einführung in die Medienökonomie" im Herbstsemester 2013 am IPMZ, die uns Feedback zum Manuskript gegeben haben. Marco Amati und Philipp Zogg haben Rechercheaufgaben übernommen. Die Kolleginnen und Kollegen in der Abteilung Medienökonomie und Management haben uns kritisches Feedback zum Aufbau und nützliche, lehrveranstaltungserprobte Ideen für die Ausgestaltung gegeben. Und Stefanie Hangartner und vor allem Stephanie Kienzler haben mit vielen hilfreichen Anmerkungen und durch das gründliche Durchsehen des Skripts das Buch erst rund gemacht.

Bjørn von Rimscha & Gabriele Siegert
Zürich im Juni 2014

Warum gibt es Differenzen zwischen nationalen Medienangeboten?

In der Wissenschaft geht es häufig um die Frage, warum die Dinge sind wie sie sind. Meistens wird dabei nach internen und externen Einflüssen unterschieden, etwa wenn Verhaltensforscher[1] untersuchen, ob die Menschen von ihren Genen (intern) oder von ihren Erfahrungen in der Umwelt (extern) bestimmt sind. In der Medienökonomie gibt es analog auch konkurrierende bzw. sich komplementierende Erklärungen dafür, wie das Medienangebot bestimmt wird. Aus der einen Perspektive ist das Marktergebnis durch die jeweiligen Ressourcen der Unternehmen determiniert (intern), aus der anderen determiniert die Marktstruktur durch die gesetzten Rahmenbedingungen das Marktergebnis (extern).

Aber sehen wir uns zunächst ein Beispiel für unterschiedliche Marktergebnisse an und vergleichen eine deutsches und ein US amerikanisches crime fiction Angebot (vgl. Fallbeispiel 1).

Fallbeispiel 1: Tatort und CSI als unterschiedliche crime fiction Formate

Der „Tatort" ist eine Krimireihe, die seit 1970 von den Sendern der ARD, dem ORF und dem SRF mit öffentlichem Programmauftrag gemeinsam produziert und ausgestrahlt wird. „Gemeinsam" bedeutet dabei nicht, dass Vertreter von jedem Sender zusammenkommen, miteinander Drehbücher entwickeln und die Produktion in Auftrag geben. Vielmehr ist jeder Sender für die Produktion einzelner „Tatort"- Sendungen, die in seinem Sendegebiet handeln, allein verantwortlich. Der ehemalige WDR-Redakteur Gunther Witte gilt als Vater der „Tatort"-Reihe, da er 1969 das Konzept der Sendereihe als Antwort auf die erfolgreichen ZDF-Krimis entwickelte, und auch viele Jahre der „Tatort"-Koordinator der ARD war. Dennoch ist der „Tatort" nicht allein seine kreative Vision, denn auch als Koordinator hatte er nicht die Freiheit und Autorität die Sendereihe nach seinen Vorstellungen weiter zu entwickeln. Vielmehr spiegelt sich im „Tatort" die Struktur des deutschen Rundfunkmarktes wieder. Der Rundfunkmarkt ist regional gegliedert, im Rahmen des Föderalismus ist Rundfunkpolitik in Deutschland Ländersache. Jede Landesrundfunkanstalt hat den Auftrag die Bedürfnisse des Sendegebiets zu bedienen und den kulturellen Besonderheiten Rechnung zu tragen. An den jeweiligen Standorten

---

[1] Im Interesse der besseren Lesbarkeit wird auf die gleichzeitige Verwendung männlicher und weiblicher Formen verzichtet. Gleichwohl sind selbstverständlich jeweils beide Geschlechter gemeint.

stellen die Sender immer auch einen Wirtschaftsfaktor dar, sei es durch eigene Produktionsstätten oder aber als Auftraggeber für die ansässigen Produktionsfirmen. Die Landesrundfunkanstalten sollen also sowohl kulturelle als auch ökonomische Leistungen für ihr Land erbringen. Darüber hinaus zeigt der Einbezug des österreichischen ORF und dem Deutschschweizer SRF, dass Sprach- und Kulturräume für die Betrachtung von Märkten häufig wichtiger sind, als die Grenzen von Nationalstaaten.

„CSI" ist eine Krimiserie, die seit dem Jahr 2000 auf dem Network CBS ausgestrahlt wird, und mit „CSI Miami" und „CSI New York" zwischenzeitlich auch zwei Ableger hatte. Zur Serie sind Bücher, Comics sowie Video- und Mobile Games produziert worden. Die Serie wird von der Produktionstochter des Senders (CBS Television Studios) gemeinsam mit der Firma des Produzenten Jerry Bruckheimer hergestellt. Die Idee zur Serie hatte Straßenbahnfahrer und Drehbuchautor Anthony E. Zuiker, der Bruckheimer von seinem Konzept überzeugen konnte. Bruckheimer wiederum bot das Konzept allen vier großen US-Networks an, wobei nur CBS Interesse zeigte. Auch hier spiegelt sich die Struktur des Marktes wieder. Die Produktion wird nicht zentral gesteuert, vielmehr schlagen viele (zum Teil branchenfremde) Menschen ihre Ideen vor, und der Erfolg am Markt entscheidet, ob eine Idee umgesetzt und ggf. weitergeführt wird.

Obwohl beide Angebote aus dem Krimigenre stammen unterscheiden sie sich auch deutlich, was die Bildästhetik, die Art der Verbrechen und die Art der Polizeiarbeit angeht. Der Inhalt ist somit jeweils auf die Vorlieben des Marktes abgestimmt.

Die kurze Antwort auf die obige Frage lautet also: Deutschland hat den „Tatort" und die USA „CSI", weil sich die Struktur der beiden Märkte unterscheidet. Jeweils andere Rahmenbedingungen führen zu einem unterschiedlichen Verhalten von Anbietern und Nachfragern, und damit zu unterschiedlichen Marktergebnissen. Diese Unterschiede lassen sich mit Hilfe des Struktur-Verhalten-Ergebnis-Paradigmas erklären (Haas & Wallner, 2008; Picard & Russi, 2012), welches nachfolgend zunächst in seiner ursprünglichen Form (Kapitel 1.1.1), und dann mit seinen Erweiterungen und Anpassungen (Kapitel 1.1.2 bis 1.1.4 vorgestellt wird. Anschließend werden Ansätze thematisiert, die Unterschiede im Medienangebot mit kulturellen Unterschieden (Kapitel 1.2) und Unterschieden im politischen System (Kapitel 1.3) erklären.

1.1   Das Struktur-Verhalten-Ergebnis-Modell als Analyserahmen für Medienmärkte

1.1.1   Basismodell

Theoretische Basis für den Zusammenhang von Angebot und Struktur ist das Struktur-Verhalten-Ergebnis-Paradigma aus der Industrieökonomik (Bain, 1951, 1956; Mason, 1939, 1949). Die Industrieökonomik geht im Gegensatz zur Neoklassischen Markttheorie nicht vom perfekten Wettbewerb aus in dem alle Marktteilnehmer vollständige Informationen haben. Vielmehr werden Transaktionskosten – also der Aufwand für die Anbahnung eines Geschäfts –, die Unvollständigkeit von Informationen und Markteintrittsbarrieren berücksichtigt. Diese Marktunvollkommenheiten werden erfasst und auf ihre Auswirkungen auf das Verhalten der Marktakteure hin untersucht, und damit auch, wie das Verhalten wiederum das Marktergebnis prägt. Ziel von industrieökonomischen Analysen ist es meist die Allokation zu optimieren, das heißt der Gesamtnutzen der Nachfrage soll bei minimalem Aufwand optimiert werden. Betrachtungsebene ist also jeweils ein ganzer Markt, eine Branche, und nicht ein einzelnes Unternehmen (das ja auch auf unterschiedlichen Märkten präsent sein kann) oder gar Produkt. Um die Leistung des Marktes insgesamt zu optimieren, müssen die Marktteilnehmer ihre Ressourcen jeweils dort einsetzen (allozieren), wo sie am nützlichsten sind. Das Modell wird auch zur Untersuchung von Wettbewerbsmärkten angewendet, um etwa die Frage zu beantworten, ob der Wettbewerb auf einem bestimmten Markt funktioniert, und wie gewünscht zu Fortschritt, Innovation und Verteilungsgerechtigkeit führt.

Das Struktur-Verhaltens-Ergebnis-Paradigma aus der Industrieökonomik eignet sich Medienmärkte, das heißt die Produktion, den Vertrieb und den Konsum von Medien, zu analysieren. Es geht also um die Frage, inwieweit Ressourcen so alloziiert sind, dass Medieninhalte produziert werden, die den Präferenzen von Rezipienten und Werbekunden entsprechen. Wichtig ist jedoch, sich zu vergegenwärtigen, dass unterschiedliche Wissenschaftsdisziplinen Begriffe unterschiedlich verwenden. Im Kontext der Politischen Kommunikation und Medienpolitik gelten „die politischen Rahmenbedingungen von Medienorganisationen und die Art, wie Medien organisiert sind" (Puppis, 2010, S. 28) als Struktur. In der Medienökonomie wird der Strukturbegriff dagegen sehr viel enger gefasst.

Zur Erfassung der **Marktstruktur** werden insbesondere die folgenden Indikatoren verwendet:

- Anzahl und Marktanteile von Anbieter resp. Nachfrager
- Grad der Produktdifferenzierung
- Kostenstruktur im Markt
- Horizontale Marktkonzentration

Es geht also vor allem um die Fragen, wie stark der Wettbewerb in einem Markt ausgeprägt, und wie die Marktmacht verteilt ist. Horizontale Konzentration bedeutet dabei, dass ein Unternehmen auf einer Wertschöpfungsstufe einen hohen Marktanteil hat. In unserem Beispiel vom Anfang unterscheiden sich der Markt für crime fiction in Deutschland und den USA. Trotz immer neuer TV-Kanäle ist die Zahl der Sender in Deutschland wesentlich kleiner, was den Sendern jeweils eine stärkere Position gegenüber den Produzenten gibt (Zabel, 2009, S. 243–245). Deutsche Produzenten haben schlicht weniger Alternativen, falls sie mit einem Sender als Vertragspartner nicht zufrieden sind. Amerikanische Zuschauer haben andere Sehgewohnheiten und erwarten aufwendigere Produktionen. Somit ist auch der Kapitalbedarf für Krimiproduktionen in den USA größer.

Die Markstruktur hat einen unmittelbaren Einfluss auf das **Marktverhalten**, das in der Regel mit folgenden Indikatoren beschrieben wird:

- Preispolitik
- Produktstrategie
- Werbestrategie
- Forschungs- und Innovationstätigkeit
- Investitionsentscheide

In einem Markt mit einem hochstandardisierten Produkt, wie z. B. Heizöl, lohnt sich Werbung im Prinzip nicht. Innovationen sind kaum möglich, das Marktverhalten ist geprägt vom Preiswettbewerb, wo alle Marktteilnehmer versuchen ihre Kosten zu senken, um den Preis niedrig zu halten. Bei Medien handelt es sich um weit weniger standardisierte Produkte (vgl. Kapitel 2.1.5), das Verhalten der Marktteilnehmer ist entsprechend weniger einheitlich. Ein Sender wie *Vox* kauft also vergleichsweise günstig die Ausstrahlungsrechte für den „CSI"-Ableger „New York", während *ARD*, *ORF* und *SRF* für relativ viel Geld 35 „Tatort"-Sendungen pro Jahr produzieren lassen, die näher an der Lebenswelt der Zuseher sind und zu gesellschaftlichen Fragen Stellung nehmen.

Das **Marktergebnis** wird aus Perspektive der Industrieökonomik mit Hilfe ökonomischer Effizienzindikatoren erfasst:

- Finanzielle Kennzahlen
- Effizienz (technisch, allokativ)
- Fortschritt

Inhaltliche Kriterien wie sie für die Kommunikationswissenschaft relevant sind – also z. B. der Beitrag des „Tatort" zur gesellschaftlichen Diskussion – werden im Grundmodell des SVE-Paradigmas nicht berücksichtigt. *Vox* trägt in unserem Beispiel also mehr zur allokativen Effizienz des Marktes bei, denn es nimmt eine Serie ins Programm die bereits produziert ist, statt selbst eine neue in Auftrag zu geben. Auch hier unterscheidet sich die Medienökonomie von anderen Teildisziplinen der Kommunikations- und Medienwissenschaft. Das Marktergebnis wird zunächst rein ökonomisch betrachtet und nicht, wie etwa bei McQuail (2005), mit Art und Umfang der produzierten Inhalte gleichgesetzt.

1.1.2 Erweitertes Modell

In der oben beschriebenen Grundform ist das SVE-Paradigma unterkomplex. Rückkopplungen, bei denen das Verhalten der Marktteilnehmer auf die Struktur zurückwirkt oder das Marktergebnis sukzessive die Marktstruktur und das Verhalten beeinflusst, werden nicht berücksichtigt. Es wird nicht wirklich modelliert wie die Elemente aufeinander wirken, und der (häufig virtuelle) Markt wird selbst nicht klar ins Modell integriert. Entsprechend ist das SVE-Paradigma mit den Jahren weiterentwickelt worden. Es wurden weitere Theorien und somit Einflussfaktoren miteinbezogen. Aus der Transaktionskostentheorie (vgl. z. B. Williamson, 1979) ist der Indikator „Grad der vertikalen Integration" abgeleitet worden. Hier geht es um die Frage, wie viele Wertschöpfungsstufen innerhalb eines Unternehmens angesiedelt sind, oder umgekehrt formuliert, wie stark die Produktion ggf. ausgelagert ist. Mit der Theorie vom potenziellen Wettbewerb („contestable markets" vgl. Baumol, Panzar & Willig, 1982) wurden „Marktein- und -austrittsbarrieren" integriert. Der zufolge ist das Marktverhalten ein anderes, wenn die Akteure damit rechnen müssen, dass jederzeit ein neuer Mitbewerber auftauchen kann. In unserem Beispiel sind die Markteintrittsbarrieren in den USA tendenziell höher. TV-Sender kaufen kaum einzelne Sendungen, sondern jeweils Pilotfilme und dann ganze Staffeln. Der Kapitalbedarf ist damit größer, und entsprechend ergeben sich Markteintrittsbarrieren für diejenigen Produzenten, die nicht in der Lage sind, eine ganze Staffel vorzufinanzieren.

Insbesondere Rückwirkungen und Interdependenzen zwischen den Dimensionen wurden explizit ins Modell aufgenommen, denn das Marktergebnis hat „nur eine bestimmte zeitliche Dauer, bevor es durch das (reaktive) Handeln von Rezipienten und Konkurrenten wieder verändert wird" (Altmeppen & Karmasin, 2003, S. 50). Zusätzliche Erweiterungen betreffen vor allem die Integration von Grundbedingungen des Angebots (Rohstoffausstattung, Technologie, Kostenstrukturen) und der Nachfrage (Preiselastizität (vgl. Kapitel 6.2.1), Nachfragewachstum, Präferenzausprägungen, Substitutionsbeziehungen (vgl. Kapitel 3.2)), also was zu welchem Preis bei welcher Konkurrenz nachgefragt wird. Daneben wurden institutionelle Rahmenbedingungen integriert (Höhe und Struktur von Steuern, Subventionen, Wettbewerbsgesetze, branchenspezifische Regulierungen sowie Definition, Vergabe und Schutz der Eigentumsrechte). Mit diesen Ergänzungen lässt sich das SVE-Paradigma wie in Abbildung 1.1 darstellen.

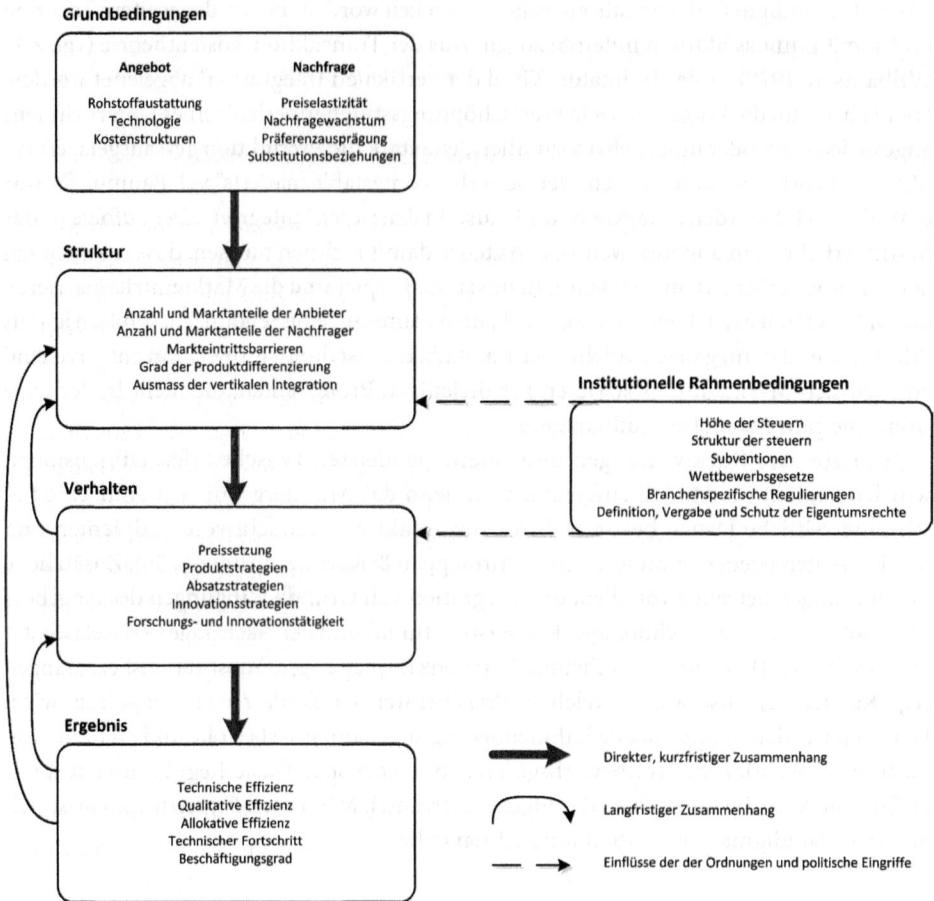

Abb. 1.1   Erweitertes Marktstruktur-Marktverhalten-Marktergebnis-Paradigma

Quelle: © Czygan & Kallfaß, 2003, S. 293

1.1.3   Adaption für Medienmärkte

Mit dem erweiterten Modell kann nun berücksichtigt werden, dass im deutschen und amerikanischen Markt jeweils andere Grundbedingungen und institutionelle Rahmenbedingungen gelten. Mit der Integration von „branchenspezifischen Regulierungen" wird einigen Besonderheiten der Medien Rechnung getragen, etwa der verfassungsrechtlich garantierten Meinungs- und Informationsfreiheit oder der niedrigeren Interventionsschwelle bei der Fusionskontrolle im deutschen Kartellrecht. Die Indikatoren für das Marktergebnis betrachten Medien jedoch als rein ökonomische Güter und vernachlässigen damit die in der Kommunikationswissenschaft relevante Feststellung, dass Medien auch Kulturgüter sind (vgl. Kapitel 2.2). Für die Medienökonomie bedarf das Modell folglich einer weiteren Anpassung, so dass das Marktergebnis als Medienmarktergebnis verstanden werden kann

(Hendriks, 1995). Rein ökonomische Kriterien wie die Effizienz werden dabei um die Kriterien Freiheit und Vielfalt ergänzt. Die Güte des Marktergebnisses hängt aus dieser Perspektive also auch davon ab, wie vielfältig das Angebot insgesamt ist, wie gut zugänglich der Markt für Anbieter und Rezipienten ist, und wie objektiv, das heißt unbeeinflusst von wirtschaftlichen Interessen, journalistische Inhalte sind. Auch Haas und Wallner (2008) versuchen in ihrem erweiterten SVE-Modell den Spezifika von Medienmärkten besser gerecht zu werden. Sie beziehen sich dabei explizit auf die Funktionen der Medien für die Gesellschaft nach Saxer (1974) und betrachten das Marktergebnis differenziert nach dessen Leistung für die Information (Umweltüberwachung), Korrelation (Meinungsbildung und -abstimmung), Transmission (Vermittlung von Normen, Werten und Fertigkeiten) und Gratifikation (psychische Stimulation oder Entlastung) (vgl. auch Kapitel 2.2). Des Weiteren schlagen sie vor, jeweils unterschiedliche Ebenen der Untersuchung zu berücksichtigen, also zwischen Makro- (Markt und Gesellschaft), Meso- (Medienorganisation) und Mikroebene (Medium und Akteur) zu differenzieren. Darüber hinaus ist zu berücksichtigen, dass die meisten Medien auf zwei verknüpften Märkten aktiv sind – auf dem Rezipienten- und dem Werbemarkt (vgl. Kapitel 7) – weshalb das Marktergebnis auch nach diesen Kriterien differenziert betrachtet werden sollte. Ramstadt (1997) bezieht diese Tatsache mit ein und beschreibt das Ergebnis als unmittelbar durch das Verhalten und mittelbar durch Werbetreibende und Rezipienten beeinflusst. All diesen Anpassungen an die Spezifika von Medienmärkten ist gemeinsam, dass sie zwar der Komplexität und den Besonderheiten besser gerecht werden, gleichzeitig jedoch eine quantifizierende Analyse insbesondere von Kausalzusammenhängen erschweren. Häufig wird das SVE-Paradigma in der Medienökonomie deshalb auch eher als strukturierender Analyserahmen verstanden (Haas & Wallner, 2008) denn als unmittelbar überprüfbare Theorie. In einer mehr oder minder angepassten Form wird das SVE-Modell in einer Vielzahl von Studien zu Medienmärkten angewendet (vgl. z. B. Picard, 2006; Wallner, 2007, S. 215–222; Wirth & Bloch, 1995).

1.1.4 Markt vs. Unternehmen

Wie eingangs bereits erwähnt wurde (Kapitel 1.1.1), bezieht sich das SVE-Modell immer auf den Markt als Ganzes. Zwar werden die Unternehmen eines Marktes untersucht, jedoch ist die Perspektive eine volkswirtschaftliche. Das Marktergebnis soll also nicht in Bezug auf den Gewinn eines Unternehmens bewertet werden, sondern in Bezug auf die allgemeine Wohlfahrt. In vielen Studien, die diesen industrieökonomischen Ansatz verwenden, kommt das Marktverhalten gar nicht explizit vor. Vielmehr wird ein bestimmtes Marktergebnis direkt auf eine bestimmte Marktstruktur zurückgeführt. Ab den 1970er Jahren wurde von mehreren Autoren vorgeschlagen, industrieökonomische Theorien und insbesondere das SVE-Modell auch im strategischen Management auf einzelne Unternehmen oder zumindest Typen von Unternehmen zu beziehen (Caves & Porter, 1977; Jemison, 1981). An diese Idee anknüpfend lassen sich auf der Verhaltensebene Unternehmen anhand der Ähnlichkeit ihrer Strategien zu Gruppen zusammenfassen (Mascarenhas & Aaker, 1989), um so generische Strategien in einer Branche zu beschreiben. Des Weiteren kann aus der Marktstruktur beispielsweise abgeleitet werden, wie attraktiv es für ein Unternehmen ist, in einen Markt einzusteigen, mit anderen Unternehmen zu fusionieren (Hopkins, 1987) oder das eigene Angebot zu diversifizieren (Singh & Montgomery, 1987).

Diese Anwendung des SVE-Modells auf die strategischen Entscheide einzelner Unternehmen wurde sukzessive auch auf Medienunternehmen ausgedehnt. Lacy und Simon (1993) beschreiben so z. B. den Wettbewerb zwischen Tageszeitungen in den USA. Chan-Olmstedt (1997) wiederum schlägt vor, mit einem adaptierten SVE-Modell strategische Gruppen zu untersuchen, um so der Tatsache Rechnung zu tragen, dass Medienunternehmen häufig in mehreren Medienteilmärkten aktiv sind.

Trotz der Erweiterungen des SVE-Modells und der besseren Anpassung auch an (Gruppen von) Unternehmen bleibt die Kritik, dass das SVE-Modell nur bedingt geeignet ist, das Marktergebnis im Einzelnen zu erklären (z. B. McWilliams, 1993). Insbesondere stoßen sich Kritiker an der Untersuchungseinheit. Im strategischen Management ist die Untersuchungseinheit in der Regel ein Unternehmen, in der Industrieökonomie eine Branche. Innerhalb einer Branche, so die industrieökonomische Annahme, sind alle Unternehmen homogen. Im Strategischen Management geht man hingegen davon aus, dass sich Unternehmen innerhalb einer Branche unterscheiden. Auf das Fallbeispiel 1 bezogen heißt das, aus industrieökonomischer Perspektive müssten sich die TV-Sender und Produktionsfirmen in den USA bzw. in Deutschland jeweils sehr ähnlich sein. Welche Inhalte („CSI" vs. „Tatort") am Markt verfügbar sind sollte damit weitgehend unabhängig davon sein, welches konkrete Produktionsunternehmen produziert, und welcher konkrete TV-Sender beauftragt und ausstrahlt. Vertreter des Strategischen Managements würden nun argumentieren, dass es sehr wohl einen Unterschied macht, ob ein öffentlicher Sender (vgl. Kapitel 12.3) oder ein kommerzieller Sender den Auftrag gibt, und dass es jeweils auf die Ressourcen und Kompetenzen der involvierten Unternehmen ankommt (vgl. Kapitel 9.2). Dem ist zuzustimmen, doch entwertet dieses Argument nicht grundsätzlich die Nützlichkeit des SVE-Modells. Denn welche Ressourcen einem Unternehmen zur Verfügung stehen, und wie sie diese einsetzen, hängt entscheidend auch davon ab, welcher Ressourcenpool insgesamt in der Branche vorhanden ist, und welche Rahmenbedingungen dessen Nutzung ermöglichen oder beschränken. Einen Überblick über diese grundsätzlichen Parameter eines Mediensystems liefert Beck (2012) für Deutschland, Künzler (2013) für die Schweiz und Steinmaurer (2002; 2009) für Österreich.

1.2   Kulturelle Unterschiede als Einflussfaktoren

Unterschiede zwischen Medienmärkten, wie in unserem einleitenden Beispiel zwischen den USA und Deutschland, lassen sich nicht nur mit ökonomischen Strukturen erklären. Auch kulturelle Unterschiede beeinflussen die Nachfrage nach bestimmten Medieninhalten. Für diese Perspektive liefert die Soziologie wichtige Ansätze, wie z. B. die „production of culture perspective" (Peterson & Anand, 2004). Sie untersucht, wie die symbolischen Elemente der Kultur von dem System, in dem sie geschaffen, distribuiert, bewertet, gelehrt und bewahrt werden geprägt wird, und wie die Kultur selbst dieses System wiederum beeinflusst. So liegt z. B. der geringe Erfolg des Talk-Radios im deutschsprachigen Raum im Vergleich zu den USA nicht nur an der insgesamt niedrigeren Anzahl an Radiosendern (Marktstruktur: Anzahl Marktteilnehmer), sondern auch an einer anderen öffentlichen Debattenkultur, einer weniger polarisierten Politik und dem Verständnis von Religion als Privatsache. Medien sind damit immer auch ein Spiegel der Gesellschaft in der, und für die sie produziert werden. Dies wird insbesondere in der Tradition der „television studies" (z. B. Fiske, 1987; Miller & Lockett, 2002; Newcomb & Hirsch, 1984) oder auch unter dem Schlagwort „Medienkultur" (Couldry & Hepp, 2012; Hepp, 2011) untersucht. Daneben gibt es eine ländervergleichende Rezeptionsforschung, die sozusagen das Ergebnis der Kulturunterschiede in Nutzungsmustern und -frequenzen erfasst (Hasebrink, 2012). Für die Medienökonomie ist diese Forschung insofern relevant, weil Medien die Eigenschaften eines Wirtschaftsgutes und die eines Kulturgutes aufweisen (vgl. Kapitel 2). Die Nachfrage nach Kulturgütern verhält sich ggf. anders, da die Präferenzausprägung als Grundbedingung der Nachfrage durch die Kultur beeinflusst wird. Die mit Kulturgütern verbundenen Externalitäten bedeuten häufig stärkere regulatorische Eingriffe in einen Markt, etwa die in Europa übliche Einrichtung eines durch Gebühren oder Steuern geförderten öffentlichen Fernsehens (vgl. Kapitel 12).

Kulturelle Unterschiede können aber nicht nur auf Seiten der Nachfrage bestehen, auch im Produktionskontext führen unterschiedliche Kulturen – hier als Traditionen und Werte verstanden – zu unterschiedlichem Marktverhalten der Akteure (Schein, 1985). Das zeigt sich etwa im Selbstverständnis verschiedener Medienberufe (Caldwell, 2008; Deuze, 2007b; vgl. dazu auch Kapitel 10.3) oder in der Frage, ob es bestimmte Medienberufe in einem Markt überhaupt gibt. Drehbuchautoren in Deutschland verstehen sich beispielsweise traditionell häufig als „Schöpfer" einer Geschichte. Abgesehen von Daily Soaps haben entsprechend die meisten deutschen Fernsehproduktionen nur einen Autor oder eine kleines Team von Autoren. Anders in den USA, wo das Selbstverständnis von Drehbuchautoren häufig eher das eines „Textarbeiters" ist. Dort ist es üblich, dass Autoren nur einzelne Aspekte übernehmen, etwa das Einpflegen von Gags in die Dialoge, auch weil die Beschaffung stärker strukturiert ist und unter größerem Zeitdruck gearbeitet wird (Redvall, 2013, S. 131). In unserem Anfangsbeispiel zeigt sich, dass es für den „Tatort" zwar eine Koordination gibt, jedoch keine zentrale Person, die im Auftrag des Senders und der Produktionsgesellschaft das Tagesgeschäft kontinuierlich leitet. Diese Rolle des sogenannten „Showrunners" wie ihn Carol Mendelsohn für „CSI" übernimmt, ist in Deutschland also weitgehend unbekannt. Wenn wir von der „Rohstoffausstattung" als Grundbedingung des Angebots im SVE-Paradigma sprechen, beinhaltet dies also auch die Verfügbarkeit von Humanressourcen, welche kulturell geprägt sind.

1.3   Unterschiede im politischen System als Einflussfaktoren

Neben den kulturellen Einflüssen auf die Grundbedingungen und das individuelle Verhalten der Marktteilnehmer stellt die Politik einen wichtigen Einfluss auf die institutionellen Rahmenbedingungen dar. Im SVE-Paradigma wirken die institutionellen Rahmenbedingungen auf das Handeln der Marktteilnehmer ein, aber auch die Marktstruktur wird beeinflusst, etwa wenn Wettbewerbsgesetze die Zahl der Marktteilnehmer beeinflussen. Verschiedenen Autoren haben Systematisierungen vorgeschlagen wie die Medien und das politische System zueinander in Beziehung gesetzt werden können. In einer frühen Arbeit stellen Siebert, Peterson und Schramm (1956) dabei die Frage an den Anfang, was die Aufgabe der Medien sein soll, ob also die Medien z. B. eher als Diener des Staates, als Kontrolle der Regierung oder als Forum verstanden werden sollen. Daraus leiten sie vier unterschiedliche Typen von Mediensystemen ab, die sich jeweils in Bezug auf die Frage, wer Medien besitzen darf, und wie sie ggf. durch den Staat kontrolliert werden, unterscheiden.

Zumindest in Demokratien ist der staatliche Einfluss auf die Medien weitgehend auf die Strukturebene beschränkt, wodurch Verhaltensoptionen für Akteure abgesteckt und somit indirekt Medieninhalte beeinflusst werden (Puppis, 2010). Indirekt kann auch Einfluss auf die Grundbedingungen genommen werden. Ein direktes Einwirken auf das Marktergebnis, also die Inhalte, würde einer Zensur gleichkommen und ist entsprechend verfassungsrechtlich nicht zulässig.

Bei der Regulierung des Marktzugangs kann z. B. festgelegt werden, dass ein öffentlicher Anbieter gegründet wird oder dass kommerzielle Anbieter sich lizenzieren müssen. Durch die Regulierung des Medieneigentums soll die Konzentration kontrolliert werden (vgl. Kapitel 5.5). Da angenommen wird, das Eigentümervielfalt auch inhaltliche Vielfalt nach sich zieht (Napoli, 2001), soll so verhindert werden, dass ein Anbieter zu viel Macht auf dem Meinungsmarkt bekommt. Aus ähnlichen Gründen wird in vielen Ländern auch verhindert, dass in einem geographischen Markt Presse, TV und Radio zum selben Unternehmen gehören (Doyle, 2002a).

Auf der Verhaltensebene kann die Politik bestimmte Vorgaben machen, die die unternehmerische Freiheit beschränken, mit dem Ziel einen Mehrwert für die Gesellschaft zu erreichen. Zu nennen wären in diesem Kontext z. B. Regelungen, die einem TV-Anbieter vorschreiben, dass ein bestimmter Anteil an Sendungen aus einheimischer Produktion stammen muss. Auch die Regulierung der Distribution und der Infrastruktur fällt in diesen Bereich, bei der in der Regel das Ziel darin besteht allen Marktteilnehmern dieselben Möglichkeiten einzuräumen. Preis- und Absatzstrategien, die bestimmte Anbieter diskriminieren, sollen verhindert, und die Verbreitung von gesellschaftlich wünschenswerten Angeboten gefördert werden (Must-Carry Regeln).

Ein Einfluss auf die Grundbedingungen ist insbesondere auf der Anbieterseite möglich, indem die Medienfinanzierung reguliert wird. So können beispielsweise Ressourcen wie etwa Fördergelder bereitgestellt werden. Durch die Auswahlverfahren der Förderinstitutionen kann mittelbar auch auf die Inhalte eingewirkt werden. Im deutschen Filmförderungsgesetz heißt es z. B., dass solche Filmvorhaben gefördert werden können, die geeignet erscheinen, die Qualität des deutschen Films zu verbessern (§33 Abs. 1 FFG). Aber auch jenseits formalisierter Filmförderung sind Einflüsse möglich: Wenn amerikanische Produktionen wie „CSI" umfangreiche Requisiten von der Polizei – oder im Filmbereich häufig auch schweres Gerät der Armee – benötigen, so wird ihnen diese Produktionsbeistellung vermutlich nur dann gewährt, wenn die Institution, ihre Arbeit und ihre Ziele in einem guten Licht dargestellt werden (Mascaro, 2004).

Im erweiterten SVE-Modell wie in Abbildung 1.1 dargestellt gibt es keine Rückkopplung von der Struktur, dem Verhalten oder dem Ergebnis zurück zu den institutionellen Rahmenbedingungen. Mittelbar sind aber durchaus Rückwirkungen zu vermuten. Wenn sich aus Struktur und Verhalten Marktergebnisse entwickeln, die gesellschaftlich nicht wünschenswert sind, wird die Politik gewillt sein, die institutionellen Rahmenbedingungen anzupassen. Das kann z. B. bedeuten, dass einer abnehmenden Vielfalt durch hohe Konzentration durch Regulierungen entgegengetreten wird, die der Konzentration Einhalt gebieten soll.

1.4   Zusammenfassung

Die Differenzen im Medienangebot zwischen unterschiedlichen Märkten lassen sich politisch, kulturell und ökonomisch erklären. Sowohl das politische System als auch die kulturell geprägten Muster der Nachfrage haben einen Einfluss auf das Medienangebot. Ein hilfreicher Analyserahmen für die Untersuchung des Medienangebots stellt das adaptierte SVE-Modell aus der Industrieökonomik dar. Darin wird angenommen, dass die Grundbedingungen der Nachfrage und des Angebots die Struktur eines Marktes beeinflussen. Die Struktur wiederum beeinflusst eingebettet in die institutionellen Rahmenbedingungen das Verhalten der Akteure im Markt. Das Marktverhalten beeinflusst das Marktergebnis, also das Medienangebot. Marktergebnis und -verhalten wirken schließlich auch zurück auf die Struktur des Marktes.

Kontrollfragen

▶ Warum werden im Rahmen des SVE-Modells Grundbedingungen und institutionelle Rahmenbedingungen nicht als Teil der Marktstruktur verstanden?

▶ Welche Erweiterungen des generischen SVE-Modells sind notwendig, um den Ansatz für die Analyse von Medienmärkten fruchtbar zu machen?

▶ Wo lassen sich kulturelle Unterschiede im SVE-Modell verorten?

▶ Warum gibt es im erweiterten SVE-Modell keine Verbindung zwischen den institutionellen Rahmenbedingungen und dem Marktergebnis?

▶ Wie unterscheidet sich die industrieökonomische Ansicht von der strategische Management-Ansicht bezüglich Unternehmen in einer Branche?

Kommentierte Literaturempfehlungen

- Fu, W. (2003). Applying the structure-conduct-performance framework in the media industry analysis. *International Journal on Media Management, 5* (4), 275–284.
  Fu bietet eine knappe Übersicht zum SVE-Modell und stellt den im Medienkontext wichtigen Bezug zur Vielfalt her.
- Czygan, M. & Kallfaß, H. H. (2003). Medien und Wettbewerbstheorie. In K.-D. Altmeppen & M. Karmasin (Hrsg.), *Medien und Ökonomie. Band 1/1: Grundlagen der Medienökonomie: Kommunikations- und Medienwissenschaft, Wirtschaftswissenschaft* (S. 283–304). Wiesbaden: Westdeutscher Verlag.
  Die Autoren diskutieren insbesondere auch mit Blick auf die Wettbewerbspolitik, wie sich das SVE-Modell auf Medienmärkte anwenden lässt und stellen Studienergebnisse zu Marktabgrenzungen und dem Einfluss von Medienstrukturen auf Verhalten bzw. Ergebnisse vor.
- Hasebrink, U. (2012). Comparing media use and reception. In F. Esser & T. Hanitzsch (Hrsg.), *The handbook of comparative communication research* (S. 382–399). London: Routledge.
  Hasebrink gibt einen Überblick der vergleichenden Mediennutzungsforschung und zeigt damit jeweils die Grundbedingungen der Mediennachfrage auf.
- Hofstede, G. (2001). *Culture's consequences. Comparing values, behaviors, institutions and organizations across nations* (2. Aufl.). Thousand Oaks, CA: Sage.
  Hofstede zeigt, inwiefern kulturelle Unterschiede zwischen Ländern bestehen und bietet Anhaltspunkte dafür, wie diese auf die Produktion von und die Nachfrage nach Medieninhalten wirken können. Er geht dabei nicht explizit auf Medien ein, sondern versteht die Mediennutzung allgemein als Teil des Konsumentenverhaltens das z. B. durch eine unterschiedlich stark ausgeprägte Machtdistanz (S. 79-137) oder Unsicherheitsvermeidung (S. 145-199) beeinflusst sein kann.
- d'Haenens, L. & Saeys, F. (Hrsg.). (2007). *Western broadcast models. Structure, conduct and performance.* Berlin: Mouton de Gruyter.
  D'Haenens und Saeys bieten in ihrem Sammelband einerseits einen Überblick über Medienpolitik und Regulierung in Europa und andererseits Länderportraits für die konkrete Ausgestaltung der politischen und regulatorischen Rahmenbedingungen in unterschiedlichen europäischen Ländern. Einen Überblick über das Warum und Wie der Rundfunkregulierung bietet der Beitrag von Puppis, D'Haenens und Saeys (2007) in diesem Band.

Warum sind Medien keine Ware wie jede andere?

Was unterscheidet eine Tageszeitung von einem Müsli-Riegel? Warum kann ich bei der Tageszeitung einen Artikel weitergeben – nachdem ich ihn bereits gelesen (konsumiert) habe – und beim Müsli-Riegel nicht? Was ist anders bei einer TV-Dokumentation als bei einem Auto? Diese und ähnliche Vergleiche laufen auf die Frage hinaus: Warum sind Medien keine Ware wie jede andere?

Will man diese Frage beantworten, muss zunächst klar sein, was genau man mit Medien meint. Medienorganisationen erbringen verschiedene Leistungen und bieten diese auf unterschiedlichen Märkten an. Sie schaffen Medieninhalte für den Publikumsmarkt sowie Werberaum und -zeit und somit Publikumskontakte für Nachfrager des Werbemarkts. Diese Leistungen sind durch unterschiedliche Eigenschaften, das heißt unterschiedlichen Warencharakter, gekennzeichnet, die sich im Zuge der Digitalisierung teilweise verändert haben. Dabei sind die Leistungen meist miteinander gekoppelt und zudem mit einem mehr oder weniger materiellen Träger verbunden (traditionell als Mediengattungen wie z. B. „Print", „TV", „Online" etc. bezeichnet). So wird im traditionellen Tageszeitungsmarkt der Inhalt (Nachrichten) mit dem Werberaum (Werbeanzeige) verknüpft und mit dem materiellen Träger (Papier) gehandelt. Der eigentliche Grund für die Nachfrage der Mediennutzer ist jedoch das Interesse am Inhalt, womit dieser das eigentliche Transaktionsgut ist (Sjurts, 2004, S. 162).

Im Folgenden konzentrieren wir uns daher auf Medieninhalte, die von Medienorganisationen zu einem Programm oder redaktionellen Konzept zusammengestellt, angeboten und vom Publikum bzw. Teilpublika nachgefragt werden. Dabei diskutieren wir Besonderheiten, die sich zum Teil in Abhängigkeit des Trägers, über welchen sie nachgefragt werden, ergeben. Darüber hinaus gehen wir jeweils kurz auf die Eigenschaften der Angebote für den Werbemarkt (Publikumskontakte: siehe ausführlich Kapitel 7.4) ein.

Medien sind in vielerlei Hinsicht keine Waren oder Güter wie andere. Ausgangspunkt ist der Doppelcharakter von Medien. Medien sind sowohl Wirtschaftsgüter als auch Kulturgüter. Dabei haben sie Eigenschaften, die sie als Wirtschaftsgüter ökonomisch besonders machen und Eigenschaften, die sie als Kulturgüter gesellschaftlich relevant machen. Beides soll in den folgenden Kapiteln erklärt werden. Auf der einen Seite werden Medien analog zu anderen Wirtschaftsgütern privatwirtschaftlich produziert, um Gewinne zu erzielen. In diesem Kontext stellt sich die Frage, inwiefern sich Medien als Wirtschaftsgüter von anderen Wirtschaftsgütern unterscheiden, und welche Konsequenzen dies hat. Dies wird in Kapitel 2.1 skizziert. Auf der anderen Seite erfüllen Medien wichtige Funktionen für die Gesamtgesellschaft und ihre Teilbereiche, die nicht immer durch die individuelle Nachfrage der Rezipienten nach Medieninhalten gesichert, aber aus gesellschaftspolitischer Perspektive von immenser Bedeutung sind. In diesem Kontext stellt sich die Frage, welche besonderen gesellschaftlichen Erwartungen an die Medien gestellt werden. In Kapitel 2.2 wird dieser Fragenkomplex erläutert, bevor die Antwort auf die übergreifende Frage des Kapitels „Warum sind Medien keine Ware wie jede andere?" in Kapitel 2.3 zusammengefasst wird.

2.1   Medien als Wirtschaftsgüter: Gütereigenschaften

Gütereigenschaften sind ein wichtiger Aspekt der Grundbedingungen im SVE-Modell (vgl. Kapitel 1.1.2) und haben vielfältige Konsequenzen, z. B. dahingehend, ob und wie der Marktaustausch funktioniert oder welche Arten von Angeboten von den Medienorganisationen produziert werden. Sie werden im Folgenden vor allem auf der Grundlage der Neuen Institutionenökonomie (Erlei, Leschke & Sauerland, 1999; Göbel, 2002; Heinrich & Lobigs, 2003; Richter, Furubotn & Furubotn, 2003; Schauenberg, Schreyögg & Sydow, 2005; Voigt, 2002) sowie aufbauend auf Güterklassifikationen (für eine Übersicht siehe: Darby & Karni, 1973; Kuss & Kleinaltenkamp, 2009; Nelson, 1970; Sjurts, 2003) diskutiert.

Als Wirtschaftsgüter weisen Medien besondere Gütereigenschaften auf (u. a. Doyle, 2002b, S. 11ff; Heinrich, 2006b, 2010a; Karmasin & Winter, 2002; Kiefer, 2005, S. 130ff; Picard, 2005b; Siegert, 2006a; Siegert & von Rimscha, 2013, S. 125ff; Sjurts, 2005, S. 9ff, 2011). Diese zu kennen ist sowohl für Medienorganisationen und Regulierer als auch für die Wissenschaft vorteilhaft, um Märkte und Geschäftsfelder zu erschließen, passende Strategien zu formulieren oder allfällige Konsequenzen zu analysieren und ggf. prognostizieren zu können.

Besprochen werden im Folgenden diejenigen Eigenschaften, die einerseits gravierende Auswirkungen auf die Funktionsfähigkeit des Medienmarktes haben, und andererseits die Medienproduktion massiv beeinflussen[2].

Dabei ist es nicht so, dass nur Medien besondere Gütereigenschaften aufweisen, auch andere Produkte und Dienstleistungen haben solche Eigenschaften, vor allem, wenn es sich um Infrastrukturgüter und -leistungen handelt wie im Fall der Strom- und Wasserversorgung oder dem Zugang zu öffentlichem Verkehr und Breitband-Internet. Das Besondere im

---

2   Einige der Eigenschaften werden mit ihren Auswirkungen auch Thema der anderen Kapitel sein, weshalb in Klammern diese Kapitel zusätzlich genannt werden: Medien als öffentliche oder private Güter (auch Kapitel 7 und 12), externe Effekte von Medien und Medien als meritorische Güter (auch Kapitel 4 und 12), der Dienstleistungscharakter von Medien und der mangelnde Schutz des geistigen Eigentums (auch Kapitel 9 und 11), die mangelnde Qualitätstransparenz bei Medien (auch Kapitel 13), die Unsicherheit in der Medienproduktion (auch Kapitel 9 und 11), die hohen First-Copy-Kosten und die Fixkostendegression (auch Kapitel 5 und 11) sowie die Orientierung an zweiseitigen Märkten (auch Kapitel 6 und 7).

Fall der Medien ergibt sich daraus, dass sie viele spezielle Gütereigenschaften und zudem eine spezielle Kombinationen aus Gütereigenschaften aufweisen.

2.1.1 Medien als öffentliche und private Güter

Eine Antwort auf die Frage, ob Medien private oder öffentliche Güter sind, hat weitreichende Konsequenzen, denn damit zeigt sich, ob Medien überhaupt marktfähig sind, das heißt, ob sie überhaupt über den Markt organisiert bzw. ausgetauscht werden können. Die Marktfähigkeit wird üblicherweise über die Anwendung zweier Kriterien, dem Ausschlussprinzip und der Konsumrivalität, geprüft. Das Ausschlussprinzip fragt, ob Personen, die für ein Gut nicht bezahlen, von dessen Konsum bzw. dessen Nutzung ausgeschlossen werden können. Wenn ja, dann ist das Ausschlussprinzip gegeben. Die Konsumrivalität fragt, ob sich ein Gut beim Konsum bzw. bei der Nutzung verbraucht. Wenn ja, ist Konsumrivalität gegeben. Nur wenn beide Prinzipien vorliegen, kann man von einem privaten Gut sprechen, das unproblematisch über den Markt gehandelt werden kann. Ist Konsumrivalität gegeben, aber niemand kann oder soll vom Konsum bzw. der Nutzung ausgeschlossen werden, handelt es sich um Allmendegüter (z. B. Fischschwärme im offenem Meer). Können Nicht-Zahler vom Konsum bzw. der Nutzung ausgeschlossen werden, aber das Gut verbraucht sich nicht im Konsum, spricht man von Clubgütern (z. B Pay-TV). Ist weder der Ausschluss praktizierbar noch die Rivalität im Konsum gegeben, handelt es sich um öffentliche Güter (Kiefer, 2005, S. 135). Diese Güter können nur bedingt über den Markt gehandelt werden; im schlimmsten Fall kommt es zum Marktversagen.

Bei Medien muss unterschieden werden, ob diese Prinzipien auf die Träger oder auf die Inhalte angewendet werden. Medieninhalte, also Informationen oder unterhaltende Beiträge, verbrauchen sich nicht im Konsum, die Rivalität im Konsum ist nicht gegeben: Ein Leser kann eine Zeitung lesen, die zuvor bereits von anderen durchgeblättert wurde; ein Fernsehzuschauer kann eine Sendung anschauen, auch wenn andere diese zeitgleich eingeschaltet haben. Der Medieninhalt wird auch nicht „schlecht", weil andere ihn vorher genutzt haben. Allenfalls ist er veraltet, wenn man ihn verspätet nutzt, so z. B. die Nachrichtensendung von gestern. Aktualität kann also Nicht-Rivalität im Konsum teilweise kompensieren, dennoch bleibt Nicht-Rivalität im Konsum bei Medieninhalten bestimmend. Der Ausschluss von Medieninhalten ist ebenfalls nur bedingt möglich. Bei Informationen funktioniert dies nicht, denn sie könnten auch einfach weitergesagt werden. Insofern kann man fast niemand von der reinen Information ausschließen. Bei Inhalten aus der Kategorie Unterhaltung kommt es maßgeblich auf das Rezeptionserlebnis an. Eine „Nacherzählung" z. B. eines Fußballspiels hat nicht denselben Nutzen wie die Rezeption desselben, deshalb ist hier ein Ausschluss grundsätzlich möglich. Konstruiert wird ein Ausschluss aber immer über die Verbindung der Medieninhalte mit einem Träger: Während bei Printmedien, Online-Angeboten und Pay-TV Nicht-Zahler von der Nutzung technisch ausgeschlossen werden können (Clubgüter), ist dies beim Free-TV nicht möglich und auch nicht erwünscht.

Wir haben es bei den Medien also fallweise mit Clubgütern und fallweise mit öffentlichen Gütern zu tun. Nicht-Ausschließbarkeit und Nicht-Rivalität im Konsum bei öffentlichen Gütern führen zu Freerider-Verhalten und damit zu Finanzierungsproblemen im Publikumsmarkt. Das heißt, Rezipienten bezahlen nichts für die Mediennutzung, weil sie den Inhalt auch gratis sehen, hören oder lesen können (vgl. auch Kapitel 7.3). Es ist daher mit Funktionsstörungen in den Publikumsmärkten zu rechnen, was meist mit Regulierungseingriffen einhergeht. Demgegenüber ist das Angebot im Werbemarkt ein klassisches privates Gut, womit Ausschließbarkeit und Rivalität im Konsum gegeben sind, und der Markt funktioniert.

2.1.2   Externe Effekte von Medien und Meritorik

Als externe Effekte werden solche Auswirkungen bezeichnet, die nicht im Preis des Gutes enthalten sind. Dies sind vor allem gesellschaftliche Kosten und Nutzen des Konsums bzw. der Nutzung eines Gutes. Autofahren ist z. B. damit verbunden, dass über die Abgase ein bestimmter Schaden für die Allgemeinheit entsteht, der ursprünglich weder im Preis des Fahrzeugs noch des Kraftstoffs enthalten ist. Üblicherweise wird dann von staatlicher Seite korrigiert z. B. durch gesetzliche Regelungen, Steuern oder Abgaben bei negativen Effekten sowie Subventionen bei positiven Effekten.

Der Mediennutzung werden sowohl negative Effekte zugeschrieben als auch positive. Pauschal geht man davon aus, dass die Nutzung bestimmter Medieninhalte, wie z. B. Pornografie oder exzessive Gewaltdarstellungen, problematische Auswirkungen auf das Verhalten Jugendlicher hat. Zugleich wird angenommen, dass die Nutzung von informativen Medienangeboten zu gut informierten Bürgern führt, die z. B. wohlüberlegte Entscheidungen bei Wahlen treffen können, womit die staatsbürgerliche Handlungskompetenz gesichert ist. Es liegt daher nahe, Medien bereits aufgrund ihrer externen Effekte sowohl gesetzlich als auch mit monetären Anreizen oder Sanktionen zu regulieren. Dies trifft umso mehr zu da Medien als meritorische Güter diskutiert werden.

Bei meritorischen und demeritorischen Gütern klaffen private Konsumentenpräferenzen und gesellschaftlich wünschenswerter Konsum auseinander: Der Konsum meritorischer Güter, wie z. B. Gemüse, ist gesellschaftlich erwünscht, weil man sich positive externe Effekte erhofft (Volksgesundheit); die Güter werden aber individuell nicht in dem gesellschaftlich erwünschten Maß nachgefragt. Da die Nachfrage entsprechend begrenzt ist, werden die Güter auch nicht umfassend produziert. Der Konsum demeritorischer Güter, z. B. Tabak, ist gesellschaftlich nicht erwünscht, weil man negative externe Effekte erwartet (Gesundheitsprobleme); die Güter werden aber individuell sehr viel stärker nachgefragt als gesellschaftlich erwünscht, weshalb sie auch im großen Stil produziert werden.

Informative Medienangebote werden als meritorische Güter verstanden. Es ist wünschenswert, dass Rezipienten sie in großem Umfang nachfragen, weil man sich positive externe Effekte – das heisst die Erfüllung gesellschaftlicher Funktionen – von deren Nutzung erwartet. Leider konsumieren die Rezipienten zu wenig informative Medienangebote, so dass die Befürchtung besteht, dass privatwirtschaftliche Medienorganisationen die Angebote nicht in genügendem Umfang produzieren würden. Umgekehrt stellen privatwirtschaftliche Medienorganisationen in großem Umfang Medienangebote zur Verfügung, denen keine positiven und fallweise sogar negative externe Effekte nachgesagt werden, weil hier die Nachfrage wesentlich größer ist als gesellschaftlich erwünscht.

Wird also die Medienproduktion durch die individuellen Konsumentenpräferenzen und die daraus resultierende Nachfrage gesteuert, so wie es der Markt vorsieht, resultiert daraus eine Angebotsstruktur, die den gesellschaftlichen Bedarf vor allem nach Information nur bedingt abdeckt (vgl. auch Kapitel 2.2). Dieses Dilemma legitimiert, dass durch Regulierung in den Medienmarkt eingegriffen wird, um den Anteil meritorischer Angebote zu erhöhen. Reichweiten und Rankings vergangener Jahre illustrieren die sehr einseitige Publikumsnachfrage nach TV-Sendungen (vgl. Fallbeispiel 2), die wenig geeignet sein dürften, die Bevölkerung umfassend politisch zu informieren.

Fallbeispiel 2:
Lässt sich aus „Fußball", „Wetten, dass…" und „Ich bin ein Star –
Holt mich hier raus!" politische Informiertheit herstellen?

Das TV-Programmangebot besteht mehrheitlich aus Unterhaltung (vgl. Tabelle 2.1). Unterhaltung trifft auch auf eine hohe Nachfrage. Die Reichweiten und Marktanteile von fiktionalen und non-fiktionalen Unterhaltungssendungen übersteigen diejenigen von Nachrichten und Informationsgenres bei weitem (vgl. Tabellen 2.2 und 2.3).

Tabelle 2.1 Fernsehunterhaltung und Fernsehinformation in Deutschland 2010, Zeitumfang pro Tag in %

Programmcharakteristik	RTL	Vox	RTL II	Sat.1	Pro Sieben	kabel eins	ARD	ZDF
Unterhaltung	45	49	54	57	62	60	44	37
Klassische fiktionale Formate	22	42	42	23	51	54	37	28
Fiktionales Reality-TV	15	3	2	25				
Klassische nonfiktionale Formate	4		2	8	9	5	7	9
Nonfiktionales Reality-TV	4	4	8	1	2	1		0
Information und Unterhaltung	26	22	12	11	9	12	18	18
Sport	2			2		1	10	9
Journalistische Unterhaltungspublizistik	14	9	3	8	3	2	6	9
Narrative Realitätsunterhaltung	10	13	9	1	6	9	2	
Information	8	10	5	9	7	6	31	37
Politische Information	2	2		1			12	11
Sonstige Sachinformation	6	8	5	8	7	6	19	26
Sonstige Programmangebote	2	1	1	2	1		2	3
Werbung/Sponsoring/Trailer etc.	19	18	28	21	21	22	5	5
Gesamt	100	100	100	100	100	100	100	100

Quelle: Weiß & Schwotzer, 2011, S. 51

Tabelle 2.2 Meistgesehene Einzelsendungen in Deutschland 2011

Rang	Sender	Sendung	Zuschauer in Mio.	Marktanteil in %
1.	ZDF	Fußball-WM Frauen: Deutschland – Japan	17,01	59,2
2.	ARD	Fußball-WM Frauen: Deutschland – Nigeria	16,45	51,7
3.	ZDF	Fußball-WM Frauen: Frankreich – Deutschland	16,30	51,8
4.	RTL	Boxen: W. Klitschko vs. D. Haye	15,56	67,0
5.	ARD	Fußball-WM Frauen: Deutschland – Kanada	15,41	60,1
6.	ARD	Fußball-WM Frauen: Japan – USA	15,39	46,6
7.	ZDF	Wetten, dass…? (3.12.11)	14,80	45,9
8.	ARD	Eurovision Song Contest 2011	13,93	49,4
9.	ZDF	Fußball: Deutschland – Niederlande	12,84	39,3
10.	ZDF	Wetten, dass…?(18.6.11)	12,44	42,8

Fernsehpanel (D+EU)Zuschauer ab 3 Jahren; Sendungslänge mind. 10 Minuten
Quelle: Zubayr & Gerhard, 2012, S. 127ff

Tabelle 2.3 Meistgesehene TV-Sendungen des Jahres 2011 in Deutschland

Genre	Meistgesehene Sendung	Reichweite in Mio.	Marktanteil in %
Fernseh- & Spielfilme (fiktional)	Tatort: Herrenabend	11,86	33,0
Reality Formate (non-fiktional)	Bauer sucht Frau	7,71*	23,9
Castingshows (non-fiktional)	Ich bin ein Star – Holt mich hier raus!	7,65*	30,1
Fernsehserien (fiktional)	Um Himmels Willen	7,07	22,0
Nachrichtensendungen	Tagesschau im Ersten	5,31	18,7
Informationssendungen	ARD-Brennpunkt	4,78	14,6
Politische Diskussionssendungen	Günter Jauch	4,52	15,6

* gesamte Serie
Quelle: © Zubayr & Gerhard, 2012, S. 127

Auch das Angebot im Werbemarkt (Werberaum und Werbezeit) impliziert externe Effekte, die aber durchaus gewollt sind: Werbung will per se etwas erreichen, z. B. Wissen aufbauen, Einstellungen verändern oder Handlungen initiieren. Je nachdem um welche Produkte und Zielgruppen es sich handelt, befürchtet man auch unerwünschte Effekte, und greift über Regulierung ein (z. B. Jugendschutz in der Werbung, Werbeverbot für Tabak und teils für alkoholische Getränke).

2.1.3 Dienstleistungscharakter von Medien und der mangelnde Schutz des geistigen Eigentums

Grundsätzlich kann diskutiert werden, ob Medieninhalte einer Handelstätigkeit gleichen (wie z. B. einem Supermarkt), Sachgüter (wie z. B. Staubsauger) oder Dienstleistungen (wie z. B. Finanzdienstleistungen) sind. In der neueren betriebswirtschaftlichen Forschung, insbesondere in Bereichen des Dienstleistungsmanagements, wird die klassische Trennung von Sach- und Dienstleistung als nur bedingt zweckmäßig angesehen, da sie viele Probleme aufwirft. Tatsächlich enthalten Sachgüter einen Dienstleistungsanteil und Dienstleistungen benötigen meist einen materiellen, also produkthaften Träger. Zur Unterscheidung wird vielmehr auf das Uno-actu-Prinzip verwiesen, das unterscheidet, inwiefern die Anwesenheit des Kunden/Käufers zur Erbringung der Leistung nötig ist. Man spricht dann von Dienstleistungen, wenn beim Leistungserstellungsprozess eine hohe Integrativität von Produzenten und Käufern vonnöten ist. Während also beim Haareschneiden beide Beteiligte – Anbieter und Nachfrager – anwesend sein müssen, ist das bei der Produktion eines Müsli-Riegels beispielsweise nicht der Fall.

Medieninhalte sind überwiegend als Dienstleistungen anzusehen. Dies, weil Kennzeichen für Dienstleistungen wie mangelnde physische Greifbarkeit (Immaterialität) und Integrativität der Beteiligten zutreffen – wenn auch nur in spezifischer Art und Weise und teils abhängig von der Mediengattung, also vom Träger.

Bei Printangeboten (Zeitungen, Magazine) ist die physische Greifbarkeit durch den Träger Papier eindeutig vorhanden und zudem das Uno-actu-Prinzip aufgehoben. Die Journalisten schreiben ihre Artikel nicht im Beisein der Leser. Dennoch haben auch Printmedien einen Dienstleistungscharakter, weil die Leser über die Rezeption in den Gesamtprozess integriert werden. Rundfunk- und Onlineangebote haben stärkeren Dienstleistungscharakter, weil der Träger dort nicht mit einem bestimmten Angebot verbunden ist, und weil Produzenten und Rezipienten zeitlich zusammentreffen müssen (Integrativität der Beteiligten). Zwar können diese Medieninhalte aufgrund von Aufzeichnungstechniken Produktcharakter annehmen (z. B. DVD, CD), dieser bezieht sich jedoch – wenn er denn überhaupt gegeben ist – aber immer auf die Träger, nicht auf die inhaltlichen Angebote. Die Medieninhalte selbst sind keine Produkte, sondern vielmehr in Produktform geronnene Dienstleistungen. Deshalb gelten verschiedene Besonderheiten von Dienstleistungen auch für Medien. Dies ist auch für das Medienangebot auf dem Werbemarkt zutreffend, da Werberaum und Werbezeit zwar mehr oder weniger physisch sind, die Herstellung von Publikumskontakten aber eindeutig Dienstleistungscharakter hat.

Zudem verweist auch die Individualität der Medienproduktion auf den Dienstleistungscharakter: Medieninhalte bestehen aus zahlreichen Elementen, deren Kombination nur bedingt in einer Art Rezeptur und deren Beschaffenheit nur eingeschränkt anhand festgelegter Qualitätskriterien vorgegeben ist; die Zusammenstellung zu einem Programm oder redaktionellem Konzept ist ein eigener kreativer Akt. Medieninhalte könnten also – zumindest theoretisch – immer anders ausfallen, obwohl versucht wird, diese Varianz über professionelle Standards gering zu halten.

Der hier beschriebene Dienstleistungscharakter wirkt sich auf die rechtliche Schutzfähigkeit von Medieninhalten aus. Damit Medienmärkte funktionieren, müssen diejenigen, die das Eigentum an den Angeboten besitzen, ihre Eigentumsrechte auch geltend machen, das heißt im Markt durchsetzen können. Dies geht nur, wenn die Eigentumsrechte geschützt sind. Damit beschäftigt sich institutionenökonomisch die Theorie der Verfügungsrechte (Intellectual Property Rights (IPR)), die sich mit der ökonomischen Analyse rechtlicher, technischer und ökonomischer Mechanismen zum Schutz des privatwirtschaftlichen Wertes immaterieller Güter befasst. Zwar gibt es einige Schutzregime des geistigen Eigentums, wie z. B. das Patentrecht, das Designrecht, das Urheberrecht oder das Markenrecht, aber nur wenige sind in Bezug auf Medien wirksam. Anwendbar ist beispielsweise das Urheberrecht, das die Urheber von Werken aus Literatur und Kunst schützt.

Wendet man die IPR-Theorie auf Medien an (Lobigs, Spacek, Siegert & Weber, 2005; Siegert, Weber, Lobigs & Spacek, 2007), muss anhand der publizistischen Wertschöpfung (vgl. Kapitel 9.1) nochmals zwischen verschiedenen Leistungsbestandteilen von Medienangeboten unterschieden werden. Zudem werden Nicht-Ausschlussfähigkeit und Nicht-Rivalität relevant. Fertig produzierte Beiträge bzw. Sendungen, die den Charakter von Werken annehmen, sind vor allem über die Kopplung an einen Träger sowie über das Urheberrecht geschützt. Dieses ist in Online-Zeiten aber immer schwieriger durchzusetzen, weshalb sich verstärkt Digital Rights Management-Systeme etablieren. Die Problematik manifestiert sich auch in der Diskussion, ob Tageszeitungsverleger von Google für die Auflistung ihrer Nachrichten eine Lizenzgebühr verlangen können (Leistungsschutzrecht).

Journalistische Informationen als Bestandteile von fertig produzierten Beiträgen bzw. Sendungen genießen trotz ihres ökonomischen Werts (man denke an aufwändig recherchierte Informationen) keinen rechtlichen Exklusivitätsschutz. Da sie zudem nicht ausschlussfähig sind, können Rechercheleistungen anderer unentgeltlich verwertet werden, anstatt selbst zu recherchieren oder fremdrecherchierte Informationen kostenpflichtig zu erwerben.

Auch die Zusammensetzung einzelner Beiträge zu einem Programm, das zugrundeliegende publizistische Konzept (im Rundfunk die Programmierung, bei den Printmedien das redaktionelle Konzept) werden so gut wie nicht rechtlich geschützt. Die Schutzfähigkeit wird noch nicht einmal breit und ausführlich diskutiert, obwohl es eine wesentliche Grundlage für den Erfolg darstellt (man denke an Special-Interest-Magazine). Sie werden in rechtlicher Hinsicht fast ausschließlich am Gegenstand von TV-Formaten diskutiert (vgl. Kapitel 9.4).

Insgesamt werden also Eigentumsrechte als Voraussetzung für einen Marktaustausch vorwiegend bei fertig produzierten Beiträgen bzw. Sendungen (Werken) berücksichtigt. Journalistische Information und publizistische Konzepte dagegen werden so gut wie nicht geschützt, was Auswirkungen auf die Produktionstätigkeit der Medienorganisationen und auf die Funktionsfähigkeit des Marktes hat. So gibt es wenig Anreize für Medienorganisationen innovative Ideen kostspielig umzusetzen, weil sie jederzeit nach Veröffentlichung von anderen plagiiert und imitiert werden können. Dies führt zu parasitärem Imitationswettbewerb anstelle von dynamischem Innovationswettbewerb (Lobigs et al., 2005). Teils lässt sich der mangelnde rechtliche Schutz durch technischen oder ökonomischen Schutz (effektivere und effizientere Geschäftsmodelle, First-Mover-Vorteile etc.) subsituieren.

Die Eigentumsrechte an der Werbeträgerleistung (Werberaum und Werbezeit und über diese Publikumskontakte) sind dagegen intakt, so dass hier keine negativen Auswirkungen auf den Werbemarkt zu befürchten sind.

2.1.4 Mangelnde Qualitätstransparenz bei Medien

Qualitätstransparenz bezieht sich auf das Wissen, das Nachfrager vor dem Kauf, dem Konsum bzw. der Nutzung über die Qualität eines Gutes haben können, um so wohlüberlegte, rationale Kaufentscheidungen zu treffen. So kann man sich z. B. vor dem Kauf eines Staubsaugers umfangreich über dessen Eigenschaften informieren (Saugkraft, Gewicht, Allergiefilter etc.). In Güterklassifikationen werden diesbezüglich Such-, Erfahrungs- und Vertrauensgüter (SEV-Güter) unterschieden: Güter, deren Qualität vor dem Konsum bewertet und überprüft werden kann, sind folglich Such- bzw. Inspektionsgüter (z. B. Staubsauger). Güter, bei denen die Qualitätsbeurteilung den Konsum voraussetzt, sind Erfahrungsgüter (z. B. Unfallversicherung). Güter, deren Qualität selbst nach dem Konsum nicht beurteilt werden kann, werden als Vertrauensgüter bezeichnet (z B. Medikament). Dabei zeichnet sich ab, dass Dienstleistungen aufgrund ihrer Immaterialität tendenziell in die Kategorie der Erfahrungs- und Vertrauensgüter fallen.

Deshalb sind auch Medienangebote nicht als Such- bzw. Inspektionsgüter einzustufen, sondern vor allem als Erfahrungs- und Vertrauensgüter. Rezipienten kaufen und nutzen eigentlich die sprichwörtliche „Katze im Sack", wie das bereits Akerlof (1970) mit seinem „market for lemons" beschrieben hat. Die Ursache für die mangelnde Qualitätstransparenz besteht in der schon oben beschriebenen Individualität von Medieninhalten (vgl. Kapitel 2.1.3), also darin, dass sie aus zahlreichen Elementen bestehen, deren Kombination nur bedingt in einer Rezeptur und deren Beschaffenheit nur eingeschränkt anhand eindeutiger Kriterien empirisch überprüfbar festgeschrieben werden können. Bei den Rezipienten besteht dabei nicht nur eine gewisse Unkenntnis über die Qualität, sondern auch über den persönlichen Nutzen und den Preis. Um diese Parameter beurteilen zu können, müssten ihnen die Inhalte bereits bekannt sein, was jedoch deren Nutzung voraussetzen würde. Allerdings kann man Medieninhalte nicht „zurückgegeben", wenn die gelieferte Qualität nicht der erwarteten entspricht. Zwar etablieren sich sukzessive Gütekriterien, so z. B. der Neuigkeitswert der Medieninhalte, oder formale Qualitätsaspekte, wie z. B. die pünktliche Zustellung von Zeitungen oder eine verständliche Darstellungsweise bei Nachrichten. Dennoch bleiben mediale Inhalte klassische Erfahrungs- oder Vertrauensgüter.

Während Unterhaltungsangebote tendenziell zu den Erfahrungsgütern zählen, sind journalistische Angebote vor allem Vertrauensgüter. Bei Unterhaltungsinhalten lässt sich im Nachhinein beurteilen, ob man sich unterhalten gefühlt bzw. amüsiert hat. Bei journalistischen Angeboten kann oft nicht einmal nach der Rezeption beurteilt werden, ob die gelesenen Artikel oder die gehörten und gesehenen Sendungen den journalistischen Qualitätskriterien wie z. B. Aktualität, Relevanz und Objektivität entsprechen. Es bleibt letztlich nur 1) Vertrauen ins journalistische Agenda-Setting, das heißt in die Auswahl derjenigen Themen, die für das eigene Handeln von Relevanz sind, 2) Vertrauen ins journalistische Framing, das heißt in die angemessene und relevante Kontextualisierung der Berichterstattungsthemen, 3) Vertrauen in die faktische und damit nachprüfbare Richtigkeit der Berichterstattung, und 4) Vertrauen in die expliziten Bewertungen, die eine Einordnung und Gewichtung der Themen ermöglichen (Kohring, 2002, S. 106f). Medienskandale, wie die angeblichen Hitler-Tagebücher des „Stern" aber auch die „embedded journalists" in der Kriegsberichterstattung zeigen demgegenüber, wie wenig Übertreibungen, Fälschungen oder Nicht-Thematisierungen auffallen und kritisiert werden können.

So kann man zwar beim Zeitschriftenkauf die Ausrichtung der Medieninhalte aufgrund der thematischen Fokussierung kennen, dies allerdings erst nachdem man selbst einmal eine Ausgabe gelesen oder zumindest etwas über das Magazin in Erfahrung gebracht hat. Man könnte also bei der „Bunten" wissen, dass Prominentenberichterstattung geboten wird, aber nicht, über welche Personen in der vorliegenden Ausgabe mit welchen Themen berichtet wird. Diese Aspekte kennt der Leser erst nach dem Kauf und nach der Lektüre. Unklar bleibt weiterhin, welche Qualität die Berichterstattung hat. Entspricht sie journalistischen Qualitätskriterien? Ist sie überhaupt wahr? Bezieht Star X tatsächlich die Villa in Hollywood oder ist das nur eine Vermutung? Derartige Meldungen sind für den Leser in der Regel nicht nachprüfbar. Im Fall der Prominentenberichterstattung erscheint es weniger wichtig, ob es sich um eine Täuschung handelt oder nicht, man amüsiert sich ggf. auch über reine Spekulationen und nimmt diese wissentlich in Kauf. Spätestens bei der Wirtschaftsberichterstattung, z. B. über Entlassungen in einem Werk, oder in der Politikberichterstattung über Vorhaben von Kanzlerkandidaten nach der Wahl, ist die faktische Richtigkeit der Berichterstattung aber handlungsentscheidend.

Auch diese Gütereigenschaft beeinträchtigt die Funktionsfähigkeit des Medienmarktes und erfordert zusätzliche Mechanismen – aus institutionenökonomischer Perspektive institutionelle Arrangements – zur Korrektur der Marktunzulänglichkeiten. So werden beispielsweise zum Medienangebot selbst zusätzliche Informationen, also Meta-Informationen, eingesetzt, um die Qualität der Angebote transparenter zu gestalten. Zudem bauen Nutzungsentscheidungen stark auf Vertrauen in die zu erwartenden Leistungen auf (vgl. auch Kapitel 13.3).

Eine ähnliche Situation findet sich im Werbemarkt, das heißt die Werbeträgerleistung der Medien ist letztlich ebenfalls durch eine mangelnde Qualitätstransparenz gekennzeichnet. Werbeschaltungen werden in Auftrag gegeben, ohne vorher zu wissen, welchen konkreten Publikumserfolg ein Medieninhalt haben wird. Somit können auch die Werbetreibenden als Nachfrager von Werbemöglichkeiten (Werberaum und Werbezeit) vor dem Kauf bzw. der Buchung nicht genau abschätzen, welche Qualität (Publikumserfolg) die gekaufte bzw. gebuchte Werbemöglichkeit in dem entsprechenden Inhalt hat. Gebucht wird auf der Basis von Leistungsversprechen, deren Einhaltung erst noch belegt werden muss. Hier findet sich ebenfalls ein zusätzlicher Mechanismus damit der Werbemarkt richtig funktionieren

kann: Dem Informationsdefizit wird mit der Etablierung einer systematischen und reprä-
sentativen Media- und Publikumsforschung entgegengewirkt (vgl. Kapitel 7.4).

2.1.5 Unsicherheit und Unbestimmtheit in der Medienproduktion

Mehrmals wurde bereits erwähnt, dass die wenig festlegbare qualitative und quantitative Zusammensetzung von Medieninhalten und publizistischen Konzepten bestimmte
Eigenschaften begründet. Dies ist auch der Fall für die Unsicherheit in der Medienproduktion und die Unbestimmtheit der Input-Output-Relation. Beide Aspekte beinhalten,
dass erstens die Art des notwendigen Inputs nicht genau bekannt ist (geringe Ähnlichkeit
der Aufgabe, vgl. auch Kapitel 2.1.4), dass zweitens keine eindeutige Beziehung zwischen
der Menge des Inputs und der Menge des Outputs besteht, egal ob der Output anhand
von Zeit oder Reichweite gemessen wird, und dass drittens der Wert des Outputs nicht
eindeutig auf die Menge und Qualität des Inputs bezogen werden kann (Heinrich, 2006b,
S. 76, 2010b, S. 128). So kann z. B. nicht festgelegt werden, wie viele und welche Art von
Nachrichten (Input) in einer Nachrichtensendung oder in einer Tageszeitung (Output 1)
zusammengestellt werden müssen, damit das Publikum die Sendung bzw. Zeitung sieht
bzw. liest (Output 2). Dies ist hochgradig von der Nachrichtenlage abhängig, also davon
welche relevanten Ereignisse tatsächlich stattfinden. Hier zeigt sich besonders die geringe
Ähnlichkeit der Aufgabe. Auch in Unterhaltungssendungen lassen sich selten Patentrezepte
anführen nach dem Motto: Der Einsatz von zwei Ermittlern in einer Krimiserie führt
zu hohen Einschaltquoten, werden dagegen vier Ermittler eingesetzt, führt das zu einer
geringen Einschaltquote. Entsprechend variieren die Erfolgsfaktoren für verschiedene
Mediengattungen und Genres (Sommer & von Rimscha, 2013).

Unsicherheit ist also ein wesentliches Merkmal journalistischer Produktion, das sich
auch auf die künstlerische Produktion übertragen lässt: Journalistische Produktion wird
zwar immer noch weitgehend inhouse erbracht, gleichwohl wird zunehmend mehr durch
Nachrichtenagenturen zugeliefert. Journalistische Produktion ist durch „Gesellschafts-
und Ereignisorientierung" (Altmeppen, 2008, S. 38) gekennzeichnet und orientiert sich
an Aktualität. Dabei kann die Aufgabe inhaltlich nur bedingt konkretisiert werden: Beispielsweise müssen unvorhergesehene Ereignisse in die Programme aufgenommen werden
und können kurzfristig viele Ressourcen binden. Die Qualität von zugeliefertem, das heißt
fremdproduziertem, Material kann nur eingeschränkt beurteilt werden. Eine „industrielle",
standardisierte Fertigung in konkret zerlegbare Arbeitseinheiten ist ebenfalls kaum möglich.
Journalistische Produktion ist also aufgrund ihrer Gesellschafts- und Ereignisorientierung
durch außermediale Ereignisse strukturiert und folglich nur bedingt planbar. Insofern ist
im Voraus auch nicht absehbar, wie viel Input für eine bestimmte Menge Output gebraucht
wird. Wie im obigen Beispiel aufgeführt, kann nicht vorab festgelegt werden, wie viele
Ereignisse in eine 15 minütige Nachrichtensendung aufzunehmen sind. Überraschende
Vorkommnisse, wie z. B. Unwetterkatastrophen, müssen journalistisch bearbeitet werden.
Der Output ist auch vom Bildmaterial abhängig, das für einen Beitrag zur Verfügung steht.

Unterhaltungsproduktion basiert überwiegend auf dem Einkauf von Inhalten oder Netzwerkproduktionen und ist vor allem durch „Markt- und Ergebnisorientierung" (Altmeppen, 2008, S. 41) geprägt. Gleichwohl sind auch dort die Zutaten, die zu einem erfolgreichen Inhalt führen variabel. Muss der Moderator einer Quizsendung ein sehr bekannter (und deshalb teurer) Star sein oder lässt sich die Show auch mit einem Newcomer bewerkstelligen? Müssen es zwei Moderatoren sein, damit die Sendung gut läuft? Wie viele Bilder sind in einer Zeitschrift optimal? Soll in einer Publikumszeitschrift Politik- und Prominentenberichterstattung immer kombiniert werden? Diese Unbestimmtheit der Input-Output-Relation führt u. a. dazu, dass zunehmend auf in anderen Ländern erprobte Konzepte zurückgegriffen wird (z. B. TV-Formate, Zeitschriften) oder aber erfolgreiche Inhalte kopiert werden.

Der Wert des Outputs kann nicht eindeutig auf die Menge und Qualität des Inputs bezogen werden. Oft begeistert sich das Publikum für relativ kostengünstig produzierte und einfache Konzepte, während teure Produktionen nicht den erhofften Publikumserfolg realisieren, wie z. B. beim Film sehr deutlich wird. Zwar wird versucht, den Erfolg bzw. die Einnahmen in Form von Werbeschaltungen möglichst frühzeitig zu fixieren. Da aber der Reichweitenerfolg neuer Konzepte unplanbar ist, müssen Preisnachlässe, für den Fall, dass die versprochenen Reichweiten nicht erzielt werden, kalkuliert werden. Auch dies führt dazu, dass tendenziell mehr imitiert wird oder aber Lizenzen von bereits getesteten publizistischen Konzepten erworben werden.

Insgesamt führt dies gemeinsam mit dem mangelnden Schutz der Eigentumsrechte (vgl. Kapitel 2.1.3) dazu, dass Medienorganisationen nur bedingt einen Qualitätswettbewerb austragen, sondern sich vielmehr an den Produktionskosten orientieren, was in einen Kostenwettbewerb mündet (Heinrich, 1996).

2.1.6   Hohe First-Copy-Kosten und Fixkostendegression

In der Kosteneinteilung der Produktion lassen sich grob fixe und variable Kosten unterscheiden. Fixe Kosten entstehen dabei unabhängig von der Output-Menge, während variable Kosten in Abhängigkeit von der Output-Menge anfallen. Bei der Produktion eines neuen Müsli-Riegels fallen demnach fixe Kosten an z. B. für die Entwicklung der Rezeptur, unabhängig davon, wie viele Müsli-Riegel letztlich produziert werden. Variable Kosten fallen dagegen nur an, wenn überhaupt produziert wird, denn nur dann wird „Material" wie z. B. Getreide verbraucht. Je mehr Riegel produziert werden, desto größer die Summe variabler Kosten.

Medienproduktion ist durch hohe First-Copy-Kosten gekennzeichnet. Die Bezeichnung „Blaupausen-Produktion" oder die Analyse unter dem Stichwort „Fixkostendegression" verweisen auf denselben Sachverhalt, dass nämlich die meisten Kosten für die Erstellung des Originals bzw. der ersten Version entstehen. Dies trifft sowohl für einen Artikel in einer Zeitschrift oder Zeitung als auch für eine Fernseh- oder Radiosendung sowie für Online-Inhalte zu: Bereits für die erste Version müssen alle Recherchen durchgeführt, die Dramaturgie bzw. der Aufbau ausgearbeitet, der Text formuliert, das Layout gestaltet und das Bild- bzw. Filmmaterial erstellt sein, bevor gedruckt oder gesendet werden kann. Auch im Unterhaltungsbereich müssen die Konzepte ausgearbeitet, die Darsteller oder Moderatoren verpflichtet und die Aufnahmen beendet sein, damit gesendet werden kann. Der gesamte Produktionsaufwand wird letztlich in der ersten Version konserviert.

Alle weiteren Kopien verursachen vergleichsweise wenige Kosten. Bei immateriellen Trägern oder Trägermedien mit geringerem Distributionsaufwand, verlagern sich die Kosten auf die Herstellung der ersten Version, da weitere Kopien relativ kostengünstig herzustellen sind. Ist der Träger materiell, wie z. B. bei gedruckten Tageszeitungen, fallen noch vergleichsweise hohe variable Kosten für Papier, Druck und die physische Verbreitung (Zeitungsvertrieb) an. Rundfunkproduktionen weisen nur noch geringe variable Kosten auf. Wird digitaler Inhalt online verbreitet, gehen die variablen Kosten gegen Null. Die absolute Höhe der First-Copy-Kosten ist entsprechend abhängig vom Träger, das heißt von der Mediengattung, und relativiert sich zusätzlich durch digitale Vervielfältigungsmöglichkeiten. Medien, bei denen nur wenige variable Kosten anfallen, sind geradezu zum Massenmedium prädestiniert und haben die Tendenz zur horizontalen Konzentration (vgl. Kapitel 5.2). Gekoppelt mit der Nicht-Rivalität des Konsums führen die hohen First-Copy-Kosten zu einer vervielfachten Verwertung desselben Inhalts (vgl. Kapitel 11.1).

2.1.7 Verbundcharakter und Orientierung an zweiseitigen Märkten

Ein weiteres wesentliches Kennzeichen von Medieninhalten, publizistischen Konzepten und Programmen ist ihr Verbundcharakter. Das Angebotssystem der Medienorganisationen enthält sowohl journalistische und künstlerische Leistungen als auch die Werbeträgerleistung. Diese sind miteinander verknüpft, das heißt, sie werden teils gemeinsam produziert (z. B. gedruckt), vertrieben und genutzt. Diese Kopplung ist effizient und führt zu quantitativen Verbundvorteilen oder Economies of Scope. Daneben finden sich qualitative Verbundvorteile, wie z. B. der Aufmerksamkeits- und Glaubwürdigkeitstransfer von den redaktionellen auf die werblichen Inhalte (Heinrich, 2010b, S. 582f; Siegert, 1993, S. 118ff). Ludwig (1998, S. 224) sieht einen weiteren Vorteil der Verknüpfung, nämlich die Möglichkeit, redaktionelle Inhalte über Werbeeinnahmen quer zu finanzieren.

Der Verbundcharakter von Medien führt entsprechend auch zu einer Orientierung an den zwei entsprechenden Märkten, dem Werbemarkt und dem Publikumsmarkt. Dieser Aspekt wird auch unter dem Begriff der zweiseitigen Märkte behandelt (z. B. bei Dewenter, 2007; Dewenter & Haucap, 2009) oder als „dual product/service market" bezeichnet (Picard, 1989). Konkret produzieren Medienorganisationen Inhalte, mit denen sie Publikum anziehen und die vom Publikum nachgefragt werden. Der Zugang zum Publikum bzw. zu Zielgruppen und deren Aufmerksamkeit wird wiederum von der Werbewirtschaft nachgefragt. Beide Märkte sind eng miteinander verknüpft, auch wenn die Finanzierung wie bei Gratiszeitungen und Free-TV gänzlich über den Werbemarkt bewerkstelligt wird. Die Bedienung beider Märkte würde jedoch ohne eine gut funktionierende Media- und

Publikumsforschung nicht funktionieren, weshalb diese Thematik ausführlicher in Kapitel 7.4 behandelt wird.

2.2 Medien als Kulturgüter: Gesellschaftliche Funktionen und Erwartungen

Bereits in den Ausführungen zum Thema „Externe Effekte von Medien und Meritorik" (Kapitel 2.1.2) wurde darauf hingewiesen, dass die individuelle Nachfrage nach Medieninhalten nicht automatisch die gesellschaftlichen Funktionen von Medien und Erwartungen adressiert, und es hier eine Kluft geben könnte. Dabei stellt sich die Frage, welche gesellschaftlichen Funktionen von Medien über die individuelle Nachfrage hinaus eigentlich erbracht werden, warum Medien so speziell sind und folglich keine Ware wie jede andere. Ähnlich wie in Kapitel 2.1.2 beziehen sich die gesellschaftlichen Funktionen auf die externen Effekte die Medien haben; kommunikationswissenschaftlich ausgedrückt: Weil Mediennutzung bestimmte Wirkungen verursacht, können Medien bestimmte gesellschaftliche Funktionen erfüllen. Diese Funktionen haben nicht nur spezifische Relevanz für die Politik, sondern auch für die Gesamtgesellschaft. Medien sind also nicht nur wichtige Instanzen im Meinungsbildungsprozess und deshalb demokratierelevant, sondern auch die Selbstbeobachtungsinstanz der Gesellschaft und Konstrukteure sozialer Wirklichkeit. Damit sind sie eben weit mehr als ihre ökonomische Einstufung als bestimmte Art von materialisierter Dienstleistung, die auf bestimmten Märkten gehandelt wird und deren Produktion der individuellen Nachfrage nach bestimmten Inhalten überlassen werden kann.

2.2.1 Gesellschaftliche Funktionen der Medien

Aus funktionalistischer Perspektive stehen die Funktionen der Medien im Mittelpunkt, also Leistungen der Medien für das Individuum, aber vor allem für bestimmte Teilbereiche der Gesellschaft und für die Gesellschaft als Ganzes. Diese Leistungen sind unabdingbar, damit Gesellschaften und ihre Teilbereiche funktionieren und weiterbestehen. Medien können nach McQuail (2005) als Fenster zur Welt angesehen werden, weil wir über sie Zugang zu Ereignissen haben, die wir sonst nicht persönlich erfahren könnten. Zugleich ist die Wiedergabe der Medien wie in einem Spiegel perspektivisch und fallweise verzerrt sowie in jedem Fall selektiv, das heißt, aus der Menge aller Ereignisse werden nur bestimmte herausgefiltert. Dennoch fungieren sie als Wegweiser, weil sie Ereignisse bewerten und in einen Kontext einordnen. Medien fungieren zudem als Intermediäre um die Kommunikation und Information bestimmter Institutionen zugänglich zu machen. Neben der für alle gesellschaftlichen Bereiche geltenden Informationsfunktion sind es vor allem politische und soziale Funktionen, die das besonders Interesse an den Medien begründen (vgl. Tabelle 2.4), weshalb diese in eigenen Unterkapiteln (2.2.2 und 2.2.3) behandelt werden.

Tabelle 2.4   Gesellschaftliche Funktionen und Leistungen der Medien bzw.
der Massenkommunikation

Politik	Wirtschaft	Kultur – Soziales
Herstellung von Öffentlichkeit (Monitoring)	Warenzirkulation durch Werbung	Entspannung und Unterhaltung (Rekreationsfunktion)
Identifikation von Themen (Frühwarnfunktion)	Kapitalverwertung und Wertschöpfung	Orientierung und Lebenshilfe (Orientierungsfunktion)
Artikulation von Meinungen (Forumsfunktion)	Herrschaftliche Funktion	Sozialisation von Werten und Normen (Sozialisationsfunktion)
Transparenz und Aufklärung (Kontroll-/Kritikfunktion)	Regenerative Funktion	Integration der Gesellschaftsmitglieder (Integrationsfunktion)
Anregung zur Teilnahme (Aktivierung)		

Quellen: Bonfadelli, 2001; Burkart, 2002, S. 378ff; McQuail, 2005, S. 96f

Diese Funktionen sind dabei nicht nur schlichte Beschreibungen dessen, was die Medien tun sondern vor allem Erwartungen dessen, was die Medien für die Gesellschaft tun sollen – normative Erwartungen also. Einige dieser Funktionen, wie beispielsweise Entspannung und Unterhaltung, lassen sich relativ unproblematisch durch die individuelle Nachfrage der Rezipienten erfüllen. Beispielsweise finden sich für Unterhaltungsshows oder Fußballübertragungen genügend große Publika, damit es auch für eine privatwirtschaftliche Medienorganisation rentabel ist, diese Inhalte anzubieten (vgl. Fallbeispiel 2). Man kann also damit rechnen, dass diese Angebote auch ohne besondere Anstrengungen am Medienmarkt vorhanden sind. Andere Funktionen wie beispielsweise Artikulation und Kritik lassen sich nur partiell durch die individuelle Nachfrage begründen. Für ausführliche und detaillierte Politikberichterstattung jenseits einiger großer Themen finden sich oft nicht genügend Rezipienten, damit es sich für privatwirtschaftliche Medienorganisationen rentieren würde, diese Themen zu recherchieren, aufzubereiten und anzubieten. Man kann also nicht per se damit rechnen, dass sich diese Inhalte auch im Medienmarkt finden.

2.2.2   Funktion der Medien für die Meinungsbildung und Demokratie

Den politischen Funktionen der Medien wird in gesellschaftspolitischen Diskussionen und in wissenschaftlichen Analysen ein besonders großer Stellenwert eingeräumt, weil sie für Demokratien eine zentrale Rolle spielen. Die Herstellung von Öffentlichkeit, die Schaffung von Artikulationsmöglichkeiten für alle politischen Akteure, Kritik und Kontrolle von politischen Akteuren und Prozessen, die Frühwarnung bei spezifischen Themen sowie die Aktivierung der Bürger, sich am politischen Prozess zu beteiligten, sind Funktionen, die von den Medien in demokratischen Gesellschaften erwartet werden, weil sie für den Willensbildungsprozess konstitutiv sind.

Demokratien müssen sich in ihren politischen Entscheidungen am Volkswillen und am allgemeinen Interesse orientieren, nur dann sind diese Entscheidungen legitimierbar. Um aber bei politischen Entscheiden, wie etwa bei Wahlen oder Abstimmungen, überhaupt sinnvoll urteilen zu können, müssen die Bürger umfassend informiert sein. Und zwar darüber, welche Alternativen überhaupt zur Wahl stehen, welche Wahl welche Konsequenzen haben könnte, wie andere Bevölkerungsgruppen möglicherweise abstimmen usw. Medien werden deshalb als zentrale Komponente im politischen Meinungsbildungsprozess angesehen, weil sie diese für politische Entscheidungen nötigen Informationen und Kenntnisse vermitteln (sollen).

Zudem sollen sie als Forum die Möglichkeit für alle Gesellschaftsmitglieder bieten, sich öffentlich zu äußern (Artikulationsfunktion) und die Bürger aktivieren, am politischen Prozess teilzuhaben. Hier liegt die besondere Demokratierelevanz der Medien bzw. der medial vermittelten Öffentlichkeit. Denn nur, wenn Themen in der Öffentlichkeit diskutiert, das Für und Wider von Themen öffentlich abgewogen oder gesellschaftliche Konsensmöglichkeiten gefunden werden, lässt sich von einer qualitativ guten Willens- und Entscheidungsbildung sprechen, die Kern verschiedener Demokratiemodelle ist (vgl. z. B. Deliberationsmodell: Chambers, 2001; vgl. z. B. Diskursmodell: Habermas, 1990). Mit der deliberativen Funktion von Öffentlichkeit sind entsprechend hohe Anforderungen an die Politikberichterstattung verbunden. Es ist es also wichtig, dass die Medien über eine Vielfalt an politischen Themen, Standpunkten, Ereignissen und Akteuren berichten, und dass sich diese Berichterstattung an Qualitätskriterien orientiert.

Dass diese Anforderungen von den Medien erfüllt werden können, wurde unter den Stichworten „Zwang zur Publizität" (Münch, 1991, S. 95) oder „Symbolische Politik" (Sarcinelli, 1987) früh angezweifelt. Aktuell wird es vor dem Hintergrund zweier Entwicklungen diskutiert. Auf der einen Seite bezieht sich die Debatte um die Medialisierung der Gesellschaft vor allem auf das Verhältnis von Medien und Politik, und verweist dabei auf Effekte, die die eigenständige Vermittlungslogik der Medien auf den politischen Prozess sowie auf die politischen Akteure hat (u. a. Donges, 2005, 2006, 2008; Imhof, 2006a; Kaase, 1998; Marcinkowski, 2005; Mazzoleni & Schulz, 1999; Sarcinelli, 1998; Vowe, 2006). Vor diesem Hintergrund werden auch diejenigen Wirkungen thematisiert, die die demokratische Funktion der Medien und ihren Beitrag zur Deliberation tendenziell untergraben (Heinrich & Lobigs, 2004; Kepplinger, 1998, 2002). Auf der anderen Seite lassen sich aus der Debatte um die Ökonomisierung der Medien sehr klar demokratietheoretisch problematische Konsequenzen für die Berichterstattung ableiten (vgl. dazu Kapitel 4.3).

2.2.3   Medien als Selbstbeobachtungsinstanz der Gesellschaft und Konstrukteure sozialer Wirklichkeit

Medieninhalte sind aber nicht nur relevant für das Funktionieren von Demokratien, sondern haben eine sehr viel breitere Funktion bzw. Aufgabe. Systemtheoretisch und konstruktivistisch argumentiert sind sie die Instanzen zur Selbstbeobachtung und Selbstbeschreibung der Gesellschaft mittels Veröffentlichung von Themen (Gerhards, 1994, S. 87; Marcinkowski, 1993, S. 118): „Die Funktion der Massenmedien liegt nach all dem im Dirigieren der

Selbstbeobachtung des Gesellschaftssystems" (Luhmann, 1996, S. 173). Damit wird eine gesellschaftlich bekannte und akzeptierte Gegenwartsbeschreibung geschaffen, auf die sich alle Gesellschaftsmitglieder beziehen können, weil sie Grund zur Annahme haben, dass alle anderen diese Gegenwartsbeschreibung ebenso kennen (Luhmann, 1996, S. 176).

Massenmedien dienen also als Gedächtnis der Gesellschaft, das gesellschaftliche Kommunikation überhaupt erst ermöglicht. Die Medien sind diejenigen, die vorgeben, welche Themen gesellschaftsweit relevant sind und diskutiert werden. Über die Veröffentlichung dieser Themen können letztlich alle Gesellschaftsmitglieder beobachten und sich im Idealfall darüber verständigen, was „ihre" Gesellschaft ausmacht. Sowohl die Integrations- als auch die Sozialisationsfunktion der Medien verweisen auf eben diesen Aspekt, denn sie bauen darauf auf, dass nicht nur Themen, sondern auch gemeinsame Werte und Normen über die Medien vermittelt werden. Damit gewinnen Medien eine Relevanz, die weit über das hinausgeht, was sie als „Dienstleistungen" im ökonomischen Sinn sind. Sie sind die „Brille" durch die wir die meisten Aspekte der Gesellschaft wahrnehmen.

Zurecht kann allerdings eingewendet werden, dass diese Selbstbeobachtung trübe und blinde Flecken hat, die Medien also kein raumübergreifendes und objektives Abbild der Gesellschaft liefern, sondern die Selbstbeschreibung vielmehr eine Inszenierung gesellschaftlicher Themen ist. So konstruieren Medien mit ihren Themen eine Wirklichkeit, eine bestimmte Art von Medienrealität, die gleichwohl handlungsrelevant wird. Denn alle Menschen machen in ihrem Leben persönliche Erfahrungen, das heißt Primärerfahrungen. Dabei bilden diese Alltagserfahrungen einen bestimmten Horizont, in dem sie verortet sind. Dieser Erfahrungshorizont ist unterschiedlich umfassend, aber stets begrenzt. Sämtliche Erfahrungen, die wir darüber hinaus machen, alles was wir darüber hinaus wissen, ist entweder durch andere Personen oder aber medial vermittelt. Diese Informationen werden als Sekundärerfahrungen bezeichnet. Vermittelt werden sie nicht nur durch die informativen Medieninhalte, sondern auch durch die unterhaltenden, non-fiktionalen wie fiktionalen Inhalte. Damit wird die von den Medien konstruierte Realität, die Medienrealität, zu einem wichtigen Element subjektiver Sinngebung. Wir orientieren also unser Handeln an persönlich gemachten Primärerfahrungen, die allerdings begrenzt sind sowie an hochgradig medienvermittelten Sekundärerfahrungen. Das heißt, in einer von Massenmedien geprägten Gesellschaft ist Realität zunehmend Medienrealität, und wir bauen unser Handeln und unsere Kommunikation darauf auf (Merten, Schmidt & Weischenberg, 1994).

Inwiefern wir also z. B. auf der Basis von Stereotypen und Vorurteilen („die Frauen", „die Männer", „die Alten", „die Amerikaner", „die Moslems" etc.) handeln, ist nicht nur Ergebnis eigener – guter wie schlechter – Erfahrungen, sondern basiert auch auf medienvermittelten Wahrnehmungen. In all denjenigen Bereichen, in denen keine eigenen Erfahrungen vorliegen (können), verlassen wir uns auf Eindrücke, die durch andere Personen und Medien an uns herangetragen werden; so in vielen Aspekten, die fremde Kulturen, Religionen oder Länder betreffen. Unser Bild von der indischen Bevölkerung beispielsweise dürfte deshalb geprägt sein von Informationen aus Nachrichten und Dokumentationen, aber eben auch von Filmen wie „Slum Dog Millionaire" oder der Rolle des Rajesh Koo-

thrappali in der TV-Serie „The Big Bang Theory" oder der Figur Apu Nahasapeemapetilon
aus der TV-Serie „The Simpsons".

Vor diesem Hintergrund ist daher zu diskutieren, ob ein Medienangebot, dass sich ausschließlich an dem orientiert, was sich auf dem Publikums- und dem Werbemarkt optimal
vermarkten lässt, eine Medienrealität darstellt, die ohne Verkürzung und Einseitigkeit
handlungsrelevant werden kann. Denn es könnte auch bedeuten, dass die Selbstbeobach-
tungs- und Selbstbeschreibungsfunktion der Medien für die Gesamtgesellschaft untergraben wird, „dass sich im Verlauf dieses Prozesses bestimmte Elemente und Ebenen der
Kultur und Kommunikation aus den sozialen Kontexten, in denen sie eigentlich entstanden
waren, abgelöst haben bzw. ablösen und in die Verfügungsgewalt privatwirtschaftlicher
Unternehmen geraten sind" (Krotz, 2001, S. 198).

2.3   Zusammenfassung

Medien unterscheiden sich von anderen Waren erstens dadurch, dass sie als Wirtschaftsgüter viele spezielle Gütereigenschaften aufweisen: Sie sind tendenziell eher öffentlichen
Gütern und Clubgütern zuzuordnen, produzieren wichtige erwünschte (z. B. Informiertheit) und unerwünschte (ggf. Gewaltbereitschaft) externe Effekte, erfüllen über die
individuelle Nachfrage der Rezipienten die gesellschaftlichen Erwartungen nur bedingt
(Meritorik), haben einen starken Dienstleistungscharakter und sind nur mangelhaft
rechtlich schutzfähig. Zudem ist die Qualität der Inhalte für die Nachfrager (Rezipienten,
aber auch Werbetreibende) nur bedingt transparent; die Medienproduktion ist von hohen
First-Copy-Kosten und einer (mehr oder weniger steilen) Fixkostendegression sowie Unsicherheit und Unbestimmtheit der Input-Output-Relation gekennzeichnet; und schließlich
orientieren sich Medien an zweiseitigen Märkten (Publikums- und Werbemarkt). Zweitens
unterscheiden sie sich von anderen Waren dadurch, dass sie spezielle Kombinationen dieser
Gütereigenschaften aufweisen, die immense Auswirkungen auf die Funktionsfähigkeit des
Medienmarktes haben. Drittens unterscheiden sie sich von anderen Waren dadurch, dass
sie als wichtige Instanzen im Meinungsbildungsprozess demokratierelevant sind und als
Selbstbeobachtungsinstanz der Gesellschaft und Konstrukteure sozialer Wirklichkeit eine
tragende Institution des gesellschaftlichen Zusammenlebens darstellen.

Kontrollfragen
▶   Was bedeutet die Aussage: „Medien besitzen einen Doppelcharakter"?
▶   Welche gesellschaftlichen Funktionen und Erwartungen sollen Medien erfüllen?
▶   Wie wird die Marktfähigkeit von Gütern geprüft und welche Konsequenzen haben
      die Ergebnisse?
▶   Inwiefern kann man bei Medieninhalten von einer Dienstleistung sprechen?
▶   Was sind Ursachen für die mangelnde Qualitätstransparenz bei Medien?

Kommentierte Literaturempfehlungen

- Picard, R. G. (2005). Money, media, and the public interest. In G. Overholser (Hrsg.), *The press* (S. 337–350). New York: Oxford University Press.
  Der Beitrag diskutiert die Medienproduktion im Spannungsfeld zwischen kommerziellen und öffentlichen Zielen mit Bezug zu demokratischen Gesellschaften. Er zeigt auf, dass alle in die Medienproduktion involvierten Gruppen ihren Anteil an problematischen Medienleistungen haben.
- Appel, E. (Hrsg.). (2008). *Ware oder Wert? Fernsehen zwischen Cash Cow und Public Value* (Mainzer Tage der Fernsehkritik, Bd. 41). Mainz: ZDF.
  Der Sammelband dokumentiert Diskussionen, in denen aus Sicht der Medienpraxis und der Kommunikationswissenschaft Medien als Wirtschafts- (cash cow) und Kulturgut (public value) behandelt werden. Auch online unter: http://stream-tv.de/sendung/25478/ mainzer-tage-der-fernsehkritik-2008-kueppersbusch-mediale-ware-und-wert verfügbar
- Heinrich, J. (2006). Medienprodukte — Medienangebote und Mediennutzung. In C. Scholz (Hrsg.), *Handbuch Medienmanagement* (S. 73–96). Berlin: Springer.
  Der Beitrag gibt aus wirtschaftswissenschaftlicher Sicht einen knappen Überblick über die Gütereigenschaften der Medien und geht dabei auf die Gattungen Zeitung, Zeitschrift, Radio, Fernsehen und Internet ein.
- Horkheimer, M. & Adorno, T. W. (1969). *Dialektik der Aufklärung.* Frankfurt a. M.: S. Fischer.
  Im Kapitel „Kulturindustrie. Aufklärung als Massenbetrug" (S. 128-176) wird in der Tradition der kritischen Theorie die Kulturindustrie als Amüsierbetrieb analysiert, dessen Verfügungsmacht über die Konsumenten mittels Amüsement und nicht mittels Zwang ausgeübt wird. Trotz seines „Alters" und seiner ungewohnten Sprache bringt das Kapitel höchst aktuelle Erkenntnisse.
- Grau, C. & Hess, T. (2007). Kostendegression in der digitalen Medienproduktion: Klassischer First-Copy-Cost-Effekt oder doch mehr? *MedienWirtschaft, 4* (Sonderheft), 26–37.
  Der Artikel fokussiert auf den First-Copy-Effekt, diskutiert ihn vor dem Hintergrund aktueller Medienentwicklungen und erweitert ihn um weitere Ansätze wie die Economies of Scope, um eine realistische Abbildung zu liefern.

Was ist besonders an Online-Medien? 3

Als Medien zeichnen sich Online-Medien grundsätzlich durch dieselben Charakteristika aus, die im vorangegangen Kapitel 2 beschrieben wurden. Und doch unterscheiden sie sich zum Teil erheblich von traditionellen Medien. Im Folgenden soll zunächst dargestellt werden, inwiefern sich Online-Medien als eigene Gattung verstehen lassen (Kapitel 3.1). Anschließend wird erläutert, warum Marktabgrenzungen (Kapitel 3.2) in Zeiten von Online-Medien schwieriger geworden sind. Dies ist als Folge der Konvergenz (Kapitel 3.3) zu verstehen. Als konkretes Feld der Konvergenz und Grundlage für Online-Medien wird anschließend auf die Digitalisierung (Kapitel 3.4) fokussiert. Um die Einstiegsfrage nach den Besonderheiten von Online-Medien zu beantworten, soll schließlich noch auf die Rolle von Netzwerkeffekten eingegangen werden (Kapitel 3.5).

3.1   Mediengattungen

Traditionell wurden Medien nach Gattungen unterschieden (Dahinden & Trappel, 2010; Schmidt & Weischenberg, 1994). Eine Gattung bezeichnet eine Gruppe, deren Mitglieder sich untereinander ähnlicher sein müssen als einem Mitglied einer anderen Gruppe. Das gilt in der Biologie genauso wie bei Medien. Als entscheidender Maßstab für die Ähnlichkeit wurde für Medien der technische Übertragungsweg gewählt. Bei der Zeitung sind dies textbasierte Inhalte, die auf Papier gedruckt verteilt werden. Beim Radio sind es auditive Inhalte, die durch elektromagnetische Schwingungen übertragen werden. Audiovisuelle Inhalte auf Polyester gebannt und in einer Aluminiumdose versendet heißen Film, mittels elektromagnetischer Schwingungen übertragen spricht man von Fernsehen. Für eine genauere Unterteilung wurden zum Teil noch zusätzliche Eigenschaften berücksichtigt. Tages- und Wochenzeitungen kann man anhand der Erscheinungsfrequenz unterscheiden, Wochenzeitungen und Anzeigenblätter anhand der Finanzierung, und Zeitungen und Magazine anhand der Drucktechnik und Bindung.

Aus betriebsökonomischer Perspektive ist diese technikbasierte Aufteilung sinnvoll, denn ein Großteil der Prozesse und Kosten sind abhängig von der Gattung: Bei Abonnementszeitungen in Deutschland hat Ende des vergangenen Jahrhunderts allein das Papier 8.3 % der Kosten ausgemacht, der Vertrieb nochmals 19.8 % (BDZV Zeitung 2000). Bei der ARD machten 2011 die Kosten für die Programmverbreitung im Jahr 2011 grade mal 3.9 % an den Gesamtkosten aus (ARD, 2012, S. 5), und das, obwohl die ARD mehr Frequenzen bedient und stärker auf die teure terrestrische Verbreitung setzt als die kommerzielle Konkurrenz.

Auch aus Rezipientenperspektive können Mediengattungen das Medienangebot strukturieren. Etwa im Sinne einer groben Inhaltserwartung nach dem Motto „Tageszeitung zum Informieren, Fernsehen zum Entspannen". Die Nutzung von unterschiedlichen Mediengattungen ist häufig habitualisiert und damit auch an bestimmte Tageszeiten gebunden. Radio wird vor allem am Morgen genutzt, zum Aufwachen, im Hintergrund beim Frühstück und im Auto auf dem Weg zur Arbeit. Auch Tageszeitungen werden morgens genutzt. Kino, Fernsehen und Magazine dagegen vor allem am Abend.

Wie passen nun aber Online-Medien in diese traditionelle Gattungseinteilung?

In Zeiten von Crossmedia – also gattungsübergreifenden Inhalten – und Online-Medien sind Gattungen zunehmend weniger geeignet, das Medienangebot zu strukturieren. Gattungsgrenzen stellen kein nützliches Kriterium mehr dar, wenn sie sich weiterhin an teilweise obsolet gewordenen technischen Unterschieden orientieren. Sie entsprechen damit nicht den zunehmend transmedialen Produktions- (Quandt & Singer, 2009), Erzähl- (Scolari, 2009) und Distributionsstrukturen (Doyle, 2010). Onlineangebote lassen sich in einer technikbasierten Gattungssystematik oft nicht schlüssig verorten: Soll man alle Online-Angebote gemeinsam als eigene Kategorie betrachten? Dies scheint kaum sinnvoll, zu groß sind die Unterschiede z. B. zwischen „YouTube", „bild.de" und „perlentaucher.de". Soll man Online-Angebote also anhand ihrer Ähnlichkeit zu einem traditionellen Medium zuordnen? „Sueddeutsche.de" wäre demnach eine (Online-)Zeitung, „Spiegel.de" ein (Online-)Magazin und „tagesschau.de" (Online-)Fernsehen. Diese Kategorisierung wäre denkbar, aber alle drei Beispiele bieten sowohl textbasierte Inhalte, interaktive Grafiken als auch Videos. Die technische Konvergenz lässt somit eine Unterscheidung wenig sinnvoll erscheinen. Zudem gibt es ja auch noch Online-Medien, für die es keine eindeutige Entsprechung unter den traditionellen Mediengattungen gibt, so z. B. Blogs.

Darüber hinaus betrifft Konvergenz nicht nur die Medientechnik, sondern auch die Medienproduktion und die Mediennutzung als kulturelle Form (Deuze, 2007a; Jenkins, 2004). Statt an der Technik orientieren sich Angebote eher an der gattungsübergreifend angelegten Medienmarke (Caspar, 2002) oder es wird eine Erzählwelt aufgebaut, die jeweils an die Anforderungen unterschiedlicher Distributionswege angepasst werden kann (Scolari, 2009). Die Erzählwelt/Marke von Angeboten wie z. B. „Berlin/Wien Tag & Nacht" oder „JOIZ" geht über das Fernsehen hinaus und lebt in Facebook weiter.

Zeitgemäße Systematisierungen müssen sich also auf Dimensionen beziehen, die einerseits technikneutral sind und die andererseits auf Anbieter- und Nutzerseite Relevanz haben, also sowohl auf den Beschaffungs- als auch auf den Nachfragemärkten der Marktabgrenzung dienen können. Die bisherige eindimensionale Kategorisierung kann so abgelöst werden durch mehrere Dimensionen, die je nach Fragestellung zu einer Matrix verbunden werden können.

Die Distributions- und Produktionstechnik kann hier ebenso eine Dimension sein, wie inhaltliche Kriterien oder die Frage nach der Serialität. Die beiden letztgenannten

Kriterien beziehen sich dabei explizit auf die Besonderheiten von Medien (vgl. Kapitel 2.1). Die Serialität bestimmt maßgeblich, inwiefern das Problem der Erfahrungsguteigenschaft adressiert werden kann. Die Inhaltsdimension bestimmt, welche Ressourcen in der Produktion notwendig sind, und welche Bedürfnisse auf Nutzerseite bedient werden können. Unabhängig vom Übertragungskanal lassen sich so publizistische Angebote zusammenfassen, die grundsätzlich in einem gemeinsamen Markt miteinander konkurrieren. Ein Roman, als in sich abgeschlossene fiktionale Erzählung, ist einem Kinofilm, als ebenfalls fiktionaler Erzählung, ähnlicher, als einer, zwar ebenfalls auf Papier gedruckten, ansonsten aber grundverschiedenen, Tageszeitung. Abbildung 3.1 zeigt wie so eine Angebotssystematik aussehen kann.

Abb. 3.1 Transmediale Angebotsmatrix

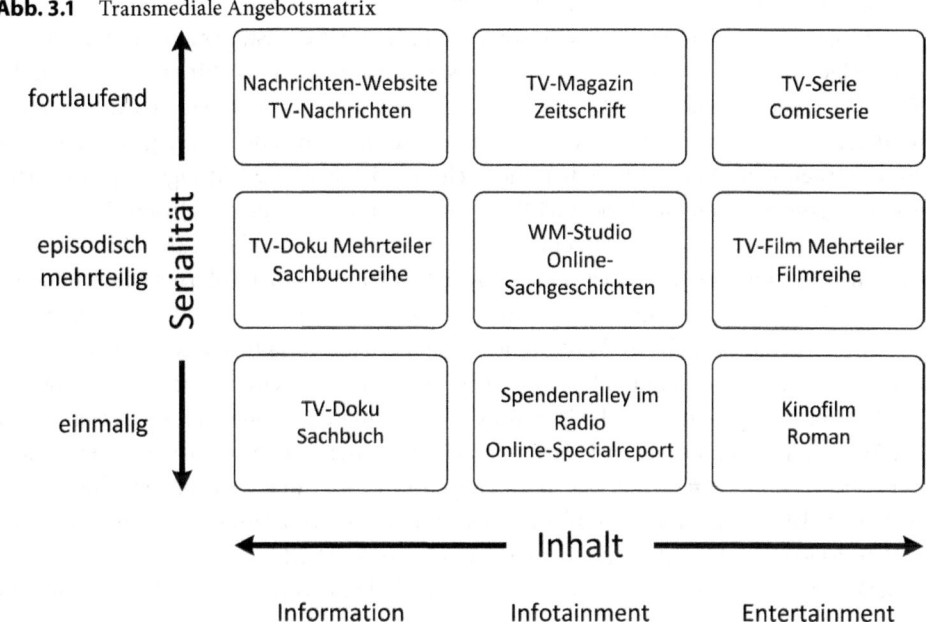

Quelle: Eigene Darstellung

Somit wäre einen zeitgemäße Einteilung von Medienangeboten möglich, doch wozu sind solche Systematisierungen überhaupt gut? Warum ist es notwendig, innerhalb der Medien unterschiedliche Märkte abzugrenzen? Auf diese Frage soll im Folgenden eine Antwort gegeben werden.

3.2   Marktabgrenzungen

Marktabgrenzungen, unabhängig davon, ob sie auf Mediengattungen oder auf anderen Kriterien basieren, sind notwendig als Analyseeinheit. Wenn im SVE-Modell (vgl. Kapitel 1.1.1) z. B. die Marktstruktur mit der Anzahl an Marktteilnehmern und deren Marktanteilen bestimmt werden soll, so muss zunächst abgegrenzt werden, wer zum Markt dazugehört und wer nicht. Allgemeiner formuliert lassen sich drei Perspektiven beschreiben, aus denen heraus Marktabgrenzungen notwendig und nützlich sind:

Aus **betriebswirtschaftlicher Perspektive** wird häufig auch von Marktsegmentierung gesprochen. Hier geht es einerseits darum, aus der Heterogenität der Nachfrage Marktsegmente abzuleiten (Freter, 2001) und andererseits darauf aufbauend darum, dem Management zu verdeutlichen, wer die Konkurrenz ist (Bauer, 1989, S. 251). Die Marktabgrenzung ergibt sich somit aus dem Selbstverständnis des Unternehmens. Welches Produkt oder welche Dienstleistung wird wann und wo wem angeboten? Konkurrenz ist, wer das Gleiche anbietet oder anbieten könnte. Die Marktabgrenzung ist somit die Grundlage für unternehmerische Entscheidungen, vor allem im Marketing. Je nachdem wie weit oder eng ein Markt abgegrenzt wird, ergeben sich andere Wettbewerbsfelder und somit auch andere Strategieoptionen für ein Unternehmen. Wenn ein Medienunternehmen sich als Tageszeitungsverlag in Berlin versteht, grenzt es seinen Markt sachlich (Tageszeitung) und geographisch (Berlin) eng ab. Somit wären nur andere Berliner Zeitungen als Wettbewerber berücksichtigt. Dasselbe Unternehmen könnte sich jedoch auch als Anbieter von aktuellen Informationen über die deutsche Hauptstadt und als ein Zentrum des deutschen Kulturschaffens verstehen. Sachlich ginge es um politische und kulturelle Information, geographisch stünde zwar immer noch Berlin im Mittelpunkt, allerdings nicht mehr im Sinne eines Verbreitungsgebietes, sondern als Bezugspunkt für die Herkunft der Information. Konkurrenten wären damit alle Medienunternehmen, die mindestens einen Korrespondenten in Berlin haben oder den Berlin-Korrespondenten einer Nachrichtenagentur nutzen und zwar unabhängig davon, ob es sich dabei um Print-, Rundfunk- oder Online-Anbieter handelt. Da die Markteintrittsbarrieren für den Informationsmarkt aufgrund der Digitalisierung massiv gesunken sind (Wirtz, 2009), können Berichte aus Berlin auch direkt von den handelnden Akteuren kommen. Beispiele wären Informationsangebote von Regierung, Parlament, Parteien und Verbänden oder von unabhängigen Einzelpersonen, die einen Blog zu entsprechenden Themen betreiben.

Aus betriebswirtschaftlicher Perspektive ist es grundsätzlich sinnvoll, Märkte breit abzugrenzen, also viele mögliche Substitute als potenzielle Konkurrenz zu betrachten. Für einen Anbieter von medialer Unterhaltung kann es so z. B. sinnvoll sein, alle möglichen unterhaltenden Freizeitaktivitäten zu berücksichtigen. Ein Kino am Ort steht daher nicht nur mit anderen Kinos im Wettbewerb, sondern auch mit dem Unterhaltungsangebot im Fernsehen, mit einem VoD-Angebot im Home Cinema, mit dem „Feierabend-Bier" mit Freunden in der Kneipe, mit einem Online-Videospiel oder stundenlangem Surfen und Chatten auf Facebook etc. Die Digitalisierung und das Entstehen von Online-Medien aller

Art bedeuten somit, dass aus betriebswirtschaftlicher Perspektive Marktabgrenzungen überdacht werden müssen, da viele neue Konkurrenten für bestehende Akteure aufkommen.

Aus **volkswirtschaftlicher Perspektive** braucht es Marktabgrenzungen, um gesamtwirtschaftliche Daten bereitstellen zu können (Bauer, 1989, S. 23ff.). Nur so kann beispielsweise der Beitrag einer Branche zum Volkseinkommen bestimmt werden. Marktabgrenzungen spielen damit auch eine wichtige Rolle für die Wirtschaftspolitik, da sie erlauben, Branchen mit einheitlichen Bedürfnissen oder Problemen zu definieren, für die eine politische Maßnahme eingeführt wird.

Wichtigster Politikbereich ist hierbei die **Wettbewerbspolitik**. Markabgrenzungen dienen also auch als Basis von Wettbewerbsanalysen sowie der Kontrolle und Regulierung des Wettbewerbs (Briglauer, 2008) – beispielsweise um Markt- bzw. Meinungskonzentrationen zu verhindern (vgl. Fallbeispiel 3). Nur wenn klar definiert ist, welche Unternehmen zueinander in Konkurrenz stehen, kann überprüft werden, ob der Wettbewerb funktioniert, oder ob ggf. regulierende Eingriffe notwendig sind.

Um nun Marktabgrenzungen vorzunehmen, sind grundsätzlich drei Konzepte möglich: nach Ort, nach Zeit und nach Inhalt:

Bei der *räumlichen* Marktabgrenzung werden alle Angebote, die in einer bestimmten Region verfügbar sind, als ein Wettbewerbsfeld betrachtet. In der Regel wird eine räumliche Marktabgrenzung mit einer sachlichen kombiniert, so dass z. B. alle Zeitungen, die in einer Stadt verfügbar sind bzw. die Stadt redaktionell abdecken, zu einem Markt zusammengefasst werden können.

Die *zeitliche* Marktabgrenzung unterscheidet danach, ob Angebote gleichzeitig verfügbar sind und somit in Konkurrenz stehen. Im Medienbereich werden Märkte oft künstlich zeitlich voneinander abgegrenzt, indem die Verbreitung über bestimmte Kanäle zunächst nicht erlaubt wird. Berichte über die Fußball-Bundesliga sind beispielsweise erst ab 18:30 Uhr im frei empfangbaren TV möglich, da die Bilder davor nur im Pay-TV ausgestrahlt werden dürfen.

Eine *sachliche* Marktabgrenzung orientiert sich am Bedarfsmarktkonzept, also am Konzept der funktionellen Austauschbarkeit (Hesse, 2011, S. 158). Konkurrenten sind damit all jene Unternehmen, deren Produkt oder Dienstleistung für die Konsumenten dieselbe Funktion erfüllen. Hierbei ist ein gewisser Spielraum gegeben, was als austauschbar gilt. Wenn es um den Inhalt eines Films geht, kann eine DVD am Laptop geschaut als Substitut für den Kinobesuch gelten, wenn es jedoch um das Immersionserleben und die soziale Situation geht, eher nicht.

Online-Medien stellen für Marktabgrenzungen häufig eine gewisse Herausforderung dar: Räumlich ist das Internet nicht begrenzt, auch wenn die Verbreitung von bestimmten Angeboten durch IP-Blocker eingeschränkt werden kann. Auch zeitliche Abgrenzungen sind schwierig. Einerseits können Online-Inhalte im Gegensatz zu traditionellen Medieninhalten ständig aktualisiert werden; andererseits bietet sich das Internet als Archiv für die zeitunabhängige Nutzung an, etwa durch Podcasts oder Mediatheken. Schließlich ist auch eine sachliche Abgrenzung für Online-Medien kaum möglich, da das Internet multimedial ist, und somit die meisten anderen Medien potenziell substituieren kann.

Fallbeispiel 3: Bedarfsmarktkonzept in der Fusionskontrolle

Zusammenschlüsse im Medienbereich können zu einer marktbeherrschenden Stellung nicht nur im ökonomischen, sondern auch im publizistischen Sinne führen. Deshalb muss bei der Prüfung von Fusionen zwischen Medienunternehmen jeweils geprüft werden, ob eine solche Situation entsteht. Dafür ist eine Marktabgrenzung notwendig, die sich im Einzelfall als schwierig darstellen kann. Juristisch erfolgt die Marktabgrenzung oft anders als es Mediennutzer tun. Was für einen Rezipienten ein Substitut ist, muss es aus Regliererperspektive nicht sein:

2005 wollte die *Axel Springer AG* die *ProSiebenSat.1 Media AG* übernehmen. Der Zusammenschluss wurde sowohl vom Bundeskartellamt als auch von der *Kommission zur Ermittlung der Konzentration im Medienbereich (KEK)* überprüft und schließlich untersagt. Das Bundeskartellamt (Prüfverfahren Az.: B 6 –103/05) ging dabei aber nicht von einem betroffenen Medienmarkt aus, sondern bezog ganze drei Wettbewerbsfelder in die Prüfung ein: Erstens den Fernsehwerbemarkt, zweitens den bundesweiten Lesermarkt für Straßenverkaufszeitungen, und drittens den bundesweiten Anzeigenmarkt für Zeitungen. Im TV-Kontext ist für das Bundeskartellamt nur der Werbemarkt relevant, nicht jedoch der Zuschauermarkt, da hier keine Erlöse erzielt werden. Während *ProSiebenSat.1* im fraglichen Zeitraum einen Zuschauermarktanteil von 22 % hatte, was nicht als marktbeherrschend gilt, betrug der Anteil am TV-Werbemarkt 45 %. Der Printmarkt hingegen wurde differenziert betrachtet: Während im Lesermarkt zwischen Straßenverkaufszeitung (Boulevardpresse) und Abonnementszeitung (Forums- und Qualitätspresse) unterschieden wird, stellt sich der Anzeigenmarkt einheitlich dar. Aus Perspektive des Bundeskartellamts ist also die „Bild"-Zeitung für Leser kein Substitut für die „FAZ", für Anzeigenkunden jedoch durchaus.

Die *KEK* hingegen muss eine dominante Position auf dem Meinungsmarkt prüfen. Hierbei sind Werbemarktanteile unerheblich, maßgeblich ist der Rezipientenmarkt. Nach dem Rundfunkstaatsvertrag wird eine unzulässige Meinungsmacht im Rundfunkbereich ab einem Marktanteil von 30 % angenommen. Allerdings kann diese auch bei geringerem Marktanteil gegeben sein, wenn das Unternehmen eine dominante Stellung auf einem anderen für den Prozess der öffentlichen Meinungsbildung relevanten „Markt" hat. Die *KEK* hat entsprechend die Position des *Axel Springer Verlags* im Zeitungs-, Programmzeitschriften- und Onlinemarkt in Zuschauermarktanteile umgerechnet, und kam so zu einem nicht genehmigungsfähig hohen Wert von 42 % (Kommission zur Ermittlung der Konzentration im Medienbereich [KEK], 2006). Die *KEK* grenzt die Märkte also wirtschaftlich voneinander ab, konstruiert jedoch quer dazu einen Meinungs-„Markt", zu dem verschiedene Medien gewichtet beitragen können.

3.3 Konvergenz

Traditionelle Konzepte zu Medienmärkten, Wertschöpfungsketten und Geschäftsmodellen werden durch die Konvergenz in Frage gestellt. Konvergenz ist dabei nicht eindeutig definiert, sondern beschreibt je nach Perspektive unterschiedliche Veränderungen im Umfeld und Verhalten von Medien (Wirth, 2006). Daher wird Konvergenz in der Regel als mehrdimensionaler Prozess verstanden, der folgende Bereiche mit einschließt:

- Technische Konvergenz (z. B. Digitalisierung, Standardisierung)
- Ökonomische Konvergenz (z. B. Verschmelzung von bisher getrennten Märkten, Neuordnung von Wertschöpfungsketten)
- Soziale Konvergenz / Konvergenz der Mediennutzung (z. B. Nutzungspräferenzen und -muster)
- Kulturelle Konvergenz (z. B. transmediales Erzählen, verknüpfte Inhalte)
- Policy-Konvergenz (z. B. Deregulierung, Verschmelzung von Regulierungsfeldern und -institutionen)
- Globale Konvergenz (z. B. Internationalisierung von Strategien und Inhalten)

All diese Dimensionen sollten dabei nicht isoliert betrachtet werden, sondern als co-evolutionäre Entwicklungen, die sich gegenseitig beeinflussen, bedingen und befördern (Latzer, 1997). Die technische Konvergenz ist allein schon durch die Digitalisierung der Medien gegeben (vgl. Kapitel 3.4), doch für Medienunternehmen entscheidender ist die sukzessive daraus folgende Veränderung des Medienkonsums. Die Nutzung von Online-Medien verändert und ersetzt fallweise die Nutzung von traditionellen Medien, und erfordert so eine neue Abgrenzung von Medienmärkten (de Waal, Schönbach & Lauf, 2005; Gerhards & Klingler, 2007).

Aus der Perspektive von Medienunternehmen bedeutet Konvergenz vor allem eine Neuorganisation der Wertschöpfungskette. Synergien sollen genutzt werden, Fusionen und Firmenkäufe werden gefördert und bestehende Inhalte auf zusätzlichen (neuen) Plattformen verwertet (Wirth, 2006). Wertschöpfungsketten aus den Branchen Telekommunikation, Informationstechnik, Medien und Unterhaltung verschmelzen zu einer konvergenten Wertschöpfungskette. Firmen aus allen vier Segmenten engagieren sich in neuen Geschäftsfeldern und verfolgen dabei meist cross-mediale Strategien, richten ihre Produkte und deren Vertrieb also nicht mehr an traditionellen Gattungsgrenzen aus. Zunehmend überschneiden sich die Märkte von Unternehmen aus den genannten vier Bereichen. Medienorganisationen müssen sich also auf Wettbewerber einstellen, die über einen anderen Hintergrund verfügen. Diese Konkurrenten bringen einerseits nicht immer die notwendigen Kompetenzen und Ressourcen für die Medienbranche mit, sind andererseits aber auch nicht an die Pfadabhängigkeiten der Branche und deren Konventionen gebunden. Für die neuen konvergenten Märkte können sie Kompetenzen vorweisen, die so bei Medienunternehmen bislang nicht verfügbar waren. Häufig erfolgt der Einstieg von Nicht-Medienunternehmen dabei über den Vertrieb. *Youtube* z. B. ist als Plattform für user generated content gestartet, hat sich dann als Distributionskanal für professionelle Inhalte ausgerichtet, und vergibt inzwischen Aufträge für eigene exklusive Inhalte. *Amazon* ist als Versandbuchhändler gestartet, und ist neben vielen anderen Geschäftsfeldern mittlerweile nicht nur der weltweit größte Anbieter von E-Books, sondern positioniert sich auch als Verlag für diese. Nicht alle Versuche sich in einem konvergenten Medienmarkt zu etablieren, sind von Erfolg gekrönt. Viele Kabelnetzbetreiber oder IPTV-Anbieter (Internet Protocol Television) haben Anstrengungen, ihren Kunden eigene Programme anzubieten wieder aufgegeben, und vertrauen nun eher auf externe Partner. Umgekehrt sind die Online-Videoplattformen von TV-Sendern meist weniger erfolgreich als das Angebot unabhängiger Anbieter. Entscheidend ist immer, inwieweit es den Unternehmen gelingt, ihre Kompetenzen in dem neuen konvergenten Markt zu nutzen, sich ggf. neue anzueignen oder zuzukaufen, und nicht mehr gebrauchte Kompetenzen und Routinen aufzugeben (Schreyögg & Kliesch-Eberl, 2007). Traditionell waren Medienmärkte im Vergleich zu anderen Branchen wenig dynamisch. Hohe Markteintrittsbarrieren bedeuteten eine relativ stabile Anzahl von Marktteilnehmern, die darüber hinaus – aufgrund des langsamen und evolutionären Fortschritts der Medientechnik – keine ausgeprägte Anpassungsfähigkeit an den Tag legen mussten. Entsprechend stellt der durch die Konvergenz und insbesondere durch die Verbreitung des Internets intensivierte Wettbewerb für viele Medienunternehmen eine große Herausforderung dar.

Jene Anbieter, deren Produkte sich über Rezipientenerlöse finanzieren (Tageszeitungen und vor allem Film, Musik und Buch), kämpfen insbesondere mit der häufig geringen Zahlungsbereitschaft online und der Möglichkeit, ohne Qualitätsverlust illegitime Kopien eines Inhalts anzufertigen und zu verteilen.

3.4   Digitalisierung

Die Digitalisierung der Medienproduktion und -distribution hat traditionelle Mediengattungseinteilungen (vgl. Kapitel 3.1) in Frage gestellt. Digitalisierung beschreibt den Veränderungsprozess, in dessen Rahmen analoge, materielle Informationseinheiten durch entmaterialisierte, binäre Informationseinheiten ersetzt werden (Küng, Picard & Towse, 2008; Zerdick et al., 2001). Die Auswirkungen der Digitalisierung betreffen dabei die gesamte ökonomische Struktur der Medienbranche (Seufert, 2004). Der Prozess der Digitalisierung ist bei verschiedenen Medientypen unterschiedlich weit fortgeschritten. Während die Abläufe bei der Produktion einer Zeitung weitgehend digitalisiert sind, ist bedrucktes Papier noch immer der dominante (analoge) Vertriebskanal. Auch im Radio dominiert weiterhin die analoge UKW-Verbreitung, die Fernsehausstrahlung ist dagegen weitgehend digitalisiert: Via Satellit und terrestrisch gibt es keine analoge Übermittlung mehr, und auch beim Kabelfernsehen ist die digitale Verbreitung mittlerweile Standard. Im Kino hat sich einen Mischform etabliert, bei der die Verleihe Festplatten statt Filmrollen an die Kinos senden. Im Musikmarkt spielen Streams und Downloads eine immer größere

Rolle; neben diesen und digitalen Tonträgern bleibt jedoch ein Nischenmarkt für analoge Vinylschallplatten bestehen. Im Buchmarkt ist die Digitalisierung noch am wenigsten weit fortgeschritten, doch zeigen E-Books große Wachstumsraten, und einzelne Genres wie z. B. Lexika sind komplett ins Internet abgewandert.

Nun stellt sich die Frage, was sich aus ökonomischer Perspektive ändert, wenn ein Medium in digitaler Form vorliegt. Zunächst kann hier nach dem notwendigen Technikeinsatz differenziert werden. Pross (1972) schlägt dazu eine Typologie von Primärmedien (Gespräche ohne Technikeinsatz) zu Quartärmedien (Technikeinsatz bei Sender, Übertragung und Empfänger) vor. Dieser Technikeinsatz lässt sich noch weiter differenzieren in die Digitalisierung der Distribution und die Digitalisierung des Produkts. Eine (teilweise) Digitalisierung der Distribution ist mit materiellen Produkten möglich, etwa wenn ein Leser ein gedrucktes Buch oder eine DVD bei einem Online-Versand bestellt (Hess, 1999; Wirtz & Sammerl, 2006). Diese erste Ebene der Digitalisierung verändert die Marktstruktur vor allem durch ihren Einfluss auf das stationäre Geschäft mit Medienträgern. Stationäre Läden können nicht mehr im selben Maß als Marktkoordinatoren auftreten und verlieren dadurch Umsätze und Marktanteile. Entsprechend sind Musikgeschäfte weitgehend aus den Einkaufsstraßen verschwunden, und auch Buchhandlungen haben zunehmend existenzielle Probleme. Parallel schaffen diese Veränderungen andere Möglichkeiten Angebot und Nachfrage zu vermitteln, und bieten Chancen für neue Marktteilnehmer mit abweichenden Kompetenzen und Ressourcen. Celemons, Bin Gu und Lang (2003) sprechen von einer „neuen Verletzlichkeit" von traditionell stabilen Märkten. Das Aufkommen einer neuen Technik bedeutet reduzierte Markteintrittsbarrieren und damit größere Attraktivität eines Wettbewerbsfeldes für neue Marktteilnehmer sowie Schwierigkeiten der etablierten Anbieter sich anzupassen. Entsprechend sind die dominanten Händler im Online-Vertrieb wie z. B. *Amazon* oft erst mit der Digitalisierung in die Branche eingestiegen. Die Digitalisierung des Vertriebs bedeutet häufig auch einen stärkeren Preiswettbewerb, denn die Informationsasymmetrie zwischen Käufer (der wenig weiß) und Verkäufer (der viel weiß) ist reduziert; die Kunden können Preise und Leistungen besser vergleichen.

Die Digitalisierung des eigentlichen Produkts bedeutet dessen Entmaterialisierung und erlaubt es somit, auch in der Distribution auf einen materiellen Träger zu verzichten, das heißt die Information direkt über digitale Kanäle zu verbreiten (Riehm, 2003). Beispiele wären der Einkauf eines E-Books, das via Mobilfunknetz direkt auf den E-Book-Reader übertragen wird oder die Übertragung eines Pay-per-view Films auf einen Smart-TV. Diese zweite Ebene der Digitalisierung hat weitere Konsequenzen für die Bestimmung des Produktpreises. Die Preissetzung von gedruckten Büchern z. B. orientiert sich primär an den Produktionskosten (Papies, 2009). Je mehr Seiten ein Buch hat, desto teurer wird es verkauft. Mit größerer Seitenzahl ist mehr Papier und Druckerfarbe notwendig, und beim Versand muss mehr Gewicht transportiert werden. Bei einem E-Book hingegen wird lediglich die Datei etwas größer, was beim Versand aber praktisch keine Mehrkosten verursacht. Die Fixkosten der Buchproduktion (Autorenhonorar, Layout, Rechtekosten) sind dieselben, der Preis muss sich also an der erwarteten Nachfrage orientieren. Entsprechend

ist die Frage zu klären, auf wie viele Kunden die Fixkosten verteilt werden können. Je größer die Absatzmenge, desto kleiner die Stückkosten da die variablen Kosten gegen Null
tendieren. Das Phänomen der Fixkostendegression gibt es auch bei traditionellen Medien
(vgl. Kapitel 2.1.6). Allerdings ist es bei Online-Medien wesentlich stärker ausgeprägt, da
die variablen Kosten deutlich geringer sind als bei traditionellen elektronischen Medien
wie z. B. dem Rundfunk. Das Problem ist nun, dass eine hohe Preistransparenz und eine
hohe Preissensibilität bei vielen Medienprodukten die Preise insgesamt drücken, und die
Märkte für rezipientenfinanzierte Medien volatiler machen. Einnahmen sind weniger gut
planbar, und entsprechend setzen Anbieter auf eine stärkere Kostenkontrolle, was potenziell
zu weniger Qualität führt (vgl. Kapitel 13).

Des Weiteren spielt sich der Wettbewerb in einer digitalisierten Branche nicht nur auf
der Produktebene, sondern auch auf der Plattformebene ab. Es gibt digital viele Wege
zum Kunden, die jeweils eine eigene, meist inkompatible technische Infrastruktur haben.
Hoffnungen, dass sich mit einer universellen Auszeichnungssprache wie XML Inhalte
auf beliebigen Geräten ausspielen lassen haben sich so nicht erfüllt. Eine Online-Zeitung
beispielsweise kann im offenen Internet, aber auch über Geräte mit „iOS", „Android" oder
Amazons „Kindle" vertrieben werden. Für jedes Gerät ist eine Anpassung erforderlich und
die Konditionen, die die Plattformbetreiber bieten, variieren. Da die Inhalte-Anbieter es
weitgehend versäumt haben eigene Standards zu etablieren, müssen sie sich nun nach den
Plattform-Betreibern richten. Für Rezipienten bedeuten die inkompatiblen Plattformen
häufig hohe Wechselkosten. Eine App die für ein „iPhone" gekauft wurde kann nicht auf
einem „Android"-Gerät genutzt werden. Kunden sind somit relativ stark an die ursprünglich gewählte Plattform gebunden (Hess & Anding, 2003). Für Inhalte-Anbieter bedeutet
dies, dass sie mehrere Plattformen bedienen müssen wodurch die Kostenvorteile der
Digitaltechnik geringer ausfallen.

Mittelbar kann die Digitalisierung auch zu einer stärkeren Ökonomisierung (vgl. Kapitel 4.2) führen. Eine ausgeprägte Fixkostendegression und Netzwerkeffekte bedeuten,
dass es sich für Anbieter noch mehr als in analogen Medienmärkten lohnt, eine gewisse
Betriebsgröße zu haben. Größe entsteht aber vor allem durch das Bedienen des Massen-
geschmacks und nicht durch eine Orientierung an kulturellen oder gesellschaftlichen
Zielen. Digitalisierung befördert insofern eine Angebotsausrichtung an der Nachfrage und
der Rendite, normative Ziele müssen zurückstehen, und die Bewertung des Tauschwerts
ersetzt die Bewertung des Nutzwerts (Mosco, 2009, S. 132). Der Prozess der Ökonomisierung findet zwar auch schon ohne die Digitalisierung statt, allerdings kann er durch die
Digitalisierung noch einmal verstärkt werden (Heinrich, 2001; Knoche, 2001; von Rimscha
& Putzig, 2013; Winter & Karmasin, 2001).

Wie bereits erwähnt wurde, bedeuten niedrigere Markteintrittsbarrieren und potenziell
geringere Distributions- und Produktionskosten auch, dass mehr potenzielle Anbieter in
die Lage versetzt sind, sich im Medienmarkt zu engagieren. Insbesondere in der Anfangs-
zeit des Internets führte dies zu einer Euphorie über die deliberative und emanzipierende
Funktion des Internets, das allen eine Stimme geben könnte. Der Rezipient, der dadurch
selbst zum Prosument (Produzent + Konsument (Toffler, 1980)) wird, könnte dann in

einer „participatory culture" (Jenkins, 2009) der Ökonomisierung Einhalt gebieten. Tatsächlich hat die Digitalisierung das Medienangebot stark ausgeweitet, und jede noch so kleine und spezielle Nische wird inzwischen bedient (Anderson, 2007). Die Vielfalt hat damit allerdings nur bedingt zugenommen, denn der Markt hat sich polarisiert: Auf der einen Seite gibt es die wenigen massenkompatiblen Angebote, die das Gros der Nachfrage und des Umsatzes auf sich vereinen; auf der anderen Seite existieren die vielen kleinen Angebote, die nur innerhalb ihrer Nische bestehen und wahrgenommen werden, und für die Anbieter selten lukrativ sind. Dazu kommt, dass Nischenanbieter für den Weg zum Kunden/Rezipienten häufig auf den Service von Aggregatoren wie „iTunes" oder den „Google Play Store" angewiesen sind, die Angebote bündeln und auffindbar machen. Diese neuen Akteure in der Medienbranche fühlen sich in der Regel jedoch den normativ begründeten Qualitätszielen nicht verpflichtet wie früher ggf. die Verleger, sondern sind grundsätzlich eher profitorientiert.

3.5   Netzwerkeffekte

Eine wichtige Eigenschaft von Medien, sowohl traditionellen, als auch neuen Online-Medien, ist die Existenz von Netzwerkeffekten, die den Wert eines Mediums über den individuellen Nutzen hinaus beeinflussen. Ein Netzwerkeffekt liegt vor, wenn sich der Wert eines Produktes oder einer Dienstleistung mit der Anzahl der Nutzer erhöht. Ein einzelnes Telefon hat nur den Recyclingwert des verbauten Materials und ist damit weitgehend wertlos. Wird es jedoch mit einem zweiten Telefon verbunden, können zwei Nutzer kommunizieren, zwischen fünf Telefonen gibt es bereits zehn mögliche Verbindungen usw. Nach Metcalfes Gesetz steigt der Wert eines Netzwerks proportional zum Quadrat der Teilnehmer (Shapiro & Varian, 1999). In einem populären Netzwerk (z. B. Telefonnetz, Social Media) wird schließlich eine Situation erreicht, in der es sich niemand mehr erlauben kann, nicht dabei zu sein. Allerdings gibt es bei Netzwerken auch einen Sättigungseffekt. Um das vorige Beispiel aufzugreifen: Der elfte Teilnehmer am Telefonnetz steigert den Wert des Netzes mehr als der Millionste. Der marginale Mehrnutzen neuer Teilnehmer sinkt mit der Zahl der Teilnehmer (Leibenstein, 1950).

In einem Markt mit Netzwerkeffekten kann ein Unternehmen, das einen kleinen Vorteil hat, seinen Marktanteil ausbauen und eine marktbeherrschende Stellung einnehmen, während ein Unternehmen mit einem kleinen Nachteil Marktanteile verliert und ggf. ganz aus dem Markt getrieben wird. In der Internetwirtschaft sind Netzwerkeffekte besonders präsent, man spricht von ‚winner-take-all-Märkten' (Kelly, 1998; Shapiro & Varian, 1999).

Grundsätzlich muss zwischen direkten und indirekten Netzwerkeffekten differenziert werden. Direkte Netzwerkeffekte liegen vor, wenn es einen unmittelbaren Effekt von der Zahl der Konsumenten auf die Nützlichkeit, also den Wert des Netzwerkes gibt – wie etwa in dem erwähnten Beispiel vom Telefonnetz. Indirekte Netzwerkeffekte setzen dagegen keine unmittelbare Verbindung voraus. Wenn sich z. B. mehr Konsumenten für eine bestimmte Hardware entscheiden, steigert dies die Wahrscheinlichkeit, dass für eben diese Hardware eine große Auswahl an Software verfügbar sein wird. Häufig treten indirekte Netzwerkeffekte im Kontext der Standardisierung neuer Medientechniken auf, wenn mehrere Formate um die Gunst der Konsumenten konkurrieren. „VHS" und „Blu-ray" haben sich auch deshalb gegenüber „Betamax" und „Video2000" bzw. „HD-DVD" durchgesetzt, weil jeweils mehr Filme in diesem Format angeboten wurden. Endkunden haben entsprechend häufiger diese Systeme gewählt, wodurch sich der Effekt weiter verstärkte (Cusumano, Mylonadis & Rosenbloom, 1992). Auch bei Software-Plattformen zeigen sich solche indirekten Netzwerkeffekte, etwa wenn Softwareentwickler sich für ein Smartphone-Betriebssystem oder eine Videospielkonsole entscheiden, und dadurch die Attraktivität der Plattform mitbeeinflussen.

In gewissem Sinne gibt es Netzwerkeffekte auch bei traditionellen Medien, etwa wenn man an das Konsumkapital oder die Anschlusskommunikation denkt. Wenn ein Fernsehzuschauer statt einer wenig rezipierten eine beliebte Serie verfolgt, hat er mehr potenzielle Gesprächspartner, mit denen er sich über die letzte Folge austauschen kann. Weil er selbst die Zahl der potenziellen Gesprächspartner zur Sendung erhöht, steigert er damit wiederum die Attraktivität der Sendung für andere. Genauso verfolgen Deutsche Fußballspiele, Österreicher Ski-Abfahrten und Schweizer Tenniswettbewerbe mit Roger Federer nicht nur, weil sie es mögen, sondern auch, weil sie sich mit kaum jemandem über Unihockey, Rugby oder Badminton unterhalten könnten (Heinrich, 2006a). Medienunternehmen können Nutzer hierdurch an sich binden, denn der Wechsel zu einer weniger populären Sportart oder Serie auf einem anderen Sender bedeutet hohe Kosten. Diese entstehen dadurch, dass zunächst neue Regeln, Handlungsstränge, Charaktere etc. gelernt und anschließend neue Gesprächspartner gefunden oder bisherige Gesprächspartner zum Wechsel bewegt werden müssen.

In Social Media-Angeboten sind Netzwerkeffekte noch viel deutlicher. Ein Social Network, in dem ein Nutzer allein bleibt, ist wertlos. Mit steigender Teilnehmerzahl wächst die Attraktivität für alle Beteiligten: Für Nutzer erhöht sich die Wahrscheinlichkeit, Gleichgesinnte zu treffen, Programmierer finden einen größeren Markt für ihre Applikationen, und Werber haben bessere Chancen, eng umgrenzte Zielgruppen anzusprechen (vgl. Kapitel 8.1). Die Wertsteigerung des Netzwerks durch zusätzliche Teilnehmer ist somit mehrfach (direkt und indirekt) positiv rückgekoppelt, da sie für mehrere Akteure gleichzeitig eintritt. Hieraus erklärt sich auch, warum die Erhöhung der Nutzerzahlen zumindest in der Gründungsphase von Online-Medien oft größere Priorität hat als die Monetarisierung derselben. Vor der Dotcom-Krise 2000 verfolgten viele Internet Start-ups eine ‚get-big-fast-Strategie', bei der sie zunächst die installierte Basis, also die Zahl der Nutzer, maximieren wollten, ohne dass sie bereits nennenswerte Umsätze generierten (Liebowitz, 2002). Und auch heute noch lässt sich dieses Muster bei vielen Social Media-Angeboten beobachten, wenn die Teilnehmerzahl weit schneller zunimmt als der Umsatz. Allerdings ist es meist schwer möglich, ein Angebot, das zur Maximierung der Teilnehmerzahlen kostenlos eingeführt wird, nachträglich zu bepreisen. Die Abwanderung eines Großteils der Nutzer wäre die Folge. Folglich müssen die Anbieter Teilnehmer an sich binden, um die Abwanderung zu potenziellen Konkurrenten zu erschweren. Das zeigt sich beispielsweise darin, dass „Facebook" den Transfer der Nutzerkontakte zu „Google+" verhindert. Ziel der großen Social Media-Anbieter ist es somit, die einmal aufgebaute Reichweite der Werbebranche anzudienen. Indirekt führen die Netzwerkeffekte also zu einer Dominanz der Werbefinanzierung.

Social Media ist allerdings nur bedingt ein winner-take-all-Markt. Neben *Facebook* als Generalist können sich spezialisierte Anbieter behaupten, wenn sie für ein bestimmtes Themengebiet bessere Funktionalitäten bieten (Cusumano, 2011, S. 33) oder Clusterbildung nahe Kontakte wertvoller macht als entfernte (Lee, Lee & Lee, 2006). Vor diesem Hintergrund ist beispielsweise der Erfolg des Microblogging-Diensts „Sina Weibo" in China zu sehen, der gegenüber seinem Wettbewerber „Twitter" Vorteile bietet: Für chinesische Nutzer ist der Austausch innerhalb ihres Landes und in ihrer Sprache – die noch keine Weltsprache ist – wichtiger als über „Twitter" rund um den Globus zu kommunizieren. Dies kommt auch den Behörden zupass, für die die Kontrolle des regionalen Diensts weitaus praktikabler ist als die Überwachung eines globalen Netzwerks. Die Existenz spezialisierter Anbieter lässt sich des Weiteren auch dadurch erklären, dass die Maximierung der Teilnehmerzahl nicht in jedem Fall zu einer Maximierung der Rendite führt. Ein Angebot, das eine Gebühr bei den Teilnehmern erhebt, wie z. B. „Xing", kann mit einer viel kleineren Teilnehmerzahl Gewinn erwirtschaften als ein Angebot, das nur auf Werbeeinnahmen angewiesen ist (für ein Rechenbeispiel vgl. Berge & Buesching, 2008, S. 44).

3.6   Zusammenfassung

Die Frage, was so besonders an Online-Medien ist, lässt sich knapp wie folgt beantworten: Online-Medien lassen sich schwer in traditionell technikbasierte Mediengattungsschemata einordnen. Weder sind sie eine eigene Gattung noch sind sie lediglich eine weitere Übertragungstechnik. Online-Medien zeigen damit die Notwendigkeit, Typologien und Regulierungen aus dem Offline-Kontext zu überdenken. Online-Medien können dieselben Funktionen erfüllen wie traditionelle Medien, allerdings geht mit der technischen Konvergenz meist auch eine Konvergenz der Formen und Inhalte einher. Grundsätzlich bieten Online-Medien damit erweiterte Möglichkeiten der Aufbereitung von Inhalten. Aus ökonomischer Sicht ist insbesondere die größere Relevanz von Netzwerkeffekten wichtig.

Kontrollfragen
▶   Welche Funktionen haben Marktabgrenzungen für unterschiedliche Akteure?
▶   Weshalb lassen sich Online-Angebote in der technikbasierten Gattungssystematik nicht sinnvoll verorten?
▶   Was verändert sich aus ökonomischer Perspektive, wenn ein Medienprodukt in digitaler Form vorliegt?

▸ Welche Formen der Konvergenz lassen sich unterscheiden, und wie hängen sie zusammen?
▸ Worin bestehen die Unterschiede zwischen direkten und indirekten Netzwerkeffekten?

Kommentierte Literaturempfehlungen

- Wirth, M. O. (2006). Issues in media convergence. In A. B. Albarran, S. M. Chan-Olmsted
  & M. O. Wirth (Hrsg.), *Handbook of media management and economics* (S. 445–462).
  Mahwah, NJ: Lawrence Erlbaum.
  Wirth bietet einen Überblick zur Konvergenz, wie diese Wertschöpfungsketten verändert,
  zu Synergien und Mehrfachverwertung führt, und ggf. zur Konzentration beiträgt.
- Schmitt-Walter, N. (2004). *Online-Medien als funktionale Alternative? Über die Kon-
  kurrenz zwischen den Mediengattungen.* München: Fischer.
  Der Autor stellt die Frage, inwieweit Online-Medien eine funktionale Alternative zu
  traditionellen Medien darstellen, und beleuchtet die Konkurrenz zwischen den ver-
  schiedenen Mediengattungen. Die verwendeten Daten sind zwar überholt, die Analyse
  zu Substitution vs. Komplementarität aber nicht.
- Becker, J. (2013). *Die Digitalisierung von Medien und Kultur.* Wiesbaden: Springer VS.
  Becker bietet eine politökonomische Perspektive darauf, inwieweit sich Produktion,
  Inhalt, Vertrieb, Funktion, Wirkung und Rezeption von verschiedenen Mediengattungen
  durch die Digitalisierung verändern.
- Hass, B. (2004). Desintegration und Reintegration im Mediensektor. Wie sich Geschäfts-
  modelle durch Digitalisierung verändern. In A. Zerdick, A. Picot, K. Schrape, J.-C.
  Burgelman, R. Silverstone, V. Feldmann et al. (Hrsg.), *E-merging media. Kommunikation
  und Medienwirtschaft der Zukunft* (S. 33–57). Berlin: Springer.
  Haas beleuchtet Effekte der Digitalisierung auf Geschäftsmodelle.
- Latzer, M. (2009). Convergence revisited. Toward a modified pattern of communica-
  tions governance. *Convergence: The International Journal of Research into New Media
  Technologies, 15* (4), 411–426.
  Latzer betrachtet vor allem die Konsequenzen der Konvergenz auf Möglichkeiten der
  Regulierung.

Was bedeutet Ökonomisierung?

4

Wenn wir davon ausgehen, dass die Ökonomie im weitesten Sinne der Bedarfsdeckung dient, und dazu bestimmte Personen, Organisationen und andere Einheiten planvoll zusammenbringt, müssten wir Ökonomisierung als Entwicklung begrüßen. Das ist aber nicht für alle gesellschaftlichen Subsysteme der Fall. In einigen Bereichen – und die Medien gehören hier dazu – wird Ökonomisierung vor allem kritisch betrachtet. Warum?

Bereits der Begriff „Medienökonomie" legt nahe, dass es sich um eine „besondere" Ökonomie handelt. Tatsächlich wurde die Medienökonomie im deutschsprachigen Raum auch nicht von der Ökonomie entwickelt, sondern ist von der Publizistik- und Kommunikationswissenschaft ausgegangen. Und zwar mit der Begründung, dass es sich bei den Medien um einen Bereich handelt, der eine gesonderte ökonomische Betrachtung wert ist. Dies spiegelt sich auch im Titel eines frühen Beitrags zur Medienökonomie wider, wenn es dort heißt: „Medienökonomie – mehr als ‚Ökonomie der Medien'" (Kopper, 1982). Ähnliche Überlegungen finden wir auch bei den Begriffen „Bildungsökonomie" und „Gesundheitsökonomie". Sowohl bei Bildung und Gesundheit als auch bei den Medien hat dies damit zu tun, dass es sich um gesellschaftliche Bereiche handelt, die vormals – im Gegensatz zu heute – eher nicht über den Markt organisiert wurden. Vor allem ist es aber darauf zurückzuführen, dass es sich um Bereiche handelt, die nicht nur ökonomische, sondern auch gesellschaftliche Funktionen erfüllen sollen. Es handelt sich also um Bereiche, an die weitere, nicht ausschließlich ökonomische Erwartungen gestellt werden (vgl. Kapitel 2.2), und bei denen eine Grundversorgung gewährleistet werden soll.

Im Folgenden werden wir nach einer Begriffsklärung (Kapitel 4.1), die bei diesem Thema besonders wichtig ist, zuerst auf Ursachen und Phänomene (Kapitel 4.2) und dann auf Auswirkungen (Kapitel 4.3) eingehen, bevor abschließend eine Antwort auf die Kapitelfrage gegeben wird (Kapitel 4.4).

4.1   Begriffsbestimmung und historische Bezüge

Für den Medienbereich lässt sich „Ökonomisierung" als wachsende „Relevanz ökonomischer Prinzipien und Handlungsrationalitäten bei der Institutionalisierung, Diversifizierung, Produktion und Konsumtion von Medien" (Meier & Jarren, 2001, S. 146) definieren. Besagte ökonomische Prinzipien und Handlungsrationalitäten bedeuten hier vor allem,

- dass unendliche Bedürfnisse einem knappen Güterangebot zur Bedürfnisbefriedigung gegenüber stehen, und dass dieses Dilemma – auch im Fall der Medien – über den Markt als Steuerungsprinzip (das heißt über Wettbewerb als Koordinationsform) gelöst wird;
- dass die im Medienmarkt agierenden Unternehmen als Wirtschaftsakteure überwiegend privatwirtschaftlich organisiert sind, autonom handeln, ihre Wirtschaftspläne selbst bestimmen, und nach dem erwerbswirtschaftlichen Prinzip Anrecht auf Gewinnerwirtschaftung haben;
- dass die Medienproduktion nachfrageorientiert ist, und deshalb die individuelle Nutzenmaximierung der Rezipienten im Vordergrund steht.

Aus dieser Perspektive betrachtet hieße dies, dass die Inhalte in Zeitungen, Zeitschriften, Radio- und Fernsehprogrammen sowie im Internet ausschließlich angeboten werden, weil Mediennutzer sie in genügender Menge nachfragen, um ihre persönlichen Bedürfnisse zu befriedigen. Zudem wäre anzunehmen, dass Unternehmen solche Inhalte anbieten, weil sie damit Gewinne erwirtschaften können, und dass sie diese so kostengünstig wie möglich produzieren, um ihre Gewinne zu maximieren. Andere Überlegungen – z. B. dass die Bevölkerung über bestimmte Dinge informiert sein muss – spielen in einem solchen Szenario keine Rolle. Teuer zu produzierende Inhalte, wie etwa kritische Artikel, die auf investigativem, rechercheaufwändigem Journalismus basieren, aber nur ein begrenztes Publikum erreichen, dürften selten bis gar nicht finanziert und produziert werden. Ein kritischer Blick auf die eigene Mediennutzung zeigt zudem auf einfache Weise, dass ein Medienangebot, das auf rein ökonomischen Prinzipien und Handlungsrationalitäten aufbaut, eine deutliche „Schieflage" haben dürfte (vgl. auch Fallbeispiel 2).

Während im Englischen tendenziell der Begriff der Kommerzialisierung („commercialism") verwendet wird, findet sich in der deutschsprachigen Fachliteratur sowohl der Begriff der Ökonomisierung als auch der der Kommerzialisierung. Sie werden teils synonym, teils unterschiedlich verwendet. Die begriffliche Aufspaltung lässt sich u. a. darauf zurückführen, dass die Bezeichnung „Kommerzialisierung" im Kontext der Kritischen Theorie und der Kritischen Politischen Ökonomie verwendet wurde, und insofern eine bestimmte Bedeutungsrichtung aufweist, die nicht alle Autoren teilen. Stellenweise wird mit dem Begriff der Kommerzialisierung aber auch auf den besonderen Einfluss der Werbewirtschaft hingewiesen (Saxer, 1998, S. 10). Pointiert formuliert es Armin Thurnher, österreichischer Journalist und Chefredakteur der Wiener Stadtzeitung „Falter". Er moniert, dass „[…] Kommerzialisierung keiner gesellschaftlichen Debatte entspricht, sondern dass der Erfolg nur mehr als kommerzieller Erfolg definiert wird und journalistischer Erfolg gar nicht mehr als etwas anderes gesehen werden kann, denn als das Ergebnis von Reichweite und schwarzen Zahlen in der Bilanz […]" (in Renger & Siegert, 2001, S. 84).

Vor diesem Hintergrund wird Ökonomisierung meist kritisch diskutiert, wozu sich mittlerweile umfangreiche Literatur findet (u. a. Altmeppen, 2001; 2008; Bagdikian, 2004;

Croteau & Hoynes, 2001; Hamilton, 2004; Jarren & Meier, 2001; McManus, 1994; 2009; Meier, 1999; 2001; Picard, 2004; 2005a; Porlezza, 2014; Siegert, 2003; 2004). Aus rein wirtschaftswissenschaftlicher Sicht ist Ökonomisierung aber kein Phänomen das per se zu kritisieren wäre (Heinrich, 2001). Werden Medien über den Markt organisiert und überwiegend von privatwirtschaftlichen Unternehmen vorangetrieben, ist dies im Gegenteil eher begrüßenswert, weil der Markt als effizienteste Koordinationsform angesehen wird. Dabei werden einerseits die Produktqualität und die Präferenzen der Nachfrager, das heißt der Rezipienten bzw. der Werbewirtschaft, immer besser aneinander angepasst (Steigerung der allokativen Effizienz); andererseits wird ein derartiges Angebot immer effizienter, das heißt ohne Verschwendung von Ressourcen, produziert (Steigerung der produktiven Effizienz) (Heinrich, 2001, S. 162f).

Ökonomisierung bezeichnet zugleich den Prozess der zunehmenden Ausrichtung an marktorientiertem Denken und Handeln. Dies suggeriert, dass es einen historischen Zeitraum gibt, in dem Medien nicht (derart) ökonomisch ausgerichtet waren. Dies ist allerdings nur bedingt der Fall – zumindest wenn man den Zeitraum so wählt, dass man von Massenmedien sprechen kann. Das Pressewesen war immer schon auch ein Geschäft, wie u. a. die berühmte Kritik von Karl Marx aus dem Jahr 1842 „Die erste Freiheit der Presse besteht darin, kein Gewerbe zu sein." (zitiert nach Müller, 2006, S. 141) belegt. Andere Autoren machten früh auf die problematischen Auswirkungen der Kommerzialisierung auf die journalistische Produktion von Nachrichten aufmerksam, wie z. B. Max Weber (1988) in seiner Rede 1910 oder Edward Alsworth Ross (1997) in seinen Ausführungen 1910. Der deutsche Verleger und Zeitungswissenschaftler Karl Bücher (1926, S. 21) bezeichnet – ganz in diesem Sinne – die Zeitung als ein Unternehmen, das Werberaum als Ware produziert, die nur durch den redaktionellen Teil absetzbar wird. Und obwohl die Zeitungen in Deutschland, Österreich und der Schweiz während der 1960er und 1970er Jahre stärker an Parteien gebunden waren, konnten sie doch nie als ökonomieferne Branche angesehen werden. Was ist also der Grund dafür, dass vor allem ab den 1970er Jahren das Thema „Ökonomisierung" breit in der Kommunikationswissenschaft diskutiert wurde?

Zu dieser Zeit erlangte das Thema Popularität erstens, weil im Zuge einer allgemeinen Kapitalismuskritik auch die kapitalistische Medien- und Kulturindustrie kritisiert wurde (Horkheimer & Adorno, 1996). Dabei wurde mit Blick auf das gesellschaftspolitische Potenzial der Medien deren Unterordnung unter eine kapitalistische Wirtschaftsweise als besonders problematisch angesehen. Namentlich kritisiert wurde, dass die Medien dem Erhalt von politischer und wirtschaftlicher Macht dienen (Herrschaftsfunktion), und die Bürger in die kapitalistische Gesellschaft mit ihren entsprechenden Wertevorstellungen integrieren (Integrationsfunktion). Dies würde die Reproduktion und Legitimation des kapitalistischen Wirtschafts- und Gesellschaftssystems sichern. Zweitens waren in den 1970er Jahren in den deutschsprachigen Ländern erste große Medienkonzentrationstendenzen festzustellen, die nicht nur wirtschaftlich als problematisch angesehen wurden (Marktmacht), sondern auch Befürchtungen im Hinblick auf die Akkumulation von Meinungsmacht hervorriefen (Knoche, 1978 ; vgl. auch Kapitel 5.3). Insofern folgte die Entwicklung medienökonomischer Analysen immer auch den realen Entwicklungen in der Medienwirtschaft.

Insgesamt rücken bei den Diskussionen zur Ökonomisierung die gesellschaftlichen Potenziale der Medien sowie die gesellschaftlichen Erwartungen an die Medien in den Mittelpunkt, weil befürchtet wird, dass eine zunehmend von ökonomischen Prinzipien und Handlungsrationalitäten geprägte Medienwirtschaft diesen Erwartungen nicht entsprechen könne. Und zwar weder in quantitativer Hinsicht, das heißt im Umfang der Berichterstattung, noch in qualitativer Hinsicht, das heißt in der journalistischen Qualität der Berichterstattung. Dies wird besonders mit Blick auf die Politikberichterstattung und die deliberative Funktion von Öffentlichkeit kritisiert. Diese Funktion beschreibt die Annahme, dass die hochgradig massenmedial hergestellte Öffentlichkeit einerseits die Voraussetzungen für rationale Willensbildungs- und legitime Entscheidungsfindungsprozesse schafft, und andererseits ermöglicht, dass Problembereiche (z. B. politische Missstände) überhaupt entdeckt und bewertet werden können (Imhof, 2006b). Die Ökonomisierungsdebatte bezieht sich also in erster Linie auf die gesellschaftlichen Funktionen der Medien sowie deren Meritorik, und erst in zweiter Linie auf die verschiedenen Aspekte von Marktproblemen und Marktversagen, die durch andere Gütereigenschaften verursacht werden (vgl Kapitel 2).

4.2   Ursachen und Phänomene

Ursachen für eine zunehmende Ökonomisierung können dem Marktstruktur-Marktverhalten-Marktergebnis-Modell (SVE) (vgl. Kapitel 1.1) folgend insbesondere auf der Strukturebene und der Ebene der Grundbedingungen festgestellt werden. Diese wiederum beeinflussen das Marktverhalten und das Marktergebnis. Zugleich finden sich aber auch auf Ebene des Marktverhaltens Phänomene, die als Ursachen bezeichnet werden können, weil auch rückwirkende Einflüsse (z. B. vom Marktverhalten auf die Marktstruktur) möglich sind. Die Ausprägungen der Ökonomisierung lassen sich also nicht immer eindeutig auf einzelne Ursachen zurückführen, sondern sind Ergebnis von Veränderungen auf mehreren Ebenen. Die folgenden Ausführungen orientieren sich dabei an Jarren und Meier (2001) sowie Siegert, Meier und Trappel (2005).

4.2.1   Ursachen und Phänomene der Ökonomisierung in den gesellschaftlichen Rahmenbedingungen und auf Marktstrukturebene

Als „Nährboden" für die Ökonomisierung wird eine generelle Änderung im gesellschaftlichen und wirtschaftlichen Leitbild angesehen, die pointiert als neoliberale „Durchkapitalisierung" aller Lebensbereiche (Röttger, 1997, S. 18f) bezeichnet werden kann. Dabei wird eine Ausweitung wirtschaftlicher Logiken (Wettbewerbsgesinnung) auf ehemals wirtschaftsferne Bereiche durchaus gut geheißen, weil man sich vor allem auf die positiven

Funktionen des Wettbewerbs (wie z. B. die Allokations- und Steuerungsfunktion, Eröffnung von Freiheitsspielräumen, Innovationsfunktion, Kontrollfunktion) konzentriert, und sich insgesamt vorteilhafte Effekte erhofft. Damit einhergehend und dies unterstützend ist die Internationalisierung und Globalisierung von Markt- und Wirtschaftsordnungen zu sehen: Der Zugang zu Märkten soll auch für internationale Anbieter gegeben sein und nicht durch nationalen „Schutz" einheimischer Industrie behindert werden. Dabei sind in vielen Ländern wie z. B. den USA die Medien hochgradig über den Markt organisiert. Eine Expansion großer internationaler Medienkonzerne nimmt wenig Rücksicht auf Spezifika kleiner Ländern und das Interesse Medien dort öffentlich zu unterstützen. Länderspezifika oder die öffentliche Finanzierung von Medien stehen der globalen Wettbewerbsorientierung also entgegen.

Fallbeispiel 4:
Drei-Stufen-Tests in Deutschland für öffentliche Telemedienangebote

Die öffentliche Finanzierung des Online-Engagements der öffentlich-rechtlichen Rundfunkanstalten über die Rundfunkgebühr wurde aufgrund einer Beschwerde des *Verbands Privater Rundfunk und Telemedien e. V. (VPRT)* von der Europäischen Kommission als staatliche Beihilfe eingestuft; und es war unklar, ob diese mit der Wettbewerbsorientierung der EU vereinbar ist. Bei der Bewertung der Zulässigkeit einer staatlichen Beihilfe geht es im Wesentlichen darum, ihre negativen Auswirkungen auf den Wettbewerb gegen ihre positiven Effekte (Beitrag zur Erreichung klar definierter Ziele von gemeinsamem Interesse) abzuwägen (EU Kommission 2009). Die deutschen Bundesländer gingen dagegen von der Rechtmäßigkeit der Finanzierung aus.

Diese Uneinigkeit wurde mit dem sog. Beihilfekompromiss (inkl. Bedingungen) gelöst. Danach muss jedes neue oder veränderte öffentliche Telemedienangebot einen Dreistufentest als Genehmigungsverfahren durchlaufen, damit gesichert ist, dass das Angebot nur so weit reicht wie es im Auftrag definiert ist, und finanzielle Überkompensation sowie Wettbewerbsverzerrungen verhindert werden. Im Rahmen dieses Dreistufentests ist zu prüfen, 1) inwieweit ein Angebot den demokratischen, sozialen und kulturellen Bedürfnissen der Gesellschaft entspricht, 2) in welchem Umfang ein Angebot in qualitativer Hinsicht zum publizistischen Wettbewerb beiträgt, und 3) welcher finanzielle Aufwand für ein Angebot erforderlich ist (§11f RStV).

Gute, kurze Einführung in: http://www.telemedicus.info/article/1160-Was-ist-eigentlich-der-Drei-Stufen-Test.html (aufgerufen am 18.6.2014)

Mit dem Wandel im gesellschaftlichen und wirtschaftlichen Leitbild sind Deregulierungs- und Privatisierungsbestrebungen einhergegangen. Deregulierung meint dabei, dass staatliche Vorschriften abgeschafft, gelockert oder vereinfacht werden, um unnötige Regulierung abzustellen, Staatsaufgaben einzugrenzen und privatwirtschaftliches Engagement zuzulassen. Privatisierung bedeutet vor allem die Verlagerung von Staatsaufgaben auf privatwirtschaftliche Akteure (Aufgabenprivatisierung), und damit verbunden, die

Überführung von Staatsvermögen in Privatvermögen, also die Umwandlung von öffentlichen Organisationen in privatwirtschaftliche Unternehmen. Vor allem Mitte der 1980er Jahre haben diese Bestrebungen dazu geführt, dass in ehemals marktfernen Branchen, wie z. B. der Telekommunikation, der Energieerzeugung oder dem Rundfunk, fortan privatwirtschaftlich operierende Unternehmen agieren konnten, und ehemals öffentliche Organisationen, wie z. B. die Bahn oder die Post, privatisiert wurden. Bei den Medien spielte insbesondere die Zulassung des privaten Rundfunks in Deutschland zu Beginn der 1980er Jahre eine große Rolle, weil diese Sender seither auch in die Grenzgebiete Österreichs und der Schweiz einstrahlen, und damit privaten Rundfunk in diesen Ländern ermöglichten, ohne dass die länderspezifische Medienpolitik dies geregelt hätte. Damit verbunden waren weitere gattungsübergreifende Konzentrationsprozesse (vgl. Kapitel 5.2).

Auch die Digitalisierung sowie Konvergenzentwicklungen lassen sich zu den Ursachen und Phänomenen der Ökonomisierung zählen, weil sich dadurch einerseits die Produktionsbedingungen in den Medien, und andererseits die Akteurskonstellationen im Medienwettbewerb wandeln (vgl. Kapitel 3.4). Neue, ehemals branchenfremde Akteure können in einem konvergenten Medienmarkt zu Konkurrenten traditioneller Medienunternehmen werden. Während aber traditionelle Medienunternehmen eher mittelständisch organisiert sind (wie üblicherweise die Zeitungsverlage), sind die Akteure aus dem Bereich der Telekommunikation und der Informations- und Kommunikationstechnologie (wie z. B. *Apple* oder *Google*) meist international agierende, hochkapitalisierte Konzerne, deren Investitionsvermögen das der traditionellen Medien bei weitem übersteigt, was insgesamt in einen intensivierten und fallweise ungleichen Wettbewerb mündet.

4.2.2 Phänomene, Ursachen und Folgen der Ökonomisierung auf Marktverhaltensebene

Auch auf der Verhaltensebene der Medienorganisationen lassen sich Phänomene feststellen, die zugleich Folgen und Ursachen der Ökonomisierung sein können. Sie betreffen einerseits in einer ressourcenorientierten Perspektive Inputfaktoren und Kosten, und andererseits in einer absatzorientierten Perspektive den Output bzw. dessen Verwertung. Darüber hinaus ist auch die durchgehende Wettbewerbsorientierung von Medienorganisationen ein Phänomen bzw. eine Folge der Ökonomisierung.

4.2.2.1 Ressourcenorientierte Perspektive: Medienproduktion

Aus ressourcenorientierter Perspektive geht es darum, dass in der Medienproduktion zunehmend Kosten optimiert werden und infolgedessen der Kostenwettbewerb den Qualitätswettbewerb dominiert (Heinrich, 1996). Dies äußert sich darin, dass Medienorganisationen auf strategischer Ebene fusionieren bzw. andere Einheiten dazukaufen (Medienkonzentration, vgl. Kapitel 5.1), Einheiten zusammenlegen (z. B. Vertriebsstrukturen) oder ganze Produktionsbereiche auslagern, um Produktionskosten zu senken. Der Einsatz eines professionellen Medien-Controllings und -Accountings erleichtert dabei die

Führung von Medienorganisationen nach Kennzahlen-Systemen. Die Kostenoptimierung zeigt sich aber nicht nur auf der strategischen Ebene sondern auch ganz konkret in der Medienproduktion. Insgesamt wird sowohl die journalistische als auch die Unterhaltungs-produktion immer stärker ausgelagert (Outscourcing), und die Zahl freier Mitarbeiter, die nicht mehr fest in einer Medienorganisation angestellt sind, wächst. Ein immer größerer Anteil der Produktion wird dann zugeliefert – z. B. Nachrichten über Nachrichtenagen-turen, Bildmaterial über Bildagenturen, Artikel über freie Mitarbeitende oder Sendungen über Produktionsfirmen.

Aber auch beim Personal, das fest angestellt in den Medienorganisationen arbeitet, ist der Kostendruck festzustellen. Ältere, erfahrene Mitarbeiter werden zunehmend durch jüngere aber relativ unerfahrene Mitarbeiter ersetzt. Die für die Produktion, etwa für journalistische Recherchen, zur Verfügung stehende Zeit wird geringer, womit einfache Recherchetools und die Logik dominanter Suchmaschinen mehr Bedeutung für die Selektion und Bearbeitung von Themen erhalten. Zeit, um Inhalte nochmals bzgl. ihrer Richtigkeit zu überprüfen, angemessen einzuordnen und zu bewerten, fehlt immer öfter. In der Unterhaltungsproduktion werden aufwändig und teuer zu produzierende Inhalte durch kostengünstigere Scripted Reality-Formate ersetzt.

Darüber hinaus werden Kosten durch redaktionelle Zusammenarbeit mit der Werbe-wirtschaft und der Public Relations eingespart, und zwar vor allem durch PR-Material, das als „kostenloser" Input in die Medienproduktion einfließt. Da der Publikumserfolg für eigene umfangreiche Recherchen und investigativen Journalismus nicht garantiert werden kann, scheuen Medienorganisationen die damit verbundenen Kosten. Medienproduktion unter Spardruck sucht folglich nach kostengünstigen Inhalten, die auf eine Unmenge an PR-Material trifft, das bereits gut aufbereitet mit wohlformulierten Texten und passenden Bildern publikationsreif ist. Journalisten greifen daher verstärkt auf externes PR-Material zurück, übernehmen es komplett oder (leicht) verändert. Das Ausmaß der Eigenleistung im Umgang mit PR-Material ist dabei eng mit der finanziellen Ausstattung einer Redaktion verknüpft. Kooperationen mit der Werbewirtschaft manifestieren sich vor allem darin, dass Werbekunden redaktionelle Inhalte beeinflussen, indem sie entweder Druck auf die Berichterstattung ausüben oder programmintegrierte Werbung platzieren wollen. So ziehen Werbekunden beispielsweise Anzeigen zurück – oder drohen zumindest damit –, wenn ungünstig über sie berichtet wird.

Zwar sind Redaktion und Anzeigen- bzw. Werbeabteilung eigentlich zu trennen, so wie es in Presse-Kodizes und Ethik-Kodizes verankert ist, als Trennungsgrundsatz bekannt ist oder unter Governance Gesichtspunkten diskutiert wird (u. a. Baerns, 2010; Ruß-Mohl, 2004); die so bezeichnete „Chinesische Mauer" bröckelt aber zusehends, das heißt Werbeabteilungen und Redaktionen arbeiten enger zusammen, um die Inhalte auf werbliche Interessen abzustimmen. Dies lässt sich in vielen empirischen Befragungen von Chefredakteuren bzw. Journalisten (u. a. Baerns & Feldschow, 2004; Fassihi, 2008; Harro-Loit & Saks, 2006; Herbst & Kweton, 2012; Smet & Vanormelingen, 2011; Soley & Craig, 1992) und Werbeakteuren (u. a. Dix & Phau, 2009; Siegert & Eberle, 2004) belegen.

4.2.2.2 Absatzorientierte Perspektive: Medienvermarktung und Verwertungsorientierung

Aus absatzorientierter Perspektive geht es darum, dass mit vorhandenem Inhalt möglichst viel Umsatz und Gewinn generiert wird, und damit Medienorganisationen eine eindeutige Verwertungsorientierung aufweisen. Theoretische Schlussfolgerungen legen nahe, dass Medienorganisationen ihre Angebote deshalb variieren, differenzieren und kombinieren und sich damit gegenüber Wettbewerbern abgrenzen. Ihre Angebote sind dadurch mehr oder weniger einmalig und nicht durch Konkurrenzangeboten substituierbar; auch der Preiswettbewerb kann nicht überhand nehmen. In bestimmten – gar nicht so seltenen – Wettbewerbskonstellationen entscheiden sich Medienorganisationen allerdings, ihre Angebote möglichst nahe an denen der Konkurrenten zu platzieren, nur minimal zu variieren oder deren Angebote gar zu imitieren oder zu plagiieren, weil sie nur dort Größenvorteile realisieren können. Diese Größenvorteile sind wiederum elementar für die gewinnbringendere Vermarktung von Medienangeboten. Insgesamt dominiert der parasitäre Imitationswettbewerb (Lobigs et al., 2005).

Die hohen First-Copy-Kosten und die damit verbundene Fixkostendegression (vgl. Kapitel 2.1.6 und 5.1) implizieren, dass fast nur durch die Mehrfachverwertung einmal produzierter Inhalte höhere Einnahmen erzielt werden können, ohne im gleichen Ausmaß die Kosten zu erhöhen. Die üblichen Möglichkeiten Inhalte mehrfach auszuschöpfen sind:

* die Wiederholung, z. B. die erneute Ausstrahlung von Filmen im Fernsehen oder die Wiederveröffentlichung von Artikeln in Rückblicken;
* die gemeinsame Nutzung eines zentral produzierten Inhalts durch mehrere Anbieter wie z. B. bei Mantelprogrammen im Radio oder Mantelseiten bei Tageszeitungen;
* das Windowing, das heißt die zeitlich gestaffelte Verwertung von Inhalten über unterschiedliche Vertriebskanäle (profit windows) bzw. Trägermedien;
* das Versioning, das heißt die Verwertung klar unterscheidbarer Versionen von Inhalten, die anhand vermarktungsrelevanter Dimensionen (z. B. Aktualität, Bildqualität) differenziert wurden.

Auch Selbstthematisierungen und -referenzen müssen fallweise zur Mehrfachverwertung gezählt werden. Medien beziehen sich dann in ihren redaktionellen Inhalten in simpler Form auf andere Medieninhalte, wie beim „Kaskadenjournalismus" bzw. der einfachen Form von Anschlusspublizistik. Auch bei „Making of"-Produktionen oder Berichten über eigene Events und Shows handelt es sich um mehrfachverwertende Selbstthematisierung, die zugleich für die eigene Medienorganisation, das eigene Programm oder den eigenen Titel werben. Besonders im Fall von verflochtenen Medienunternehmen ist oft eine medieninterne, kritikmeidende Referenzkultur vorhanden.

Darüber hinaus positionieren Medienorganisationen ihre Angebote strategisch in Bezug zu ökonomisch relevanten Zielgruppen und werbeintensiven Branchen der Wirtschaft (vgl. Kapitel 8). Die von den Medien erreichten Publika sollen sich möglichst mit konkreten, werberelevanten Zielgruppen decken, um optimale Kooperationsmöglichkeiten mit der Werbewirtschaft zu gewährleisten. Dies führt zu werbeorientierten Produktdifferenzierungs- und Marktsegmentierungsstrategien, so z. B. im Zeitschriftenmarkt. Medien produzieren also Inhalte, Programme, Sendungen, Online-Angebote und Titel mit zielgruppen- und werbeaffinen Themen, die zum einen ein Massenpublikum, und zum anderen spezifische Zielgruppen ansprechen. Dabei werden Rezipienten nicht in ihrer Rolle als Bürger angesprochen, sondern als Konsumenten. Beim Massenpublikum wird die reine Quantität des Publikumserfolgs vermarktet, bei den Zielgruppen tendenziell die Passung und sozioökonomischer Relevanz. Dies führt zu einer medialen Über- bzw. Unterversorgung bestimmter gesellschaftlicher Gruppen: Personen, die weder durch Kaufkraft und Konsuminteresse noch durch Einfluss auf konsumfreudige und kaufkräftige Individuen gekennzeichnet sind, bleiben eher unterversorgt. Hingegen sind z. B. Jugendliche besonders attraktive Zielgruppen. Sie verfügen nicht nur über eigene Kaufkraft (und Konsumfreude), sondern beeinflussen auch maßgeblich den Konsum von Erwachsenen (wie Eltern und Großeltern). Zudem sind sie interessant für bestimmte Marken, die im Idealfall eine (lebens-)lange Markenbindung aufbauen wollen. Dies verweist darauf, wie problematisch die ökonomische Situation derjenigen Medien (z. B. Tageszeitungen) ist, die Jugendliche als Nachfrager verlieren.

Im Kontext der Verwertung steigt auch die Bedeutung des redaktionellen bzw. Medienmarketings (u. a. Breyer-Mayländer, Seeger & Seeger, 2006; Reiter & Ruß-Mohl, 1994; Rogall, 2000; Siegert, 2002, 2004, 2006a; Streng, 1996), das sehr komplex ist, weil Medien immer zwei Märkte, den Werbemarkt und den Publikumsmarkt, adressieren müssen. Aus der Vielzahl von Strategieoptionen werden vor allem das Relationship Marketing und das Erlebnismarketing relevant, weshalb Social Media für Medienorganisationen besonderes Vermarktungspotenzial haben.

4.3 Auswirkungen der Ökonomisierung auf Ebene der Medienleistungen und -angebote

Die Phänomene der Ökonomisierung auf Ebene der gesellschaftlichen Rahmenbedingungen sowie auf Ebene der Marktstruktur und des Marktverhaltens haben bestimmte Auswirkungen auf Medienleistungen und -angebote. Vor allem diese Auswirkungen sind es, die die kritische Haltung zur Ökonomisierung begründen, denn Medienleistungen haben wiederum Effekte auf Individuen und die Gesellschaft. Besonders im Hinblick auf den Journalismus wird befürchtet, dass Ökonomisierung zu „market-driven journalism" (McManus, 1994), „market-oriented journalism" (Underwood, 2001) oder zu „the News that's fit to sell" (Hamilton, 2004) führt. Als besonders problematisch wird eine Verringerung der inhaltlichen Vielfalt angesehen. Da es nur wenige Anreize für eine innovative Medienproduktion gibt, diese zugleich mit hohen Risiken verbunden ist und Imitation einige Vorteile bringt, tendiert der Medienmarkt ohnehin zu einer suboptimalen Produktvielfalt, zu einem „more of the same" (vgl. auch Kapitel 11). Das zeigen bereits frühe

Studien der amerikanischen Television Economics (Owen & Wildman, 1992; Spence & Owen, 1977) und Arbeiten zum Hotellingsche Positionierungsmodell (Lang, 2004, S. 110). Ökonomisierung verstärkt diese Tendenz noch weiter.

Im Folgenden werden die wichtigsten Tendenzen der inhaltlichen Auswirkungen von Ökonomisierung skizziert. Allerdings muss festgehalten werden, dass es sehr schwierig ist, kausale Beziehungen zwischen Phänomenen der Ökonomisierung und Veränderungen der Inhalte empirisch zu belegen. Es bleibt also wissenschaftlich weitgehend unbewiesen, ob und inwieweit Ökonomisierung oder einzelne Aspekte davon, ursächlich und linear zu bestimmten Veränderungen in den Inhalten führen.

4.3.1 Werbefreundliche Umfelder und programmintegrierte Werbung

Die simpelste Form der Auswirkungen von Ökonomisierung ist die Produktion werbefreundlicher und produktaffiner, tendenziell konsumfreudiger und wenig kritischer redaktioneller Umfelder für Werbeschaltungen. Kommerzielle Inhalte werden also thematisch optimal ins redaktionelle Umfeld eingebettet, und zum Teil werden Marken, Produkte und Leistungen von Werbekunden auch redaktionell erwähnt. Branchennahe Ressortbereiche, wie die Auto-, Reise- und Modeberichterstattung eignen sich dabei besonders gut. Die Glaubwürdigkeit des redaktionellen Umfelds soll so auf die Werbebotschaften ausstrahlen. Programmintegrierte Werbung geht dagegen einen Schritt weiter und bezeichnet all jene Formen, die nicht oder nur bedingt als Werbung erkennbar sind. Sie fallen nicht deutlich genug als Werbung auf, weil sie redaktionelle Inhalte gestalterisch und inhaltlich imitieren oder gar ersetzen, und weil die Werbeobjekte, das heißt Produkte, Unternehmen und Marken, derart in Sendungsabläufe oder redaktionelle Kontexte integriert werden, dass sie deren Aufbau, Ablauf und Dramaturgie bestimmen (Siegert & Brecheis, 2010, S. 40–45). Die unterschiedlichen Formen programmintegrierter Werbung (z. B. Placements, Infomercials oder Advertorials) haben eine lange Tradition und sind vieldiskutiert, vor allem hinsichtlich rechtlicher und ethischer Aspekte, weil Mediennutzer hinsichtlich Quelle und Zweck der Botschaft getäuscht werden (u. a. Auer & Diederichs, 1993; Baerns, 1992, 1996; Balasubramanian, 1994; Baum, 1986; Karrh, 1998; Koberger, 1990).

Tatsächlich können die Formen programmintegrierter Werbung auch inhaltsanalytisch in verschiedenen Länder nachgewiesen werden (u. a. Cameron & Ju-Pak, 2000; Cameron, Ju-Pak & Kim, 1996; Horninger, 2008; Porlezza, 2014; Siegert, Wirth et al., 2007, S. 115–174). Dabei lassen sich gewisse Unterschiede zwischen Mediengattungen feststellen: Magazine und das Fernsehen scheinen anfälliger für programmintegrierte Werbung zu sein als Tageszeitungen, wobei hier vor allem Gratis- und Boulevardzeitungen tolerant gegenüber den programmintegrierten Werbeformen zu sein scheinen. Eine verstärkte Zerstückelung des redaktionellen Programms, z. B. wenn im Fernsehen Wetterberichte zu einer eigenen Sendungen werden, ermöglicht dabei, rechtliche Vorgaben zu umgehen. Allerdings dürfen auch hier kausale Beziehungen nur mit Vorsicht formuliert werden. Ob für die Erwähnung von Marken und Produkten bezahlt worden ist oder ob deren Einbindung lediglich einer authentischen Darstellung alltäglicher Lebenswelten geschuldet ist, kann inhaltsanalytisch nicht nachgewiesen werden.

4.3.2   Gefälligkeitsjournalismus

Wenn Medien über Wirtschaftsakteure vermehrt und zudem positiv berichten, und diese wenig bis nicht kritisieren, weil sie Werbekunden sind, wird das als Gefälligkeitsjournalismus bezeichnet. Die Auswahl der Themen, der Umfang der Berichterstattung, der Kontext, in den die Themen in der Berichterstattung eingeordnet werden (Framing) sowie die Bewertung der Themen als positiv, neutral oder negativ (Tenor) orientiert sich dann an den Wünschen der Werbekunden und bevorzugt diese gegenüber Nicht-Werbekunden. Über die Unternehmen, Marken, Produkte oder auch einzelne Manager der Werbekunden wird also häufiger berichtet, mit geeignetem Themenfokus und in einer positiven Art und Weise. Zum Teil wird auch „einfach" das Inputmaterial der betreffenden Werbekunden (das heißt die Medienmitteilungen) bevorzugt berücksichtigt (Choi & Park, 2011). Kommen Werbekunden in eine Krise oder werden gar von anderen Medien skandalisiert, wird darüber deutlich positiver, deutlich weniger oder nicht geschrieben.

Für diese Zusammenhänge lassen sich zahlreiche empirische Belege aus inhaltsanalytischen Studien in verschiedenen Ländern finden (u. a. Andresen, 2008; Kolb & Woelke, 2010; Porlezza, 2014; Reuter & Zitzewitz, 2006; Rinallo & Basuroy, 2009), auch wenn es Unterschiede im Ausmaß und in den Mediengattungen gibt. Allerdings wird auch festgestellt, dass im Krisenfall die kritische Berichterstattung über Werbekunden nicht gänzlich verhindert werden kann (Kolb & Woelke, 2010; Lagetar & Mühlbauer, 2012).

Ob aber diese Werbeorientierung in der Themenauswahl, der -berichterstattung und -bewertung (Tenor und Framing) aktiv von den Werbekunden beeinflusst wurde oder ob diese Ergebnis der Vermarktungspolitik der Medien ist, kann insgesamt jedoch selten eindeutig nachgewiesen werden. Für die übergeordnete Entwicklung spielt das jedoch keine Rolle, denn beide Verhaltensweisen sind Ausdruck der Ökonomisierung. Für sie lässt sich festhalten, dass „Anzeigenkunden tatsächlich auf die publizierten journalistischen Inhalte einwirken. Die Resultate deuten zwar auf ein konkretes Steuerungspotential der Werbekunden hin, trotzdem ist Unternehmensberichterstattung über Anzeigenkunden nicht in jedem Fall mit Gefälligkeitsjournalismus gleichzusetzen. Die Grauzonen, in denen sich Werbebotschaften und redaktionelle Inhalte annähern und durchmischen, sind entsprechend groß und schwer zu durchdringen" (Porlezza, 2014, S. 199).

4.3.3   Unterhaltungsorientierung, Boulevardisierung und populärkulturelle „Vernutzungsmaxime"

Nicht nur im Fernsehen wird überwiegend Unterhaltung angeboten und nachgefragt (vgl. Fallbeispiel 2), die Unterhaltungsorientierung umspannt auch alle anderen Medienangebote. So ist selbst bei Zeitungen ein Großteil des Inhalts unterhaltender Natur. In journalistischen Angeboten finden sich zunehmend Unterhaltungselemente oder es werden unterhaltungsorientierte Genres wie Edutainment (Mix aus Education und Entertainment) und Infotainment (Mix aus Information und Entertainment) produziert. Unterhaltungsjournalismus (auch populärer Journalismus genannt) wählt nicht nur die Themen unter spezifischen Gesichtspunkten aus (das Populäre, der Lifestyle), er arbeitet auch mit Stilmitteln wie Metaphern, Ironie oder künstlichen Figuren, und arbeitet mit narrativen Strukturen und Storytelling (u. a. Keel & Perrin, 2009; Neissl & Renger, 2001; Renger, 2000, S. 259; Scolari, 2009). Damit sollen auch komplexe Argumentationen in leicht nachvollziehbare Geschichten eingebettet und allgemeinverständlich „erzählt" werden. Typische Beispiele sind Human-Interest-Stories oder Scripted Reality-Formate, in denen emotional gefärbt sowie in bildhafter Sprache (und hautnahen Bildern) über die Abweichung von der Normalität berichtet wird.

Bei der Boulevardisierung „[…] übernehmen bis dato weniger kommerziell ausgerichtete Medien zeitverzögert Strukturen, Inhalte und Merkmale des Boulevardstils von privat-kommerziellen Anbietern, während sich der Prozess der Entpolitisierung und Vermischung von Information und Unterhaltung bei diesen weiterhin verstärkt" (Donsbach & Büttner, 2005, S. 25). Aber nicht alle Themen weisen die gleiche „Entertainisierungs- und Boulevardisierungfähigkeit" auf, und nicht immer geht es um Personen und deren Schicksale. Besonders die Politik- und Wirtschaftsberichterstattung müsste eigentlich grundlegende Logiken, Strukturen, Märkte, Arbeits- und Handlungsweisen aufzeigen, und weniger auf Personen oder Events fokussieren, da ansonsten wesentliche Aspekte der politischen Vermittlung nicht erfüllt werden.

Unterhaltungsorientierung und Boulevardisierung sind wesentliche Aspekte der Populärkultur. Zugleich beziehen sie sich auf diese, denn es besteht ein Zwang, immerzu „Neues" (Werke, Ideen, Aktionen) in den medialen Verwertungskreislauf einzuspeisen. Dazu werden alltagsweltliche Nischen, Subkulturen, Milieus und Szenen routinemäßig nach verwertbaren Rohstoffen für die mediale Unterhaltung abgesucht. Finden sich solche Neuheiten, werden sie für den medialen Massenmarkt erobert und formatiert. Das führt in der Regel dazu, dass Experimentelles und Avantgarde auf ein für den durchschnittlichen Mediennutzer „verdauliches" Maß reduziert, und elitekulturelle Originale in marktgängige Ereignisse der Populärkultur transformiert oder wenigstens an solche angedockt werden. Die Oper als Event an öffentlichen Plätzen zählt ebenso dazu, wie die Dokumentation über Astrophysik, die anschließend an Science Fiction-Filme gesendet wird. Diese „Vernutzung" impliziert nicht selten, dass das Authentische durch die Inszenierung von Authentizität ersetzt wird und es zu einer „Enteignung innovativer kultureller Kollektive" (Krotz, 2001, S. 198) kommt.

4.3.4 „News you can use", Lebenshilfe und Ratgeberformate

In Verbindung mit dem populären Journalismus gestalten Medien Themen und Inhalte derart, dass sie deutlichen und direkten Nutzwert für die Mediennutzer haben. Sie produzieren typische „News you can use"-Inhalte: Coaching-Formate und Ratgeber, sowie vor allem Empfehlungen, Orientierungshilfen und Rankings in Printmedien und Fernsehen. Sie liefern mehr oder weniger substanzielles Hintergrundwissen zu einer Vielzahl von Themen, und sind dabei mehr oder weniger emotional aufgeladen. Unter den Bedingungen der Ökonomisierung werden allerdings komplexe Sachverhalte zunehmend stark vereinfacht und journalistische Glaubwürdigkeit nur inszeniert, nicht wirklich produziert.

Die Inhalte erfreuen sich nichtsdestotrotz großer Beliebtheit beim Publikum, denn sie adressieren dessen Bedarf nach Orientierung und Strukturierung. Rezipienten nutzen Medien u. a. um sich in ihrem Alltag zurechtzufinden oder nützliche Dinge zu erfahren (vgl. Kapitel 2.2). Die jetzigen Ratgeber-Fernsehformate sind dabei sehr viel deutlicher unterhaltungsorientiert als die frühere Ratgeberliteratur oder die früheren Ratgebersendungen des öffentlichen Fernsehens. „Mittlerweile ist das Coaching unterhaltungstauglich kommerzialisiert worden, nicht zum Nachteil des Ratgebergedankens. Statt eines erhobenen Zeigefingers, der das Publikum eher verschreckt, herrschen nun emotionale Inszenierung und Beratung vor (nicht Belehrung)" (Mikos, 2011, S. 119).

Den Rezipienten werden auf diese Weise also vielerlei Hilfestellungen gegeben: Wie man von seinen Schulden loskommt (z. B. „Raus aus den Schulden", *RTL*), wie man seine Kinder erzieht (z. B. „Die Super-Nanny", *RTL*), welche Gerichte man zu welcher Jahreszeit kocht (z. B. „Tim Mälzer kocht!", *ARD*), welchen Arzt man bei welchem Leiden und in welcher Stadt aufsuchen soll (z. B. „Ärztebewertung: Wie gut ist Ihr Arzt?" bei „Focus-online"), welchen Sport man bei welchen gesundheitlichen Problemen ausüben kann (z. B. Magazin „fit for fun"), welche Kleidung zu welchem Anlass und bei welcher Figur getragen werden soll (z. B. Magazin „Brigitte"), wie man einen neuen Job findet (z. B. „Job Hunt" bei *NYC*) oder in eine anderes Land auswandert (z. B. „Auf und Davon", *SRF*).

Fallbeispiel 5: Doppelte „news you can use"

Die Online-Plattform „www.selbst.de" stellt auf ihrer Seite die zehn besten Heimwerker-Sendungen vor und bewertet sie. Damit gibt die Plattform Rat in Bezug auf Ratgeber-Formate – nach dem Motto „Welche sind am nützlichsten?" (Abb. 4.1)

Abb. 4.1   Screenshot selbst.de

http://www.selbst.de/aktuelles-news-artikel/die-10-besten-heimwerker-sendungen-im-tv-151738.html
(abgerufen am 18.06.2014)

4.3.5 Serialisierung, Formatierung und Standardisierung

Serialisierung meint die Überführung einer „Einmal-Produktion" in eine sich wiederholende Form, in welchem zeitlichen Abstand auch immer. Standardisierung gibt dabei die Normen vor, deren sich Produktionen beugen müssen, so dass die Industrialisierung der Produktion und der Produktionsformen möglich wird. Formate bezeichnen konkret die gemeinsame und bleibende Grundstruktur von Inhalten, die dennoch in jeder Vervielfältigung variierende Einzelheiten beinhalten. Typische Beispiele dafür sind TV-Unterhaltungsformate wie „Wer wird Millionär" oder „Bauer sucht Frau" (was zudem auch ein Coaching-Format ist). Serialisierung, Formatierung und Standardisierung reduzieren das unternehmerische Risiko der Medienorganisationen, sparen Kosten bzw. ermöglichen Produktivitätsgewinne und bieten Potenzial für Mehrfachverwertung. Sowohl Formate als auch standardisierte Produktionsprozesse können leichter in andere kulturelle Kontexte transferiert werden, weshalb sie international besser verwertbar sind. Dies wird bereits bei der Konzeption neuer Programme und Konzepte berücksichtigt. Darüber hinaus bedienen sie das Orientierungs- und Strukturierungsbedürfnis der Mediennutzer, die Gewohntes vorfinden, garniert mit einigen wenigen Neuheiten.

Daher werden zunehmend Inhalte und Themen, die einigermaßen passend sind, in eine serielle Struktur überführt (z. B. im Buchmarkt die „Harry Potter"-Reihe oder im Film die „Zurück in die Zukunft"-Trilogie bzw. die „Star Wars"-Filme). Inhalte und Themen, die das Potenzial für Serialisierung haben, werden folglich deutlich stärker berücksichtigt. Formatierung findet sich auch auf Programmebene, wobei Zuhörer und Zuschauer durch die Rhythmisierung und Dynamisierung des Programms möglichst oft, möglichst lange und durchgehend gebunden werden sollen. Dazu gibt es verschiedenste Verfahren, wie das „Stripping" als horizontale Programmierung, bei der Inhalte immer am gleichen Tag zur gleichen Zeit gesendet werden, oder das „Blocking" als vertikale Programmierung, bei der Inhalte zum gleichen Thema aufeinander folgend gesendet werden.

Serialisierung, Formatierung und Standardisierung repräsentieren in besonderem Maße Ökonomisierungsfolgen, weshalb Marie-Luise Kiefer (1998, S. 98; Kiefer, 2005, S. 184ff) in diesem Zusammenhang von „ökonomischen Zwangsjacken der Kultur" oder von der „Kostenkrankheit der Kulturproduktion" spricht (vgl. auch Kapitel 6.4.2).

4.4 Zusammenfassung

Obwohl Ökonomisierung auch neutral betrachtet werden könnte, wird sie in Bezug auf Medien vor allem kritisch gesehen. Und zwar deshalb, weil es sich um einen gesellschaftlichen Bereiche handelt, der mehr als nur ökonomische Funktionen erfüllen soll. An Medien und ihre Berichterstattung sind hohe Erwartungen gerichtet. Der Zugang zu vielfältigen, relevanten, objektiven und richtigen Informationen muss für die Bevölkerung in demokratischen Gesellschaften möglich und gesichert sein. Eine ökonomisierte, das heißt rein nach ökonomischen Prinzipien und Handlungsrationalitäten gesteuerte Medienproduktion, kann dies aller Wahrscheinlichkeit nach nicht sicherstellen. Denn wenn in einem deregulierten Umfeld alle Medienorganisationen die Kosten ihrer Medienproduktion übermäßig reduzieren, und ihre Vermarktung auf Umsatz- und Gewinnmaximierung trimmen, resultieren daraus Inhalte, die bestimmten Orientierungen folgen (vgl. Kapitel 4.3). Dies führt dazu, dass erstens die Qualität der Inhalte bedroht ist und sich zweitens die Inhalte eines gesamten Mediensystems angleichen – auch wenn es verschiedene Anbieter gibt. Wir finden dann eine suboptimale Angebotsqualität und Angebotsvielfalt vor („more of the same"), und nicht eine im gesellschaftlichen Sinne optimale und benötigte.

Kontrollfragen

▶ Inwiefern ist die Medienökonomie eine besondere Ökonomie?
▶ Was bezeichnet man als Gefälligkeitsjournalismus?
▶ Wieso dominiert der Kostenwettbewerb den Qualitätswettbewerb?
▶ Welche Möglichkeiten gibt es, Inhalte mehrfach zu verwerten und somit Stückkosten zu senken?
▶ Was versteht man unter „Outsourcing" und wieso wird es angewendet?

Kommentierte Literaturempfehlungen

- Jarren, O. & Meier, W. A. (Hrsg.) (2001): Medien & Kommunikationswissenschaft „Ökonomisierung der Medienindustrie: Ursachen, Formen und Folgen", 49. Jg., Heft 2
  Das Sonderheft versammelt insgesamt neun Beiträge, die aus je unterschiedlichen Perspektiven (u. a. Politische Ökonomie, Systemtheorie) das Phänomen der Ökonomisierung analysieren.
- Kiefer, M. L. (1998). Die ökonomischen Zwangsjacken der Kultur. Wirtschaftliche Bedingungen der Kulturproduktion und -distribution durch Massenmedien. *Publizistik, 43* (Sonderheft 2/1998: Medien-Kulturkommunikation), 97–114.
  Im Beitrag werden die wirtschaftlichen Zwänge und Besonderheiten der Kulturproduktion diskutiert.
- Picard, R. G. (2004). Commercialism and newspaper quality. *Newspaper Research Journal, 25* (1), 54–65.
  Der Artikel diskutiert, wie Ökonomisierung die öffentliche Aufgabe von Tageszeitungen beeinflusst und zeigt auf, welche strategischen Optionen auf welche Art und Weise mit der Qualitätsproduktion verknüpft sind.
- McManus, J. H. (2009). The commercialization of news. In K. Wahl-Jorgensen & T. Hanitzsch (Hrsg.), *The handbook of journalism studies* (S. 218–235). New York: Routledge.
  Der Beitrag stellt die theoretischen Perspektiven und die Kernergebnisse der Ökonomisierungsforschung vor, und gibt Hinweise auf die Probleme der empirischen Messung.

- Porlezza, C. (2014). *Gefährdete journalistische Unabhängigkeit. Zum wachsenden Einfluss von Werbung auf redaktionelle Inhalte.* Konstanz: UVK.
  In der Studie werden dem SVE-Modell folgend die Auswirkungen der Ökonomisierung auf der Verhaltensebene als einseitige Ko-Orientierung dargestellt und die inhaltlichen Auswirkungen anhand einer empirischen Studie belegt.

Warum gibt es Medienkonzentration? 5

Konzentration bedeutet, dass die Zahl der Marktteilnehmer klein, ihr jeweiliger Marktanteil aber hoch ist. Dies kann sowohl die Anbieterseite eines Marktes betreffen, wenn also wenige Anbieter vorhanden sind, als auch die Nachfrageseite, wenn die Produkte auf dem Markt von nur wenigen Abnehmern gekauft werden. In einem konzentrierten Markt funktioniert der Wettbewerb nicht optimal, das heißt es kann zu überhöhten Preisen für Produkte und Dienstleistungen suboptimaler Qualität kommen. Dies gilt grundsätzlich in allen Branchen, für den Medienbereich ist es jedoch besonders problematisch, da die Konzentration nicht nur die Leistung der Medien in Bezug auf ihre ökonomische, sondern auch in Bezug auf ihre politische, soziale und kulturelle Funktion (vgl. Kapitel 2.2) beeinträchtigen kann.

Im Folgenden soll zunächst aufzeigt werden, warum es bei Medien Konzentrationstendenzen gibt (Kapitel 5.1). Anschließend werden verschiedene Formen von Konzentration vorgestellt (Kapitel 5.2). Im Medienbereich, wo Regulierer aufgrund des Zensurverbots nicht unmittelbar in den Inhalt eingreifen können, ist besonders die Frage relevant, inwieweit Anbieter-Vielzahl mit Inhalts-Vielfalt zusammenhängt (Kapitel 5.3), und wann also ein optimaler Wettbewerb (Kapitel 5.4) zu erwarten ist. Es werden knapp die wichtigsten Elemente der Konzentrationskontrolle vorgestellt (Kapitel 5.5), um danach – vor dem Hintergrund der Konvergenz – die Frage zu behandeln, auf welchem Aggregationsniveau Konzentration sinnvollerweise betrachtet werden sollte (Kapitel 5.6).

5.1 Konzentration als Folge der Gütereigenschaften von Medien

Konzentration tritt immer dann auf, wenn sie für die Akteure einen Vorteil bietet. Dabei sind verschiedene Vorteile möglich, der wichtigste ist jedoch der Größenvorteil. Jeder, der zuhause Fotos auf seinem Tintenstrahldrucker ausdruckt, weiß, dass die Kosten pro Foto deutlich höher sind, als wenn man einen Bilderservice beauftragt. Diese Dienstleister betreiben große Druckanlagen auf denen viele Fotos gleichzeitig gedruckt werden können; die Kosten pro Foto sind damit geringer. Dazu kommt, dass der Multifunktionsdrucker zuhause nicht für den Fotodruck optimiert ist. Er ist für verschiedene Zwecke geeignet, aber diese Vielseitigkeit bedeutet auch, dass bei jedem Druckauftrag Kosten für die nicht genutzten Funktionen entstehen, sogenannte Opportunitätskosten. Der Spezialdrucker beim Bilderservice ist genau für diesen Zweck optimiert, der Druck hat eine bessere Qualität. Auf dem Gerät können zwar keine Zeitschriften produziert werden, dafür entstehen aber auch keine Opportunitätskosten für das Bereithalten nicht benötigter Funktionen. Es bestehen also Spezialisierungsvorteile, die dazu führen, dass ein Anbieter, der etwas besonders gut kann, die Nachfrage auf sich zieht. Ein weiterer Grund für Konzentration kann in Verbundvorteilen liegen. Wer seinen Kunden z. B. zwei Dienstleistungen anbieten kann, die sich ergänzen, hat damit die Option bequemere Kombinationslösungen zu offerieren. Bezieht ein Haushalt z. B. TV und Internet von einem Anbieter, so bedeutet dies für den Kunden nur eine Anschlussbuchse und eine Rechnung zu bekommen, was ggf. attraktiver ist als jeweils gleichwertige Angebote von zwei unabhängigen Dienstleistern, selbst wenn die Summe der Einzelpreise niedriger ist.

Im Medienbereich finden sich aufgrund der Eigenschaften des Medienguts (vgl. auch Kapitel 2.1) alle drei Vorteile der Konzentration. Medieninhalte zeichnen sich durch relativ hohe Kosten für die Erstellung der ersten Version aus. Wird diese Urkopie nun für das Publikum vervielfältigt, fallen nur noch die Kosten für die Reproduktion und Distribution an. Gleichzeitig können bei steigender Zahl der Kopien die fixen Kosten für die Urkopie auf mehr Exemplare verteilt werden. Ökonomen sprechen von Fixkostendegression bzw. -proportionalisierung. Ein Beispiel soll das verdeutlichen: Für eine Online-Zeitung mit breitem Themenfokus und eigenen Inhalten (also nicht nur Agenturmeldungen und user generated content (UGC)) ist ein Personalstamm von ca. 50 Personen nötig: Redakteure, Techniker, die Personalabteilung und Werbevermarkter. Dazu bedarf es einer Immobilie, in der diese Menschen arbeiten sowie deren Arbeitsplätze. Die Kosten für Personal, Räume und Computer fallen immer an, egal wie viele Menschen die Online-Zeitung nutzen. Man spricht von Fixkosten. Würde nur eine einzige Person die Online-Zeitung lesen, wäre das Angebot für Werbekunden nicht attraktiv, und somit müsste der eine Leser rund fünf Millionen Euro im Jahr für die Zeitung ausgeben. Mehr Nutzer bedeuten im Onlinebereich kaum zusätzliche Kosten, die variablen Kosten tendieren gegen Null. Gegebenenfalls müssen ab einer bestimmten Anzahl Nutzer leistungsfähigere Server angeschafft und mehr Bandbreite für die Internetanbindung gemietet werden, doch im Vergleich zu den Personalkosten fällt dieser Mehraufwand kaum ins Gewicht. Nutzen nun also 100.000 Menschen die Online-Zeitung, entstehen immer noch weitgehend dieselben Kosten für das Bürogebäude und die 50 Mitarbeitenden. Pro Nutzer kostet die Online-Zeitung im Jahr allerdings nur noch 50 Euro. Dieses billigere Angebot hat dabei dieselbe inhaltliche Qualität wie jenes, das nur von einer Person genutzt wird. Gibt es nun zwei Anbieter am Markt die jeweils ein gleichwertiges Angebot mit den gleichen Fixkosten produzieren, wird sich die Nachfrage mittelfristig auf einen Anbieter konzentrieren. Anbieter A mit 100.000 Kunden kann sein Angebot für 50 Euro anbieten, Anbieter B mit nur 50.000 Kunden muss 100 Euro verlangen, um seine Kosten zu decken. Wenn nun die Nutzer das Angebot tatsächlich als gleichwertig wahrnehmen, werden die Nutzer der kleineren Online-Zeitung sukzessive zur größeren abwandern und dabei den Preisunterschied weiter vergrößern. Am Ende wird es einen Anbieter geben der seine Fixkosten von fünf Millionen Euro auf

150.000 Nutzer verteilen kann und somit bei einem Preis von nur 33,30 Euro kostendeckend arbeitet. Der kleinere Anbieter muss dagegen sein Angebot einstellen.

Vorausgesetzt die Nachfrage ist groß genug, bedeutet ein hoher Anteil Fixkosten, dass es sich lohnt, mehr zu produzieren. Die fixen Kosten können auf mehr Exemplare verteilt werden. Man spricht von Fixkostenproportionalisierung. Die Stückkosten nehmen mit jeder zusätzlich produzierten Einheit ab. Die Durchschnittskosten sinken bis zur Sättigungsmenge, bei der es keine zusätzliche Nachfrage mehr gibt. Das erste Exemplar, die sogenannte Urkopie ist theoretisch sehr teuer, da bereits alle Fixkosten angefallen sind. Das Hunderttausendste ist dagegen theoretisch sehr viel günstiger, weil die Fixkosten bereits auf alle vorher produzierten Exemplare verteilt werden konnten. Bei Medien ohne materiellen Träger wie TV, Radio oder Online ist der Anteil der variablen Kosten noch einmal wesentlich geringer als bei trägergebundenen Medien wie Zeitung, Zeitschrift, Buch, DVD oder CD.

Aus Nutzerperspektive ist Konzentration somit zunächst nicht nachteilig. Wenn, wie in unserem Beispiel, zwei Anbieter ein gleichwertiges Produkt anbieten, ist dies ineffizient, und diese Ineffizienz ist für den Konsument mit höheren Kosten verbunden. Ein einziger Anbieter bedeutet also zunächst niedrigere Preise für die Kunden. Ist der zweite Anbieter jedoch erst einmal aus dem Markt verdrängt, fehlt für den verbleibenden Anbieter die Motivation, seinen Preis an seinen vergleichsweise niedrigeren Stückkosten zur orientieren. Wenn es keine Konkurrenz mehr gibt, wird er vielmehr versuchen die Zahlungsbereitschaft seiner Kunden abzuschöpfen. Da er weiß, dass es einige Nachfrager gab, die bereit waren für das Angebot seines Konkurrenten das Doppelte zu bezahlen, könnte er seinen Preis entsprechend festsetzen und so als Monopolist eine hohe Rendite generieren. Tatsächlich führt also nicht eine stärkere Konzentration, sondern mehr Wettbewerb zu besseren Marktergebnissen. In einem Markt mit mehr Wettbewerbern müssen sich die Anbieter stärker an ihren Kosten als an der maximalen Zahlungsbereitschaft orientieren, und sie haben eine Motivation, Preisunterschiede durch Unterschiede im Angebot zu rechtfertigen.

Ein weiterer Grund für die Tendenz zu hoher Konzentration in Medienmärkten sind hohe Markteintrittsbarrieren. Diese führen dazu, dass Anbieter, die sich aus dem Wettbewerb zurückziehen müssen oder durch Übernahme vom Markt verschwinden, häufig nicht schnell durch neue Anbieter im Markt ersetzt werden. Ein Medienunternehmen zu starten, braucht nicht nur ein relativ großes Startkapital, z. B. für Druckereien oder Studios, sondern vor allem auch spezifische Kompetenzen, die ein Unternehmen nur über einen längeren Zeitraum aufbauen kann, sei dies das Wissen um die effiziente Organisation der Medienproduktion oder auch eine umfangreiche Kartei mit Kontaktdaten potenzieller Werbekunden. Auch wenn die Digitalisierung dazu geführt hat, dass in vielen Segmenten der Medienbranche die finanziellen und technischen Markteintrittsbarrieren gesunken sind (vgl. Kapitel 3.4), so gilt weiterhin, dass Medien zum großen Teil ein „People Business" sind. Erfolg basiert zum großen Teil auf persönlichen Beziehungsnetzwerken. Da in der Medienproduktion meist nur unvollständige Verträge abgeschlossen werden können, muss Vertrauen zwischen Auftraggebern und Auftragnehmern herrschen. Dieses kann entweder in früheren Zusammenarbeiten entstanden sein, oder aber es wird aus dokumentierten

Erfolgen und Erfahrungen anderer Branchenteilnehmer abgeleitet. In diesem Bereich gelten Markteintrittsbarrieren weiterhin. Entsprechend lässt sich beobachten, dass neue Medienangebote meist von Personen gegründet wurden, die zuvor in verantwortlicher Position bei einem etablierten Anbieter tätig waren und ggf. einen Teil ihres Teams mitnehmen konnten. So wurde etwa die „Tageswoche" von ehemaligen Redakteuren der *Basler Zeitung* gegründet, die nach dem Verkauf ihrer Zeitung um die publizistische Vielfalt in ihrer Region fürchteten. Hansi Voigt, früherer Chefredakteur des Online-Angebots der größten Schweizer Gratiszeitung „20minuten" (*tamedia AG*), konnte nur durch seine Kontakte aus dieser Zeit und mit finanzieller Unterstützung eines anderen Schweizer Verlags (*AZ-Medien Gruppe*) den Versuch starten, mit „watson" ein neues Online-Nachrichtenportal aufzubauen. Analog ist die Situation beim neuen Schweizer Fernsehsender *S1TV*, dessen Geschäftsführer vorher bei *ProSiebenSat.1* Schweiz geleitet haben.

Dies bringt uns zu den Folgen unsere Einleitungsfrage. Medienkonzentration gibt es also, weil im Medienbereich klare Größenvorteile bestehen (wir werden noch darauf zurückkommen, inwieweit dies für alle Mediengattungen gleichermaßen gilt). Damit unterscheiden sich Medien nicht von vielen anderen Branchen: Auch Schrauben lassen sich in großen Stückzahlen effizienter herstellen. Warum ist Konzentration im Medienbereich aber problematischer als in anderen Branchen? Der Grund ist in der Funktion der Medien zu suchen. Die Funktion einer Schraube ist schlicht: zwei Bauteile verbinden. Die Qualität einer Schraube hängt dabei davon ab, aus welchem Material sie hergestellt ist und wie genau sie der Norm entspricht. Jenseits des Problems, dass ein Monopolist vermutlich überhöhte Preise verlangt, ist es für die Gesellschaft unerheblich, ob es nur einen oder mehrere Schraubenhersteller gibt. Die Funktion von Medien ist komplexer: Neben der privaten Funktion, wonach Mediennutzer sich informieren oder unterhalten sowie Medienanbieter Gewinne erzielen wollen, haben Medien auch soziale und politische Funktionen (vgl. Kapitel 2.2).

5.2   Arten der Konzentration

Es lassen sich verschiedene Formen der Konzentration unterschieden, je nachdem welche Wertschöpfungsstufen und ggf. Branchen involviert sind (vgl. Abbildung 5.1). Aus ökonomischer Perspektive handelt es sich nur bei der horizontalen Konzentration um Konzentration im eigentlichen Sinne. Die gesellschaftlichen Funktionen der Medien machen es jedoch sinnvoll, auch andere Formen mit zu berücksichtigen. Aus diesem Grund werden nachfolgend auch die Konsequenzen der vertikalen und diagonalen Konzentration beschrieben.

Horizontale Konzentration fokussiert auf einen klar abgegrenzten Markt. Es geht also in der Regel um eine Wertschöpfungsstufe für eine Mediengattung in einer abgegrenzten geographischen Region, z. B. um Zeitungsredaktionen in einer Stadt. Horizontale Konzentration liegt folglich vor, wenn es in einem Markt nur wenige, oder im Extremfall nur einen Anbieter gibt. In Deutschland gab es 2013 mit 329 Titeln zwar immer noch vergleichsweise viele Tageszeitungen (Pasquay, 2014, S. 5), betrachtet man jedoch das jeweilige Verbreitungsgebiet, fällt auf, dass in der Mehrzahl der Gemeinden jeweils nur eine Redaktion eine Zeitung produziert. Man spricht von Einzeitungskreisen. Im Idealfall bildet dieser eine Anbieter alle Interessen und Meinungen aus der Gemeinde ab. In der Praxis wird ein Verlag aber nur solche Minderheitenpositionen bedienen, die einen positiven Grenznutzen haben. Ein Monopolist wird also beispielsweise nur dann Positionen der FDP recherchieren und darstellen, wenn der Aufwand hierfür geringer ist als die Einnahmen, die mit potenziellen FDP-Wählern erzielt werden können.

Weitet man die Perspektive von einer einzelnen Stadt auf das ganze Land aus, so zeigt sich, dass auch auf dieser Ebene die Konzentration weit fortgeschritten ist. Die vier größten Verlagsgruppen in Deutschland hatten 2012 zusammen einen Anteil von 39.2 % am gesamten nationalen Tageszeitungsmarkt (Röper, 2012b, S. 273). Betrachtet man nur die Boulevardzeitungen kann allein die *Axel Springer AG* 78.6 % des Marktes auf sich vereinen. In der Schweiz haben 2011 die vier größten Verlage jeweils einen Marktanteil von 90 % (Französische Schweiz), 89 % (Italienische Schweiz) bzw. 88 % (Deutschschweiz) (Kamber & Raabe, 2012). In Österreich hatten die vier größten Zeitungsunternehmen 2008 gemeinsam einen Marktanteil von 83,6 % (Steinmaurer, 2009, S. 506). Tabelle 5.1 zeigt die horizontale Konzentration im Fernsehzuschauermarkt in den drei deutschsprachigen Märkten. Die öffentlichen Anbieter haben jeweils den höchsten Zuschauermarktanteil. Gemeinsam mit den in allen drei Ländern gleichen kommerziellen TV-Konzernen kommen die drei größten Anbieter auf Marktanteile zwischen 54 % (Deutschschweiz) und 82 % (Deutschland).

Tabelle 5.1 Konzentration in deutschsprachigen TV-Zuschauermärkten

	DE 2012	AT 2011	CH-de 2012
CR3*	82,3 %	68,4 %	53,9 %
ARD/ZDF	38,9 %	7,2 %	11,6 %
ORF		35,7 %	3,5 %
SRG			30,0 %
RTL Gruppe	24,2 %	15,6 %	11,5 %
ProSiebenSat.1	19,2 %	17,1 %	12,3 %

* CR= concentration ratio; CR3 bezeichnet also den Marktanteil der drei größten Anbieter
Quelle: © DE: Landemedienanstalten Jahrbuch ; AT: IP-keyfacts 2012; CH: Mediapulse Jahrbuch

Vertikale Konzentration beschreibt den Prozess, bei dem ein Unternehmen durch Zukäufe oder Fusionen mehrere Stufen der Wertschöpfungskette (vgl. Kapitel 9.1) vereint. Also etwa, wenn ein TV-Sender eine Produktionsfirma als Zulieferer übernimmt, eine Filmdistributionsfirma eine Kinokette kauft oder eine Zeitschrift mit einer Druckerei fusioniert. In keinem dieser Beispiele verändern sich die Anzahl der Marktteilnehmer und deren Marktanteile in den einzelnen Märkten; es gibt dadurch nicht weniger TV-Produktionsfirmen oder Druckereien. Betrachtet man jedoch den Medienmarkt als Ganzes, reduziert sich die Zahl der Akteure sehr wohl. Das Wettbewerbsfeld wird zudem intransparenter, weil die Preisbildung nicht mehr am Markt geschieht sondern zum Teil innerhalb des Unternehmens. Auch Marktverzerrungen werden wahrscheinlicher, da vertikal integrierte Unternehmen den eigenen Schwesterfirmen vermutlich bessere Konditionen eingestehen als der Konkurrenz. So wird die eigene Zeitschrift sicherlich günstiger gedruckt als die der Konkurrenz, und fremde Filmverleiher müssen der Kinokette vermutlich höhere Anteile an den Eintrittspreisen überlassen. Aus gesellschaftlicher Perspektive kann das bedeuten, dass nicht alle Meinungen dieselben Chancen haben gehört zu werden.

Für ein Unternehmen bedeutet die vertikale Integration ein Zuwachs an Verhandlungsmacht, da es nicht mehr zwingend Dienstleistungen auf anderen Wertschöpfungsstufen einkaufen muss. Des weiteren werden Quersubventionierungen möglich, welche seine Position auf einzelnen Wertschöpfungsstufen gegenüber seiner Konkurrenz verbessern können.

Der Begriff der **diagonalen Konzentration** bezieht sich auf den Zusammenschluss von Unternehmen, die nicht im selben Markt aktiv sind. Dabei kann es sich sowohl um Anbieter aus unterschiedlichen Medienteilmärkten handeln, wenn also z. B. ein Zeitungsverlag eine Filmproduktionsfirma kauft, als auch um Zusammenschlüsse zwischen einem Medien- und einem branchenfremden Unternehmen, etwa wenn ein Autohändler die Lokalzeitung kauft. Probleme für den Wettbewerb ergeben sich dabei nicht durch die verringerte Anzahl von Marktteilnehmern oder die Ungleichbehandlung von Zulieferern und Abnehmern, sondern vor allem durch Ungleichbehandlungen in der Vermarktung. Der Autohändler, der die Zeitung kauft, kann dort prominent für seine Angebote werben und gleichzeitig konkurrierenden Autohändlern den Werberaum zu schlechteren Konditionen anbieten. Auch Zusammenschlüsse zwischen Anbietern unterschiedlicher Medientypen können vor allem für Cross-Promotion oder die gebündelte Vermarktung genutzt werden.

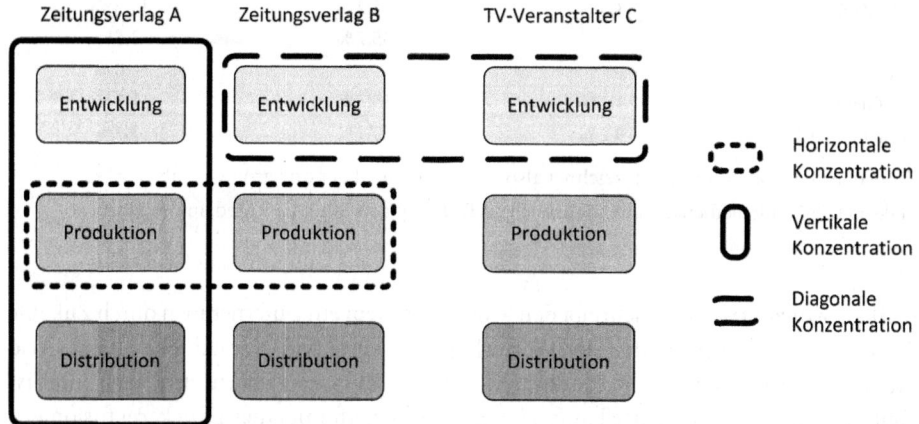

Abb. 5.1 Formen der Konzentration

Quelle: Eigene Darstellung

In einigen Teilbranchen der Medien sind die Fixkosten und Skalenerträge (also Größenvorteile) so groß, dass die Gesamtkosten niedriger sind, wenn es nur einen Anbieter gibt. Dies ist insbesondere im Bereich der Distributionsinfrastruktur der Fall. Straßen aufzureißen, um Kabel zu verlegen, ist mit hohen Fixkosten verbunden und lässt es sinnlos erscheinen, dass eine Region von zwei Kabelnetzanbietern bedient wird. Die Frühzustellungen von Abonnementszeitungen per Bote sind ebenfalls aufwändig, und je nach Anzahl und Entfernung der zu beliefernden Haushalte kaum rentabel. Deshalb nutzen eigentlich konkurrierende Verlage denselben Zustellservice oft gemeinsam. Auch die Belieferung von Kiosken mit Zeitungen und Zeitschriften in Deutschland erfolgt über Gebietsmonopole, in denen jeweils ein Grossist für alle Verlage den Vertrieb übernimmt (vgl. Fallbeispiel 6)

Fallbeispiel 6: Presse-Grosso

Pressegrossisten sind Unternehmen, die sich auf der Handelsstufe zwischen dem Verlag und dem Einzelhandel bewegen. In Deutschland gilt dabei eine Preisbindung, das heißt, sowohl der Preis für die Einzelhändler als auch jener für die Endkunden ist festgelegt. Weiterhin ist das Land in knapp 80 Grosso-Gebiete aufgeteilt, in denen jeweils ein Grossist das Vertriebsmonopol besitzt. Die Preisbindung sowie die Gebietsmonopole sind nach deutschem Recht deshalb zulässig, weil der Realisierung der Pressefreiheit (Art. 5 Grundgesetz) Priorität vor dem Wettbewerbsrecht zugeschrieben wird. Die günstigere Kostenstruktur der Monopolisten soll dennoch Vielfalt für die Rezipienten sichern. Wichtige Voraussetzung dafür ist die Neutralität der Grossisten, die alle Verlage gleich behandeln müssen (diskriminierungsfreier Vertrieb). Bei den meisten Grossisten handelt es sich um unabhängige mittelständische Betriebe. An knapp 20 % der Grossisten sind jedoch Verlage beteiligt, hier liegt also eine vertikale Konzentration vor. 2009 wollte ein unabhängiger Grossist in Südhessen (*Roth + Horsch*) einen kleineren Grossist in der Pfalz (*Presse-Vertrieb Pfalz*) übernehmen (=horizontale Konzentration). Der kleinere Grossist war zuvor im Besitz von zehn Verlagen, die auch am neuen Unternehmen zu 40 % beteiligt sein sollten. Im Verfahren beim Bundeskartellamt (B6-98-09) befürchtete der Grosso-Verband als Vertreter der unabhängigen Grossisten, dass die Beteiligung der Verlage am fusionierten Unternehmen die marktbeherrschende Stellung der Verlage insgesamt verstärken könnte, dass also die horizontale Konzentration zu einer problematischen vertikalen Konzentration führen würde. Das Kartellamt hat die Fusion aber zugelassen, da lediglich zwei bestehende Gebietsmonopole zusammengelegt wurden. Das neue Unternehmen erzielte einen Anteil von rund 5 % am Gesamtmarkt in Deutschland und selbst wenn der Grosso-Markt in Zukunft nicht mehr durch Gebietsmonopole geprägt sein sollte, sondern von national agierenden Akteuren, wäre keine marktbeherrschende Position zu erwarten gewesen. Die horizontale Konzentration wurde entsprechend als nicht zu groß angesehen. Das Kartellamt verneinte zudem eine unzulässige Stärkung der Position der Verlage, da keiner der beteiligten Verleger einen beherrschenden Anteil am neuen Unternehmen hielt und zu erwarten war, dass die gegenseitige Abhängigkeit von Grosso und Verlagen weiterhin für einen Ausgleich sorgen würde. Die langsame Zunahme der vertikalen Konzentration durch ein größeres Engagement der Verlage im

Vertrieb wurde also als unproblematisch eingestuft, jedoch nur, solange die Neutralität der Grossisten gewahrt bleiben würde. Insbesondere der *Bauer Verlag* (Programmzeitschriften etc.) hat mehrfach erklärt, dass er das Presse-Grosso in Deutschland für ineffizient hält und die Gebietsmonopole zugunsten von mehr Wettbewerb und einer stärkeren vertikalen Konzentration aufgeben will. Solange das Presse-Grosso jedoch für einen diskriminierungsfreien und flächendeckenden Vertrieb sorgen kann ist nicht damit zu rechnen, dass die Konzentrationskontrolle das Presse-Grosso beschränken wird.

5.3   Das Verhältnis von Anbietervielzahl und Inhaltsvielfalt

Publizistische Vielfalt ist ein Ziel der Medienregulierung. Wie in Kapitel 1.3 dargestellt, kann die Regulierung in westlichen Demokratien jedoch nicht ohne weiteres auf Ebenen der Inhalte ansetzen, sondern versucht mittelbar, über eine Einflussnahme auf die Strukturen, die Wahrscheinlichkeit zu erhöhen, dass der Markt gesellschaftlich wünschenswerte Ergebnisse produziert. Da Inhaltsvielfalt somit nicht direkt vorgegeben werden kann, zielen Markteingriffe darauf ab, über die regulierbare Zahl der Anbieter zur nicht regulierbaren Inhaltsvielfalt zu gelangen. Um einschätzen zu können, ob und inwieweit dieser Ansatz erfolgreich sein kann, stellt sich die Frage, wie Anbietervielzahl und Inhaltsvielfalt zusammenhängen. Knoche (1997, S. 136) unterscheidet vier Kausalketten, die denkbare Beziehungen zwischen den beiden Variablen beschreiben:

1. Anbietervielzahl garantiert Inhaltsvielfalt als Folge des Wettbewerbs in weniger konzentrierten Märkten.
2. Wettbewerb unter einer geringen Anzahl von Unternehmen garantiert Vielfalt.
3. Bei einer Monopolstellung führen potenzielle Wettbewerber zu einer Vorwegnahme der Reaktion auf die Konkurrenz und somit zu einer inneren Vielfalt der Monopolisten.
4. Das notwendige Maß an Vielfalt ergibt sich durch den Wettbewerb als „Such- und Entdeckungsverfahren". Die Angebotsvielfalt spiegelt also die Bedürfnisvielfalt. Wenn keine publizistische Vielfalt festgestellt wird, muss das kein Problem sein. Vielmehr kann dies ein Hinweis auf homogene Konsumentenwünsche sein.

Obwohl die erste These keine schlüssige theoretische Grundlage hat, findet sie sowohl in der Politik als auch unter Medieneigentümern „wider besseres Wissen" (Knoche, 1997, S. 137) den größten Zuspruch. In der Wissenschaft wird dagegen häufig die Ansicht vertreten, dass sich Konzentrationsvorgänge grundsätzlich weder positiv noch negativ auf die Pluralität auswirken müssen (z. B. Weber, 1995). Empirische Belege für einen Zusammenhang zwischen Anbieter- und Inhaltsvielfalt fehlen oder sind widersprüchlich (Mailänder, 2000; Trappel, Meier, Schrape & Wölk, 2002). Wir wollen im Folgenden die Thesen etwas genauer beleuchten.

5.3.1 Bedeutet fehlende Vielzahl mangelnde Vielfalt?

In der positiven Formulierung der ersten These wird meist argumentiert, dass sich im Wettbewerb die Chance auf Vielfalt steigere: „[Es] wird vermutet, dass das Bestehen unabhängiger wirtschaftlicher Einheiten das Entstehen einseitiger Meinungsmacht verhindert und sich mithin die Vielfaltschancen erhöhen. Je unterschiedlicher die Veranstalter seien, desto wahrscheinlicher sei die Unterschiedlichkeit (Vielfältigkeit) der Programme" (Mailänder, 2000, S. 177). Fast häufiger wird die These jedoch negativ postuliert, wonach eine fehlende Vielzahl an Anbietern zu fehlender Inhaltsvielfalt führen würde. Mit steigender Medienkonzentration wächst die Bedeutung von einzelnen Medienunternehmen und deren Eigentümern. Die Befürchtung ist nun, dass diese Eigentümer Einfluss auf die Inhalte nehmen, um so eigene politische oder wirtschaftliche Interessen durchzusetzen oder wenigstens zu fördern. Mit zunehmender Medienkonzentration haben die wenigen verbliebenen Medien ein größeres „Machtpotential zu Gleichschaltung" (Mailänder, 2000, S. 178). Der Einfluss muss dabei nicht zwingend im offensiven Meinungsjournalismus, also der aktiven Publikation von Positionen, die die eigene Meinung stützen, bestehen. Ebenso ist denkbar, dass anderslautende Meinungen weniger oder gar nicht präsentiert werden und bestimmten Kommunikatoren keine Öffentlichkeit gegeben wird. Regionale Monopolisten können somit entscheiden, welche (politischen) Anliegen überhaupt in die Medienagenda aufgenommen und so potenzielle Objekte der Meinungsvielfalt werden.

Der Konzernjournalismus für eigene Anliegen kann – analog zum Gefälligkeitsjournalismus für Werbekunden (vgl. Kapitel 4.3.2) – ebenfalls zum Einfluss der Eigentümer gerechnet werden. Auch ohne tatsächliche Durchgriffsmöglichkeiten des Managements kann es dazu kommen, dass Medienschaffende sich mit der „Schere im Kopf" vorab selbst zensieren, um potenzielle persönliche Nachteile zu vermeiden. Selbstzensur ist dabei in konzentrierten Märkten wahrscheinlicher, weil den Medienschaffenden weniger Alternativen in Bezug auf mögliche Arbeitgeber zur Verfügung stehen. Multimediale Konzentration, also eine diagonale Konzentration, die verschiedene Angebotstypen vereint, kann weiter dazu führen, dass auch gegenseitige Kritik zwischen Anbietern unterschiedlicher Medientypen abnimmt.

Neben diesen negativen Auswirkungen auf die Inhalte selbst wird schließlich auch eine Homogenisierung vorgelagerter Selektionskriterien befürchtet. Mit der Zahl der Redaktionen nimmt auch die Zahl der Interpretationen für das Weltgeschehen ab. Es gibt weniger Sets an Selektionskriterien nach denen Unwichtiges von Berichtenswertem unterschieden wird. Themenauswahl und -framing einer Zentralredaktion im Konzern, die z. B. den Mantelteil für eine Vielzahl an Regionaltiteln liefert, basieren einheitlich auf denselben Relevanzkriterien. Das Nutzen von Synergien führt so zu einer Homogenisierung der Inhalte, denn die Informationsbeschaffung soll möglichst kostensparend koordiniert und dem Geschmack der Masse angepasst werden. Somit ist auch die innere Medienfreiheit (Weber, 1995, S. 86) betroffen. Während Medienschaffende selbst bei fehlender Konkurrenz aus anderen Unternehmen potenziell gewillt sind, ihre redaktionelle Eigenständigkeit auszuleben, verfolgt das Management eher das Ziel, Kooperation und Fokussierung auf die größte Zielgruppe zu fördern. Angesichts des Primats des Monetären in ökonomisierten Medienunternehmen (vgl. Kapitel 4.2.2) dürfte sich das Management in diesem Fall durchsetzen. Synergien, die aus Fusionen und Zukäufen entstehen sollen, ergeben sich oft durch die Schließung von Angeboten. Das Ziel dieser Maßnahmen besteht darin, Doppelspurigkeiten abzubauen, um konzerninterne Konkurrenz zu vermeiden. In Bezug auf den Inhalt sind diese Doppelspurigkeiten jedoch selten komplett deckungsgleich, so dass mit der Reduktion von Angeboten in der Regel auch ein Vielfaltsverlust einhergeht. Zwar wird die Medienproduktion nicht komplett homogenisiert, jedoch führen auch jenseits des konkreten Inhalts einheitliche Standards bezüglich der Einstellung, Ausbildung und Weiterbildung von Journalisten, der Gewährung journalistischer Autonomie, der Corporate Identity, Managementkonzepte, Unternehmenszielen sowie Prinzipien des Marketings innerhalb eines Konzerns jeweils zu einer größeren Homogenität (Heinrich, 2010a, S. 138f).

Die Konzentration hat jedoch nicht nur auf dem Rezipientenmarkt Relevanz, sondern auch auf dem Werbemarkt. Bei höherer Konzentration stehen Werbekunden weniger Möglichkeiten zur Platzierung ihrer Botschaften zur Verfügung. Dies bedeutet zunächst eine größere Abhängigkeit des werbetreibenden Unternehmens von den Medien, deren Verhandlungsmacht dadurch wächst. Vor dem Hintergrund des Gefälligkeitsjournalismus könnte dies jedoch auch heißen, dass auf immer mehr Werbekunden Rücksicht genommen werden muss, und die Berichterstattung in der Folge immer unkritischer wird (Trappel et al., 2002, S. 114).

5.3.2   Konzentration gleich Homogenität?

Die Ansicht, dass Konzentration zu Gleichförmigkeit führt, ist in der Forschung nicht unbestritten. Konzentration kann als Potenzial für Homogenität verstanden werden, sie ist jedoch keine hinreichende Bedingung, die deterministisch zu einem solchen Ergebnis führt. Ob ein Konzern das Potenzial zur Gleichschaltung nutzt, hängt jeweils auch noch von anderen Faktoren ab. Eine Vereinheitlichung, z. B. der politischen Ausrichtung im Meinungsteil der Medienangebote eines Konzerns, kann dazu führen, dass sich Rezipienten mit einer anderen politischen Grundeinstellung abwenden. Die Furcht vor den folgenden Reichweitenverlusten könnte der Homogenisierung somit Einhalt gebieten. Denkbar ist also eine „monopolisierte Vielfalt" (Trappel et al., 2002, S. 63) bei der ein Anbieter verschiedene Medieninhalte mit unterschiedlicher Ausrichtung publiziert. Die ökonomisch motivierte Orientierung an Zielgruppen wirkt dabei der ebenfalls ökonomisch motivierten Homogenisierung entgegen, sodass Gleichförmigkeit nicht allumfassend, sondern vielmehr innerhalb der Zielgruppensegmente entsteht. Wenn also ein Marktführer mit einem massenattraktiven Angebot einen Konkurrenten aufkauft, wird dieses nicht zwingend eingestellt. Es kommt darauf an, wie unterschiedlich die erworbenen Inhalte sind. Die Wahrscheinlichkeit ist groß, dass Spartenangebote des ehemaligen Wettbewerbers weitergeführt und Synergien nur jenseits der Redaktion genutzt werden – z. B. im Druck, der Distribution oder dem Werbevertrieb. Wenn der Konkurrent aber bisher ebenfalls ein massenattraktives Angebot produziert hat, wird dieses vermutlich vom Markt genommen, um unternehmensinterne Konkurrenz zu vermeiden. Dies bedeutet dann jedoch keinen Vielfaltsverlust, sondern einen Effizienzgewinn, der sich nicht zum Nachteil der Rezipienten auswirkt.

Monopolisierte Vielfalt kann also sogar zur Erhaltung des Pluralismus beitragen. Kantzenbach (1988) veranschaulicht das an einem Beispiel: Man stelle sich zwei Verlage vor, die jeweils als einziges Produkt eine Zeitung anbieten. Die eine Zeitung ist politisch eher links ausgerichtet, die andere eher rechts. Qualitätsvorteile der einen Zeitung oder Verschiebungen in der politischen Stimmungslage führen nun zu einer Verschiebung der Leserzahl. Derjenige Titel, der Leser verliert, kann sukzessive nicht mehr rentabel arbeiten und muss ggf. sogar schließen. Die Tendenz zum natürlichen Monopol auf dem Zeitungsmarkt entspricht aber nicht der Vielfalt auf dem Meinungsmarkt. Wenn nun stattdessen beide Zeitungen in einem Verlag erscheinen, könnten beide überleben, sofern der verbleibende Verlag ökonomisch und nicht politisch motiviert handelt. Die kombinierten Produktionskosten könnten innerhalb des Unternehmens reduziert und Volatilitäten in der Nachfrage infolge politischer Stimmungsschwankungen zwischen beiden Titeln ausgeglichen werden. Voraussetzung dafür ist freilich die innere Medienfreiheit, also die Unabhängigkeit der Redaktionen von der politischen Linie des Verlags.

Ein weiteres Argument dafür, dass Konzentration nicht zwangsläufig in einen inhaltlichen „Einheitsbrei" münden muss, ergibt sich aus der Marktorientierung der Unternehmen. Es darf bezweifelt werden, dass Unternehmen anstreben, völlig homogene Produkte anzubieten, denn dies entspräche nicht der Nachfrage (Knoche, 1997). Selbst wenn sich alle Rezipienten mit demselben Medieninhalt begnügen würden, wären die Werbekunden damit nicht zufrieden. Zwar wäre die Reichweite wesentlich höher, allerdings würden damit auch die Werbepreise ansteigen und Streuverluste entstehen. Werbekunden müssten also auch für Kontaktchancen mit denjenigen Rezipienten bezahlen, die gar nicht zur Zielgruppe gehören. Um das zu vermeiden, suchen sie sich zielgruppenfokussierte Angebote, für die ihre Produkte potenziell relevant sind. Werbeerlöse lassen sich also eher durch mehrere heterogene Angebote maximieren als durch ein homogenes. Hinzu kommt, dass es sich auch für das Medienunternehmen selbst nicht zwangsläufig lohnt, ein einziges Produkt in höheren Mengen zu produzieren. Je nach Trägermedium gibt es früher oder später einen Deckeneffekt, bei dem eine höhere Ausbringungsmenge keine weiteren Vorteile der Kostendegression mehr bietet (Heinrich, 2010a, S. 138). Im Printbereich wäre dies etwa dann der Fall, wenn zusätzliche Druckstraßen notwendig würden oder die Distanzen bei der Auslieferung nicht mehr rentabel und fristgerecht zurückgelegt werden könnten.

Wenn durch Konzentrationsprozesse größere unternehmerische Einheiten entstehen, steigert dies grundsätzlich die Wahrscheinlichkeit, dass diese eher die finanziellen Ressourcen haben, um aufwändige Inhalte von größerer Qualität zu produzieren und sich unabhängig von Dritten zu machen. So kann z. B. die „Einflussnahme vorgelagerter Marktteilnehmer verringert werden" (Mailänder, 2000, S. 179), in dem die Verhandlungsmacht durch die Größe gesteigert wird. Hier wird deutlich, dass eine Bewertung der Konzentration allein auf horizontaler Ebene, also auf derselben Wertschöpfungsstufe, zu kurz greift. Denn die Vielfalt im Zeitungsmarkt wird nicht nur durch die Anzahl der Redaktionen beeinflusst, sondern auch durch die starke Konzentration auf dem Zulieferermarkt der (internationalen) Nachrichtenagenturen (Boyd-Barrett, 1997). Eine Vielzahl an Redaktionen, die sich auf das homogene Angebot weniger Agenturen stützt, kann kaum ein vielfältiges Angebot bieten.

Dieses Argument wird insbesondere bei der Betrachtung kleinerer Länder vorgetragen. In kleineren Märkten besteht weniger Potenzial, über hohe Stückzahlen eine Fixkostendegression zu erreichen. Gleichzeitig gibt es häufig Konkurrenz aus dem Ausland, die in ihrem größeren Heimatmarkt bereits Skaleneffekte erzielen konnte. So wird in kleineren Märkten wie der Schweiz oder Österreich eine größere Konzentration geduldet, damit sich „national champions" gegen die Wettbewerber aus dem ungleich größeren deutschen Markt behaupten können. Allfällige Vielfaltsverluste werden dabei als weniger gravierend angesehen als die ggf. problematische Versorgung allein durch ausländische Medien.

5.3.3   Führt Vielzahl immer zu Vielfalt?

Genauso wie das Fehlen von Vielzahl nicht zwingend zu mangelnder Vielfalt führen muss, ist Vielzahl allein noch nicht hinreichend für Vielfalt. Dies soll an einem Beispiel verdeutlicht werden:

Nehmen wir eine Großstadt mit 500.000 potenziellen Radiohörern, die jeweils eine bestimmte Musikrichtung bevorzugen. 360.000 bevorzugen Popmusik, 80.000 volkstümliche Musik, und je 30.000 klassische Musik oder Jazz. Gibt es nur einen einzigen Anbieter, wird dieser Popmusik spielen, da er damit die größte Zahl an Zuhörern erreicht. Ein zweiter Anbieter wird jedoch nicht etwa volkstümliche Lieder spielen, sondern ebenfalls Pop. Er geht davon aus, dass er die Hälfte der Popmusikliebhaber erreichen kann, also 180.000, und damit deutlich mehr, als wenn er Volkstümliches anbieten würde. Gehen wir davon aus, dass alle Hörer auf dem Werbemarkt gleich viel wert sind, würde es sich erst für einen fünften Sender rentieren, auf volkstümliche Musik zu setzen. Angenommen, das Rezipienteninteresse verteilt sich immer gleichmäßig auf die Anbieter in einem Segment, lohnt es sich erst bei 15 Anbietern für einen zusätzlichen Sender, ein Programm mit klassischer Musik oder Jazz auszustrahlen. Vielfalt stellt sich also erst bei einer großen Zahl an Anbietern ein. Der Werbemarkt einer 500.000 Einwohner-Stadt dürfte jedoch kaum ausreichen, 15 Radiosender zu finanzieren. Deshalb gilt: „More competition in the media market does not only result in more media products, but also in ‚more of the same'" (van Cuilenburg, 1999, S. 196). Was in diesem Beispiel anhand von Musikgenres gezeigt wurde, gilt gleichermaßen auch für politische Grundorientierungen oder andere Produkteigenschaften von Medien. Wir werden in diesem Zusammenhang in Kapitel 11.2 noch ausführlicher auf Hotellings Gesetz (Hotelling, 1929) eingehen.

Das Beispiel zeigt außerdem, dass die Angebotsvielfalt in einem ökonomisierten Mediensystem auch von der Nachfragerseite abhängt. Wenn die nachfragende Gesellschaft politisch und kulturell weitgehend homogen ist und sich die Individuen in ihren Bedürfnissen, Lebenseinstellungen und Konsumwünschen angenähert haben (Knoche, 1997, S. 143f), dann wird auch das Angebot homogen sein und zwar unabhängig davon, ob es von einem oder einer Vielzahl von Anbietern bereitgestellt wird. Wettbewerb allein reicht also nicht aus, um inhaltliche Vielfalt zu erzeugen. Um dieses Ziel zu erreichen werden daher regulatorische Eingriffe in den Markt vorgenommen, z. B. die Einrichtung eines öffentlichen Rundfunks (vgl. Kapitel 12.3).

Ein zweiter Grund warum Anbietervielfalt nicht notwendigerweise zur Inhaltsvielfalt führt, ist in der Konzentration auf vorgelagerten Wertschöpfungsstufen zu sehen. Drei Zeitungen, die alle dieselben Nachrichten derselben Nachrichtenagentur abdrucken bieten allenfalls Vielfalt im Layout, nicht jedoch im Inhalt. Analog mehrere TV-Sender, die bei einem dominaten TV-Format-Anbieter Variationen derselben Spielidee „Castingshow" einkaufen.

5.4   Optimaler Wettbewerb

Wie gezeigt wurde, ist die „einfache Vielfaltsvermutung" genau das: sie ist zu einfach. Der Zusammenhang zwischen Konzentration bzw. Wettbewerb und Vielfalt ist multidirektional und curvilinear (Hollifield, 2006). Die einfache Vielfaltsvermutung kann im Rahmen des SVE-Paradigmas als Kurzschluss von der Struktur (Anzahl der Marktteilnehmer) auf das Ergebnis (Vielfalt des Angebots) verstanden werden. Das Verhalten der Marktteilnehmer wird dabei vernachlässigt. Ansätze wie der Financial Commitment Approach (Lacy, 1992; Lacy & Simon, 1993) gehen hingegen davon aus, dass die Intensität des Wettbewerbs das Verhalten beeinflusst (vgl. Abbildung 5.2): Je intensiver der Wettbewerb, desto eher müssen sich Anbieter von der Konkurrenz differenzieren, also werden sie in die Produktion der Inhalte investieren, um so die Attraktivität ihres Angebots bei den Rezipienten zu steigern. Allerdings kann diese Wirkung von Wettbewerb nicht unbegrenzt gelten, denn mit steigender Anzahl Wettbewerber müssen sich immer mehr Marktteilnehmer das Marktvolumen teilen und haben somit weniger Ressourcen für Investitionen zur Verfügung (Lacy & Riffe, 1994). Ein besonders intensiver (ruinöser) Wettbewerb auf dem Rezipienten- und Werbemarkt führt somit zu einem stärkeren Preis- und Kostenwettbewerb in der Produktion, und damit zu geringeren Investitionen (van Cuilenburg, 2007). Das beste Marktergebnis in Bezug auf die Vielfalt ist deshalb bei moderatem Wettbewerb zu erwarten, wenn Strategien der Produktdifferenzierung und der Kostenführerschaft sich die Waage halten und es so zu einem Inhaltswettbewerb kommen kann (van der Wurff & van Cuilenburg, 2001).

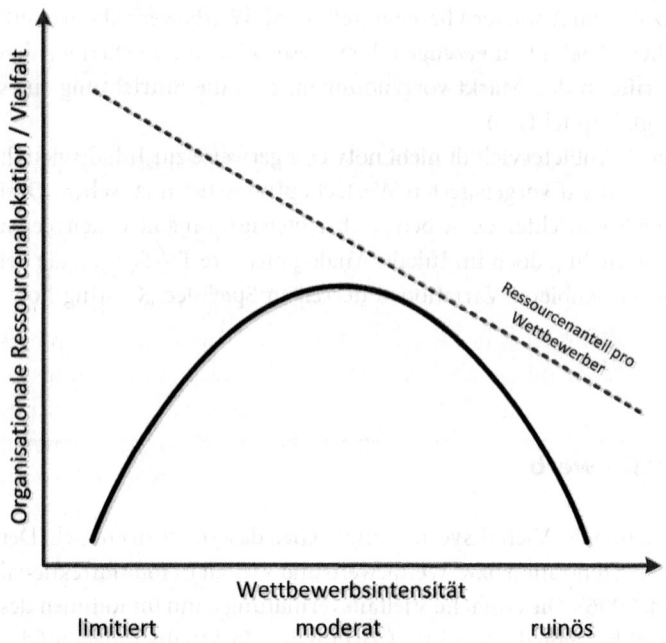

Abb. 5.2 Zusammenhang von Vielfalt und Wettbewerbsintensität

Quelle: © Russi, 2013a, S. 271

Für die Bewertung von Konzentration bedeutet dies, dass es durchaus funktional sein kann eine gewisse Konzentration zuzulassen, um so einen ruinösen und damit vielfaltsbeschränkenden Wettbewerb zu vermeiden.

5.5   Konzentrationskontrolle

Wie im vorigen Kapitel beschrieben wurde, kann Konzentration zu einem homogenen bzw. von Partikularinteressen verzerrten Angebot führen. Aus diesem Grund gibt es in vielen Ländern besondere Institutionen, um die Konzentration in der Medienbranche zu regulieren. Zwar greifen auch Kartellgesetze, sie alleine scheinen aber ungeeignet, Medienvielfalt und damit auch Meinungsvielfalt sicherzustellen(Gounalakis, 2004). Kübler (1999) spricht von einer grundsätzlichen Zieldivergenz zwischen dem Kartell- und dem Medienkonzentrationsrecht. Während ersteres darauf abzielt, einen freien Markt zu bewahren indem es die ökonomische Vormachtstellung einzelner Anbieter verhindert, geht es bei letzterem darum, die Meinungsvielfalt zu schützen, um eine Vormachtstellung auf dem (nicht ökonomischen) „Meinungsmarkt" abzuwenden.

Grundsätzlich kennt die Medienkonzentrationskontrolle zwei Ansätze zur Sicherung der Meinungsvielfalt:

Externer Pluralismus: Bei diesem Ansatz verkörpern mehrere Medien gemeinsam in ihrer Summe die gewünschte Vielfalt. Dahinter steckt die einfache Vielfaltsvermutung, wonach eine Vielzahl an Anbietern für eine Vielfalt an Inhalten sorgt. Diese Grundidee wurde traditionell in Pressemärkten verfolgt. Historisch gesehen war dies durchaus legitim, denn zu Zeiten von Parteizeitungen bildeten mehrere Titel tatsächlich ein breites Meinungsspektrum ab. In einem ökonomisierten Zeitungsmarkt (vgl. Kapitel 4.3) kann dies jedoch nicht mehr im selben Maße gelten.

Rechtlich erfährt die Presse in Deutschland seit der Konzentrationswelle der 1960er und 1970er Jahre eine Sonderbehandlung im Kartellgesetzt, indem die Aufgreifschwelle für Presseunternehmen deutlich niedriger angesetzt ist. Das bedeutet, dass Unternehmenszusammenschlüsse, die in anderen Branchen problemlos möglich wären, kartellrechtlich geprüft werden müssen. Der Strukturwandel der Medien bringt einerseits einen Bedeutungsverlust der Presse für die publizistische Vielfalt mit sich, und andererseits Anpassungsprobleme für die Verlage, denen Leser und vor allem Werbekunden abhandengekommen sind. Vor diesem Hintergrund ist die Fusionskontrolle im Pressebereich mit der Novelle des Gesetzes gegen Wettbewerbsbeschränkungen 2013 wieder aufgeweicht worden (Klumpp, 2013). Die Fusion von kleineren Verlagen wird erleichtert, und defizitäre Unternehmen dürfen auch dann übernommen werden, wenn so eine marktbeherrschende Stellung erreicht wird. Der Erhalt einer Zeitung wird demnach höher gewertet als die Vermeidung eines Monopols.

Interner Pluralismus: Diesem Konzept zufolge soll ein Medienunternehmen in seiner Tätigkeit die Vielfalt der bestehenden Meinungen abbilden. Traditionell war dieser Gedanke im Rundfunkbereich handlungsweisend. So soll z. B. die Vielfalt im öffentlichen Rundfunk durch Rundfunkräte sichergestellt werden, die sich aus Vertretern vieler verschiedener gesellschaftlich relevanter Gruppen zusammensetzen. In Zeiten, in denen noch Frequenzknappheit herrschte, wurde häufig auch der kommerzielle Rundfunk auf diese Weise reguliert – etwa in Deutschland, wo bis 1996 laut Rundfunkstaatsvertrag kein Unternehmen einen TV-Sender allein besitzen durfte und nur Anbietergemeinschaften zugelassen waren (Siegert, 1997). Mit dem Wegfall der Frequenzknappheit durch die Digitalisierung wird jedoch auch im Rundfunkbereich in der Regel das Konzept der externen Pluralität angewendet. In Deutschland wird hierfür das sogenannte Zuschauermarktanteilsmodell verwendet (§26 RTVG). Demnach darf ein Unternehmen zwar beliebig viele TV-Sender besitzen, gleichzeitig aber auf dem Zuschauermarkt einen Anteil von 30 % nicht überschreiten. Diese Grenze ist dabei eher willkürlich festgelegt worden und orientierte sich am Status quo des Marktes, der sich weitgehend zwischen den drei großen Sendergruppen *ARD/ZDF*, der *Mediengruppe RTL Deutschland* und *ProSiebenSat.1* aufteilt. Praktisch hat das Gesetz also lediglich die Funktion, eine Fusion von *RTL Gruppe* und *ProSiebenSat.1* zu verhindern. Der Tatsache, dass der Meinungsmarkt nicht unbedingt an eine Mediengattung gebunden ist, soll insofern Rechnung getragen werden, als dass bereits ein Zuschauermarktanteil von 25 % als marktbeherrschend angesehen wird, wenn das fragliche Unternehmen in einem anderen Medienmarkt eine marktbeherrschende Stellung hat (vgl. Fallbeispiel 3). Wenn eine marktbeherrschende Stellung festgestellt wird, müssen entweder Unternehmensteile verkauft oder Maßnahmen ergriffen werden, die internen Pluralismus herstellen. So ist beispielsweise im schweizerischen Bundesgesetz über Radio und Fernsehen (RTVG) die Einrichtung eines Programmbeirats oder die Einräumung von Sendezeit für Dritte vorgesehen.

5.6   Ebene der Konzentration

Angesichts der Digitalisierung (vgl. Kapitel 3.4) stellt sich die Frage, inwieweit eine Bewertung der Konzentration auf Ebene der Mediengattungen noch zeitgemäß ist, und ob auch die Regulierung gattungsunabhängig (Gounalakis, 2002) und nur noch im Rahmen des allgemeinen Kartellgesetzes (Knothe & Lebens, 2000) erfolgen sollte. Die Konvergenz führt zu Konkurrenz zwischen Medienunternehmen, die vormals nicht als Wettbewerber gesehen wurden. Die Messung der Konzentration innerhalb einer bestimmten Mediengattung wird damit weniger relevant und sollte nach Ansicht einiger Autoren durch eine gattungsübergreifende Perspektive ersetzt werden (zuerst Albarran & Dimmick, 1996; vgl. auch Compaine & Gomery, 2000). Auch wenn z. B. der Zeitungsmarkt konzentriert ist, kann das ggf. als weniger problematisch angesehen werden als in der Vergangenheit, da Rezipienten heute mehr Alternativen haben, sich jenseits der Zeitung zu informieren. Die Perspektive, Medienkonzentration holistisch zu betrachten, kommt expansiven Medienkonzernen entgegen und wird nicht zuletzt deshalb von einigen Beobachtern abgelehnt. Neben einem pauschalen Misstrauen gegen Konzerne gibt es jedoch auch gut begründete Zweifel an einer branchenweiten Messung der Konzentration. Ein Argument dabei ist, dass die Wirkung von Konzentration nicht auf allen Wertschöpfungsstufen gleichermaßen problematisch ist. Die Produktion und die Distribution von Inhalten sollte getrennt betrachtet werden (Baker, 2007), wie folgendes Beispiel zeigt: Im Bereich der Distribution sind die Markteintrittsbarrieren trotz Digitalisierung immer noch höher als im Bereich der Produktion, weshalb die Konzentration dort meist höher sein wird. Es gibt weitaus mehr TV-Produzenten als -Sender, die die Produktionen abnehmen und ausstrahlen. Für die technische Distribution der TV-Signale via Kabel oder Satellit gibt es wiederum weniger Anbieter als TV-Sender. Bei einer branchenweiten Betrachtung der Konzentration fällt diese Konzentration in der Distribution nicht auf. Wenn nun aber einer der wenigen Distributoren und ein Produzent zum selben Konzern gehören, darf man annehmen, dass dieser Produzent im Vergleich zu seinen unabhängigen Konkurrenten in einer besseren Wettbewerbsposition ist. Allerdings zeigt sich in der Praxis, dass in vertikal integrierten Konzernen nicht grundsätzlich nur die eigenen Tochterfirmen kooperieren. Aufträge werden durchaus auch nach außen vergeben, da jede Unternehmenseinheit als Profit-Center zunächst nur das eigene Geschäft optimieren soll. Zwar stammen beispielsweise bei *RTL Deutschland* tragende Produktionen wie „GZSZ", „DSDS", „Unter uns" und „Das Supertalent" aus dem eigenen Haus, dennoch finden sich viele Sendungen im Programm, die nicht von den Konzerngesellschaften *FremantleMedia*, *Grundy* und *UFA* produziert werden. Dazu gehören auch solche, die durchaus für *RTL* stehen wie etwa „Wer wird Millionär?" oder „Ich bin ein Star – Holt mich hier raus!".

Mehrere Studien zeigen am Beispiel der USA, dass die Konzentration in der Medienbranche im Zuge von Lockerungen des Regulierungsrahmens leicht zugenommen hat, insgesamt aber immer noch vergleichsweise niedrig ist (Compaine & Gomery, 2000; Noam, 2009; Vizcarrondo, 2013). Allerdings bleiben bei dieser Betrachtung lokale und regionale Monopole unberücksichtigt, bei denen kleine Unternehmen ein bestimmtes Verbreitungsgebiet dominieren. Es stellt sich also die Frage, ob die Länderebene die geeignete Analyseeinheit in der Konzentrationsforschung ist. Wenn es die Funktion von Medien ist, Öffentlichkeit herzustellen, ist eben nicht für jede gesellschaftliche Frage die nationale Öffentlichkeit die relevante Arena.

5.7   Zusammenfassung

Die Tendenz zur Medienkonzentration ergibt sich aus den Gutseigenschaften der Medien. In der Produktion und Distribution von Medien bestehen erhebliche Größenvorteile. Dadurch können Marktteilnehmer mit einem größeren Marktanteil günstiger wirtschaften und entsprechend ihren Marktanteil stetig ausbauen. Im Medienmarkt ist dies insofern problematisch, als dass davon eben nicht nur der ökonomische Aspekt der Medien betroffen ist, sondern auch der publizistische. Konzentration auf dem Medienmarkt kann in der Folge also zu einer Konzentration auf dem Meinungsmarkt führen. Allerdings zeigt sich, dass Anbietervielzahl und Inhaltsvielfalt nicht unmittelbar und linear zusammenhängen. Konzentration kann für Mediennutzer durchaus auch positive Folgen haben und so ist von einem optimalen Marktergebnis am ehesten bei einem moderaten Wettbewerb und mittlerem Konzentrationsniveau auszugehen. Neben regulatorischen Eingriffen wirkt sich kurzfristig auch die Medienkonvergenz hemmend auf die Konzentration aus, da früher getrennte Märkte zusammenwachsen und so die jeweiligen Marktanteile sinken und sich für Rezipienten neue Substitute für die Angeboten der jeweiligen Marktführer ergeben.

Kontrollfragen

▶ Welche Arten von Konzentration gibt es, und wie sieht der entsprechende Zusammenschluss von Unternehmen aus?

▶ Warum gibt es in der Medienbranche eine grundsätzliche Tendenz zur Konzentration?

▶ Warum kann Medienkonzentration vor dem Hintergrund der Fixkostendegression für die Rezipienten von Vorteil sein?

▶ Was sind die Ziele des Kartell- und Medienkonzentrationsrechts, und durch welche Ansätze wird versucht, Meinungsvielfalt zu sichern?

▶ Warum führt Anbietervielzahl nicht notwendigerweise zu Inhaltsvielfalt?

Kommentierte Literaturempfehlungen

- Just, N. (2009). Measuring media concentration and diversity. New approaches and instruments in Europe and the US. *Media, Culture & Society, 31* (1), 97–117.
  Die Autorin diskutiert, wie sich Medienkonzentration messen lässt, und wie die Folgen für die Vielfalt beurteilt werden können.
- Baker, C. E. (2007). *Media concentration and democracy. Why ownership matters.* New York: Cambridge University Press.
  Baker diskutiert den Zusammenhang von Konzentration und Demokratie, und zeigt auf, warum Digitalisierung und Konvergenz – und damit die Ausweitung des relevanten Marktes – Konzentration nicht weniger problematisch macht.
- Russi, L. (2013). *Ökonomische Bedingungen publizistischer Vielfalt. Eine theoretische Modellierung und Fuzzy Set Analyse der Beziehung von Wettbewerb und Produktdifferenzierung in europäischen Zeitungsmärkten.* Baden-Baden: Nomos.
  In Kapitel 5 und 6 diskutiert der Autor die ökonomischen Bedingungen publizistischer Vielfalt. Er konzentriert sich dabei nicht allein auf Konzentration sondern modelliert einen Zusammenhang zwischen Wettbewerb, Ressourcenallokation und der strategischen Produktdifferenzierung als Voraussetzungen für publizistische Vielfalt.
- Leonarz, M. (2012). Regionen ohne Zeitung. Zur aktuellen Situation der Regionalberichterstattung in der Schweiz. In W. A. Meier, H. Bonfadelli & J. Trappel (Hrsg.), *Gehen in den Leuchttürmen die Lichter aus? Was aus den Schweizer Leitmedien wird* (S. 81–107). Münster: Lit.
  Der Beitrag untersucht das Problem von regionalen Zeitungsmonopolen auf dem Schweizer Pressemarkt.
- Cunningham, B. M. & Alexander, P. J. (2004). A theory of broadcast media concentration and commercial advertising. *Journal of Public Economic Theory, 6* (4), 557–575.
  Der Artikel beschäftigt sich mit dem Zusammenhang von Publikums- und Werbenachfrage mit der Produktion von nicht-werblichen TV-Inhalten. Die Autoren können in ihrem Modell zeigen, dass es ein rechnerisches Optimum gibt, in dem die Anbieter den maximalen Wohlfahrtsgewinn erzielen.

Sind Medien krisensicher?

Krise kann in zweierlei Hinsicht verstanden werden. Erstens beschreibt der Begriff eine rückläufige Wirtschaftsentwicklung. In diesem Sinne wird Krise synonym zu Rezession verstanden, die per Definition dann vorliegt, wenn die Wirtschaft über mindestens zwei Quartale im Vergleich zum Vorquartal nicht wächst oder sogar schrumpft. Bezugspunkt ist hier jeweils die Gesamtwirtschaft. Für einzelne Marktteilnehmer kann sich auch ohne gesamtwirtschaftlichen Abschwung die Situation krisenhaft darstellen, etwa wenn sich ihr Geschäft schlechter entwickelt als jenes der Konkurrenz. Wenn ein Unternehmen mit einem starken Wirtschaftswachstum rechnet und seine Investitionen entsprechend tätigt, kann schon ein weniger starkes Wachstum als Krise wahrgenommen werden. In jedem Fall bezieht sich die Perspektive auf die Wirtschaftsentwicklung, also die Konjunktur, und damit auf eher kurzfristige Entwicklungen. Zweitens kann im Gegensatz dazu mit Krise auch eine langfristige Entwicklung gemeint sein, etwa wenn im Kontext von Substitutionsbeziehungen zwischen Medien bestimmte Trägermedien ins Abseits geraten. Die Krise der Tonträgerbranche beispielsweise ist nicht konjunkturbedingt, sondern strukturell auf die Ablösung des Trägermediums durch digitale Formate und Cloud-Lösungen zurückzuführen. Der Begriff Krise kann auch auf die Inhalte und damit die Medien als Institution bezogen sein. Dabei geht es nicht um den Erfolg einzelner Unternehmen, sondern um die Frage, inwieweit sich die Entwicklung der wirtschaftlichen Rahmenbedingungen darauf auswirken, wie gut die Medien ihre gesellschaftliche Funktion (vgl. Kapitel 2.2.1) erfüllen können. Diese Entwicklungen sind eher mittel- bis langfristiger Natur. Wenn wir also danach fragen, ob und inwiefern Medien krisensicher sind, müssen wir zwischen zeitlichen Perspektiven und den Effekten der Krise differenzieren, und eigentlich zwei Fragen beantworten: Wie konjunkturabhängig sind Medien? Und wie dynamisch bzw. stabil ist die Medienbranche? Dazu wird in Kapitel 6.1 zunächst dargestellt, dass sich Medien über vier unterschiedliche Märkte finanzieren können. Für diese vier Märkte wird anschließend die Konjunkturabhängigkeit erörtert (Kapitel 6.2). In Kapitel 6.3 wird die Perspektive umgedreht und beleuchtet, inwieweit die Medienproduktion selbst konjunkturabhängig ist. In Kapitel 6.4 gehen wir schließlich noch auf langfristige Entwicklungen der wirtschaftlichen Rahmenbedingungen für Medien ein.

6.1   Medienfinanzierung

Bevor wir die Kapitelfrage klären können, müssen wir zunächst einen Blick auf die Finanzierung von Medien werfen. Bei der grundsätzlichen Finanzierung von Medienunternehmen, also bei der Deckung ihres Kapitalbedarfs, unterscheiden sich Medien nicht wesentlich von anderen Branchen. Auch hier gibt es grundsätzlich die Differenzierung nach Innen- und Außenfinanzierung sowie Eigen- und Fremdkapital (vgl. Tabelle 6.1).

Tabelle 6.1   Finanzierungsformen

	Fremdkapital	Eigenkapital
Außenfinanzierung	Kreditfinanzierung	Beteiligungsfinanzierung
Innenfinanzierung	Finanzierung aus Rückstellungen	Selbstfinanzierung

Quelle: eigene Darstellung

Eigenkapital wird von den Gesellschaftern zur Verfügung gestellt. Eigenkapitalgeber haften mit ihrer Einlage, sind an Gewinn und Verlust entsprechend ihres Anteils beteiligt und können dafür die Unternehmensentscheide mitbeeinflussen. Fremdkapitalgeber haften nicht und sind nicht an der Geschäftsentwicklung beteiligt. Sie können Unternehmensentscheide nicht mitbestimmen, haben dafür aber einen Anspruch auf vollständige und fristgerechte Rückzahlung ihres Kapitals unabhängig vom Geschäftsverlauf. Berücksichtigt man nun die grundsätzliche Nachfrageunsicherheit von Medienprodukten aufgrund ihrer Erfahrungsguteigenschaft (vgl. Kapitel 2.1.4), sollte man vermuten, dass sowohl Kapitalgeber wie auch -nehmer die Fremdkapitalfinanzierung eher meiden. Kapitalgeber können das Ausfallrisiko schlecht abschätzen, und Medienunternehmen möchten sich nicht zu Zahlungen verpflichten, die sie unabhängig vom Erfolg leisten müssten. In der Realität sind einige Medienunternehmen jedoch sehr wohl durch Fremdkapital finanziert: Zwar ist die Prognose der Nachfrage für den einzelnen Medieninhalt schwierig, die aggregierte Nachfrage kann allerdings recht gut vorhergesagt werden. Entsprechend ist der Fremdkapitalmarktzugang für größere und diversifiziertere Medienunternehmen einfacher. Die Projektfinanzierung von einzelnen Medieninhalten, etwa die eines Films, gestaltet sich dagegen schwieriger, ganz analog zu Entwicklungsprojekten im Ingenieurbereich. Da die Verfügbarkeit von Kapital immer auch konjunkturabhängig ist, sind Medien in diesem Sinne nicht krisensicher.

Bei der laufenden Finanzierung lassen sich für Medien unterschiedliche Erlösformen differenzieren. Zum einen kann zwischen direkten und indirekten Erlösen unterschieden werden. Direkte Erlöse werden beispielsweise durch den Verkauf von Inhalten erzielt. Indirekte Erlöse hängen dagegen nicht unmittelbar mit den Inhalten zusammen, wie z. B. Rundfunkgebühren oder Werbung und Sponsoring (Zerdick et al., 2001).

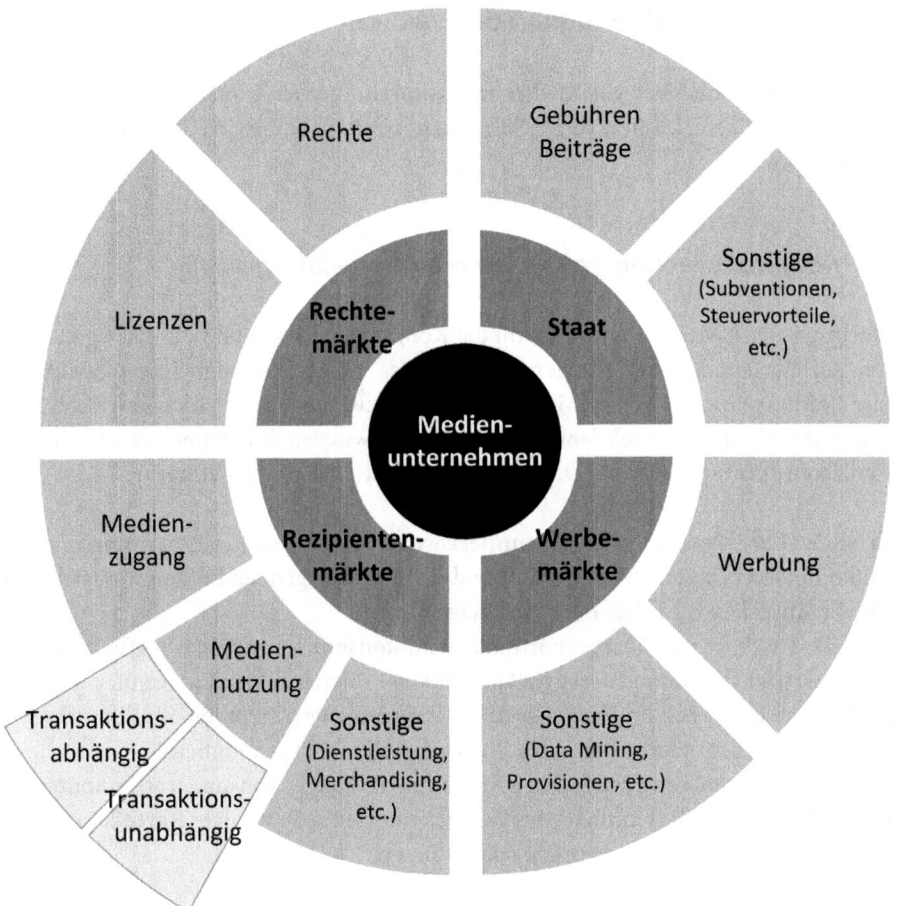

Abb. 6.1   Systematik der Erlösformen

Quelle: © Wirtz, 2009, S. 78

Daneben können die Märkte differenziert werden, auf denen Einnahmen erzielt werden. Grundsätzlich stehen Medien hier vier Quellen zu Verfügung (vgl. Abbildung 6.1): Einige wenige Medien finanzieren sich nahezu ausschließlich durch Rezipientenerlöse (z. B. Bücher), andere erzielen allein durch den Verkauf von Werbeleistungen Einnahmen (z. B. Gratiszeitungen oder kommerzielle, frei empfangbare TV-Sender). Häufig sind es jedoch Mischfinanzierungen, bei denen sowohl im Rezipienten- als auch Werbemarkt Umsatz generiert wird (z. B. Tageszeitungen mit Werbeanzeigen und Copy-Preisen). Zum dritten können einige Medien auch erhebliche Erlöse auf dem Rechtemarkt erzielen, also wenn sie Rechte und Lizenzen ihrer Inhalte an andere Medienunternehmen weiterverkaufen. Und schließlich profitieren einige Medien von staatlicher Unterstützung, sei es in Form von Gebühren oder durch Subventionen und Steuervorteile.

6.2   Konjunkturabhängigkeit der Medien

Die Konjunkturabhängigkeit von Medien muss nun für die vier Einnahmequellen separat betrachtet werden, denn konjunkturelle Schwankungen können sich jeweils unterschiedlich stark auswirken.

6.2.1   Konjunkturabhängigkeit der Mediennachfrage

Die Nachfrage nach Medien schwankt mit der Konjunktur und mit ihr das Erlöspotenzial auf dem Rezipientenmarkt. Allerdings müssen wir hier zwischen der aggregierten Nachfrage und der Nachfrage nach einzelnen Mediengattungen bzw. Inhaltskategorien unterscheiden.

Mediengüter lassen sich nach dem Zusammenhang zwischen Einkommen und Nachfrage differenzieren. Man spricht von der Einkommenselastizität der Nachfrage.

- *Normale Güter* werden mehr konsumiert wenn das verfügbare Einkommen steigt (Einkommenselastizität zwischen null und eins). Mit steigenden Einkommen nehmen z. B. die Ausgaben für Miete oder Wohneigentum zu.
- *Superiore Güter* werden überproportional mehr konsumiert wenn das verfügbare Einkommen steigt (Einkommenselastizität über eins). Hierzu zählen Luxusgüter. Vermögende Menschen geben im Vergleich zu Normalverdienern nicht nur absolut mehr für Luxusuhren aus, sondern auch einen größeren Teil ihres Einkommens.
- *Inferiore Güter* werden mit steigenden Einkommen weniger konsumiert (Einkommenselastizität unter null). Wohlhabende Menschen essen z. B. weniger Kartoffeln, da sie diese mit teureren Nahrungsmitteln substituieren.

Häufig ist die Einkommenselastizität nicht konstant. Inferiore Güter verhalten sich im niedrigen Einkommensbereich oftmals wie normale Güter. Zunächst nimmt die Nachfrage mit steigenden Einkommen zu und geht erst ab einem Schwellenwert wieder zurück. Bei notwendigen Gütern steigt die Nachfrage zunächst proportional zum Einkommen. Sofern das Gut dann nicht durch eine höherwertige Alternative substituiert wird, bleibt die Nachfrage konstant (vgl. Abbildung 6.2).

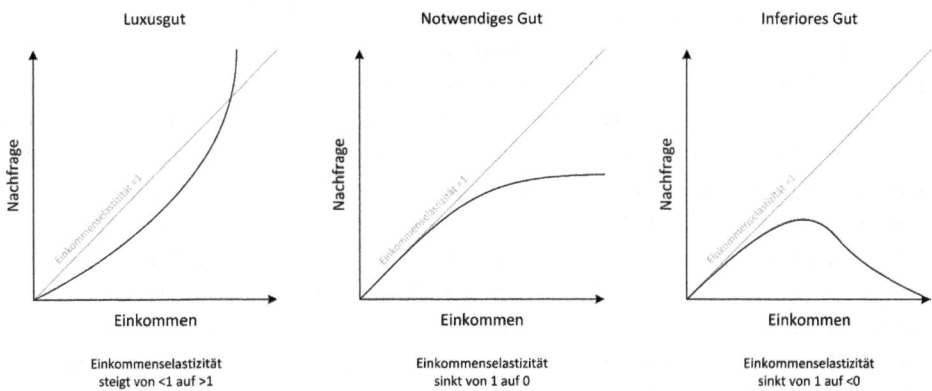

Abb. 6.2 Zusammenhang zwischen Einkommen und Nachfrage

Quelle: Eigene Darstellung

Konjunkturelle Schwankungen wirken sich auf superiore Güter stärker aus als auf normale Güter. Sinkende Einkommen bedeuten für normale Güter einen linearen Rückgang der Nachfrage, für superiore Güter hingegen einen überproportionalen. Beide Arten von Gütern sind gleichermaßen von Auf- und Abschwüngen betroffen, allerdings mit unterschiedlich großer Amplitude. Superiore Güter profitieren in Boom-Zeiten mehr, müssen aber in der Rezession auch stärkere Rückgänge verkraften. Anbieter von inferioren Gütern profitieren dagegen nur in Abschwüngen.

Medien sind in diesem Kontext differenziert zu betrachten, da sie durch die Werbefinanzierung auf mehreren verknüpften Märkten gleichzeitig agieren. Dabei sind Medien auf dem Werbe- und Publikumsmarkt nicht notwendigerweise jeweils der gleichen Güterkategorie zuzuordnen.

TV-Werbung ist im Vergleich zu Radio- oder Printwerbung ein Luxusgut. Vernachlässigt man die inhaltliche Passung eines Werbeträgers, kann man sagen, dass der Anteil von TV-Werbung mit wachsendem Werbebudget überproportional größer wird (superiores Gut). Ekelund, Ford & Jackson, 2000 finden eine Einkommenselastizität von 3.5. Mit zunehmenden Haushaltseinkommen wachsen auch die Ausgaben für Fernsehgeräte (normales Gut). Der eigentliche Fernsehkonsum geht jedoch mit steigenden Einkommen zurück, da er durch prestigeträchtigere und teurere Formen der Freizeitbeschäftigung substituiert wird. Das Fernsehprogramm ist demnach ein inferiores Gut mit einer negativen Einkommenselastizität. Für TV-Sender heißt dies: In der Krise steigt zwar die Nachfrage von Seiten der Zuschauer, der Bedarf von Seiten der Werbung sinkt jedoch. Umgekehrt ist im Aufschwung die Nachfrage der Zuschauer rückläufig, die der Werbekunden steigt jedoch. Ekelund et al. (1999) zeigen, dass auch Radiowerbung mit einer Einkommenselastizität von 1.5 ein superiores Gut ist.

Für andere Medien lässt sich dieser Zusammenhang nicht analog nachweisen. Nehmen wir das Beispiel Kinofilm. Zwar sehen wir im Kino Werbung, die Werbeerlöse kommen jedoch nur dem Kinobetreiber, nicht aber dem Filmverleih oder den Produzenten zugute. Aus deren Sicht handelt es sich somit nicht um einen zweiseitigen Markt, sondern nur um einen Rezipientenmarkt. Der Kinobesuch ist als Freizeitbeschäftigung im mittleren Preissegment anzusiedeln. Er ist teurer als Fernsehen oder Videos zu schauen, aber immer noch wesentlich billiger als der Besuch eines Konzerts oder eines Freizeitparks. Man könnte demnach den Kinobesuch als normales Gut annehmen. Wer mehr verdient geht mehr ins Kino; der Anteil des Haushaltsbudgets, das für den Kinobesuch ausgegeben wird, steigt jedoch nicht mehr als andere Ausgaben. Empirisch lässt sich allerdings kein Zusammenhang zwischen Konjunktur und Kinobesucherzahlen nachweisen. Die Schwankungen in der Nachfrage werden durch saisonale Faktoren geprägt, noch wichtiger ist jedoch die Ausgestaltung des Filmangebots. Die Besucherzahlen pro Quartal oder Jahr werden so stark vom Erfolg von Blockbustern wie „Avatar", „Titanic" oder „Der Schuh des Manitu" bestimmt, dass mögliche Einflüsse der Konjunktur überdeckt werden. Anders formuliert: Die Schwankung der wahrgenommenen Qualität des Angebots ist so groß, dass nicht von einem einheitlichen Gut gesprochen werden kann, so dass sich entsprechend keine Einkommenselastizität bestimmen lässt (vgl. von Rimscha, 2013).

Die Konjunktur kann insgesamt das *Volumen der Mediennachfrage* beeinflussen. Offensichtlich ist, dass z. B. eine höhere Arbeitslosigkeit einen Einfluss auf das Mediennutzungsverhalten hat. Wer ohne Beschäftigung ist, hat zwar mehr Zeit Medien zu nutzen, aber nicht unbedingt mehr Geld für diese Zwecke. Deshalb werden insbesondere diejenigen Medien stärker konsumiert, deren Nutzung nicht mengenabhängig bepreist ist, oder solche, die für den Rezipienten kostenlos sind. Arbeitslose nutzen somit verstärkt das Tagesprogramm im frei empfangbaren Fernsehen. Gleichzeitig sind sie gewillt, ihre Ausgaben für Medien zu reduzieren. Das bedeutet z. B. die Kündigung des Zeitungs- oder des Pay-TV-Abonnements, die Substitution des Kinobesuches mit TV-Nutzung oder die Ausleihe von Büchern in öffentlichen Bibliotheken anstatt Lektüre zu kaufen. Solche Medien, die in ihrem Finanzierungsmix stärker auf Rezipientenerlöse angewiesen sind, spüren einen Rückgang des verfügbaren Einkommens der Medienkonsumenten also unmittelbar. Doch auch die stärker werbefinanzierten Medien können nicht unbedingt als Krisengewinner betrachtet werden. Zum einen ist – wie oben gezeigt wurde – auch das Werbevolumen insgesamt konjunkturabhängig; zum anderen können die Zugewinne an Rezipienten nicht unmittelbar in höhere Werbeerlöse umgewandelt werden (vgl. Fallbeispiel 7). Zusätzliche Zuschauer im Tagesprogramm werden von der Werbewirtschaft kaum honoriert, zumal dann nicht, wenn es sich nicht um ein zahlungskräftiges und konsumfreudiges Klientel handelt.

Fallbeispiel 7:
TV-Nutzung und TV-Werbung während der spanischen Rezession

In Spanien ist mit der Rezession 2009 die Arbeitslosenquote stark gestiegen. Die Fernsehnutzung hat mit leichter Verzögerung auf die Wirtschaftskrise reagiert und ist stärker als gewöhnlich gestiegen. Die TV-Sender konnten die erhöhte Publikumsaufmerksamkeit jedoch nicht monetarisieren, da die Wirtschaft weniger Geld in Werbung investierte. Zwischen 2007 und 2013 haben sich die Werbeerlöse der spanischen TV-Anbieter fast halbiert. Aber nicht nur der Werbeerlös der TV-Anbieter ist rückläufig, auch der Anteil des Fernsehens am Gesamtwerbemarkt ist gesunken. TV verliert also stärker als andere Werbeformen, denn sie ist vergleichsweise teuer und wird deshalb gerne substituiert, z. B. durch günstigere Online-Werbung. Auf Ebene des Gesamtmarktes lässt sich also festhalten, dass sich mit der Konjunktur auch die Medienbudgets veränderten. Während das Zeitbudget anstieg, wurde das finanzielle Budget eingeschränkt. Obwohl das Volumen der Mediennachfrage in diesem Beispiel stieg, sank gleichzeitig der Wert der Rezipientenkontakte (vgl. Abbildung 6.3).

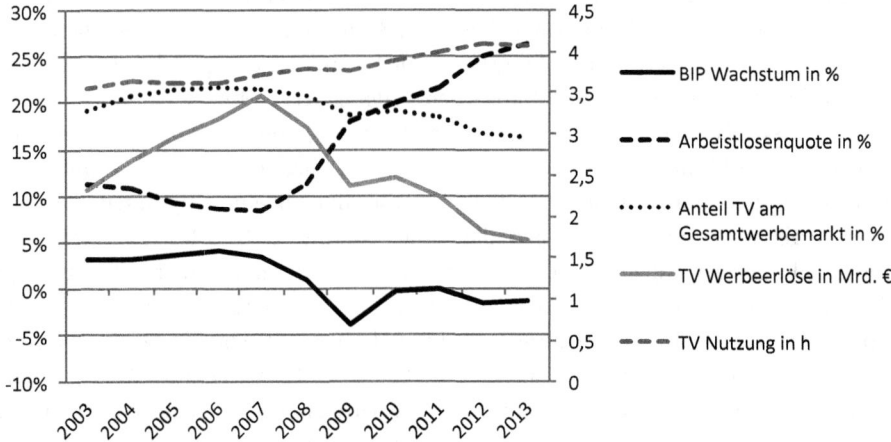

Abb. 6.3   Zusammenhang BIP, Arbeitslosenquote, TV-Nutzung und TV-Werbeerlöse in Spanien

Quellen: © OECD, Kantar Media und Infoadex

Die Konjunktur hat nicht nur Einfluss auf das Gesamtvolumen der Mediennutzung, sondern auch auf die *Art der nachgefragten Inhalte*. Verlagsbeilagen beispielsweise, die den Nutzern Ideen liefern, wie sie ihr Geld ausgeben können, sind in Zeiten des Aufschwungs beliebt. Konsumenten haben ein Bedürfnis ihren neuen Wohlstand zu zeigen, und die Werbekunden schätzen die entsprechenden Werbeflächen. In Krisenzeiten sind bei den Rezipienten dagegen eher Spartipps gefragt. Diese müssen allerdings naturgemäß mit weniger Werbeunterstützung auskommen.

Ein größeres Interesse an Nachrichten (Wie sind wir in die Krise gekommen? Was tut die Politik um die Krise zu beenden?) lässt sich empirisch nicht belegen. Auch Verschiebungen bezüglich der Nachfrage nach Meinungsinhalten bzw. neutralen Informationen sind nicht belegt.

In Bezug auf unterhaltende Inhalte gibt es widersprüchliche Theorien und Forschungsergebnisse. Eine Forschungsrichtung vermutet, dass Menschen in Krisenzeiten in den Medien verstärkt Zerstreuung und Aufmunterung suchen, um dem unerfreulichen Alltag zu entfliehen. Nach dieser Sichtweise müssten in Abschwungphasen Komödien und Romanzen stärker nachgefragt werden. Diese zunächst einleuchtende Vermutung konnte bisher allerdings nicht überzeugend empirisch belegt werden. Eine Erklärung hierfür könnte darin liegen, dass es keinen zwingenden Grund gibt, warum in guten Zeiten die Menschen nicht auch Lust auf Komödien und Romanzen haben sollten. Der konkurrierende Ansatz ist die Environmental Security Hypothese (Pettijohn & Tesser, 1999) aus der Sozialpsychologie. Hier wird angenommen, dass Menschen in schlechten Zeiten in einer nüchternen Stimmung wären und entsprechend eher ernsthafte Medieninhalte konsumieren. In der empirischen Überprüfung werden Krisenphasen mit einer Vielzahl von wirtschaftlichen (z. B. Zinsniveau, Arbeitslosigkeit) wie gesellschaftlichen (z. B. Mord- und Scheidungsrate) Indikatoren erfasst. Demnach sind in schlechten Zeiten in den USA die Texte in Charthits bedeutsamer und tröstlicher (Pettijohn & Sacco, 2009), Playmates sehen reifer und mütterlicher aus (Pettijohn & Jungeberg, 2004), und die erfolgreichsten TV-Shows behandeln ernsthaftere Themen (McIntosh, Schwegler & Terry-Murray, 2000). Für andere Märkte ist diese Hypothese bislang nicht geprüft worden, und in Bezug auf Kinogenres ließ sie sich nicht bestätigen (Pettijohn, 2003; von Rimscha, 2013). Der Zusammenhang zwischen Konjunktur und Medieninhalten scheint somit nicht eindeutig zu sein. Beispiele aus der jüngeren Vergangenheit zeigen, dass eine Sendung relativ schnell an veränderte Rahmenbedingungen angepasst werden kann und ein Wechsel des Genres demnach gar nicht nötig ist. *Vox* startete in wirtschaftlich durchwachsenen Zeiten 2006 mit der Serie „Goodbye Deutschland – Die Auswanderer". Im Aufschwung drehte der Sender die Story einfach um und brachte „Die Rückwanderer". In beiden Fällen geht es ums Abschied nehmen, um Hoffnungen und Träume, um Probleme beim Aufbau eines neuen Lebens etc. Mit dem wirtschaftlichen Umfeld wurde damit lediglich die Projektionsfläche geändert.

6.2.2 Konjunkturabhängigkeit der Werbeinvestitionen

Für Medien, die sich auch oder vor allem durch Werbeerlöse finanzieren, ist von Interesse, wie sich die Werbeausgaben anderer Branchen entwickeln. Eine Vielzahl von Studien setzt sich mit der Frage auseinander, wie ökonomische Indikatoren (also z. B. das Bruttoinlandprodukt), Kontextfaktoren und Werbeaufkommen zusammenhängen (vgl. u. a. Chang & Chan-Olmsted, 2005; Demers, 1994; Dimmick, 1997; Gao, 2007; Shaver & Shaver, 2005). Für die Frage der Konjunkturabhängigkeit geht es darum zu klären, ob Werbeinvestitionen vom Wirtschaftswachstum bestimmt werden oder ob der umgekehrte Zusammenhang gilt (Korff-Sage, 1999, S. 15ff.). Die Perspektive, Wirtschaftswachstum als Folge des Werbewachstums zu verstehen, geht auf Galbraith (1958) zurück. Er argumentiert, dass aufgrund der industriellen Entwicklung und durch Einkommenssteigerungen mehr Werbung generiert und distribuiert wird. Infolgedessen würden zunehmende Werbeaktivitäten einen Anstieg des Konsums in einer Volkswirtschaft verursachen. Das Gegenargument geht davon aus, dass Wirtschaftswachstum und damit steigender Konsum die Werbemarktentwicklung vorhersagen. In empirischen Studien wurden bislang

Belege für beide Perspektiven gefunden (Hsu, Darrat, Maosen & Abosedra, 2002; Lamey, Deleersnyder, Dekimpe & Steenkamp, 2007; Molinari & Turino, 2006; O'Donovan, Rae & Grimes, 2000). Speziell auf die Medienfinanzierung bezogen berechnet Picard (2001), dass in neun westlichen Industrienationen ein Rückgang des Wirtschaftswachstums um ein Prozent zu einem Rückgang der Werbeinvestitionen um durchschnittlich fünf Prozent führt. Allerdings wurden in der Forschung erhebliche Unterschiede zwischen Mediengattungen und Ländern (in Abhängigkeit von der Exportrate, vom Verhältnis produzierendes Gewerbe vs. Dienstleistungen (van der Wurff, Bakker & Picard, 2008) oder auch der Freiheit der Medien und der Wirtschaft allgemein (Chang & Chan-Olmsted, 2005; Shaver & Shaver, 2005)) gefunden. Zeitungen scheinen dabei besonders von Rezessionen betroffen zu sein. Hier wirken sich die Werbeträgereigenschaften von Medien und ihre jeweiligen Kundensegmente auf dem Werbemarkt aus (vgl. Kapitel 8.2). Zeitungen haben insbesondere den Einzelhandel (der Abverkaufswerbung schaltet) und bekannte Markenunternehmen als Werbekunden. Diese sind stärker von Konjunkturschwankungen betroffen als etwa Werbekunden von TV-Sendern, welches hauptsächlich große Konsumgüter- und Dienstleistungsanbieter sind. Zeitschriften bieten dagegen die zielgruppenaffine Ansprache eines Nischenpublikums. Vor dem Hintergrund der Werbefinanzierung kann das problematisch sein, wenn die Zielgruppe von einem Konjunktureinbruch besonders stark betroffen ist, und in der Folge die Werbeeinnahmen drastisch reduziert werden (Linnett & Friedman, 2002).

Mit diesen Ergebnissen lassen sich zwar Zusammenhänge aufzeigen, Kausalbeziehungen jedoch schwer nachweisen, und die Frage, wie der strukturelle Einfluss durch das Verhalten der Marktakteure moderiert wird, bleibt zunächst offen (Kienzler, Lischka & Siegert, 2012). Nicht alle werbetreibenden Unternehmen reagieren notwendigerweise gleich auf einen Konjunkturabschwung (Mitchell, 1993). Ein Teil der Unternehmen verhält sich prozyklisch, das heißt wenn die Wirtschaft schrumpft, wird weniger Werbung geschaltet, wenn sie wächst, mehr. Das Werbeverhalten der Unternehmen erweist sich dabei oft als unausgeglichen: Während im Abschwung schnell gekürzt wird, dauert es im Aufschwung weitaus länger bis wieder mehr investiert wird. Ein anderer Teil der Unternehmen verhält sich antizyklisch, erhöht also seine Investitionen im Abschwung. Damit wird beispielsweise das Ziel verfolgt, vergleichsweise günstig mehr Aufmerksamkeit zu generieren, um damit den eigenen Marktanteil auszubauen. Zu welcher Gruppe ein Unternehmen gehört wird sowohl von der Branche beeinflusst (Kamber, 2002), als auch vom Ressourcenpool, der Bedeutungsbeimessung des Marketing sowie der Kultur des einzelnen Unternehmens (Srinivasan, Rangaswamy & Lilien, 2005).

6.2.3   Konjunkturabhängigkeit auf Rechtemärkten

Die Konjunkturabhängigkeit von Rechtemärkten ist bislang nicht wissenschaftlich untersucht worden. Sicher ist, dass Medienunternehmen einen Großteil ihrer Inhalte zukaufen, also Rechte erwerben, bestimmte Inhalte ausstrahlen oder drucken zu dürfen. Sie können selbst in Krisenzeiten nicht einfach auf den Einkauf von Rechten verzichten, da sie keine

Ressourcen haben, ihr Angebot stattdessen mit Eigenproduktionen zu füllen. Selbst wenn sie diese Ressourcen vorhalten würden, darf bezweifelt werden, dass Eigenproduktionen kostengünstiger wären, wird doch die Auslagerung der Produktion meist mit Kosteneinspareffekten begründet (vgl. Kapitel 9.1). Während Anbieter in Boom-Zeiten ggf. Rechte verfallen lassen, weil sie ihren Kunden nur die besten Inhalte und Werbeumfelder bieten wollen, könnten sie in Krisenzeiten ggf. stärker darauf achten, dies mit der entsprechenden Programmplanung nicht zuzulassen. Wenn Unternehmen auf der Ebene der Mediendistribution weiterhin Bedarf an Rechten haben, können Produzenten auch weiterhin Rechte verkaufen. Während die Quantität von Lizenzen also nicht übermäßig abnehmen kann, weil das Angebot gefüllt werden muss, sind Qualitätsanpassungen denkbar. Ein konjunkturgeplagter TV-Sender könnte also anstatt der Ausstrahlungsrechte für die neusten Erfolgsserien Rechte für Wiederholungen einer früheren Erfolgsserie kaufen oder eine kleine Anzahl neuer Sendungen mit jeweils mehr Widerholungsrechten erwerben.

Umgekehrt dürften Boom-Zeiten sich durchaus positiv für Medienunternehmen auswirken, die Rechte verkaufen. Eine Ausweitung des Marktes durch neue Anbieter, die auch Rechte kaufen müssen, ist lediglich in Phasen des Aufschwungs zu erwarten. Allerdings werden solche Entwicklungen von regulatorischen Entwicklungen überlagert. So hat die Zulassung von kommerziellen Fernsehsendern in Europa die Preise für Ausstrahlungslizenzen amerikanischer Filme und Serien weit mehr gesteigert, als es ein Aufschwung je könnte. Andererseits können auch regulatorische Auflagen über die geografische Herkunft der Inhalte (local content) Einfluss auf den Markt nehmen. Die Zahlungsbereitschaft von Medienunternehmen auf Rechtemärkten hängt also einerseits von den regulatorischen Rahmenbedingungen, andererseits von den Erlösen im Rezipienten- und Werbemarkt ab. Konjunkturelle Schwankungen auf diesen Märkten können damit zeitverzögert auch auf die Rechtemärkte wirken.

6.2.4 Konjunkturabhängigkeit von Gebühren, Steuern und Subventionen

In wirtschaftlich schwierigen Zeiten kommt von Seiten der kommerziellen Medienanbieter zuverlässig die Klage, dass sie stärker unter der Wirtschaftskrise leiden würden als die gebührenfinanzierte öffentliche Konkurrenz. Dieser Auffassung liegt die Annahme zugrunde, dass Gebühren losgelöst von der Konjunktur erhoben werden und ihre Höhe nicht mit der Wirtschaftsleistung schwankt. So schlüssig dies auf den ersten Blick scheint, so sehr muss die These von der Konjunkturunabhängigkeit der Gebühren relativiert werden: Die gesetzlichen Grundlagen für eine Rundfunkgebühr sehen in der Regel vor, Haushalte mit besonders niedrigen Einkommen von der Abgabenpflicht zu befreien. In einer Rezession steigt der Anteil dieser Haushalte, das Gebührenaufkommen sinkt also. Die Gebührenhöhe hingegen wird meist für einen längeren Zeitraum festgelegt und ist deshalb tatsächlich nicht unmittelbar an die Wirtschaftsentwicklung gekoppelt. Allerdings ist die Festlegung des Betrags trotz mehr oder minder staatsferner Prozesse[3] immer auch eine politische Entscheidung. Politiker könnten in einer Rezession versucht sein, eine Abgabenerhöhung zu verzögern, die Steigerung zu begrenzen oder mehr Haushalten bzw. Unternehmen die Gebühr zu erlassen. Mittelbar sind also auch hier gewisse konjunkturelle Einflüsse möglich.

Gleiches gilt prinzipiell auch für Steuern und Subventionen: Öffentliche Haushalte sind von Steuereinnahmen abhängig. Wenn also rezessionsbedingt die Steuereinnahmen geringer ausfallen, könnten Subventionen reduziert und Steuererleichterungen für Medienunternehmen (z. B. der reduzierte Mehrwertsteuersatz) abgeschafft werden. Ein eindeutiger Zusammenhang ist hier jedoch nicht feststellbar, denn umgekehrt gelten Steuererleichterungen und Subventionen häufig auch als geeignete Mittel, um das Wirtschaftswachstum zu steigern. Betrachtet man beispielsweise die deutsche Filmförderung, lässt sich kein klarer Zusammenhang ausmachen. Die Unterstützung durch die *Filmförderungsanstalt* ist eine Branchenumlage, das heißt, der Erlös der Branche in diesem Jahr bestimmt das verfügbare Fördervolumen im nächsten Jahr. Die Beihilfe ist damit genauso konjunkturabhängig wie die Nachfrage (vgl. Kapitel 6.2.1), allerdings mit einem Jahr Zeitverzug. Die Länderfilmförderung wird als Standortförderung aus Steuergeldern bestritten. Hier zeigen sich Änderungen der Budgets im Vergleich zum Vorjahr von bis zu einem Fünftel. Diese können jedoch nicht direkt auf die Konjunktur zurückgeführt werden. Zwar schrumpften 2008 bei rückläufigem Bruttoinlandsprodukt z. B. auch die Etats der Filmförderung in Bayern und Berlin, überlagert wird dies jedoch von Anpassungen in der Förderstrategie, den Standortentscheidungen von TV-Sendern und anderen Einflüssen. Ein direkter Konjunkturbezug der Einnahmen aus staatlichen (Film-)Beihilfen lässt sich also nicht empirisch belegen.

6.3 Konjunkturabhängigkeit der Medienproduktion

Ein Teil der Medienproduktion ist zu langfristig angelegt, als dass sich konjunkturelle Schwankungen stark auswirken könnten. Die Produktionszeit für einen Roman oder einen Spielfilm von der Idee bis zur Veröffentlichung beträgt häufig mehrere Jahre. Zum Projektstart kann der Autor oder Filmproduzent schwerlich abschätzen, wie die wirtschaftliche Lage bei der Veröffentlichung des Werks sein wird. Die Konjunktur hat somit mehr Einfluss auf die Distribution als auf die Produktion. Ein Verlag oder ein Filmverleih kann sich aus der Breite des Angebots an neu entstandenen Produktionen diejenigen aussuchen, die vermeintlich zu Krise oder Boom passen, und entsprechend seine Marketingbudgets und Veröffentlichungszeitpunkte anpassen. Bis jedoch ein Werk veröffentlicht wird, das von seinem Autor z. B. als „Antwort auf die Krise" erdacht wurde, ist diese unter Umständen schon wieder vorbei.

---

3   In der Schweiz setzt der Bundesrat die Gebührenhöhe fest, der Preisüberwacher kann nur Empfehlungen aussprechen. In Deutschland sind die Ministerpräsidenten der Länder dagegen formal an die Empfehlung der unabhängigen *Kommission zur Ermittlung des Finanzbedarfs der Rundfunkanstalten* gebunden.

Auch für andere Mediengattungen und -genres gilt, dass ein Großteil der distribuierten Inhalte nicht aktuell produziert wird. TV-Sender können beispielsweise ihre komplette Sendezeit problemlos ausschließlich mit Wiederholungen füllen. Damit ist die Produktion zumindest von unterhaltenden Inhalten teilweise von der Konjunktur entkoppelt. Allerdings haben insbesondere riskante inhaltliche Projekte in wirtschaftlich kritischen Zeiten mehr Schwierigkeiten Fremdkapital zu akquirieren. Solche Projekte werden dann verschoben oder ihre Realisation wird gestreckt. Konjunkturschwankungen und Produktionsschwankungen sind damit nicht synchronisiert.

6.4   Langfristige Entwicklungen

Neben der konjunkturellen nehmen auch längerfristige Entwicklungen der wirtschaftlichen Rahmenbedingungen Einfluss auf die Medien. Diese können einerseits auf der Nachfrageseite wirksam werden, wenn bestimmte Inhalte mehr oder weniger konsumiert werden. Andererseits gibt es langfristige Einflüsse auf der Kostenseite, wodurch die Produktion günstiger werden kann oder eben auch nicht.

6.4.1   Langfristige Entwicklung der Mediennachfrage

Medien bedienen Grundbedürfnisse nach Orientierung und Unterhaltung. Grundbedürfnisse erzeugen immer eine Nachfrage, auch wenn diese ggf. Schwankungen ausgesetzt ist. Es ändert sich somit nicht die Nachfrage an sich, sondern lediglich die Art und Weise wie sie befriedigt wird. Das kann einerseits die Frage betreffen, welche technischen Kanäle genutzt werden (vgl. Kapitel 3.1), andererseits aber auch beeinflussen, inwieweit die Bedürfnisse einzeln oder kombiniert bedient werden (zur Kombination von Orientierung und Unterhaltung vgl. Kapitel 4.3). Im Bereich der Unterhaltung zeigen sich zusätzlich gewisse Moden. Bestimmte Formen oder Genres können im Zeitverlauf an Popularität gewinnen oder verlieren. So ist z. B. der Western weitestgehend verschwunden. Die Nachfrage nach Unterhaltung im Kontext von exotischer Umwelt und klaren Konflikten zwischen Gut und Böse, die gerne auch mit Waffengewalt ausgetragen werden, besteht jedoch weiterhin. So wurden Western in den 1970er und 1980er Jahren zunächst von Science-Fiction und mittlerweile von Fantasy-Filmen beerbt. Im Übergang zwischen den Moden ist in der Branchenpresse dann oft von einer Krise der alten Mode die Rede. Der Begriff Krise passt jedoch nur bedingt. Unterhaltungsmedien müssen immer eine Balance zwischen der Imitation des Vertrauten und der Innovation des Neu-Kombinierten oder Neu-Kontextualisierten finden. Setzt die Branche insgesamt zu stark auf Imitation, ist mittelfristig mit einer Ermüdung des Publikums zu rechnen, welches folglich wieder mehr Innovation verlangt. Diese Übergänge sind jedoch weder plötzlich noch absolut, so dass der Begriff der Krise nur auf solche Anbieter passt, die ein sehr spezialisiertes Angebot haben, für das die Nachfrage ggf. tatsächlich komplett verschwindet.

Insgesamt ist die Nachfrage nach Medien sehr konstant, eben weil sie Grundbedürfnisse adressieren. McCombs (1972) leitet daraus das „principle of relative constancy" ab, wonach die Ausgaben der Konsumenten für Medien im Verhältnis zu ihrem Einkommen konstant bleiben, wohl aber Verschiebungen zwischen funktional äquivalenten Medienangeboten möglich sind. So nachvollziehbar diese Hypothese ist, so sehr wurde ihre theoretische Basis bemängelt. Zudem konnte sie in empirischen Überprüfungen nicht bestätigt werden (Dupagne, 1997; vgl. Lacy & Noh, 1997).

6.4.2 Kostenkrankheit

„Kostenkrankheit" bezeichnet das Dilemma, dass sich Dienstleistungen häufig weniger gut rationalisieren lassen als die Produktion von Waren. Zuerst wurde das Problem im Kontext von darstellenden Künsten beschrieben (Baumol & Bowen, 1966). So sind z. B. für die Aufführung eines Streichquartetts heute noch genauso viele Musiker notwendig wie im 19. Jahrhundert. Die Produktivität der Musiker hat sich nicht erhöht, die Löhne sind jedoch ähnlich angestiegen wie in anderen Berufen, die an Produktivität zulegen konnten. Relativ gesehen ist die Aufführung eines klassischen Musikstücks somit erheblich teurer geworden. Darstellende Künste stellen einen Extremfall dar, weil hier die Personalkosten annähernd 100 % der Gesamtkosten ausmachen. Dennoch lässt sich die Beobachtung auch auf Medien übertragen, bei denen sich die Ausgaben zwischen technischen und redaktionellen Kosten aufteilen (Baumol & Baumol, 1984). Zwar erlaubt der technische Fortschritt Produktivitäts-steigerungen, wodurch der Kostenblock der physischen Produktion parallel zur allgemeinen Produktivitätssteigerung in anderen Wirtschaftsbereichen relativ günstiger wird. So sind z. B. für den Druck einer Zeitung heute weniger Mitarbeiter nötig, und der Anteil der Druckkosten am Verkaufspreis ist mit den Jahren gesunken. Im redaktionellen oder krea-tiven Bereich steigt die Produktivität jedoch nicht im selben Ausmaß. Kosteneinsparungen sind in diesem Bereich zwar möglich, sie gehen allerdings zu Lasten der Qualität und/oder Vielfalt. Wenn in einer Zeitungsredaktion also Journalistenstellen gestrichen werden, ist weniger Personal für eigene Recherchen verfügbar. Wenn die gleiche Anzahl Journalisten mehrere Zeitungen beliefern muss, sinkt die Vielfalt im Medienangebot. Ohne Abstriche bei Qualität und/oder Vielfalt werden Medienangebote damit im Vergleich zu anderen Gütern meist teurer. Ein Beispiel aus dem öffentlichen Rundfunk kann dies verdeutlichen:

Die Zahl der Planstellen ist bei der *ARD* von 1997 bis 2011 pro Jahr um durchschnittlich 0,8 % zurückgegangen. Im gleichen Zeitraum ist jedoch der Anteil der Personalkosten an den Gesamtaufwendungen jährlich um 1,6 % gestiegen und damit stärker als die Ge-samtaufwendungen (+1,4 %). Selbst wenn man berücksichtigt, dass der Programmoutput der *ARD* nicht konstant ist, lässt sich festhalten, dass der Preis für das Angebot der *ARD* stärker gestiegen ist als die Inflation, und dass dies vor allem auf die Kosten für das Per-sonal zurückzuführen ist.

Beim öffentlichen Rundfunk der Schweiz sieht es ähnlich aus: Zwischen 1997 und 2012 ist der Personalbestand der *SRG SSR* jährlich um durchschnittlich 0,1 % gestiegen, die Kosten für das Personal um durchschnittlich 2,7 %, die Gesamtaufwendungen für die Programmproduktion jedoch nur um 1,4 %. Somit hat der Anteil der Personalkosten an den Gesamtkosten kontinuierlich zugenommen von 44 % im Jahr 1997 auf 53 % im Jahr 2012. Einsparungen durch Produktivitätssteigerungen im Bereich der technischen Produktion und Distribution konnten die Kostensteigerungen im Bereich der inhaltlichen Produktion nicht kompensieren.

Es gibt allerdings auch Möglichkeiten der Produktivitätssteigerung, die nicht zwingend zu Abstrichen am Produkt führen. Für die eingangs erwähnten darstellenden Künste stellen die Medien selbst eine solche technische Möglichkeit dar. Eine Radioübertragung des genannten Streichquartetts hebt den Zwang zur räumlichen Simultanität von Produktion und Konsumtion auf. Damit können weitaus mehr Rezipienten die Darbietung verfolgen als in einen Konzertsaal passen würden. Wird die Aufführung aufgezeichnet, lässt sich zusätzlich der Zwang zur zeitlichen Simultanität aufheben. Ein Radiosender kann das Konzert zu einer Zeit ausstrahlen, zu der mehr Rezipienten zuhören, und er kann es wiederholen. Auf CD gebrannt oder als Audiodatei im Internet vertrieben, können Konsumenten selbst bestimmen, wann und wie oft sie das Konzert hören wollen. Aber: Es bleibt immer noch dasselbe Konzert. Um inhaltliche Vielfalt zu erzeugen, braucht man wiederum neue Musiker, die eine neue Interpretation des Konzerts aufnehmen oder einen Komponisten, der ein neues Stück komponiert. Die Verbesserung der technischen Produktivität führt somit nicht notwendigerweise zu einer Verbesserung der inhaltlichen Angebote, sondern eher zu einem „more of the same".

Eine Möglichkeit die Produktivität des Personals zu erhöhen ist es, Prozesse zu standardisieren. Eine Zeitung beispielsweise hat jeden Tag dasselbe Layout, das Personal ist also von der Frage entlastet, wie die Beiträge angeordnet werden sollen. Auch der Aufbau einer Nachricht folgt klaren Regeln und vereinfacht so den Journalisten die Arbeit. Selbst die Informationsbeschaffung ist teilweise standardisiert, etwa in der täglichen Pressekonferenz im Bundespresse- und Informationsamt in Berlin.

Im fiktionalen Bereich kann das Konzept der Serie ebenfalls als Rationalisierungsmaßnahme verstanden werden. In jeder Folge können dieselben Sets verwendet werden, und durch Verträge über mehrere Episoden oder gar Staffeln lassen sich die Transaktionskosten bei der Rekrutierung von Schauspielern und der Produktionscrew reduzieren. Auch die Erzählstrukturen sind in gewissem Maße rationalisierbar. So entstehen zwischen den immer gleichen Personen immer wieder ähnliche Konstellationen, so dass der kreative Aufwand für die Drehbuchautoren begrenzt werden kann. Entsprechend bieten Handbücher für Drehbuchautoren 45 Master-Charaktere (Schmidt, 2001), die in 20 Master-Plots (Tobias, 1993) verknüpft werden können. Becker, Schwaderlapp und Seidel (Becker, Schwaderlapp & Seidel, 2012) schlagen entsprechend vor, in der Produktion von Medieninhalten zwischen kreativen und nicht-kreativen Tätigkeiten zu unterscheiden. Letztere lassen sich standardisieren und damit rationalisieren, erstere nicht.

Ein Versuch, selbst die kreativen Tätigkeiten zu rationalisieren, kann im Format-TV (Moran & Malbon, 2006) gesehen werden. Der kreative Aufwand wird reduziert, indem eine Idee in mehreren Ländern umgesetzt wird. Die Basisidee von „Deutschland sucht den Superstar" ist dieselbe wie bei „Pop Idol" in Großbritannien und selbst die Studioeinrichtung und Kameraführung ist weitgehend die gleiche. Kreativer Aufwand muss somit nur noch für die Anpassung des Formats an landestypische Erwartungen und Geschmäcker betrieben werden.

Insgesamt lässt sich festhalten, dass verschiedene Ansätze bestehen, die Kostenkrankheit von Medien zu reduzieren. Solange Medien jedoch auf kreativen Ideen und der Recherche von Menschen statt Robotern basieren, wird sich das Problem nicht grundsätzlich beheben lassen. Die Kostenkrankheit wirkt sich langfristig auf die Medien aus und ist nicht direkt mit der Konjunktur verknüpft. Mittelbar stellt sie eine Bedrohung der Qualität der Medien dar, weil ökonomisch motivierte Medien versucht sein könnten, trotz drohender Qualitätseinbußen die Produktivität auch im Inhaltsbereich zu steigern. Zumindest in Europa werden Wirtschaftszweige, die unter der Kostenkrankheit leiden, häufig öffentlich finanziert, z. B. das Gesundheitssystem, das Bildungswesen oder die Elitenkultur. Die Verknüpfung von Personalkosten auf der einen Seite, und Qualität und Vielfalt auf der anderen Seite, kann somit auch als Argument für eine öffentliche Finanzierung demokratierelevanter Medien herangezogen werden.

6.5 Zusammenfassung

Die Frage, ob Medien krisensicher sind, lässt sich nicht pauschal beantworten. Im Aggregat betrachtet, befriedigen Medien Grundbedürfnisse der Menschen, eine Grundnachfrage ist also stets gegeben. Für unterschiedliche Medientypen und Medienteilmärkte oder für einzelne Medienunternehmen ist die Nachfrage jedoch nicht konstant. Eine wichtige Rolle spielt dabei die Finanzierungsform, denn die Nachfrage nach Werbung und Inhalten ist jeweils unterschiedlich von der Konjunktur beeinflusst. Auch die Substituierbarkeit durch andere Güter spielt jeweils eine Rolle.

Weiter ist zwischen kurzfristigen konjunkturellen und langfristigen strukturellen Einflüssen zu differenzieren. Strukturell verteuert sich die inhaltliche Produktion von Medien kontinuierlich im Verhältnis zur Distribution und zur allgemeinen Preisentwicklung. Kommen strukturelle und konjunkturelle Probleme zusammen, steigt die Wahrscheinlichkeit, dass die Qualität der Medien sinkt. Selbst wenn Medien also krisensicher sein könnten, ist es die Qualität des Inhalts nicht.

Kontrollfragen

▶ Welche Finanzierungsformen für Medienunternehmen lassen sich unterscheiden?
▶ Wie unterscheiden sich Medieninhalte in Abhängigkeit von der Konjunktur?
▶ Was versteht man unter der Kostenkrankheit?

▶   Was besagt das Prinzip der relativen Konstanz?

▶   Wie lässt sich die Produktivität im Medienbereich steigern? Welche Auswirkungen
    auf die Vielfalt und die Qualität sind mit diesen Maßnahmen jeweils verbunden?

Kommentierte Literaturempfehlungen:

• Picard, R. G. (2001). Effects of recessions on advertising expenditures. An exploratory study
  of economic downturns in nine developed nations. *Journal of Media Economics, 14* (1), 1–14.
  Picard untersucht den Effekt von Rezessionen auf die Werbeausgaben und damit die
  Medienfinanzierung. Er kann zeigen, dass es einen Zusammenhang zwischen Wirt-
  schaftslage und Werbevolumen gibt, dass dieser Zusammenhang jedoch durch eine
  Vielzahl von Länder- oder Mediengattungsspezifika moderiert wird.

• Hagen, L. M. (2005). *Konjunkturnachrichten, Konjunkturklima und Konjunktur. Wie
  sich die Wirtschaftsberichterstattung der Massenmedien, Stimmungen der Bevölkerung
  und die aktuelle Wirtschaftslage wechselseitig beeinflussen. Eine transaktionale Analyse.*
  Köln: von Halem.
  Für Hagen sind Medien nicht nur Werbeträger, sondern spielen eine aktive Rolle bei
  der Vermittlung von Konjunkturerwartungen. Er geht von einer wechselseitigen Beeinflussung aus, also dass die Medien über ihre Wirkung auf die Bevölkerungsstimmung
  die Konjunktur beeinflussen, umgekehrt ihre Berichterstattung aber auch von der
  Konjunktur geprägt ist.

• Siegert, G., Mellmann, U., Kienzler, S. & Lischka, J. (2012). Wirtschaftskrise – Werbe-
  wirtschaftskrise – Medienkrise? Konjunkturell und strukturell bedingte Veränderungen
  der Werbung und ihre Folgen für die Medien. In W. A. Meier, H. Bonfadelli & J. Trappel
  (Hrsg.), *Gehen in den Leuchttürmen die Lichter aus? Was aus den Schweizer Leitmedien
  wird* (S. 161–188). Münster: Lit.
  Die Autorinnen untersuchen den Zusammenhang zwischen Wirtschafts-, Werbe- und
  Medienkrise. Sie differenzieren dabei zwischen konjunkturellen und strukturellen
  Effekten, und zeigen auf, dass konjunkturelle Entwicklungen die Probleme eines Struk-
  turwandels akzentuieren können.

• Preston, P. & Sparviero, S. (2009). Creative inputs as the cause of Baumol's cost disease.
  The example of media services. *Journal of Media Economics, 22* (4), 239–252.
  Die Autoren arbeiten die Theoriegeschichte der Kostenkrankheit auf. Für sie ist dabei
  die Notwendigkeit von „creative inputs" entscheidender als der Personalbedarf. Am
  Beispiel der US Fernsehbranche können sie aufzeigen, dass die Stagnation in jenen
  Segmenten zu finden ist, die auf „creative inputs" angewiesen sind.

• Dupagne, M. (1997). A theoretical and methodological critique of the principle of relative
  constancy. *Communication Theory, 7* (1), 53–76.
  Dupagne liefert eine Übersicht über die widersprüchlichen Forschungsergebnisse
  zum Prinzip der relativen Konstanz (PRC), wonach Konsumenten trotz technischem
  Wandel und Einkommensveränderungen einen konstanten Anteil ihrer Einkommen
  für Massenmedien verwenden würden.

Wie hängen Publikums- und Werbemarkt zusammen?

Als Mediennutzer werden wir tagtäglich damit konfrontiert: Die meisten Medien bestehen nicht nur aus redaktionell erstellten Inhalten zur Information und Unterhaltung, sondern zu einem mehr oder weniger großen Teil aus Werbung z. B. in Form von Spots, Anzeigen oder Bannern (Verbundcharakter). Gelegentlich stört uns diese Werbung, manchmal finden wir interessant, was beworben wird, und immer öfter amüsieren wir uns über die Werbung. Dabei ist den meisten Mediennutzern klar, dass Werbung nötig ist, weil sie Medien finanziert.

Medien arbeiten also sowohl im Hinblick auf die Werbung (Werbemarkt) als auch im Hinblick auf das Publikum (Publikumsmarkt). Der Zusammenhang von Werbe- und Publikumsmarkt ist ein medienökonomischer Grundaspekt, der dementsprechend häufig in der Literatur behandelt wird (Albarran, 2002; Doyle, 2013; Heinrich, 2010a; Kiefer, 2005; Ludwig, 1998; Picard, 1989, 2002, 2005a; Schumann & Hess, 2006). Beide Märkte sind eng miteinander verknüpft und wechselseitig voneinander abhängig, so dass meistens diejenigen Medien, die am meisten Nutzer haben auch am meisten an der Werbung verdienen können. Prominent thematisiert werden z. B. die Preise für Werbespots, die während hochkarätiger Sportübertragungen wie dem „Super Bowl" zu sehen sind. Das Endspiel der National Football League in den USA bringt jährlich mehr als 100 Millionen Zuschauer vor den Fernsehapparat (plus „Folgenutzer" auf Youtube), weshalb die Platzierung eines 30-sekündigen Werbespots um die vier Millionen US Dollar kostet (Fargahi & König, 2013). Damit sich aber die starke Publikumsnachfrage für die Medien auch in steigende Werbeeinnahmen umwandeln kann, ist eine Stelle nötig, die diese Publikumsnachfrage erfasst und dokumentiert. Nur so lässt sich der Werbewert berechnen. Das ist im Fall der Medien die Media- und Publikumsforschung. Nur durch sie wissen wir überhaupt, dass über 100 Millionen Zuschauer den „Super Bowl" verfolgen.

Im Folgenden wird die wechselseitige Abhängigkeit von Publikums- und Werbemarkt über die Mischfinanzierung der Medien sowie die unterschiedliche Zahlungsbereitschaft der jeweiligen Nachfrager erklärt (Kapitel 7.1). Im Kapitel 7.2 diskutieren wir die sich daraus ergebende Beziehung von Medien als Auftragnehmern und der Werbewirtschaft als Auftraggeber als Agency-Problem. Wir erweitern dann den Blick auf die Marktebene (Kapitel 7.3), um Publikums- und Werbemarkt als zweiseitige Märkte zu erklären, und um deren Verknüpfung über wechselseitige indirekte Netzwerkeffekte, wie wir sie z. B. als Anzeigen-Auflagen-Spirale kennen, darzulegen. Im Kapitel 7.4 wird nochmals gesondert auf die Rolle der Media- und Publikumsforschung eingegangen, bevor in der Zusammenfassung (Kapitel 7.5) die Kapitelfrage kompakt beantwortet wird.

7.1   Mischfinanzierung der Medien

Die wenigsten Medien finanzieren sich ausschließlich darüber, dass Rezipienten für ihre Nutzung bezahlen, so wie im Falle von Büchern oder CDs. Die allermeisten Medien finanzieren sich, indem sie ihre Angebote sowohl an Rezipienten (sogenannte Vertriebserlöse) als auch Werbezeit und Werberaum darin an werbetreibende Organisationen verkaufen (sogenannte Werbeerlöse), so wie dies z. B. bei Zeitungen und Magazinen der Fall ist.

Auf der einen Seite müssen Medienanbieter Nachfrager für ihre Inhalte (Titel, Beiträge, Sendungen und Programme) finden; es geht ihnen also um einen optimalen Absatz bei einem bestimmten Publikum (vgl. Abbildung 7.1). Sie gestalten ihre Medieninhalte – soweit dies von den Kosten her verträglich ist – im Hinblick auf die Wünsche und Bedürfnisse ebendieses Publikums, so z. B. im Hinblick auf dessen Tagesablauf. Sie richten sich aber nicht an einzelnen potenziellen Mediennutzern aus, sondern an Gruppen von Merkmalsträgern mit einem bestimmten sozioökonomischen Profil (Zielgruppen) und an einem Massenpublikum. Allerdings ist die Zahlungsbereitschaft (willingness to pay, WTP) der Rezipienten sehr begrenzt, auch weil Personen, die nicht (genügend) zahlen, nicht immer von der Nutzung ausgeschlossen werden können. Als öffentliche Güter oder Clubgüter kämpfen Medienorganisationen also mit der sogenannten Freerider-Problematik (Trittbrettfahrer und Ausschlussprinzip vgl. Kapitel 2.1.1). Die Einnahmen der Medien über Vertriebserlöse bleiben daher begrenzt. Die mangelnde Zahlungsbereitschaft wird vor allem im Hinblick auf zahlungspflichtige Onlineinhalte diskutiert.

Als Konsequenz „bezahlt" das Publikum nur bei einigen Medien mit Geld für die angebotenen Inhalte, bei allen Medien aber mit seiner Zuwendung und Aufmerksamkeit. Die Nachfrage der Rezipienten lässt sich bei Kaufmedien (also denen, für die auch Geld bezahlt wird) z. B. anhand von Umsatz- und Abonnentenzahlen messen. Bei allen anderen Angeboten, wie z. B. Free-TV oder Hörfunk bleibt die Nachfrage vorerst unsichtbar. Fernseh- und Radiosender wissen nicht, ob überhaupt jemand, und wenn ja, wer wann wie lange was gesehen und gehört hat. Verlage wissen nicht, wer ihre Zeitungen und Zeitschriften kauft (sie wissen nur, dass sie gekauft wurden). Zudem ist die Nutzerschaft von Printmedien größer als die Käuferschaft, u. a. weil sie zum Lesen weitergegeben werden. Medienunternehmen können folglich keine konkreten Aussagen über den Erfolg ihrer Titel und Programme beim Publikum machen. Erst durch den Einsatz von Media- und Publikumsforschung wird die Nachfrage systematisch ge- und vermessen.

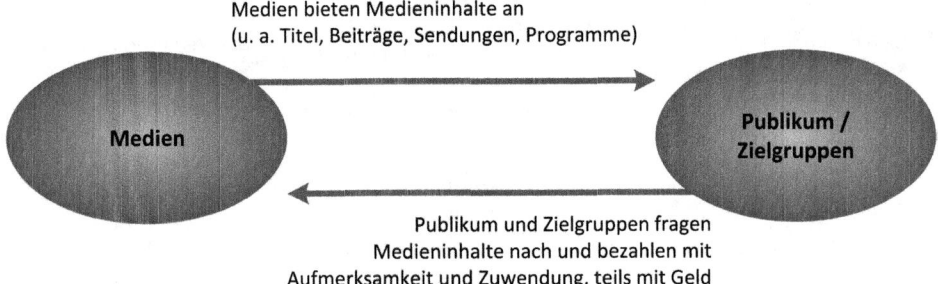

Abb. 7.1   Beziehungen im Publikumsmarkt

Quelle: in Anlehnung an Frey-Vor, Siegert & Stiehler 2008, 39ff; Siegert 1993, 1998

Auf der anderen Seite bieten Medien Werberaum und Werbezeit für die Belegung mit Werbebotschaften, also z. B. Anzeigen und Spots, an. Diese Werbemöglichkeiten sind klassische private Güter, von deren Nutzung Nicht-Zahler ausgeschlossen werden können. Die werbetreibenden Organisationen und ihre Agenturen bezahlen folglich entsprechende Preise, um ihre Werbung platzieren zu können. Wer nicht zahlt, darf auch seine Werbung nicht schalten. Tatsächlich fragt die Werbewirtschaft aber nicht Werberaum und Werbezeit nach, sondern will Kontakte zu relevanten Zielgruppen und einem Massenpublikum bekommen. Da die Zielgruppen und das Publikum zugleich Käufer für die Produkte und Leistungen der werbetreibenden Wirtschaft sind, sollen sie mittels medial verbreiteter Werbung informiert, und in ihren Einstellungen und ihrem Verhalten beeinflusst werden. Die eigentliche Leistung der Medien im Werbemarkt besteht also darin, Kontakte zu Zielgruppen und Publikum herstellen zu können (vgl. Abbildung 7.2). Der Preis für die Buchung von Werberaum und Werbezeit bemisst sich entsprechend daran, ob und wie gut sie diese Leistung erfüllen. Relevant sind dabei vor allem „[…] institutionally effective audiences that have social meaning and/or economic value within the system" (Ettema & Whitney, 1994a, S. 5), das heißt Publika, die konsumfreudig, kaufkräftig und durch Werbung beeinflussbar sind. Ökonomisch besonders wertvoll sind Publika, die mit der von der Werbewirtschaft anvisierten Zielgruppe übereinstimmen (vgl. Kapitel 8.1).

Abb. 7.2   Beziehungen der Medien im Werbemarkt

Quelle: in Anlehnung an Frey-Vor, Siegert & Stiehler 2008, 41ff; Siegert 1993, 1998

Die meisten Medien finanzieren sich also aus Vertriebserlösen und aus Werbeerlösen. Nur wenige Medienunternehmen haben so originäre Inhalte, dass sie über den Verkauf oder die Lizensierung ihrer Inhalte größere Einnahmen generieren können. Und auch die Erlöse aus anderen Geschäftsfeldern, z. B. telefon- und onlinebasierte Mehrwertdienste (wie Telefon-Votings und Downloads), bleiben meist überschaubar. Dabei fallen die Einnahmen, die sich über die beiden Nachfragegruppen, Publikum und Werbewirtschaft, generieren lassen, allerdings höchst unterschiedlich aus. Einige Medien finanzieren sich fast komplett über Werbeerlöse, wie z. B. Gratiszeitungen oder Free-TV. Wirtz (2011, S. 75) schätzt den prozentualen Anteil der Werbeerlöse zwischen 75 % für Zeitungen, und 82 % für Fernsehen und Internet. Allerdings benötigen Medien die Nachfrage des Publikums, um Werbeerlöse zu generieren. Nur wenn entweder eine genügend große Zahl an Nutzern, das heißt ein Massenpublikum, gewonnen werden kann und/oder wenn die Rezipienten ökonomisch sehr attraktiv sind, lassen sich Werberaum und Werbezeit gut vermarkten. Dennoch kommt der Finanzierung von Medien über Werbeeinnahmen eine ausschlaggebende Rolle zu. Medien sind auch und vor allem Werbeträger (vgl. Kapitel 8). Die Vertragsbeziehung zwischen Medien und werbetreibenden Organisationen ist deshalb für den Zusammenhang von Publikums- und Werbemarkt relevant.

7.2 Die Beziehungen von Medien und Werbewirtschaft als Agency-Problem

Da sich Medien aus Vertriebs- und Werbeerlösen finanzieren, müssen sie mit der jeweiligen Marktgegenseite eine Vertragsbeziehung eingehen. Diese Vertragsbeziehungen sind aus mehreren Gründen kompliziert. Eine Analyse insbesondere des Verhältnisses zwischen Medien und Werbewirtschaft benötigt also eine erklärungskräftige theoretische Grundlage. Der Prinzipal-Agent-Ansatz aus der neuen Institutionenökonomik (dazu u. a.: Schaaf, 2010, S. 144ff; Schachtner, 2002; Schierl, 2003, S. 97ff; Siegert & Brecheis, 2010, S. 163ff) eignet sich dafür sehr gut, weil er die wesentlichen „Beziehungsprobleme" sowohl vor Vertragsabschluss als auch während eines laufenden Vertrags erklärt:

Auftraggeber (Prinzipal) und Auftragnehmer (Agent) haben eine Vertragsbeziehung impliziter oder expliziter Art, in der das grundlegende Problem (Agency-Problem) darin besteht, den Auftragnehmer zu motivieren, im Interesse des Auftraggebers zu handeln. Nun könnte man argumentieren, dass der Auftragnehmer ohnehin so handeln muss wie der Auftraggeber will, schließlich wird er ja dafür bezahlt. Dennoch ist dies in bestimmten Konstellationen unwahrscheinlich, und zwar immer dann, wenn die Vertragsbeziehung durch drei Faktoren gekennzeichnet ist:

5. Es bestehen Zieldivergenzen zwischen Prinzipal und Agent, das heißt die Akteure verfolgen unterschiedliche, ggf. sogar sich widersprechende Ziele.
6. Es besteht Unsicherheit hinsichtlich des Leistungserstellungsprozesses, das heißt es kann nicht wirklich festgelegt werden, welche Bestandteile zur Vertragserfüllung nötig sind bzw. sein werden; die Verträge müssen im ökonomischen Sinne unvollständig bleiben.
7. Es besteht eine Informationsasymmetrie zwischen den Vertragspartnern, weil der besser informierte Agent über spezifisches Wissen bzw. Fähigkeiten bzgl. der auszuführenden Aufgabe verfügt und seine Informationsvorteile strategisch auszunutzen versucht.

Während der Auftrag gebenden Werbewirtschaft vor allem an einem effektiven und effizienten Transport ihrer Botschaften durch die Medien gelegen ist, verfolgen die Medien selbst zusätzlich auch journalistische und künstlerische Ansprüche (leichte Zieldivergenz). Zugleich ist das, was die Werbewirtschaft eigentlich bucht, nämlich Kontakte zu Publikum und Zielgruppen zu einem bestimmten Zeitpunkt und in einer bestimmten Regelmäßigkeit, eigentlich nur ein Versprechen auf zukünftige Leistungen. Denn zum Zeitpunkt x kann kein Medienunternehmen sagen, ob die Leistung tatsächlich erbracht werden kann, das heißt die entsprechenden Personen auch erreicht werden (Unsicherheit). Anschaulich wird dies bei großen Sportübertragungen wie z. B. einer Fußballweltmeisterschaft. Je nachdem ob die „eigene" Mannschaft bis zum Endspiel im Rennen ist oder bereits in den Vorrunden ausscheidet, wird der Publikumszuspruch ein anderer sein. Medienanbieter haben darüber hinaus wesentlich mehr Erfahrung, mit welcher Art von Inhalten, in welcher Präsentationsform und zu welchem Zeitpunkt eine bestimmte Zielgruppe allenfalls erreicht werden kann, und wie verschiedene Inhalte so miteinander kombiniert werden, dass sie attraktiv für das Publikum sind. Die Medien als Auftragnehmer (das heißt Agenten) verfügen in dieser Konstellation über das größere Expertenwissen (Informationsasymmetrie). Damit sind alle wesentlichen Bestandteile einer typischen Agency-Problematik in der Vertragsbeziehung zwischen Medien und Werbewirtschaft gegeben.

Die genannten Faktoren ergeben zusammen verschiedenste Verhaltensrisiken (hidden characteristics, hidden intentions, hidden information, hidden action), die in problematische Konstellationen münden. Dies gilt auch in Bezug auf das Verhalten der Medien als Werbeträger, und zwar u. a., weil man über den Publikumserfolg bestimmter Inhalte ohne Media- und Publikumsforschung vorab nur spekulieren kann.

Zum einen wird die Auswahl des richtigen Vertragspartners für den Prinzipal problematisch (adverse Selektion; siehe Abbildung 7.3), das heißt die werbetreibenden Organisationen und ihre Agenturen können vorab nicht genau wissen, welche Mediengattungen, und konkret welche Titel, Onlineseiten und Programme welche Art von Werbeträgerleistung anbieten. Zum anderen kann der Agent während des laufenden Vertrags den Prinzipal über die Arbeit täuschen (moralisches Risiko; siehe Abbildung 7.4), das heißt die Medien erreichen gar nicht die versprochene Anzahl an Rezipienten oder andere als die versprochenen Zielgruppen.

Natürlich lassen sich solche Probleme auch lösen oder zumindest verringern. Dazu gibt es mehrere Möglichkeiten: Potenzielle Auftragnehmer (Agenten) können selektionsrelevante Informationen, z. B. Kompetenzen, Preise, bisherige Auszeichnungen etc., signalisieren (Signaling), um so dem Auftraggeber (Prinzipal) die Auswahl zu erleichtern. Der Auftraggeber kann seinerseits den Markt aktiv nach ebensolchen und zusätzlichen selektionsrelevanten Informationen, wie z. B. Empfehlungen, absuchen (Screening), um gute Entscheidungsgrundlagen zu haben. Während des laufenden Vertrags spielen Monitoring und Reporting sowie Incentives und Vertrauen wichtige Rollen. So kann die Arbeit des ausgewählten Auftragnehmers (Agenten) genau begleitet und beobachtet (Monitoring), und der Stand der Arbeiten dokumentiert werden (Reporting). Im Fall von Incentives will der Auftraggeber den Auftragnehmer mit besonderen Anreizen, z. B. zusätzlichen Leistungsvergütungen (Prämien) dazu bringen, die gesamte Aufgabe (oder auch einzelne Schritte davon) fristgerecht und in seinem Sinne zu erfüllen. Vor allem bei länger währenden oder sich wiederholenden Vertragsbeziehungen lindern Vertrauen und Reputation die Problematik ebenfalls, weil der Auftraggeber auf seine guten Erfahrungen mit dem Auftragnehmer zurückgreifen kann (vgl. auch Kapitel 13.3).

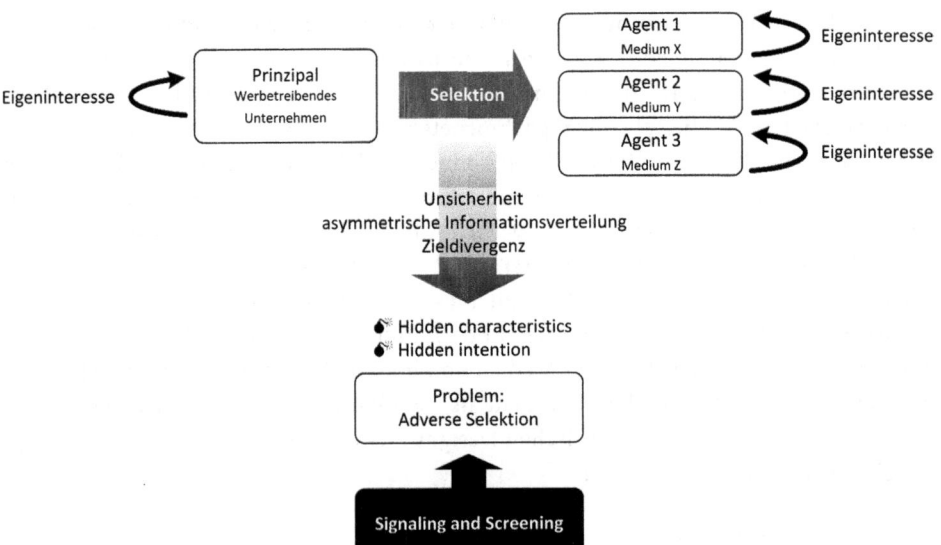

Abb. 7.3   Agency-Problem vor Vertragsvergabe: Adverse Selektion

Quelle: Eigene Darstellung

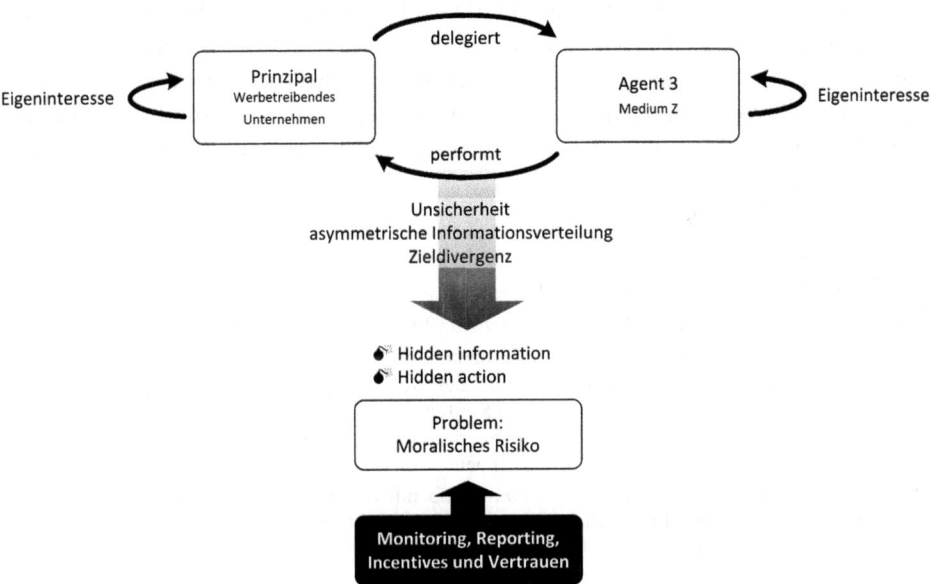

Abb. 7.4   Agency-Problem während laufendem Vertrag: Moralisches Risiko

Quelle: Eigene Darstellung

Auch in der Vertragsbeziehung zwischen Medien und Werbewirtschaft lassen sich diese Problemlösungen einsetzen. Allerdings ist für jede einzelne Möglichkeit die Media- und Publikumsforschung nötig, denn ohne diese wissen die Beteiligten weder über die Leistungsfähigkeit der Medien als Auftragnehmer etwas noch über die Quantität und Qualität der vereinbarten Leistung. Ohne Wissen können die Werbeschaltungen weder begleitet und kontrolliert noch mit Anreizen befördert werden. Theoretisch bliebe hier Vertrauen als Problemlösung, was jedoch für kontinuierliche und professionelle Geschäftsbeziehungen alleine nicht genügt. Vor diesem Hintergrund hat sich die Media- und Publikumsforschung als Institution herausgebildet, die diese Agency-Problematik in der Beziehung zwischen Werbewirtschaft und Medien lindern hilft, weil sie kontinuierlich detaillierte Informationen über die Erfolge der Medien im Publikumsmarkt bereithält. Das immense Interesse, das sowohl Medienwirtschaft als auch Werbewirtschaft an der Media- und Publikumsforschung, ihren empirischen Designs und ihren Konventionen haben, belegt die Nützlichkeit dieser Forschung.

7.3   Zweiseitige Märkte und indirekte Netzwerkeffekte

Auf der einen Seite bieten Medienorganisationen also Mediennutzern Inhalte und Produkte an, orientieren sich also am Publikumsmarkt. Auf der anderen Seite bieten Medienorganisationen den werbetreibenden Unternehmen und ihren Agenturen gegen entsprechende Bezahlung Werberaum und Werbezeit an, orientieren sich also am Werbemarkt. Werbemarkt und Publikumsmarkt sind nach wie vor die relevanten Märkte für die Generierung von Erlösen für die Medien, weil das Erlöspotential des dritten möglichen Absatzmarktes für Medien begrenzt ist (siehe Tabelle 7.1).

Tabelle 7.1   Absatzmärkte der Medien

Absatzmarkt	Publikumsmarkt	Werbemarkt	Inhalte, Rechte, Lizenzen
Nachgefragte Güter	Medienangebote, das heißt Inhalte, Merchandisingleistungen und -produkte, Zusatzangebote	Werberaum und Werbezeit als handelbare Version von Kontakten zu und Aufmerksamkeit der Zielgruppen	Nutzung von Inhalten, Merchandisingideen, Markennamen
Nachfrager	Mediennutzer, d.h. Massenpublikum, Zielgruppen,	Werbetreibende Unternehmen und deren Agenturen	Medien- und andere Unternehmen

Quelle: in Anlehnung an Siegert, 2006a

Der ökonomische Wettbewerb um Werbegelder (Werbemarkt) und der publizistische Wettbewerb um die Aufmerksamkeit des Publikums (Publikumsmarkt) sind im Mediensystem strukturell gekoppelt, so dass grundlegend von einem „dual product market"

(Picard, 1989, S. 17) oder von zweiseitigen Märkten (z. B. bei Dewenter, 2007; Dewenter & Haucap, 2009; Rochet & Tirole, 2006) gesprochen wird. Zweiseitige Märkte sind über indirekte wechselseitige Netzwerkeffekte miteinander verknüpft, das heißt Nachfrageveränderungen in einem Markt haben Auswirkungen im anderen. Üblicherweise wird der Erfolg in einem Markt davon bestimmt, wie in diesem Markt und im Wettbewerbsumfeld agiert wird, und wie viele Nachfrager ein Produkt oder eine Leistung gewinnen kann. Ein direkter Netzwerkeffekt liegt dann vor, wenn sich der Wert eines Produktes oder einer Leistung mit der Anzahl der Nutzer innerhalb des gleichen Netzwerkes/Marktes erhöht (positiver Feedback-Loop). Dies setzt auch voraus, dass Produkt oder Leistung sich nicht im Konsum verbrauchen, was vor allem bei immateriellen Gütern wie Kommunikationsleistungen, z. B. Social Networks, der Fall ist (vgl. dazu Kapitel 3.5). Auch wenn es im medialen Publikumsmarkt verschiedenste Beispiele für direkte, medienökonomisch relevante Netzwerkeffekte gibt (so bei Anschlusspublizistik und Intermedia-Agenda-Setting oder bei Anschlusskommunikation), sind indirekte Netzwerkeffekte bei der Betrachtung des Zusammenhangs zwischen Publikums- und Werbemarkt wichtiger.

Indirekte Netzwerkeffekte sind marktübergreifend, der Nutzen entsteht also nicht durch die unmittelbare Beziehung zwischen den Akteuren eines Marktes bzw. Netzwerks. Das heißt, wenn in einem Markt mehr Nachfrager gewonnen werden (z. B. für bestimmte Kaffeemaschinen), dann steigert dies die Wahrscheinlichkeit, dass in dem damit verbunden Markt ebenfalls die Nachfrage erhöht werden kann (z. B. für passende Kaffeekapseln). Werden in unserem Fall mehr Rezipienten im Publikumsmarkt gewonnen, vergrößert sich damit die Wahrscheinlichkeit, dass im Werbemarkt auch mehr Werbetreibende akquiriert werden können. Mit kleinen theoretischen Einschränkungen lassen sich vor allem die Anzeigen-Auflagen-Spirale (Hass, 2007; Heinrich, 2010a, S. 240f; Kantzenbach & Greiffenberg, 1980, S. 199; Kiefer, 2005, S. 323ff; Nussberger, 1961, S. 16; Seufert, 2007; Sjurts, 2011, S. 16f; Stahmer, 1995, S. 154) bzw. Werbespot-Reichweiten-Spirale (circulation-spiral) als zweiseitige indirekte Netzwerkeffekte ausmachen. Dabei spielt der sogenannte Tausend-Kontakt-Preis eine wesentliche Rolle. Er besagt, wie viel es kostet, potenziell 1.000 Personen (aus der Zielgruppe) mit einer Werbeschaltung in einem Medium zu erreichen (Kontaktchancen). „Potenziell" deshalb, weil das Medium zwar 1.000 Rezipienten erreicht, aber noch nicht gesagt ist, dass alle 1.000 dann auch tatsächlich eine bestimmte Anzeige oder einen bestimmten Spot sehen. Die durch die Media- und Publikumsforschung gemessene Reichweite eines Mediums in der Vergangenheit ist die Basis für die Berechnung des Tausend-Kontakt-Preises (TKP).

Konkret wird die gegenseitige Beeinflussung von Werbe- und Publikumsmarkt folgendermaßen modelliert (vgl. Abbildung 7.5): Je höher die Reichweite eines Medienangebots, desto attraktiver wird dieses für die Organisationen, die dort ihre Werbung schalten wollen. Es kommt folglich zu einer Erhöhung der Nachfrage im Werbemarkt. Die daraus resultierenden Mehr-Einnahmen können in die Verbesserung des Medienangebots investiert werden. Dadurch erhöht sich dessen Attraktivität für die Mediennutzer, weshalb diese das Angebot stärker nachfragen. Diese größere Publikumsnachfrage steigert wiederum die Attraktivität des Angebots für die Werbewirtschaft. Egal, wie die Medienorganisation auf diese zunehmende Nachfrage der Werbewirtschaft reagiert, immer resultieren aus diesem Effekt größere Einkünfte: Entweder erhöht die Medienorganisation die TKPs und verkauft dann weniger Werberaum oder -zeit zu höheren Preisen (Preiseffekt) oder sie lässt alles beim Alten, womit sich der TKP – weil ja mehr Personen erreicht werden – reduziert und aufgrund des günstigeren Preises mehr Werbeplatzierungen verkauft werden (Mengeneffekt). Da die reine Ausweitung der Auflage eines Medienangebots – insbesondere bei elektronischen oder digitalen – relativ kostengünstig ist (vgl. Kapitel 2.1.6: hohe First-Copy-Kosten und Fixkostendegression), können Mehr-Einnahmen erneut in die Qualitätsverbesserung des Angebots investiert werden. Heinrich (2010a, S. 240) nennt dies auch eine „kumulativ-dynamische Verknüpfung" und macht sie verantwortlich für Konzentrationsprozesse im Medienmarkt.

Abb. 7.5   Anzeigen-Auflagen-Spirale (Werbespot-Reichweiten-Spirale)

Quelle: Eigene Darstellung

Die Anzeigen-Auflagen- bzw. Werbespot-Reichweiten-Spirale beinhaltet jedoch verschiedene Annahmen, die selten hinterfragt werden (vgl. Hass, 2007), so z. B. dass Mehr-Einnahmen aus dem Werbemarkt – automatisch und immer – in Qualitätsverbesserungen investiert werden. Sie könnten jedoch auch zu einer größeren Gewinnausschüttung für Eigentümer führen, was diese positiven Rückkopplungseffekte unterbrechen würde. In der Terminologie der Internetökonomie (dazu u. a.: Clement & Schreiber, 2013; Shapiro & Varian, 1999) entspricht die Anzeigen-Auflagen-Spirale jedoch geradezu idealtypisch den zweiseitigen Märkten und den damit verbundenen indirekten Netzwerkeffekten mit positiven (oder eben auch negativen) Feedback-Loops und einer Tendenz zu „winner-take-all Märkten" (Konzentration).

7.4   Media- und Publikumsforschung als Scharnier zwischen Publikums- und Werbemarkt

In der Verschränkung des Werbemarktes mit dem Publikumsmarkt spielt das Publikum also eine Doppelrolle: Die Publikumskontakte werden erst durch die Verbreitung von Inhalten gebündelt und somit eigentlich „produziert". Der Wert von Werbezeit und Werberaum bemisst sich an der Anzahl von Publikumskontakten des Mediums, die Einnahmen im Werbemarkt beruhen folglich auf der Anzahl und Qualität der Publikumskontakte. Das Publikum ist damit eine Art von „Zwischenprodukt", das im Austausch für Werbegelder wieder eingesetzt wird: „From this perspective, then, what advertisers buy from the networks is not time but audience: commercial television is based on the principle that the networks 'deliver audiences to advertisers'" (Ang, 1991, S. 53). Webster und Phalen (1994, S. 19ff) bezeichnen das Publikum deshalb als „coin of exchange". Die Media- und Publikumsforschung liefert die Grundlage, damit der Publikumserfolg in ökonomische Werte wie den TKP umgerechnet werden kann. Deshalb werden entsprechend erhobene Daten auch als „Währung" bezeichnet.

Der Nachweis von Rezipienten durch die Media- und Publikumsforschung wird damit zur Grundlage für die Geschäftstätigkeit der Medien und ist für den Absatz im Publikumsmarkt sowie insbesondere für den Absatz im Werbemarkt unabdingbar. Vor allem die zweiseitigen Medienmärkte würden ohne eine etablierte und akzeptierte Media- und Publikumsforschung nicht funktionieren (dazu ausführlich: Ang, 1991; Ettema & Whitney, 1994b; Frey-Vor et al., 2008; Phalen, 1998; Siegert, 1993, 1998; Webster, Phalen & Lichty, 2006). Die strukturelle Kopplung ist nur auf der Basis einer institutionalisierten Media- und Publikumsforschung möglich, die kontinuierlich, systematisch, repräsentativ und zunehmend differenziert Daten über Publika zur Verfügung stellen kann. Über den Nachweis von Zielgruppen in der Vergangenheit ermöglicht sie auch Geschäfte, die auf die Zukunft gerichtet sind, also z. B. die Preisbildung oder Werbebuchungen im nächsten Jahr. Zudem gibt sie detaillierte Informationen zur Zusammensetzung, den Nutzungsgewohnheiten, Freizeitmustern, Lebensstilen, Konsumwünschen u. v. m. des Publikums, und bildet damit die Basis, um die Affinität der Medien zu werblich relevanten Zielgruppen zu berechnen. Zurecht wird die Media- und Publikumsforschung als „heimliche Hauptsache" (Saxer, 1986, S. 107) moderner Mediensysteme oder „Marktmacht" (Siegert, 1993) bezeichnet.

Dabei spielen Daten, die durch externe und unabhängige Forschungseinrichtungen gewonnen werden, eine wesentlich wichtigere Rolle als Daten, die einzelne Medienorganisationen selbst erheben. Denn diesen Erhebungen kann nicht vorgeworfen werden, dass sie einseitig zugunsten eines bestimmten Mediums verzerrt sind. Die Institution der Media- und Publikumsforschung kann jedoch nur dann gut funktionieren, wenn alle Marktteilnehmer (wie z. B. Medien, Werbewirtschaft, Agenturen) die gewonnen Daten als unabhängige und glaubwürdige Größen ihrer Arbeit zugrunde legen. Damit die Daten diese Akzeptanz tatsächlich haben, werden in der Regel die wichtigsten Marktteilnehmer in die Entwicklung und Ausgestaltung der Media- und Publikumsforschung einbezogen. Auf diese Weise können sie ihren Input, aber auch ihre Einwände an Stichprobenziehung, Messinstrument, Fragestellungen und anderen Aspekten einbringen. Die Einführung neuer Messinstrumente kann – wenn sie nicht entsprechend breit abgestimmt wurde – große Probleme bereiten wie das Fallbeispiel 8 zeigt.

Fallbeispiel 8: Getrübtes Vertrauen in Einschaltquoten in der Schweiz

Die *Mediapulse AG*, die in der Schweiz die Fernsehzuschauerzahlen (Einschaltquoten) erhebt, hat zu Beginn des Jahres 2013 ein neues Messsystem eingeführt, um zeitversetztes sowie Internet-Fernsehen besser berücksichtigen zu können. Dieses Messsystem hatte aber einige Probleme: Unter anderem konnte es die Sender zum Teil nicht unterscheiden und lieferte Daten, die sich erheblich – und eben unerklärlich – von denen des Vorjahres unterschieden. Damit hatten vor allem kleine private Regionalsender einen plötzlichen **Zuschauerverlust** hinzunehmen, der ihre Geschäftstätigkeit massiv unter Druck setzte. So wurden Überprüfungen der Messmethode durch externe Experten nötig und verschiedene Kunden beschwerten sich massiv. Der größte Privatsender der Schweiz *3+* stellte die so erhobene Währung grundsätzlich infrage und untersagte gerichtlich die Publikation der Ergebnisse. Die mehrmonatige Sperrung der Daten war für die Branche mehr als schwierig und wurde auch als „Quotendebakel" und „Flop des Medienjahres 2013" bekannt. Als Folge haben verschiedene Regionalsender die Analysen der *Mediapulse* gekündigt. Eine Publikation der Daten wurde erst durch einen Vergleich ermöglicht, der jedoch nur über einen Kompromiss darüber, welche Haushalte in die Messung einbezogen werden, zustande kam (ausführlich in Lüthi, 2013).

7.5   Zusammenfassung

Der Zusammenhang von Werbemarkt und Publikumsmarkt ist medienökonomisch höchst relevant. Erstens finanzieren sich die Medien überwiegend über diese beiden Märkte, was sich zweitens in der komplizierten Prinzipal-Agent-Beziehung zwischen werbetreibenden Organisationen und Medienunternehmen zeigt. Drittens spiegelt sich der Zusammenhang auf Marktebene durch die zweiseitigen Märkte und die sie verbindenden indirekten Netzwerkeffekte, wie die Anzeigen-Auflagen-Spirale, wider. Um Werbeerlöse zu generieren, benötigen Medien die Nachfrage des Publikums und müssen diese Nachfrage auch belegen können. Die Media- und Publikumsforschung ist die wesentliche Strukturkomponente, die die für Medien relevanten Märkte wechselseitig miteinander verschränkt, die Agency-Probleme in der Vertragsbeziehung mindert und die Leistung der Medien in ökonomische Werte übersetzt. Für die vielfältigen Probleme, die sich auf den verschiedenen Ebenen stellen, ist sie die etablierte Problemlösung (Saxer, 1986, S. 108) und hat deshalb auch ihre eigenen Strukturen und Prozesse ausgebildet.

Kontrollfragen

▶ Wie lässt sich anhand eines Beispiels die Beziehung zwischen Werbemarkt und Publikumsmarkt beschreiben?

▶ Welche Doppelrolle spielt das Publikum in zweiseitigen Medienmärkten?

▶ Welche wechselseitigen indirekten Netzwerkeffekte zwischen Publikums- und Werbemarkt finden sich?

▶ Weshalb lindert die Media- und Publikumsforschung die Agency-Problematik in der Vertragsbeziehung zwischen Werbetreibenden und Medien?

▶ Was sind die Grundannahmen der Anzeigen-Auflagen-Spirale, und inwiefern können diese kritisiert werden?

Kommentierte Literaturempfehlungen

- Ludwig, J. (1996). Wie sich publizistische Hochkultur ‚rechnet'. Ein ökonomisches Porträt der ‚Zeit'. *Publizistik, 41,* 277–297.
  Der Beitrag gibt – obwohl er schon älteren Datums ist – einen guten Einblick und liefert zahlreiche Beispiele für die Problematik der Medienfinanzierung.
- Hass, B. H. (2007). Größenvorteile von Medienunternehmen. Eine kritische Würdigung der Anzeigen-Auflagen-Spirale. *MedienWirtschaft,* 4 (Sonderheft), 70–78.
  Der Autor stellt sowohl die wesentlichen Kernpunkte der Anzeigen-Auflagen-Spirale dar als auch die selten hinterfragten Annahmen.
- Seufert, W. (2007). Führen Größenvorteile auf Werbemärkten zur Medienkonzentration? Zum theoretischen Gehalt der „Anzeigen-Auflagen-Spirale". *MedienWirtschaft,* 4 (Sonderheft), 48–60.
  In diesem Beitrag wird anhand zahlreicher Praxisbeispiele und Beispielberechnungen die Anzeigen-Auflagen-Spirale als Heuristik vorgestellt und kritisch beurteilt.
- Siegert, G. (2006). Stabilisierung und Absicherung. Medien- und Marktforschung. In K.-D. Altmeppen & M. Karmasin (Hrsg.), *Medien und Ökonomie. Band 3: Anwendungsfelder der Medienökonomie* (S. 103–120). Wiesbaden: VS Verlag.
  Der Beitrag gibt einen kompakten Überblick über die Funktionen der Media- und Publikumsforschung im Medienmanagement.

- Frey-Vor, G., Siegert, G. & Stiehler, H.-J. (2008). *Mediaforschung.* Konstanz: UVK.
  Das Buch gibt einen kompletten Überblick über die Media- und Publikumsforschung, angefangen von den theoretischen Begründungen, über Zwecke, Ziele und Aufbau bis hin zu den Besonderheiten für einzelne Mediengattungen und methodischen Herausforderungen.

Was macht ein Medium zu einem guten Werbeträger?

Im Anschluss an Kapitel 7 könnten wir auf diese Frage direkt antworten: dasjenige Medium, welches das größte Publikum erreicht. Damit wäre aber nur ein Teil der Antwort gegeben, denn nicht allen Werbetreibenden geht es darum, ein Massenpublikum zu erreichen. Werbetreibende haben durchaus variierende Erwartungen an die Medien, die im Folgenden skizziert werden. Diese Erwartungen sind – neben der Sicherstellung der Grundleistung, nämlich überhaupt Kontakte zu sozioökonomisch relevanten Zielgruppen herzustellen – handlungsleitend für all diejenigen Medien, die auf Werbeeinnahmen angewiesen sind. Allerdings muss unterschieden werden, ob mit dem Begriff Medium jeweils eine ganze Mediengattung gemeint ist, also Zeitungen, Zeitschriften, Internet, Fernsehen und Radio (so wie Kapitel 3.1 beschrieben), oder ob es sich um konkrete Titel handelt, also z. B. „Der Spiegel", „Geo", „RTL II" oder „Antenne Bayern". Insgesamt hat die Werbewirtschaft großes Interesse zu wissen, welche Medien welche Werbeträgereigenschaften aufweisen. Schließlich ist der Werbeerfolg zu einem großen Teil von der Werbeträgerbelegung, den damit anfallenden Kosten sowie dem optimalen Werbeträgermix geprägt. Auf aggregierter Ebene verteilen sich die Werbeinvestitionen auf die Mediengattungen wie folgt (vgl. Tabelle 8.1 und Tabelle 8.2).

Tabelle 8.1 Aufteilung der Netto-Werbeeinnahmen ausgesuchter Mediengattungen in Deutschland 2013

	Mio. Euro	Anteil
Fernsehen	4.125	27 %
Zeitungen (Tages-, Wochen-, Sonntagszeitungen, Zeitungssupplements)	3.185	21 %
Zeitschriften (Publikums- und Fachzeitschriften)	2.124	14 %
Anzeigenblätter	1.932	13 %
Online-Angebote	1.152	8 %
Aussenwerbung	891	6 %
Radio	746	5 %
Gesamt	15.254	100 %

Quelle: ZAW

Tabelle 8.2 Aufteilung der Netto-Werbeeinnahmen ausgesuchter Mediengattungen in der Schweiz 2013

	Mio. CHF	Anteil
Tages-, regionale Wochen-, Sonntagspresse	1.032	27 %
Fernsehen	749	20 %
Internet (geschätzt)	642	17 %
Publikums-, Finanz- und Wirtschafts- und Spezial- und Fachpresse	583	15 %
Außenwerbung	565	15 %
Radio	157	4 %
Gesamt	3.764	100 %

Quelle: Werbestatistik Schweiz

Um zu klären, wann welche Erwartungen der Werbewirtschaft an die Medien als Werbeträger herangetragen werden, gehen wir auf den Ablauf der Mediaplanung ein. Die Werbeträgerauswahl ist als Teil der Mediaplanung zu sehen. Wir gehen daher zunächst auf deren Ablauf ein und diskutieren insbesondere, welche Erwartungen von Seiten der Werbewirtschaft in den einzelnen Phasen an die Medien herangetragen werden (Kapitel 8.1). Zudem werden für jede Mediengattung die Vor- und Nachteile als Werbeträger aufgelistet (Kapitel 8.2). Kapitel 8.3 befasst sich mit weiteren Aspekten, die einen guten Werbeträger ausmachen. Dabei wird konsequent die Perspektive der Werbewirtschaft eingenommen. Sie entspricht aber nicht immer den gesellschaftlichen Erwartungen an die Medien, vor allem dann nicht, wenn es um die Vermischung von Werbung und redaktionellen Inhalten geht. Im abschließenden Kapitel 8.4 wird die Kapitelfrage zusammenfassend beantwortet.

8.1   Mediaplanung und Werbeträgerauswahl

„Die Aufgabe der Mediaplanung ist es, den Transport der Werbebotschaft zur Zielgruppe unter Berücksichtigung von Kosten- und Leistungsgesichtspunkten gleichermaßen zu gewährleisten. Unter diesen Gesichtspunkten sind die zu belegenden Werbeträger auszuwählen, sowie Zeitpunkt und Häufigkeiten der jeweiligen Belegung pro Werbeträger festzulegen" (Unger, Durante, Gabrys, Koch & Wailersbacher, 2002, S. 131). Die Mediaplanung (Streuplanung) bezeichnet somit den Planungsprozess, in dem das Mediabudget auf verschiedene Werbeträger verteilt wird (Budgetallokation) mit dem Ziel eines möglichst effektiven und effizienten Transports der Botschaft (zur Mediaplanung und Mediaforschung allgemein: Bruhn, 2009; Dahlem, 2005; Ettema & Whitney, 1994b; Frey-Vor et al., 2008; Hofsäss & Engel, 2003; Schnettler & Wendt, 2003; Siegert, 1993; Webster et al., 2006; Winter & Fritzen, 1999). Es gilt also, die geeigneten Werbeträger auszuwählen, um die anvisierte Zielgruppe in der richtigen Frequenz (Anzahl an Schaltungen), und zur richtigen Zeit zu erreichen (Effektivität der Werbung). Dies sollte zudem mit minimalen Streuverlusten und zu optimalen Kosten (Effizienz der Werbung) geschehen. Die Auswahl der Werbeträger bezieht sich dabei auf die vorab festgelegte Werbestrategie, in der Werbeziele (z. B. die Bekanntmachung eines Produkts), Zielgruppen und Botschaften definiert werden. Während bei der Intermediaselektion zwischen den Mediengattungen ausgewählt wird, geht es bei der Intramediaselektion um die Wahl konkreter Titel, Programme oder Angebote innerhalb der Mediengattungen (vgl. Abbildung 8.1).

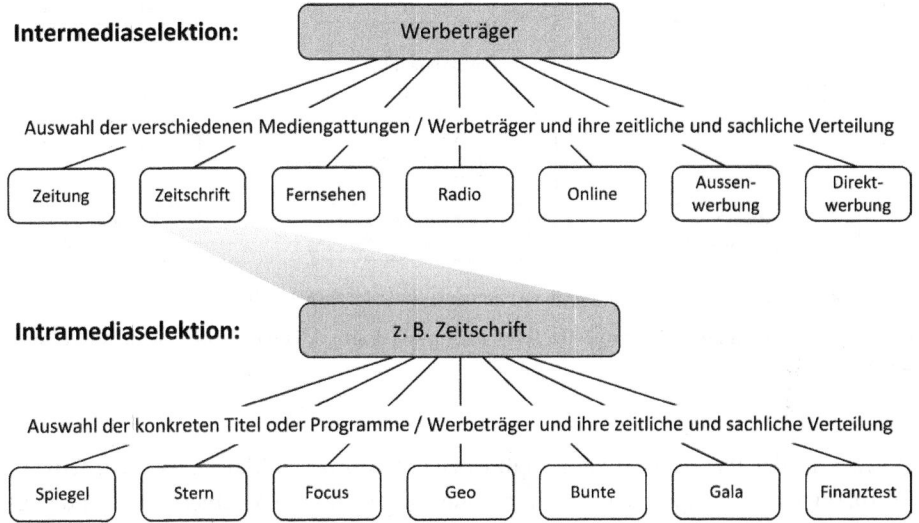

Abb. 8.1   Inter- und Intramediaselektion

Quelle: Eigene Darstellung

Der Inter- und Intramediaselektion liegen bestimmte Anforderungen der Werbewirtschaft als Entscheidungskriterien zugrunde, die sich grob in formale, quantitative und qualitative Größen einteilen lassen (vgl. Abbildung 8.2). Diesen Anforderungen gilt es zu entsprechen, will ein Medium von der Werbewirtschaft als „guter" Werbeträger eingestuft werden. Die formalen Kriterien sind dabei so etwas wie Zugangsbarrieren für die Auswahl. Quantitative Kriterien stehen im Entscheidungsprozess an erster Stelle, während qualitative Kriterien meist zusätzlich als Entscheidungsgrundlage herangezogen werden. Insgesamt will man in der Inter- und Intramediaselektion Streuverluste vermeiden. Streuverluste bedeuten, dass die Werbung auch Personen erreicht, die der Werbetreibende gar nicht erreichen will, z. B. Konsumenten aus anderen Regionen, in denen ein Angebot gar nicht gültig ist. Da der Werbepreis sich an der Gesamtheit der Personen, die potenziell erreicht werden können, bemisst, bezahlt der Werbekunde also auch für etwas, dass er gar nicht anstrebt. Diese Ineffizienz soll natürlich vermieden werden.

Abb. 8.2 Ausgesuchte Bewertungskriterien bei der Werbeträgerauswahl

Quellen: in Anlehnung an Bruhn, 2009, S. 165ff; Hofsäss & Engel, 2003, S. 201ff; Schnettler & Wendt, 2003, S. 163ff

Zu Beginn des Planungsprozesses gilt es zuerst einmal zu klären, welche Medien als Werbeträger überhaupt zur Verfügung stehen. Obwohl wir von einer umfassenden geografischen Abdeckung ausgehen können, gibt es z. B. lokale Gegenden, die gerade nicht durch bestimmte Medien bedient werden, und folglich nur unter Inkaufnahme von hohen Streuverlusten zu erreichen sind. Zugleich muss die zeitliche Steuerbarkeit der Medien geklärt werden, das heißt ob überhaupt in der Frequenz, die nötig ist, Werbung geschaltet werden kann. So ist es z. B. für den Handel wichtig, täglich Werbung schalten zu können, wenn es um die Vermarktung von verderblichen Lebensmitteln, wie z. B. Rindfleisch, geht. Bei Buchungszeiträumen und Stornomöglichkeiten geht es um die Planbarkeit und Flexibilität der einzelnen Werbeträger. So ist es nicht bei allen Medienanbietern möglich noch kurzfristig Werbung zu schalten; teilweise werden Wochen im Voraus des Erscheinungsdatums die entsprechenden Unterlagen benötigt. Zugleich sind die absoluten Werbepreise wesentliche Entscheidungskriterien, denn je nach Höhe des Mediabudgets sind bestimmte Werbeträger aus finanziellen Gründen keine Option.

Die wichtigsten Entscheidungsgrundlagen der Werbeträgerauswahl bilden die quantitativen Kriterien. Als Kontaktmaßzahl gilt für Printmedien immer noch die gedruckte, vertriebene und verkaufte Auflage. Vor allem letztere ist ein Indikator für die quantitative Leistungsfähigkeit des Werbeträgers. Allerdings kann aus der Auflage kein Rückschluss auf die erreichten Personen/Kontakte gezogen werden, weshalb die Reichweite in der Praxis am häufigsten genutzt wird. Die Reichweite gibt die Anzahl an Personen bzw. Kontakten innerhalb der Grundgesamtheit bzw. Zielgruppe an, die durch die Werbeträgerbelegung mindestens einmal erreicht werden. Sie kann in absoluten Zahlen oder prozentual als Anteil der erreichten Zielkontakte ausgedrückt werden.

Als Netto-Reichweite bezeichnet man die Anzahl der Zielpersonen, die durch einen Werbeträger oder eine Werbeträgerkombination mindestens einmal erreicht werden. Je nachdem, wie viele Schaltungen in wie vielen Werbeträgern man berücksichtigt, lassen sich unterschiedliche Versionen der Netto-Reichweite berechnen. Dabei werden aber stets diejenigen Mediennutzer, die mehrmals erreicht wurden – sei es durch den gleichen oder durch verschiedene Werbeträger – nur als ein Kontakt gehandelt. Dies ist anders bei der Brutto-Reichweite, dem sogenannten Werbedruck. Er berücksichtigt systematisch die Personen, die mehrfach erreicht werden und umfasst somit die Anzahl an Kontakten, die durch die Belegung von Werbeträgern erzielt werden. Dies ist deshalb wichtig, weil die meisten anvisierten Werbeziele den mehrmaligen Kontakt mit der Botschaft voraussetzen. So können z. B. 100.000 Kontakte dadurch erzielt werden, dass 100.000 Personen von einem Werbeträger einmal erreicht werden (Netto-Reichweite = 100.000 = Brutto-Reichweite) oder aber dadurch, dass 10.000 Personen je zehnmal erreicht werden (Netto-Reichweite = 10.000; Brutto-Reichweite = 100.000). Wird bei der Brutto-Reichweite auch noch die Größe der Zielgruppe berücksichtigt, spricht man von Gross Rating Points (GRP), der Brutto-Reichweite in der Zielgruppe in Prozent. Wenn also in einer Zielgruppe, die eine Million Personen umfasst, 700.000 Personen erreicht werden, ergibt sich eine Netto-Reichweite von 70 %. Jede Person der Zielgruppe hat die Werbung vier Mal gesehen, so dass die Brutto-Reichweite 2,8 Millionen Kontakte in der Zielgruppe ausmacht. Die Kennzahl GRP von 280, die sich aus der Nettoreichweite in Prozent (70 %) multipliziert mit dem Durchschnittskontakt (OTC (opportunity to contact)=4) ergibt, stellt einen Leistungsindikator für den Werbedruck dar.

Eine wesentliche Rolle spielt auch die Zielgruppen-Affinität, denn es sollen ja nicht irgendwelche Personen mit der Werbebotschaft erreicht werden, sondern diejenigen, die mit der Zielgruppe des Produkts/der Marke/der Leistung größtmögliche Übereinstimmung haben. Affinität bezeichnet somit die Nähe zwischen der anvisierten Zielgruppe und dem durch das Medium erreichten Publikum, mithin die Streugenauigkeit des Werbeträgers. Will ein Unternehmen beispielsweise Personen ansprechen, die wöchentlich Magerjoghurt kaufen, muss es einen Werbeträger aussuchen, der diese Zielgruppe (um typische Geschlechterstereotype zu bemühen: höchstwahrscheinlich Frauen in einer bestimmten Altersgruppe) auch erreicht. Es würde seine Werbung folglich eher im Kontext von „Grey's Anatomie" schalten als im Kontext von Fußballspielen der „Champions League". Will ein Anbieter dagegen Bier bewerben, wäre besagte Sportübertragung die passendere Wahl. Je größer die Affinität des Werbeträgers, umso weniger Streuverluste gibt es. Werbetreibende wollen somit folgendes erreichen: „Möglichst alle Mitglieder der Zielgruppe sollen auch Mitglieder des Publikums sein (Maximierung der Zielgruppen-Ausschöpfung) […]. Möglichst kein Nicht-Mitglied der Zielgruppe soll Mitglied des Publikums sein (Minimierung der Streuverluste)" (Hasebrink, 1997, S. 267f). Der entsprechende Affinitätsindex setzt den Anteil der Nutzer des Mediums, die zur Zielgruppe gehören (Zielgruppenanteil z. B. 70 %) zum Zielgruppenanteil in der Gesamtbevölkerung (z. B. 45 %) ins Verhältnis und multipliziert ihn mit 100. Ein Affinitätsindex über 100 (im Beispiel: 155) ist für die Mediaplanung günstig, denn er bedeutet, dass ich mit diesem Werbeträger überproportional viele

Zielgruppenmitglieder erreiche. Eine optimale Zielgruppenaffinität (Übereinstimmung) eines Werbeträgers bedeutet jedoch nicht, dass alle Zielgruppenmitglieder erreicht werden, denn die Reichweite des Werbeträgers kann insgesamt geringer sein. Dabei können die durch den Werbeträger erreichten Personen je nach Passung zur Zielgruppe auch gewichtet werden (Personen-Gewichte zwischen null und eins).

Um einen faktischen Leistungsvergleich zwischen Werbeträgern zu haben, und zwar unabhängig davon, wie viele Personen die Werbeträger jeweils erreichen, werden Kosten und Leistungen ins Verhältnis gesetzt. Der so resultierende Kosten-Nutzen-Ausweis ist der Tausend-Kontakt-Preis (TKP). Er gibt an, wie viel es kostet mit der Belegung eines Werbeträgers 1.000 Kontakte (Brutto-Reichweite) zu erzielen, bzw. wie wirtschaftlich eine Werbeträgerbelegung ist. Im Onlinebereich haben sich mittlerweile auch andere Wirtschaftlichkeitsmaße durchgesetzt, die Provisionen entweder pro Klick (Cost per Click (CPC)), pro Adresseingabe (Cost per Lead (CPL)) oder pro getätigtem Kauf (Cost per Sale (CPS)) bezahlen.

Bei den qualitativen Bewertungskriterien gilt es u. a. zu berücksichtigen, welche Nutzungssituation typisch für den Werbeträger ist, und inwiefern diese mit Kaufhandlungen zusammenhängt. Kennzeichen der Nutzungssituation ist z. B. das Involvement der Nutzer. Je nachdem, ob ein Medium, wie etwa das Radio, vor allem nebenbei genutzt wird, kann es entsprechend hoch oder niedrig gewichtet werden (Media-Gewichte zwischen null und eins). Zunehmend spielt auch eine Rolle, inwiefern Werbung im Medium akzeptiert wird oder ob man mit starker Reaktanz rechnen muss. Bei der Kanalqualität und der Impact-Stärke geht es vor allem um die Art der Vermittlung von Werbebotschaften, und wie viele Sinneskanäle angesprochen werden können (auditiv vs. visuell vs. audiovisuell (multisensorisch)). Zudem kann die Fähigkeit des Mediums, die Nutzer zu binden, einbezogen werden. Damit lässt sich z. B. sehr gut Werbedruck aufbauen, weil der Anteil regelmäßiger Nutzer am Publikum hoch ist. Bei der Glaubwürdigkeit und dem redaktionellen Umfeld geht es um Ausstrahlungs- bzw. Kontexteffekte des Mediums auf die Werbebotschaft. Diese können die gewünschte Werbewirkung begünstigen, wenn z. B. der redaktionelle Teil eines Medienangebots thematisch gut zur Werbebotschaft passt. Auch eine hohe Fach- bzw. Themenkompetenz oder – allgemein gesprochen – ein gutes Image des Mediums wirken sich positiv aus. Hier können z. B. etablierte Medienmarken mit einer klar positionierten Ausrichtung punkten.

Die Bewertung der Werbeträger erfolgt vor dem Hintergrund der jeweiligen Werbe- und Kommunikationsziele, denn es macht einen Unterschied, ob es z. B. darum geht, ein Angebot schnell bekannt zu machen oder das Wissen über ein Produkt zu verbessern. Sollen schnell Kaufhandlungen ausgelöst werden, müssen aktuelle und schnell wirksame Medien eingesetzt werden. Je nachdem, welches der oben genannten Kriterien bevorzugt wird, resultieren unterschiedliche Rangreihen der zu belegenden Werbeträger (vgl. Tabelle 8.3). Aus Reichweite, TKP und Affinitätsindex lässt sich auch ein Gesamtindex berechnen.

Tabelle 8.3 Beispielhafte Rangreihen (Reichweite, TKP oder Affinität) für eine ganzseitige Anzeige

Medium	Reichweite in %	Reichweite in Mio.	Kosten in Tsd. €	TKP in €	Affinitäts-index	Rangreihe nach Reich-weite	Rangreihe nach TKP	Rangreihe nach Affinitäts-index
ADAC Motorwelt	46,4	5,60	884	26,20	120	1	1	13
Bild	36,5	4,41	2.651	120,43	105	2	9	15
Stern	31,9	3,85	449	34,38	119	3	2	14
Focus	27,3	3,30	396	34,89	121	4	3	12
Der Spiegel	26,0	3,14	458	40,99	127	5	4	10
Auto Bild	15,2	1,84	302	43,89	139	6	5	8
Auto Motor und Sport	13,6	1,64	293	50,79	149	7	6	4
Playboy	7,4	0,90	192	64,61	161	8	7	2
Men's Health	6,3	0,76	168	68,11	157	9	8	3
Cosmopolitan	5,7	0,69	233	131,13	143	10	10	6
Süddeutsche Zeitung	5,6	0,68	470	163,59	148	11	11	5
Die Zeit	5,0	0,61	439	197,41	137	12	13	9
FAZ	4,8	0,58	418	169,48	162	13	12	1
Wel am Sonntag	4,5	0,54	517	282,06	141	14	15	7
Elle	3,1	0,38	200	218,79	127	15	14	11

Vermarktung von PKWs, Zielgruppe eingeschränkt auf diejenigen Personen über 18 Jahre (Fahrerlaubnis), für die die Marke in Frage kommt (12,08 Mio.). Basierend auf Daten und Auswertungen von Stern Markenprofile und G&J Zählservice

Quelle: Frey-Vor et al., 2008, S. 295

8.2 Werbeträgereigenschaften

Die Mediengattungen sowie die einzelnen Titel, Online-Angebote und Programme müssen sich also anhand einer ganzen Reihe von Kriterien bewerten lassen. Mediengattungen spielen in der Auswahl der Werbeträger immer noch eine wichtige Rolle (vgl. Kapitel 3.1). Zum einen, weil der technische Übertragungsweg für die Werbeproduktion ausschlagegebend ist. Es ist eben ein gravierender Unterschied, ob eine Anzeige gestaltet oder ein Werbespot gedreht werden muss, und zwar sowohl in finanzieller Hinsicht als auch bezüglich der Kanalqualität. Darüber hinaus ist dabei die Erscheinungsfrequenz zu unterscheiden. Zum anderen, weil die Nutzungsmodalitäten für die einzelnen Mediengattungen andere sind, was sich ebenfalls auf potenzielle Werbekontakte auswirkt. Magazine können z. B.

öfter und noch nach Wochen in die Hand genommen und gelesen werden, was die Chance erhöht, dass eine Anzeige öfter beachtet wird. In Bezug auf Online- und mobile Werbung ist in diesem Kontext vor allem die Art des Endgeräts relevant, weil es z. B. Auswirkungen auf die Größe der Werbung hat.

Dabei kommen die Eigenschaften von Mediengattungen als Werbeträger bereits zu einem sehr frühen Zeitpunkt der Mediaplanung ins Spiel. Der gesamte Planungsprozess kann nach Dahlem (2005) als „kalkuliertes Gefühl" bezeichnet werden, weshalb es für Medien wichtig ist, mit einer grundlegenden Eignung als Werbeträger zu punkten. In Anlehnung an Hofsäss und Engel (2003, S. 283ff), Schnettler und Wendt (2003, S. 115ff), Siegert und Brecheis (2010, S. 219ff), Dahlem (2008) und Mellmann (2012, S. 92f) lassen sich bestimmte Kennzeichen der Mediengattungen festhalten (vgl. Tabelle 8.4 bis Tabelle 8.8). Dabei muss aber bedacht werden, dass es sich meist um pauschale Zuweisungen handelt. Bei allen Mediengattungen muss nämlich beispielsweise unterschieden werden, ob es sich um ein Spartenangebot (konzentriert sich auf ein Thema, z. B. ein Sportsender) oder um ein Vollangebot (deckt einen breiten Themenkreis ab, z. B. Vollprogramme wie *ORF 1, SRF 1* oder *ZDF*) handelt. Selbst bei Tageszeitungen spielt dies eine Rolle, obwohl sie ja immer die aktuellen Geschehnisse reflektieren sollen. Wie sie dies aber tun, hängt wesentlich von ihrer Positionierung ab, und impliziert andere Vor- und Nachteile.

Tabelle 8.4 Werbeträgereigenschaften von Zeitungen

Werbeträger: Tages-, Sonntags- und Wochenzeitungen	
Steuerbarkeit der Buchung	flexibel und kurzfristig buchbar
Belegungspreise	abhängig von Verbreitungsgebiet und Zielgruppe; eher teuer
Reichweite	abhängig vom Verbreitungsgebiet
Möglichkeit für Werbedruck	abhängig davon, ob Kauf- oder Abonnementzeitung; bei Abo-Zeitung hoch
Zielgruppenaffinität	geografisch meist gut segmentierbar; teils psychografisch segmentierbar (Elite- vs. Boulevard-Zeitungen); Jüngere werden oft nicht mehr erreicht; nationale Abdeckung ist häufig kompliziert
Kanalqualität	vielfältige Platzierungsmöglichkeiten (auch Beilagen); Darstellungsmöglichkeit statisch, aber in der Größe flexibel; eingeschränkte Druckqualität; hohe Glaubwürdigkeit; eher emotionsarme Darstellung
Nutzung	aktive, intensive, mehrmalige und ortsungebundene Nutzung; oft hohes Involvement
Image	abhängig von der Positionierung; Elite- und Qualitätszeitungen besonders geeignet für hochpreisige Angebote
Eignet sich besonders für....	Abverkauf; Bekanntmachung; in Abhängigkeit von der Medienmarke: Imagewerbung

Quelle: Eigene Darstellung

Tabelle 8.5 Werbeträgereigenschaften von Zeitschriften

Werbeträger: Publikums- (PZ) und Fachzeitschriften (FZ)	
Steuerbarkeit der Buchung	meist flexibel buchbar, aber wg. Erscheinungsweise eingeschränkte Flexibilität; FZ benötigen längeren Vorlauf
Belegungspreise	abhängig von der Zielgruppe
Reichweite	viele PZ reichweitenstark; FZ eher reichweitenschwach
Möglichkeit für Werbedruck	abhängig vom Erscheinungsintervall; Abo-Zeitschriften hoch bis sehr hoch (vor allem FZ)
Zielgruppenaffinität	meist sehr gut demografisch und psychografisch segmentierbar; teils fachspezifische Zielgruppen (FZ)
Kanalqualität	vielfältige Platzierungsmöglichkeiten und Formate (z. B. Beihefte, Warenproben); Darstellungsmöglichkeit: statisch, aber in der Größe flexibel; meist hohe Druckqualität, thematisch werbefreundliche Umfelder
Nutzung	aktive, intensive, mehrmalige und ortsungebundene Nutzung; oft hohes Involvement
Image	abhängig von Positionierung und Themenbezug; geeignet für hochpreisige Angebote
Eignet sich besonders für....	Imagewerbung; Markenaufbau; nur bedingt für Bekanntmachung

Quelle: Eigene Darstellung

Tabelle 8.6 Werbeträgereigenschaften des Fernsehens

Werbeträger: Fernsehen (Vollprogramme (VP) und Spartenprogramme (SP))	
Steuerbarkeit der Buchung	längere Buchungszeiträume (vor allem für gute Werbeblöcke)
Belegungspreise	abhängig von Zielgruppe und Tageszeit; in absoluten Kosten als Werbeträger eher teuer wg. hoher Reichweiten
Reichweite	VP meist reichweitenstark; variiert im Tagesverlauf; SP eher reichweitenschwach
Möglichkeit für Werbedruck	gut möglich
Zielgruppenaffinität	bei VP eher heterogen; sendungsbezogen oder bei SP sehr gut demografisch und psychografisch segmentierbar
Kanalqualität	vielfältige Platzierungsmöglichkeiten; Darstellungsmöglichkeit: audiovisuell; hoher Impact, aber auch hohe Reaktanz auf Werbung; emotionsreiche Ansprache möglich
Nutzung	zunehmend flüchtige und Nebenbei-Nutzung; oft niedriges Involvement
Image	abhängig von der Positionierung
Eignet sich besonders für....	schnelle, breite Bekanntmachung; Imagewerbung; Markenaufbau

Quelle: Eigene Darstellung

Tabelle 8.7 Werbeträgereigenschaften des Radios

Werbeträger: Radio	
Steuerbarkeit der Buchung	sehr flexibel buchbar
Belegungspreise	abhängig von der Zielgruppe und Tageszeit; in absoluten Kosten als Werbeträger eher günstig
Reichweite	abhängig von technischer Reichweite; variiert im Tagesverlauf
Möglichkeit für Werbedruck	regionaler Werbedruck möglich
Zielgruppenaffinität	geografisch meist gut segmentierbar; teils psychografisch über Musikausrichtung, teils tageszeitlich segmentierbar
Kanalqualität	Darstellungsmöglichkeit: auditiv; nur für unkomplizierte Sachverhalte und Botschaften, aber Verbindung mit Jingles möglich
Nutzung	Parallelnutzung, „Nebenbei-Medium"; niedriges Involvement; Außer-Haus-Nutzung möglich
Image	abhängig von Positionierung und Musikbezug
Eignet sich besonders für….	Abverkauf, zeitlich befristete Angebote; Promotions

Quelle: Eigene Darstellung

Tabelle 8.8 Werbeträgereigenschaften von Online-Angeboten

Werbeträger: Online-Angebote	
Steuerbarkeit der Buchung	sehr flexibel buchbar
Belegungspreise	abhängig von Zielgruppe und Themen; in absoluten Kosten als Werbeträger eher günstig; Abrechnung nach CPL, CPC, CPS
Reichweite	stark vom konkreten Angebot abhängig; hohe Abdeckung jüngerer Zielgruppen
Möglichkeit für Werbedruck	Werbedruck auch auf Basis Soziodemografie und auf Basis von Nutzungs- bzw. Kaufhistorie personalisiert möglich
Zielgruppenaffinität	technisch sehr gut segmentierbar; teils demografisch und psychografisch segmentierbar; teils auf der Basis der Nutzungshistorie (Personalisierung)
Kanalqualität	vielfältige Platzierungs- und Formatmöglichkeiten; Darstellungsmöglichkeit: audiovisuell und interaktiv, Personalisierung möglich; allerdings müssen verschiedene Darstellungsoptionen wegen unterschiedlicher Endgeräte eingeplant werden
Nutzung	aktive Nutzung; je nach Interaktivität hohes Involvement
Image	abhängig von konkretem Angebot, Positionierung und Themenbezug
Eignet sich besonders für….	Imagewerbung; Transaktion

Quelle: Eigene Darstellung

8.3   Weitere Eigenschaften eines „guten" Werbeträgers

Die Auflistung der Werbeträgereigenschaften hat bereits gezeigt, dass jede Mediengattung Vor- und Nachteile als Werbeträger hat, weshalb in der Praxis vor allem für größere Kampagnen immer eine Kombination von Werbeträgern eingesetzt wird. Ein weiterer Leistungsausweis ist deshalb, inwiefern ein Werbeträger mit anderen kombiniert werden kann. Übliche „Teams" an Werbeträgern sind deshalb im regionalen und lokalen Bereich Zeitungen und Radio oder bei nationaler Abdeckung Zeitungen und Fernsehen. Online-Kommunikation wird mittlerweile in fast allen Kampagnen hinzugenommen, wobei es sich nicht immer um bei Online-Medien geschaltete Werbung handelt. Die einfache Kombination von Werbeträgern (z. B. fünf Anzeigenschaltungen in der Woche x in der Tageszeitung y in Kombination mit fünf Schaltungen von Radiospots in der Woche x täglich vor der morgendlichen Nachrichtensendung) zur Optimierung der Reichweite oder anderen Kriterien wird als Mediamix bezeichnet.

Fallbeispiel 9:
Was erzielt mehr Reichweite – TV- vs. Printschaltungen alleine oder eine Kombination?

Bei der Schaltung einer Werbekampagne stellt sich grundlegend die Frage, ob man a) bei einer Mediengattung bleibt oder b) mehrere Mediengattungen mixt. Option a) hätte den Vorteil, dass man nur eine Art von Werbemittel (Anzeigen oder Spots oder Banner) kreieren und bezahlen muss, bei b) kann man auf eine Kombination von Werbeträger-Vorteilen setzen. Das unten abgebildete Beispiel (Abbildung 8.3) belegt die Reichweitenvorteile von Mixplänen. Da es von einem Medienhaus kommt, das – ehemals – vor allem auf Print spezialisiert war *(Axel Springer AG)*, könnte das Ergebnis nicht ganz frei von Eigeninteressen sein.

Reichweitenvorteile von Mixplänen

Werbemittel-Kontakte	Wochen- oder Monatspläne 275 T €			540 T €			820 T €		
	TV Mono	Print Mono	Mix	TV Mono	Print Mono	Mix	TV Mono	Print Mono	Mix
ARD 1 Sa 17-20	1		3	2		4	3		5
ZDF Mo-Fr 13-17	1		1	2		1	3		1
ZDF Sa 13-17	1		3	2		6	3		9
ZDF Sa 17-20	1		1	2		2	3		4
Kabel 1 Mo-Fr 20-23	2			4		3	6		4
Kabel 1 Sa 20-23	2			4		3	6		5
ProSieben So 13-17	1			2			3		
RTL Mo-Fr 17-20	2			4			6		1
RTL Mo-Fr 20-23	1			2			3		
RTL Sa 13-17	1		3	2		6	3		9
RTL Sa 20-23	1			2			3		
RTL So 17-20	1			2			3		1
SAT.1 Mo-Fr 17-20	3			6		1	9		1
SAT.1 Mo-Fr 20-23	1			2			3		
SAT.1 So 13-17	1		3	2		6	3		9
Bild am Sonntag		1	1		2	1		3	1
Bild Gesamt		1	1		2	1		3	1
Stern		1			2	1		3	1
Bunte		1	1		2	1		3	1
TV Movie		1			1	1		1	1
Focus								2	
Hörzu		1			2			2	1
Der Spiegel								1	
Funk Uhr					1				1
Kosten in Euro	272.392	286.368	271.298	544.784	531.381	536.415	817.177	826.979	811.353
Reichweite %	**34,50**	**42,60**	**46,40**	**50,90**	**54,10**	**66,00**	**60,60**	**62,20**	**76,80**
Reichweite Mio.	22,14	27,40	29,80	32,71	34,73	42,42	38,93	39,98	49,34
Kontakte Mio.	32,06	36,56	43,80	64,12	70,13	79,24	96,18	107,92	115,02
Euro pro 1.000 Kontakte	8,50	7,83	6,19	8,50	7,58	6,77	8,50	7,66	7,05
GRP	49,90	56,90	68,20	99,80	109,20	123,30	149,70	168,00	179,00
Kontakte pro Nutzer	1,4	1,3	1,5	2,0	2,0	1,9	2,5	2,7	2,3

Zielgruppe: Bevölkerung ab 14 Jahre; Formate/ Zeiten: 30sec; 1/1 4c. Ausnahmen: Bild 1.000mm 4c; Bild am Sonntag 9/16 4c.
Quelle: VerbraucherAnalyse 2002/ 3, 2003-Preise 19.2.2003 - Netto

Abb. 8.3   Reichweitenvorteile von Mixplänen in der Mediaplanung

Quelle: © Axel Springer AG – Marktforschung, 2003, S. 22

Das Konzept von Crossmedia geht dagegen viel weiter: „Crossmedia bezeichnet die (1) Verknüpfung (2) unterschiedlicher Mediengattungen mit ihren (3) spezifischen Selektions- und Darstellungsmöglichkeiten (4) auf unterschiedlichen Angebots- und Produktions- ebenen mit (5) unterschiedlichen Funktionen für Anbieter und Publikum" (Schweiger, 2002, S. 126). Es geht dabei also um die inhaltliche Konsistenz der Botschaft, die aber verschiedene Werbeträger nutzt, so dass die jeweiligen (geplanten) Werbewirkungen sich wechselseitig ergänzen und die Botschaft verstärken. Mithin ist die Kombinations- und Crossmedia-Fähigkeit ein weiterer wichtiger Leistungsausweis für Werbeträger.

Ökonomisch relevant ist des Weiteren, ob ein Medium darüber hinaus, willens und fähig sowie flexibel genug ist, jenseits der klassischen Werbung Möglichkeiten für den Transport und die Integration von Werbebotschaften in den redaktionellen Teil bereitzu- stellen (programmintegrierte Werbung). Dies ist jedoch im normativen Sinn nicht wün- schenswert, weil dann redaktionelle Inhalte und Werbung nicht sauber getrennt, und die Unabhängigkeit der redaktionellen Arbeit untergraben werden kann. So wird die häufig zusätzlich zur Werbeschaltung gewünschte redaktionelle Erwähnung unter dem Stichwort „Gefälligkeitsjournalismus" sehr kritisch diskutiert (z. B. Porlezza, 2014, S. 94–101; siehe

Kapitel 4.3.2). Hierbei wird die Werbung nicht nur thematisch optimal ins redaktionelle Umfeld eingebettet, die beworbenen Marken, Produkte und Leistungen von Werbekunden werden auch redaktionell erwähnt. Darüber hinaus gibt es viele Formate, bei denen Werbung in den redaktionellen Kontext bzw. das Programm integriert wird, so z. B. Placements oder redaktionell gestaltete Werbung im Sinne von Infomercials oder Advertorials. Dabei imitiert oder ersetzt die Werbung redaktionelle Inhalte oder sie wird so gezielt integriert, dass der redaktionelle Inhalt ganz von den Bedürfnissen der Werbekunden bestimmt wird (vgl. u. a. Horninger, 2008; Porlezza, 2014, S. 201ff; Siegert, Wirth et al., 2007; Siegert & Brecheis, 2010, S. 40–45). Ist die Marke bzw. die Werbebotschaft sogar Ausgangspunkt aller Überlegungen für die Entwicklung von redaktionellen Inhalten bzw. Programmen, spricht man von Branded Entertainment. In diesem Fall lässt sich tatsächlich von Werbung statt Programm sprechen. Inwieweit Medien offen sind für derartige Überlegungen der Werbewirtschaft oder für gänzlich innovative Formen von Werbung ist in Abhängigkeit der jeweiligen Kampagnen- und Werbeziele ein selektionsrelevanter Vorteil.

8.4   Zusammenfassung

Ein Medium ist dann ein guter Werbeträger, wenn es kontinuierlich die Erwartungen der Werbewirtschaft als Nachfrager erfüllt. Diese Erwartungen kommen in den verschiedenen formalen, quantitativen und qualitativen Beurteilungskriterien der Inter- und Intramediaselektion zum Tragen. Obwohl formale Kriterien wie Erscheinungsfrequenz und zeitliche Steuerbarkeit eine Art Zugangsbarriere darstellen, sind die quantitativen Kriterien immer noch die wichtigsten. Aus dieser Kategorie sind wiederum die Auflage bei Printmedien, die Netto-Reichweite, die Brutto-Reichweite (GRP) als Maßzahl für den Werbedruck und die Zielgruppen-Affinität die bedeutsamsten Größen. Um Werbeträger in ihrem Preis-/Leistungsverhältnis zu vergleichen wird der TKP verwendet. Qualitative Bewertungskriterien wie Nutzungssituation, Kanalqualität oder Glaubwürdigkeit werden in der Werbeträgerauswahl ergänzend berücksichtigt. Insgesamt spielen die jeweiligen Vorteile der Mediengattungen eine Rolle. Klar ist, dass kein einzelner Werbeträger all diese Erwartungen erfüllen kann, denn manche widersprechen sich auch. Insofern geht es für Werbetreibende darum, vor dem Hintergrund ihrer Werbe- und Kommunikationsziele den geeigneten Mix an Werbeträgern auszuwählen.

Kontrollfragen
▶   Was ist der Unterschied zwischen Inter- und Intramediaselektion?
▶   Welche formalen Kriterien stehen bei der Werbeträgerauswahl zur Verfügung?
▶   Inwiefern unterscheidet sich die Auflage von der Reichweite, und was ist der Unterschied zwischen der Netto- und der Brutto-Reichweite?
▶   Was ist mit Zielgruppenaffinität gemeint?

▶ Welche Vorteile als Werbeträger bietet die Zeitung im Vergleich zum Fernsehen und
   umgekehrt?

Kommentierte Literaturempfehlungen:

- Hofsäss, M. & Engel, D. (2003). *Praxishandbuch Mediaplanung. Forschung, Studien und
  Werbewirkung, Mediaagenturen und Planungsprozess, Mediagattungen und Werbeträger.*
  Berlin: Cornelsen.
  Die Autoren stammen aus der Mediapraxis und geben daher einen sehr praxisnahen
  Überblick über alle mit der Mediaplanung verbundenen Themen und Prozesse.
- Schnettler, J. & Wendt, G. (2003). *Konzeption und Mediaplanung für Werbe- und Kommu-
  nikationsberufe. Lehr- und Arbeitsbuch für die Aus- und Weiterbildung.* Berlin: Cornelsen.
  Auch in diesem Buch geht es um praxisbezogene Einblicke in den Ablaufprozess der
  Mediaplanung mit konkreten Beispielen.
- Dahlem, S. (2005). Kalkuliertes Gefühl – Grundlagen und Prinzipien bei der Werbeträ-
  gerauswahl. In W. Seufert & J. Müller-Lietzkow (Hrsg.), *Theorie und Praxis der Werbung
  in den Massenmedien* (S. 35–58). Baden-Baden: Nomos.
  Der jahrelang im Zeitungsmarketing tätige Autor reflektiert wissenschaftlich fundiert
  über die Praxis der Werbeträgerauswahl und zieht dabei auch wenig beachtete Aspekte
  mit ein.
- Dahlem, S. (2008). Werbeleistungen von Medien im Vergleich. In G. Melischek, J. Seethaler & J. Wilke (Hrsg.), *Medien & Kommunikationsforschung im Vergleich. Grundlagen,
  Gegenstandsbereiche, Verfahrensweisen* (S. 383–417). Wiesbaden: VS Verlag.
  In diesem Beitrag werden sehr konkret die verschiedenen Werbeträger verglichen.
- Frey-Vor, G., Siegert, G. & Stiehler, H.-J. (2008). *Mediaforschung.* Konstanz: UVK.
  Das Buch gibt einen kompletten Überblick über die Media- und Publikumsforschung
  von den theoretischen Begründungen, über Zwecke, Ziele und Aufbau bis zu den Be-
  sonderheiten für einzelne Mediengattungen und den methodischen Herausforderungen.

Warum produzieren Fernsehsender ihre Inhalte nicht selbst? 9

„Make or buy?" ist eine Grundfrage, die sich alle Medienunternehmen stellen müssen. Ist es besser, vertikal integriert (vgl. Kapitel 5.2) Produktion und Distribution im eigenen Unternehmen zu kombinieren oder sich auf die Wertschöpfungsstufe zu konzentrieren, die man besonders gut beherrscht, und alles andere über den Markt einzukaufen? Noch zur Jahrhundertwende unterschied Mast (1999, S. 107–108) zwischen producer broadcasting, bei dem die Produktion innerhalb der Sender realisiert wird und publisher broadcasting, also einem Herausgeber-Modell, bei dem die Sender die Inhalte einkaufen oder in Auftrag geben. Öffentliche Sender, so Mast damals, würden das producer broadcasting bevorzugen, denn nur durch die Kontrolle über die Produktionsprozesse könnten sie ihrem Programmauftrag in Bezug auf Vielfalt, Qualität, die Berücksichtigung von Minderheiten etc. gerecht werden. So ließe sich auch erklären, warum die öffentlichen Sender eigene Produktionsfirmen als Tochtergesellschaften aufgebaut (z. B. *Studio Hamburg, Bavaria Film*) oder ihre Produktionsabteilung in eigene Tochtergesellschaften ausgegliedert (z. B. *tpc* als Tochter der *SRG SSR*). In der Programmrealität heute zeigt sich jedoch, dass auch die öffentlichen Sender einen Großteil ihres Programms bei unabhängigen Produzenten oder Rechtehändlern beziehen, und dass umgekehrt die Tochterfirmen der öffentlichen Sender auch Programme für kommerzielle Sender herstellen. Die Unabhängigkeit der Produktionsfirmen sollte jedoch nicht überschätzt werden. Zwar sind in Deutschland 2010 fast zwei Drittel der Sendeminuten in senderunabhängigen Produktionsfirmen entstanden (Röper, 2012a). Diese senderunabhängigen Firmen sind im Durchschnitt jedoch wesentlich kleiner als die sendereigenen, so dass auch bei formaler Unabhängigkeit oft eine starke Abhängigkeit vom übergeordneten Sender als dominanten Auftraggeber besteht. Die Gleichsetzung von vertikaler Integration und Kontrolle scheint so also nicht gültig zu sein. Vielmehr hat sich zwischen der Inhouse-Produktion und dem Einkauf von fertigen Inhalten die Netzwerkproduktion als Zwischenlösung etabliert, welche geeignet scheint, die Spezifika der Medienbranche zu adressieren.

Um die Frage zu beantworten, warum Fernsehsender ihre Inhalte nicht selbst produzieren, werden wir im Folgenden auf drei Aspekte eingehen. Zunächst werden wir die Wertschöpfungskette als Analyserahmen für arbeitsteilige Prozesse vorstellen und dabei auch erörtern, warum ein lineares Modell der Wertschöpfung nicht mehr ausreichend ist (Kapitel 9.1). Anschließend werden wir das Konzept der Kernkompetenzen einführen und damit die Frage adressieren, welche Ressourcen auf welcher Stufe der Wertschöpfung jeweils wichtig sind (Kapitel 9.2). Die Koordinationsform Projektnetzwerk stellt eine Möglichkeit dar, Ressourcen in der Medienproduktion organisationsübergreifend zu kombinieren, und wird in Kapitel 9.3 besprochen. Zum Abschluss kommen wir dann noch einmal auf die Einflussfaktoren in der „Make or Buy"-Entscheidung zurück (Kapitel 9.4).

9.1   Wertschöpfungskette

Das Konzept des Mehrwerts stammt aus der volkswirtschaftlichen Gesamtrechnung, in der es verwendet wird, um den Beitrag einer Branche zum Bruttoinlandsprodukt, also zur Wertschöpfung der Volkswirtschaft, zu messen. Um den Mehrwert, also die Leistung der Medienbranche zu analysieren, muss der Medienmarkt klar abgegrenzt (vgl. Kapitel 3.2), und die Beziehungen zu vor- oder nachgelagerten Märkten festgelegt werden. Diese Unterteilung in aufeinanderfolgende Märkte beschreibt eine Arbeitsteilung auf Branchenebene. In der Betriebswirtschaft spricht man von der Wertschöpfungskette. Das Konzept geht auf Porter (1985) zurück, der damit zunächst klar abgrenzbare Tätigkeiten innerhalb eines Unternehmens als Wertschöpfungsstufen beschreibt, also z. B. Eingangslogistik, Produktion, Ausgangslogistik, Marketing und Kundenservice. Die Produkte des Unternehmens durchlaufen jede Stufe und gewinnen dabei jedes Mal an Wert. Beim Durchlaufen der gesamten Wertschöpfungskette gewinnt das Produkt insgesamt mehr an Wert als die Summe der einzelnen Stufen. Ursprünglich war das Konzept vorgesehen, um einzelne Unternehmenseinheiten zu strukturieren. Sukzessive wurde es auch für die unternehmensweite strategische Planung eingesetzt, und schließlich zur Analyse ganzer Branchen und deren Veränderungsprozesse herangezogen. Dazu wurde das ursprüngliche Konzept über die Grenzen der einzelnen Unternehmung ausgeweitet, um Lieferketten und Firmennetzwerke in einem Wertschöpfungssystem zu analysieren.

In gewissem Sinne ist die Wertschöpfungskette auch ein Werkzeug zur Abgrenzung der Märkte (vgl. Kapitel 3.2), denn alle Unternehmen auf einer Wertschöpfungsstufe konkurrieren miteinander, unabhängig davon, ob sie ggf. auch noch auf anderen Wertschöpfungsstufen aktiv sind. Die Wertschöpfungskette kann auch zur Analyse von Geschäftsmodellen verwendet werden, da sie die Schnittstellen zwischen den verschiedenen Stufen von der Idee bis zur Rezeption definiert. Für Wertschöpfungsketten in der Medienbranche kann in der Regel nicht das ursprüngliche Konzept mit Eingangslogistik, Produktion, Ausgangslogistik, Marketing, Kundenservice und den übergreifenden Unterstützungsaktivitäten Infrastruktur, Personalwirtschaft, Technologieentwicklung und Beschaffung verwendet werden. Sowohl die Inputfaktoren als auch der Output sind meist immateriell, sodass Begriffe aus der Warenwirtschaft nur bedingt passen. Zusätzlich wird die Struktur durch die Dualität der Medien als Inhalte- und Werbeträger verkompliziert, da bis zur Konfektionierung Inhalt und Werbung getrennt entstehen (Wirtz, 2009).

Traditionell gab es für jede Mediengattung eine eigene Wertschöpfungskette mit wenig bis gar keinen Überlappungen zwischen diesen Kategorien. Die Konvergenz (vgl. Kapitel 3.3) hat nun diese Grenzen sowohl durch technische wie auch organisatorische Veränderungen verschwimmen lassen, sodass einfacher von einer generischen Wertschöpfungskette (vgl. Abbildung 9.1) ausgegangen werden kann.

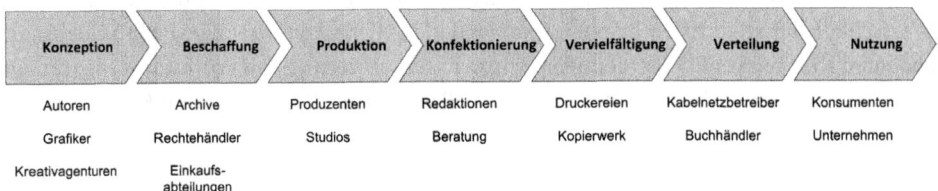

Abb. 9.1   Generische Wertschöpfungskette in der Medienbranche mit Beispielen

Quelle: © Siegert & von Rimscha, 2013, S. 133

Der technische Fortschritt erlaubt es, einzelne Stufen der Wertschöpfungskette zu überspringen oder grundsätzlich überflüssig zu machen. Wo in einem Verlag früher die Seiten zunächst gesetzt und die Druckvorstufen erstellt werden mussten, erfolgt dies heute am Redaktions-PC und kann mehr oder weniger direkt an die Druckstraße gesendet werden. Je nach Mediengattung sind bestimmte Stufen gar nicht (mehr) nötig, so brauchen Radio und Fernsehen seit jeher keine Vervielfältigung. Neuerdings brauchen dies auch andere Gattungen nicht mehr zwingend. Wenn beispielsweise Musik über das Internet verteilt wird, ist keine Reproduktion von CDs mehr erforderlich. Wenn die Musiker den Vertrieb via Internet organisieren, überspringen sie den Schritt der Beschaffung (durch den Musikverlag/das Label) und integrieren die Produktion. Wenn der Vertrieb über die eigene Webseite läuft statt über Plattformen wie „iTunes", können sie sogar noch den Schritt der Konfektionierung auslassen. Diese Beispiele zeigen, dass mit der Digitalisierung und insbesondere der Konvergenz die klassischen Wertschöpfungsketten im Medienbereich in Frage gestellt worden sind, und die Analyse der Märkte komplexer geworden ist. In Bezug auf die Konvergenz zeigt sich, dass Wertschöpfungsstufen aufgebrochen (unbundling) und einzelne Aktivitäten neu kombiniert werden. Dabei wachsen die Wertschöpfungsketten der vormals getrennten Branchen Telekommunikation, Informationstechnik, Medien und (E-) Commerce fallweise zusammen (Wirtz, 2001). Die Inhaltsproduktion und Aggregation aus der Wertschöpfungskette der Medien wird um Services und Übertragungstechniken aus der Telekommunikation ergänzt. Die Hardwareproduktion aus der Informationstechnik und der Service aus dem Handel ermöglichen erst den Weg zum Kunden. Die Wertschöpfungskette als unidirektionaler, linearer Prozess, bei dem immer eine Stufe abgeschlossen sein muss bevor die nächste begonnen werden kann, wird den veränderten Marktstrukturen nicht mehr vollständig gerecht. Die Produktion von interaktiven Medien beispielsweise ist nicht abgeschlossen, wenn diese zu den Konsumenten gelangen. Je nach Ergebnis der Interaktion werden einzelne Wertschöpfungsstufen erneut durchlaufen oder zusätzliche nötig. Das kann z. B. bedeuten, dass bei einem Spiel Daten aus dem Internet nachgeladen werden müssen oder ein Redakteur auf der Basis von Leserkommentaren ein Update zu einem Artikel verfasst. Entsprechend ist der Begriff Wertschöpfungskette zum Teil auch durch den Begriff des Wertschöpfungsnetzwerks ersetzt worden, bei dem ein Produkt viele Wege durch ein nicht immer lineares Netzwerk aus Verbindungen zwischen Lieferanten, Unternehmen und Kunden nehmen kann (Li & Whalley, 2002). Andere Autoren sprechen von virtuellen Wertschöpfungsketten (Wirtz, 1999). Die verlängerten und komplexeren Wertschöpfungsstrukturen bringen zwar neue Möglichkeiten für die Marktteilnehmer, bedeuten aber auch eine Fragmentierung und Externalisierung von Produktionsprozessen sowie neue Intermediäre und Konkurrenten (Bustamante, 2004; vgl. auch Kapitel 3.4).

9.2   Ressourcen

Die Forschungstradition des Ressourcenansatzes (Resource-based view, RBV) geht davon aus, dass sich nachhaltige Wettbewerbsvorteile aus den Ressourcen einer Organisation ergeben. Im Gegensatz zum Struktur-Verhalten-Ergebnis-Paradigma (Market-based view) (vgl. Kapitel 1.1) sind also nicht allein die Rahmenbedingungen determinierend, vielmehr wird das Verhalten eines Unternehmens von seinen Ressourcen mitbestimmt. Zugleich legt das Unternehmen durch seine Aktivitäten fest, welche Ressourcen geschaffen oder erhalten werden. Anders als im alltäglichen Gebrauch ist der Begriff der Ressource dabei wesentlich weiter zu verstehen. Es geht nicht allein um Rohstoffe; diese gelten vielmehr als Inputfaktoren, die prinzipiell allen Marktteilnehmern zu Verfügung stehen und damit nicht geeignet sind, einen Wettbewerbsvorteil zu generieren. Speziellere physische Ressourcen und Arbeitskraft können jedoch sehr wohl Wettbewerbsvorteile sein. Daneben bezieht sich der Ansatz vor allem auch auf immaterielle Ressourcen wie Fähigkeiten, Wissen, Routinen, Reputation etc. (Barney, 1991; Chatterjee & Wernerfelt, 1988; Porter, 1991). Aus Perspektive des RBV müssen Ressourcen vier Eigenschaften erfüllen, um Nutzen zu stiften: Sie müssen 1) einen Wert haben, 2) knapp sein, 3) schwer zu imitieren sein, und 4) sollten keine Substitute verfügbar sein.

In der Literatur findet sich eine Vielzahl von Systematisierungsversuchen wie sich Ressourcen bzw. Kompetenzen kategorisieren lassen (für eine Übersicht der wichtigsten Autoren siehe von Rimscha, 2010, S. 47–48). Denkbar ist beispielsweise, Ressourcen in physische, Human- und Kapital-Ressourcen (Barney, 1991) zu unterteilen, sowie finanzielle, technologische und Reputationsressourcen zu unterschieden (Grant, 1991). Im Kontext der Medienbranche ist die Systematisierung von Miller und Shamsie (1996) besonders einflussreich, die sich vor allem auf das Kriterium der Imitierbarkeit bezieht. Die Autoren argumentieren, dass imitierbare Ressourcen von vornherein weniger werthaltig sowie weniger knapp sind, und die Frage nach der Substituierbarkeit irrelevant wird. Diese Perspektive ist für den Medienbereich wichtig, da sie es erlaubt, Ressourcen auch dort zu identifizieren, wo die Durchsetzung von Eigentumsrechten schwerer möglich ist, also etwa im Kontext der Produktion von Medieninhalten, bei denen die Ausschließbarkeit vom Konsum und die Rivalität im Konsum (vgl. Kapitel 2.1.1) nicht gegeben ist. Information kann nicht als nachhaltiger Wettbewerbsvorteil verstanden werden, denn sobald die Information publiziert ist, steht sie auch allen Konkurrenten zur Verfügung. Somit kann Information nur ein Zeitvorteil sein. Der Zugang zu Informationsquellen kann dagegen durchaus eine schwer imitierbare Ressource darstellen und damit nachhaltig eine überdurchschnittliche Rendite im Vergleich zur Konkurrenz bieten.

Grundsätzlich kann sich die Nicht-Imitierbarkeit aus zwei Eigenschaften ableiten: Ressourcen lassen sich einerseits durch Eigentumsrechte schützen, wie sie in Verträgen, Urkunden oder Patenten festgelegt werden, andererseits aber auch durch exklusives Wissen. Wenn die Konkurrenz also nicht weiß, wie Prozesse oder Fähigkeiten imitiert werden können, sind diese ebenfalls vor Nachahmern bewahrt. Somit können eigentums- und wissensbasierte Ressourcen unterschieden werden (Miller & Shamsie, 1996, S. 521–523).

Eigentumsbasierte Ressourcen sind der Konkurrenz bekannt und könnten ggf. sogar imitiert werden, sie genießen jedoch einen rechtlichen Schutz, der Imitationen unzulässig macht und sanktioniert. Solche Ressourcen bieten so lange einen Wettbewerbsvorteil, wie der Rechtsschutz besteht oder Veränderungen der Marktbedingungen oder der Nachfrage die Ressource entwerten. Konkurrenten, die die Ressource auch nutzen wollen, müssen beim Eigentümer Lizenzen erwerben, die den Wert der erwarteten zukünftigen Umsätze widerspiegeln. Beispielsweise kann ein TV-Sender die Rechte an allen populären Serien aufkaufen. Jede für sich genommen stellt einen Wert dar. Der Konkurrenz bleiben nur noch die Rechte an weniger populären Serien, also an minderwertigen Substituten. Das Beispiel zeigt, dass eigentumsbasierte Ressourcen zwar einen guten Schutz vor der Konkurrenz bieten, sie aber auch relativ schnell obsolet werden können, etwa wenn die Nachfrage sich verändert, als z. B. andere Inhalte populärer werden.

Wissensbasierte Ressourcen sind der Konkurrenz häufig gar nicht bekannt, zumindest ist ihr Wirken nicht offensichtlich. Sie sind schwerer fassbar, und ihr Einfluss auf die Produkte oder Dienstleistungen ist nicht immer erkennbar. Wenn das Produkt bekannt ist, muss damit nicht notwendigerweise klar sein, welche technischen, kreativen oder kollaborativen Fähigkeiten im Produktionsprozess wichtig sind. Der Wettbewerbsvorteil ergibt sich also daraus, dass nicht offenkundig ist woraus er konkret entsteht (einen Überblick darüber wie diese „causal ambiguity" definiert und operationalisiert werden kann bietet King, 2007). Im Gegensatz zu eigentumsbasierten Ressourcen erlauben es wissensbasierte Ressourcen weniger, den Markt über die Inputfaktoren zu kontrollieren. Vielmehr geben sie den Unternehmen die Fähigkeit, ihre Produkte den Marktbedürfnissen anzupassen. Wissensbasierte Ressourcen können besser vor Imitation geschützt werden. Prinzipiell ist denkbar, dass sich die Konkurrenz das Wissen und die Fähigkeiten ebenfalls aneignet, dies aber nur mit Zeitverzug. Der Wissensvorsprung kann somit ggf. erst ausgeglichen werden, wenn der Markt sich so verändert hat, dass mittlerweile neue wissensbasierte Ressourcen vorteilhaft wären. Im Gegensatz zu eigentumsbasierten Ressourcen können sie auch bei veränderlichen Marktverhältnissen nützlich bleiben, denn Wissen oder Kompetenzen lassen sich prinzipiell vielseitig einsetzen und auch auf neue Herausforderungen anwenden. Und nicht zuletzt können wissensbasierte Ressourcen auch genutzt werden, um eigentumsbasierte Ressourcen zu entwickeln oder zu beschaffen.

Beide Typen von Ressourcen lassen sich weiter differenzieren, und zwar in Elemente, die eigenständig als Ressource gelten können, und solche, die nur systemisch, also in Kombination mit anderen Elementen, eine Ressource darstellen (Black & Boal, 1994; Brumagin, 1994; Landers & Chan-Olmsted, 2004; Miller & Shamsie, 1996). Eigenständige eigentumsbasierte Ressourcen sind z. B. Eigentumsrechte oder die vertragliche Verfügung über rare und werthaltige Inputfaktoren, Einrichtungen, Standorte oder auch Patente. Eigenständige eigentumsbasierte Ressourcen stellen unabhängig von anderen Elementen einen Vorteil dar, jedoch können mehrere Ressourcen dieses Typs aufaddiert werden. Bei systemischen eigentumsbasierten Ressourcen ergibt sich der Wettbewerbsvorteil aus der Synergie der Kombination. Es geht also nicht um die einfache Addition von Ressourcen, sondern darum, ein bestehendes System zu erweitern und nützlicher zu machen. Die vertikale Integration von Produktions- und Distributionsinfrastrukturen kann so eine systemische Ressource sein. Mit dem Zukauf eines weiteren Distributors beispielsweise wird dieses System noch nützlicher. Auch systemische eigentumsbasierte Ressourcen sind vor allem in stabilen Marktumgebungen von Vorteil, denn in solchen Kontexten kann besser geplant werden, welches System nützlich ist und wie es verstärkt werden kann.

Auch bei wissensbasierten Ressourcen lassen sich diskrete, also eigenständige, und systemische Ressourcen unterschieden. Im ersten Fall geht es beispielsweise um spezifische technische oder kreative Fähigkeiten. Der Wert dieser Ressourcen ist für Wettbewerber oft schwer einzuschätzen, da von außen nicht klar ist, welchen Beitrag diese Fähigkeiten zum Produkt leisten. Die Konkurrenz weiß also gar nicht, welche Kompetenz sie sich einkaufen oder imitieren müsste. Dies ist freilich auch ein Problem für den Besitzer einer solchen Ressource, denn ggf. ist selbst innerhalb des Unternehmens nicht klar worauf ein Vorteil basiert (Lado & Wilson, 1994). Wissensbasierte diskrete Ressourcen können ebenfalls aufaddiert werden. Systemische wissensbasierte Ressourcen ergeben sich nicht aus einzelnen Fähigkeiten sondern aus Meta-Fähigkeiten wie z. B. dem Geschick, immaterielle Inputs in einer Teamarbeit zu integrieren oder zu koordinieren (Beispiele für Meta-Fähigkeiten im Kontext des Managements finden sich in Tubbs & Schulz, 2006). Auch hier ist die Imitierbarkeit begrenzt, denn bei systemischen Wissens-Ressourcen ist die Wirkung ebenso wenig offensichtlich. Dazu kommt, dass diese Ressourcen meist nicht kurzfristig geplant und aufgebaut werden können, sondern vielmehr in der Abfolge von mehreren erfolgreichen Projekten entstehen und wachsen (Prahalad & Hamel, 1990). Systemische Wissens-Ressourcen als Meta-Ressourcen sind besonders in veränderlichen Marktumgebungen nützlich, da sie eine grundsätzliche Anpassungs- und Problemlösungskompetenz darstellen und nicht nur ein spezifisches Problem lösen. Entsprechend kann man hier von dynamischen Fähigkeiten (dynamic capabilities, Teece, 2007; Teece, Pisano & Shuen, 1997) sprechen.

Die Medienbranche zeichnet sich dadurch aus, dass viele Kompetenzen als Branchenkompetenzen gelten müssen und nicht an ein bestimmtes Unternehmen gebunden sind. Durch die projektbasierte Produktion gehen dem Projektleiter Kompetenzen, die innerhalb einer Produktion aufgebaut werden, mit Ende des Projekts verloren. Selten können Prozesse, wie etwa im Maschinenbau, patentiert werden. Ein Produzent, der für einen Film einen Kameramann anstellt, ermöglicht diesem im Laufe der Dreharbeiten eine bestimmte Art der Kameraführung oder Lichtsetzung auszuprobieren und zu optimieren. Das Wissen, wie man diese Technik umsetzt oder wie man diese Lichtstimmung einfach erzielen kann, verbleibt aber nach Ende des Projekts nicht beim Produzenten als Arbeitgeber bzw. in seiner Produktionsfirma. Mit dem Abschluss der Produktion endet auch der Vertrag mit dem Kameramann, der seine dazu gewonnenen Kompetenzen mitnimmt. Das Lightbox-Verfahren,[4] das Kameramann Emmanuel Lubezki für die speziellen Lichtverhältnisse im Weltraumfilm „Gravity" (2013) entwickelt hat, kann hier als Beispiel dienen. Produzent Alfonso Cuarón hat keine Möglichkeit, sich diese Technik patentieren zu lassen, wohingegen z. B. *BMW* einen neuen Frontscheinwerfer, den ein Mitarbeiterteam konstruiert hat, durchaus schützen lassen kann. Die technische Kompetenz liegt beim *Institute for Creative Technologies* der *University of Southern California* und der Special Effects-Firma *Framestore*, die auch weitgehend die Rechte an der technischen Lösung hält. Das Prinzip, in einem Lichtraum zu drehen, kann jeder kopieren, aber die Erfahrung, um mit diesem System ästhetische und glaubwürdige Aufnahmen zu machen, kann man am besten in der Person des Kameramanns und ggf. des Effektverantwortlichen erwerben. Für Produzent Alfonso Cuarón war die Technik eine Einmalinvestition speziell für dieses Filmprojekt; an weiteren zukünftigen Einsätzen ist er nicht beteiligt. Der Lernzuwachs, das neue Verfahren ohne den Aufwand und die Kosten seiner Entdeckung nutzen zu können, kommt erst dem nächsten Auftraggeber zugute. In gewissem Sinne gibt es dieses Phänomen in den meisten Branchen, denn jeder Arbeitnehmer nimmt bei einem Jobwechsel Wissen und Kompetenzen zu einem neuen Arbeitgeber mit; kaum ein Lehrling arbeitet bis zur Pensionierung in seinem Ausbildungsbetrieb. Während aber in anderen Branchen versucht wird, Mitarbeiter mit spezifischem Wissen im Unternehmen zu halten und diese beim Austritt vertraglich verpflichtet werden können, für einen gewissen Zeitraum nicht für die Konkurrenz zu arbeiten, ist dies in der Medienbranche nicht üblich (DeFillippi & Arthur, 1998). Da die Produktion projektbasiert erfolgt, ist nicht sicher, ob die aufgebauten Fähigkeiten im nächsten Projekt überhaupt nützlich wären. Kompetenzen und das Personal, das sie trägt, vorzuhalten wäre Verschwendung und teurer als der Konkurrenz zu ermöglichen, Kompetenzen, an deren Aufbau man beteilig war, mit zu nutzen. Hinzu kommt, dass diese Perspektive für alle in der Branche dieselbe ist. Damit tragen alle zum Aufbau von Branchenkompetenzen bei und können wiederum von jenen Branchenkompetenzen profitieren.

Neben dem Teilen von Ressourcen kann es in einer projektbasierten Produktion häufig sinnvoll sein, einige Ressourcen gar nicht vorzuhalten, so dass z. B. die Vermarktung nicht selbst übernommen wird. Dies ist insbesondere dann der Fall, wenn eine Tätigkeit nicht mit den Kernkompetenzen eines Akteurs zusammenpasst. Sehen wir uns nochmals das Beispiel „Gravity" an: Die Kernkompetenzen eines Produzenten liegen im Organisatorischen. Ein

---

4   Die Schauspieler werden in einer 3x3x3m großen Box, deren Wände mit 800.000 LEDs bestückt sind, von einem Roboterarm gefilmt. Die LED-Wände zeigen gleichzeitig das Bild, das später in den Hintergrund hineinprojiziert wird. Damit sind auch die Reflexionen und Schauspielerreaktionen realistischer.

Produzent muss in der projektbasierten Produktion vor allem Koordinationskompetenz haben, die für jedes Projekt unterschiedliche Inputs zusammenbringt. Alfonso Cuarón hat vermutlich weder Zeit noch Lust sich um die Vermarktung einer Aufnahmetechnik zu bemühen, sondern ist mit den Vorbereitungen für sein nächstes Projekt beschäftigt. Gleichzeitig ist sein persönliches Netzwerk für diese Aufgabe nur bedingt geeignet. Er kennt den Markt von der Seite des Einkäufers von Dienstleistungen (Schauspiel, Regie, Kamera etc.), nicht jedoch aus Perspektive des Anbieters einer bestimmten Dienstleistung. Allgemeiner formuliert, geht die technische Konvergenz nicht unbedingt mit einer Konvergenz der Kompetenzen einher. Für Film- und Fernsehproduzenten wäre es mittlerweile relativ einfach möglich, ihre Produkte über das Internet direkt an die Rezipienten zu vermarkten oder sich selbst um die Akquise von Werbegeldern, z. B. für Product Placements, zu bemühen. Dennoch überlassen die meisten Produzenten diese Tätigkeiten weiterhin den Filmverleihern oder TV-Anbietern und ihren Werbevermarktern, da sie selbst nicht die notwendigen Kompetenzen haben und auch nicht gewillt sind, diese in ihrem Unternehmen aufzubauen (von Rimscha, Wikström & Naldi, 2014). Analog stehen auch die meisten Autoren den Möglichkeiten, ihre Texte online ohne einen Verlag zu veröffentlichen, skeptisch gegenüber, da sie ihre Kompetenz im Schreiben und nicht im Vermarkten sehen (von Rimscha & Putzig, 2013).

9.3   Netzwerkproduktion

Fernsehinhalte werden traditionell arbeitsteilig hergestellt, so wie wir es oben in der Wertschöpfungskette dargestellt haben. Ein Produzent hat dabei die Leitung des Projekts inne. Während früher die Arbeitsteilung zwischen mehreren Abteilungen eines TV-Konzerns oder einer öffentlichen TV-Anstalt stattfand, ist sie mittlerweile unternehmensübergreifend in einem Netzwerk organisiert. Für die folgenden Ausführungen beziehen wir uns insbesondere auf die Sichtweise von Windeler, Sydow und Kollegen (Manning & Sydow, 2007; Sydow, 2009; Sydow & Staber, 2002; Sydow & Windeler, 2004; Windeler, 2008), die Projektnetzwerke in der deutschen TV-Branche beschreiben.

Netzwerke stellen eine effiziente Form der Koordination dar, wenn individualisierte Dienstleistungen, wie z. B. eine Unterhaltungssendung, hergestellt werden sollen, denn sie sind „flexible enough to develop, contract, or redirect resources as needed" (Miles, Snow & Miles, 2000, S. 303). Die Ressourcen müssen dabei nicht in einem Unternehmen bereitgehalten werden, sondern werden über die Unternehmensgrenzen und Wertschöpfungsstufen hinweg kombiniert. Jeder Netzwerkpartner kann sich dabei auf seine Aufgabe konzentrieren und sich entsprechend flexibel spezialisieren (Piore & Sabel, 1984). Netzwerke sind dabei nicht gleichzusetzen mit dem Marktbezug von Teilleistungen. Die Koordination zwischen den Projektpartnern geht in der Regel über ein einzelnes Projekt hinaus.

Fernsehsendungen werden also meist in Form von Projekten realisiert, bei denen Sender, Produzenten, Regisseure, Autoren und eine Vielzahl an technischen und kreativen

Dienstleistern unternehmensübergreifend zusammenarbeiten. Sender und Produzenten als die zentralen Akteure setzen dabei den Rahmen für das Projekt und machen bestimmte Vorgaben. Die Projektbeteiligten stellen auf dieser Basis die notwendigen Ressourcen, vor allem in Form von personengebundener Kompetenz, befristet für die Projektproduktion bereit (Sydow & Windeler, 2003).

Die Sender können so auf eine bestehende Produktionsinfrastruktur zurückgreifen, ohne selber das finanzielle Risiko tragen zu müssen und gleichzeitig stärkeren Einfluss auf die Produktion nehmen, als wenn sie sich für den Marktbezug entscheiden würden. Die Produktionsfirmen ihrerseits hoffen durch die Zusammenarbeit im Netzwerk auf eine größere Verbindlichkeit als beim Marktbezug und damit auf wiederholte Kooperationen (vgl. Abbildung 9.2). Die Netzwerkproduktion wird also vor allem deshalb gewählt, weil sich, sowohl beim Marktbezug als auch bei der organisationsinternen Produktion, Nachteile ergeben (Windeler, 2008, S. 135–137): Der Marktbezug bedeutet jeweils Kontrollverluste in der Produktion und in der Verwertung, und ist für die speziellen Anforderungen an die Programminhalte zwischen kultureller Standardisierung und senderspezifischer Differenzierung nicht geeignet. Die Inhouse-Produktion ist oftmals nicht möglich, da den Sendern, und mehr noch den Produzenten, die Mittel fehlen, das jeweils notwendige Personal langfristig zu binden und auszulasten. Daneben gilt, auch mit Bezug auf die Konzentration auf Kernkompetenzen, die Organisationsform innerhalb von Unternehmen als weniger innovativ.

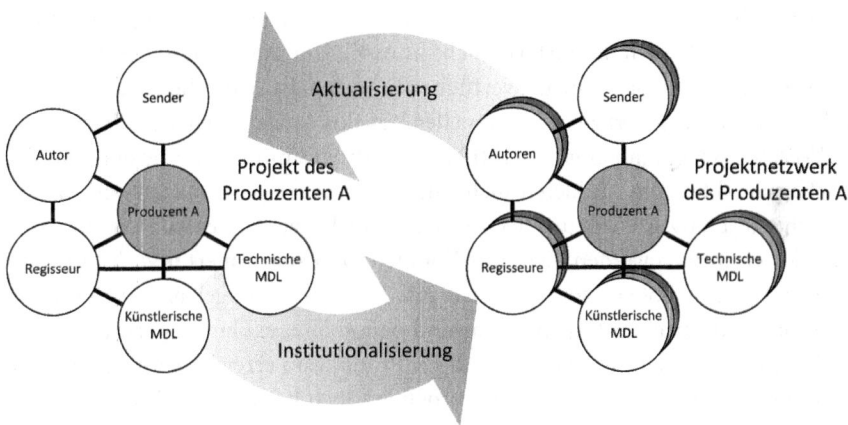

Abb. 9.2   Projekt und Projektnetzwerk – Mechanismus der (Re-)Produktion

Technische MDL = technische Mediendienstleister (Tontechniker, Kameraleute, Schnittstudios und Studiobetreiber etc.)
Künstlerische MDL = künstlerische Mediendienstleister (Produktions-, Herstellungs- und Aufnahmeleiter, Requisiteure und Agenturen für Product Placement sowie Schauspieler etc.)
Quelle: © Windeler (2008, S. 138)

Jedes neue Projekt aktualisiert die Beziehungen zwischen den Projektbeteiligten und vermittelt so den Partnern, welche Ressourcen zur Verfügung stehen und eingebracht werden können. Die Art zu produzieren und die Verbindungen im Projekt werden so sukzessive im Projektnetzwerk verfestigt. Nicht für jedes Projekt sind die Partner identisch, ihre Position ist aber institutionalisiert. Das heißt, dass es im Projektnetzwerk eines Produzenten für die Position des Autors beispielsweise mehrere Individuen gibt, die in unterschiedlichen Projekten jeweils diese Rolle innehaben.

Der TV-Sender wiederum wählt die Produzenten, die er beauftragt danach aus, inwieweit sie in der Vergangenheit bewiesen haben, die Produktion im Netzwerk zu managen. Dazu gehört, die Kompetenzen der Projektpartner abrufen zu können, und diese innerhalb des gegebenen Zeit- und Finanzrahmens zum fertigen Produkt zusammenzuführen. Für die Selektion der Auftragnehmer sind also nicht nur der versprochene Inhalt einer Sendung und der Preis wichtig, sondern auch die Erfahrung, die der Produzent nachweisen kann, die Erfahrung, die der Sender mit ihm gemacht hat, und vor allem die Frage, inwieweit der Produzent ein Netzwerk mitbringt, das erwarten lässt, dass die nachgefragte Leistung im vorgegebenen Rahmen erbracht werden kann (Windeler, Lutz & Wirth, 2000). Projektnetzwerke reproduzieren sich damit selbst: Weil ein Projektnetzwerk erfolgreich war, bekommt es attraktive Aufträge, und damit sind die beteiligten Akteure bereit, sich an das Netzwerk zu binden. Da das nächste Projekt nicht zwingend wieder erfolgreich sein wird, binden sich die Partner aber nicht exklusiv. Dazu kommt, dass in der projektbasierten Produktionsweise in der Branche selten ein Projekt nahtlos an das vorige anschließt, und nicht immer dieselben technischen und kreativen Kompetenzen notwendig sind. Auch deshalb wäre eine exklusive Bindung und eine stärkere Institutionalisierung in Richtung einer Organisation als alternative Koordinationsform nicht sinnvoll. Um jedoch die eigenen, gefragten Kompetenzen für zukünftige Projekte verfügbar zu halten, ist es für die Partner in einem Netzwerk wichtig, auch außerhalb eines aktuellen Projekts Kontakt zu halten. Entsprechend stellen TV-Festivals nicht nur einen Marktplatz zum Programmhandel und eine Plattform für Branchen-Smalltalk dar, sie bieten auch eine wichtige Gelegenheit, Netzwerke zu pflegen und sich selbst darzustellen, um sich für neue Projekte zu empfehlen (Havens, 2010).

In Projektnetzwerken werden nicht nur Kompetenzen koordiniert und Erfahrung als Basis von Vertrauen etabliert, sondern auch geteiltes Wissen aufgebaut. Auch ohne die hierarchische Struktur einer Organisation und dauerhafte, exklusive Verträge kann so eine große Zuverlässigkeit in der arbeitsteiligen Produktion erreicht werden. Zwar wird die Zusammenarbeit immer wieder unterbrochen, doch kann sie im Projektnetzwerk relativ unmittelbar und mit geringen Transaktionskosten wieder aufgenommen werden. So können auch kurzfristig komplexe Produktionsstrukturen initiiert werden, für deren Aufbau im Falle des Marktbezugs der Inputs weder Zeit noch Geld vorhanden wäre. Das Projektnetzwerk stellt damit auch eine gute Ergänzung zur personenorientierten Koordination im People-Business der TV-Produktion dar, indem individuelle persönliche Beziehungen durch professionell funktionale ergänzt werden (vgl. dazu Fallbeispiel 10).

Damit können Projektnetzwerke auch als Substitut für formalisierte Regelungen und fest institutionalisierte Praktiken, wie sie in anderen Branchen üblich sind, dienen. Wie im Beispiel aus der Filmproduktion (vgl. Kapitel 9.2) ist die Aus- und Weiterbildung ein Bereich, in dem das Projektnetzwerk in einem gewissen Rahmen Ersatz für stärker formalisierte Strukturen darstellen kann. Medienschaffende sind insgesamt – nicht nur in der TV-Produktion – vergleichsweise schwach gewerkschaftlich organisiert.[5] Für die vielen Freelancer und Kleinstbetriebe können Projektnetzwerke diejenige Institution sein, in denen sich Standards in Bezug auf Arbeitszeiten und Gagen herausbilden und verfestigen.

Fallbeispiel 10: „Bauer ledig sucht", 3+

„Bauer ledig sucht" war eine der ersten Auftragsproduktionen des kommerziellen Schweizer TV-Senders 3+. Das Unternehmen hat keinerlei eigene Produktionsinfrastruktur und ist als unabhängiger Sender nicht mit Produktionsfirmen im selben Konzern verbunden. 3+ folgte mit der Show 2008 dem Vorbild „Bauer sucht Frau" auf *RTL* in Deutschland, ohne jedoch eine formelle Lizenz zu erwerben. Eine solche Lizenz ist in der Regel mit einem Produktionsvertrag bei der Tochtergesellschaft des Formatrechteinhabers im jeweiligen Land verbunden. Falls es solch einen Vertrag nicht gibt, stellt der Rechteinhaber sogenannte Flying Producers zur Verfügung, welche die lokale Produktionsfirma bei der Adaption und Umsetzung des Formats unterstützen. Die deutsche Produktionsfirma *UFA* sowie der Rechteinhaber *FremantleMedia*, eine *Bertelsmann*-Tochter, hatten sich zwar um den Produktionsauftrag für „Bauer ledig sucht" beworben, diesen jedoch nicht erhalten. Gründe waren die fehlende Erfahrung mit dem Format (*RTL* ließ bei einer anderen Firma produzieren) und ein Angebot, das den „gestellten inhaltlichen und produktionstechnischen Anforderungen" nicht entsprach (persönlich.com, 2009). Daher gab es also zunächst kein etabliertes Projektnetzwerk. 3+ beauftragte daraufhin die Schweizer Produktionsfirma *FaroTV* mit der Umsetzung. Diese hatte jedoch ebenfalls keine Erfahrung mit dieser Art von Format. Aus der Tradition ihrer bisherigen Produktionen hatte sie das Konzept zunächst eher als Dokumentation, denn als inszenierte Realität verstanden. Ihre Kompetenzen entsprachen also nicht dem Anforderungsprofil. Die Senderleitung war mit den Ergebnissen der ersten Dreharbeiten entsprechend unzufrieden, und es kam zum Streit mit den Produzenten (vgl. Neff, 2012).
Als Reaktion aktivierte der Senderchef sein privates Netzwerk aus seiner Zeit als Führungskraft bei einem deutschen Spartensender. Ab der zweiten Staffel wurde „Bauer ledig sucht" folglich von *Eyeworks Germany* produziert, und zwar mit einer Produktionskoordinatorin, die Erfahrungen als Aufnahmeleiterin für entsprechende Dokuserien mitbrachte (z. B. „Gülcan und Collien ziehen aufs Land"). Somit wurde ein etabliertes Projektnetzwerk für 3+ als neuen Auftraggeber aktiviert und aktualisiert.

---

5   Hier gib es starke nationale Unterschiede: Während in Deutschland der Organisationsgrad in der Medienbranche unter 5 % liegt, haben die Gewerkschaften (Guilds) in der amerikanischen Unterhaltungsproduktion eine starke Position. Die meisten Autoren sind Mitglieder, weshalb die Writers Guild die Produktion ggf. auch branchenweit lahmlegen kann, wie im Streik 1988 und 2007/8.

Die Produktion in Netzwerken wird vor allem für die audiovisuelle Unterhaltungsproduktion untersucht und beschrieben. Deshalb beziehen wir uns hier auch auf die Fernsehproduktion. Tatsächlich gibt es solche Koordinationsformen aber genauso in anderen Bereichen der Medienbranche. Beispielsweise ist die Produktion von Literatur häufig in Form von Projektnetzwerke mit Autoren, Verlegern, Lektoren, Layoutern, Korrektoren, Illustratoren etc. organisiert. Und selbst im klassischen Journalismus finden sich Netzwerkstrukturen, bei denen z. B. Korrespondenten fallweise auf Partner zurückgreifen. Grundsätzlich ist die Netzwerkproduktion immer dort anzutreffen, wo es nicht um die fortlaufende tägliche Routineproduktion geht.

9.4   Einflussfaktoren auf die Koordinationsform

Generell gibt es in der Medienbranche eine Entwicklung hin zu einer stärkeren Arbeitsteilung und damit Trennung von Produktion und Distribution, sei es in Form des Marktbezugs oder in Form von Projektnetzwerken. Dennoch gibt es nach wie vor Medienprodukte, die komplett innerhalb einer Organisation produziert, zusammengestellt und vertrieben werden. Zwischen verschiedenen Angeboten bestehen also erhebliche Unterschiede, die sich in der Regel aus den Eigenschaften des produzierten Medieninhalts und den notwendigen Ressourcen ableiten lassen.

Je stärker ausgeprägt der Projektcharakter eines Medienprodukts ist, desto größer ist die Wahrscheinlichkeit, dass die Produktion ausgelagert wird. Die Frage nach der Auslastung spielt eine wichtige Rolle beim Outsourcing von Wertschöpfungsstufen. Wenn die Produktion von Medien fortlaufend organisiert ist und die Inhalte stets ähnlich sind, kann man eine kontinuierliche Auslastung annehmen. Eine Tageszeitung muss beispielsweise jeden Tag zwei Seiten mit Lokalnachrichten füllen und kann den Bedarf deshalb gut abschätzen. Wenn der Verleger nun zwei Redakteure anstellt, die für diese Aufgabe zuständig sind, kann er sicher damit rechnen, dass die beiden Mitarbeiter jeden Tag beschäftigt sein werden und ihre Arbeitskraft dementsprechend ausgelastet wird. In dem Fall ist es vermutlich einfacher, die beiden fest anzustellen, als täglich Inhalte von unabhängigen Journalisten einzukaufen. Die gleiche Zeitung möchte aber auch im Falle eines Atomunfalls kompetent berichten. Einen Redakteur einzustellen, der sich auf dieses Themenfeld spezialisiert hat, ist jedoch nicht sinnvoll, denn die Anzahl der Atomunfälle ist glücklicherweise so gering, dass sie den Redakteur nicht täglich auslasten. Damit gilt erstens: Je spezialisierter bestimmte Tätigkeiten sind, desto höher ist die Wahrscheinlichkeit, dass die notwendigen Fähigkeiten bzw. das notwendige Personal nicht im Unternehmen vorhanden ist, sondern fallweise über den Markt bezogen bzw. im Rahmen eines Projektnetzwerks aktiviert wird. Und zweitens: Je ungewisser die Nachfrage für einen Inhalt ist, desto eher sind Medienunternehmen als Distributoren gewillt, ihr Nachfragerisiko an die vorgelagerten Wertschöpfungsstufen weiterzureichen. Aufgrund der Branchenstruktur mit relativ wenigen Distributoren (z. B. TV-Sendern, Filmverleihern) und relativ vielen Produzenten, haben die Distributoren eine stärkere Marktmacht, und sind daher tatsächlich in der Lage, ihr Nachfragerisiko teilweise auf die Produzenten abzuwälzen. Das kann z. B. bedeuten, dass eine Produktion im Vorfeld nicht vollumfänglich finanziert wird, dafür aber der Produzent im Erfolgsfall in einem gewissen Rahmen am Gewinn partizipieren darf (von Rimscha, 2008).

Ein weiterer Aspekt, der sich auf die Koordinationsform auswirkt, ist die Relevanz des Inhalts für ein Medium und damit der gewünschte Grad an Kontrolle. Für ein Medium, das sich als qualitativ hochwertiges Informationsangebot versteht, wie z. B. die „NZZ" (vgl. auch Kapitel 13.2), ist es von großer Wichtigkeit, die Kontrolle über die Information zu haben. Es wäre ein immenser Reputationsschaden zu befürchten, wenn sich zugekaufte Inhalte als falsch erweisen würden. Ob die Gerüchte über einen Prominenten in der „Bunten" beispielsweise zutreffen oder nicht, ist für die Reputation des Magazins dagegen nicht so entscheidend. Falsche Gerüchte stellen vielleicht ein Problem für die Rechtsabteilung dar, den Lesern geht es dagegen um den Unterhaltungswert. Insofern kann im Einzelfall ein amüsantes aber falsches Gerücht ebenso gut sein, wie ein zutreffendes. Medien, die Informationen transportieren, haben entsprechend häufig größere Teile der Produktion innerhalb der Organisation angesiedelt als solche, die Unterhaltung produzieren. Das heißt konkret, dass Zeitungen mehr inhouse produzieren als TV-Sender. Innerhalb von TV-Sendern werden wiederum eher Nachrichten als Spielshows inhouse oder zumindest im Konzern produziert. Allerdings geht es nicht allein um den Gegensatz von Information und Unterhaltung. Entscheidend ist letztlich, wie wichtig ein Inhalt für das Markenimage des Anbieters ist. Eine Sendung wie „Gute Zeiten Schlechte Zeiten" ist seit Jahren eine Konstante im Angebot von *RTL*, und damit entsprechend wichtig für den Anbieter in Bezug auf die Reichweite und die Marke. Die Sendung wird daher innerhalb des Konzerns von der *UFA* produziert. Auch das erfolgreiche Format „Bauer sucht Frau" wurde zunächst vom unabhängigen Produzenten *MME* hergestellt, bevor *RTL* es an die konzerneigene Produktionsgesellschaft *Grundy* vergab. Je wichtiger ein Inhalt für einen Anbieter also ist, desto größer das Kontrollbedürfnis und desto größer auch die Wahrscheinlichkeit, dass die Produktion innerhalb der Organisation realisiert wird.

9.5   Zusammenfassung

Die Frage, warum TV-Sender ihre Inhalte nicht selbst produzieren, lässt sich zusammenfassend wie folgt beantworten: In einer arbeitsteiligen Produktion ergeben sich Spezialisierungsvorteile für jede Ebene der Wertschöpfung. Auf jeder Stufe sind jeweils andere Ressourcen notwendig. Für nicht routinemäßigen Aufgaben ist entsprechend die Produktion im Rahmen eines Projektnetzwerks ideal. Hierbei arbeiten Spezialisten für die einzelnen Aufgaben unternehmensübergreifend an der Realisierung des Projekts zusammen. TV-Sender sind auf die Konfektionierung (Packaging) und die Distribution von Inhalten spezialisiert, nicht jedoch auf die Produktion. Die Inhalte selbst zu produzieren wäre in den meisten Fällen teurer, würde aber nicht notwendigerweise zu besseren Ergebnissen führen.

Prinzipiell gilt dieser Zusammenhang für alle Medien, je wichtiger jedoch die Qualität für die Erfüllung des Programmauftrags (vgl. Kapitel 12.3) oder des Markenversprechens (vgl. Kapitel 13.2) ist, desto höher ist die Wahrscheinlichkeit, dass Inhalte innerhalb eines Medienunternehmens oder zumindest in engen Projektnetzwerken entstehen.

Kontrollfragen

▶ Welches sind die Merkmale der arbeitsteiligen Produktion?
▶ Welche Veränderungen der Wertschöpfungskette ergeben sich durch die Digitalisierung?
▶ Was sind die Unterschiede zwischen eigentums- und wissensbasierten Ressourcen?
▶ Welcher Ressourcentyp ist im Medienkontext besonders wertvoll?
▶ Wann lohnt es sich, Inhalte selber zu produzieren?

Kommentierte Literaturempfehlungen:

- Tunstall, J. (1993). *Television producers*. London: Routledge.
  Tunstall beschreibt den Wandel vom producer broadcasting zum publisher broadcasting am Beispiel des britischen Fernsehmarktes.
- Wirtz, B. W. (2001). Reconfiguration of value chains in converging media and communications markets. *Long Range Planning, 34* (4), 489–506.
  Wirtz beschreibt allgemein, wie sich Wertschöpfungsketten in der Telekommunikations- und Medienbranche verändern.
- Hess, T. & Matt, C. (2013). The internet and the value chains of the media industry. In S. Diehl & M. Karmasin (Hrsg.), *Media and convergence management* (S. 37–55). Berlin, Heidelberg: Springer.
  Die Autoren stellen im Kontext von Wertschöpfungsketten insbesondere die Integration des Nutzers und die Rolle von (neuen) Intermediären dar.
- Miller, D. & Shamsie, J. (1996). The resource-based view of the firm in two environments. The Hollywood film studios from 1936 to 1965. *The Academy of Management Journal, 39* (3), 519–543.
  Miller und Shamsie untersuchen am Beispiel der Filmbranche, welche Kompetenzen in Abhängigkeit von den strukturellen Rahmenbedingungen jeweils wichtiger für den Erfolg sind. Sie zeigen auf, dass in einem stabilen Marktumfeld property-based resources wichtiger sind, in einem unsichereren Marktumfeld dagegen knowledge-based resources. Daneben liefern sie gute Anhaltspunkte, wie Ressourcen/Kompetenzen ausdifferenziert und operationalisiert werden können.
- Altmeppen, K.-D., Lantzsch, K. & Will, A. (2007). Flowing networks in the entertainment business. Organizing international TV format trade. *International Journal on Media Management, 9* (3), 94–104.
  Die Autoren analysieren und vergleichen Projektnetzwerke für die Produktion von TV-Unterhaltung in Großbritannien und Deutschland.

Was unterscheidet Medienschaffende von Beschäftigten in anderen Branchen? **10**

Nicht alle Mitarbeiter von Medienorganisationen sollen als Medienschaffende verstanden werden, denn in vielen Bereichen unterscheiden sich Medienunternehmen nicht von Unternehmen in anderen Branchen. In diesem Kapitel sollen jene Mitarbeiter im Mittelpunkt stehen, die mit der Gestaltung der Inhalte beschäftigt sind. Dieses Personal hat eine erfolgskritische Schlüsselrolle in allen Mediensektoren: Sei es durch die Fachkompetenz und Seriosität der Redaktion einer Tageszeitung oder durch die Kreativität von Drehbuchautoren. Qualifiziertes und motiviertes Personal ist eine entscheidende Ressource von Medienunternehmen, die nur schwer substituierbar und imitierbar ist (Schumann & Hess, 2006, S. 82f). Kreativität mag in allen Branchen eine gewisse Relevanz haben, doch die Medienbranche ist von individueller Kreativität abhängig. Sie ist das wichtigste Element in der Herstellung neuer Produkte, kann einen Wettbewerbsvorteil schaffen und die Produktivität erhöhen (Banks, Calvey, Owen & Russell, 2002). Weiter unterscheidet sich die Medienbranche von anderen Industrien dadurch, dass Kreativität keine Mangelware ist. Talent ist oft im Überfluss vorhanden und muss ggf. gar „gezähmt" werden. Engagierte Medienschaffende finden sich dabei häufig in einem Zwiespalt zwischen kreativer Selbstverwirklichung und Selbstausbeutung (Cantor, 1971; Hesmondhalgh & Baker, 2011; Turow, 1992).

Im Folgenden wird zunächst die Schwierigkeit, die Qualität der Arbeit von Medienschaffenden einzuschätzen, thematisiert (Kapitel 10.1). Individuen, die wiederholt gute Leistung zeigen und die Rezipientennachfrage auf sich vereinen, können dabei zu Stars avancieren (Kapitel 10.2). Unabhängig davon, ob sie als Star wahrgenommen werden oder nicht, zeigen Medienschaffende meist eine höhere Identifikation mit den von ihnen geschaffenen Produkten als Beschäftigte in anderen Branchen (Kapitel 10.3). Hier zeigt sich die spezielle Rolle der Kreativität und der Kreativen (Kapitel 10.4), die in der Koordination und im Management (Kapitel 10.5) berücksichtigt werden muss. Am Ende dieses Kapitels gehen wir noch auf den Personalmarkt im Medienbereich ein (Kapitel 10.6).

10.1 Qualitätseinschätzung des Personals

Nur wenige medienspezifische Berufe sind geschützt und verlangen eine bestimmte formale Qualifikation oder staatliche Zertifizierung. In diesem Sinne ist die Medienbranche schwach professionalisiert. Jeder darf sich als Journalist bezeichnen, und es gibt eine Vielzahl von Wegen die zu diesem Beruf führen können. Diese reichen vom Volontariat über Journalistenschulen bis hin zu spezialisierten Studienprogrammen. Daneben ist aber auch der Quereinstieg ohne eine spezielle Ausbildung möglich. Gleiches gilt für eine Vielzahl anderer Medienberufe. Das Fach Regie kann man studieren und als Assistent erlernen; kreatives Schreiben kann man sich in Kursen aneignen oder als Naturtalent einfach machen. Ein Großteil des Personals ist nicht speziell für seine Aufgabe ausgebildet, sondern hat sich die notwendigen Fähigkeiten im Rahmen der Berufserfahrung beigebracht. Das Fehlen von formalisierten Strukturen des Berufszugangs macht die Einschätzung der Qualität des Personals schwieriger. Bei jedem, der z. B. eine Schreinerlehre absolviert hat, darf man von einem bestimmten Mindeststandard an Wissen und Fähigkeiten ausgehen. Nicht so bei einem Drehbuchautor, Journalisten etc. Für das Gros der Berufe in den Medien ist daher die „Ochsentour" notwendig. Mit diesem Begriff wird die Tatsache bezeichnet, dass es meist ein beschwerlicher Weg bis zu den attraktiven und verantwortlichen Stellen ist, die den Individuen die gewünschte kreative oder redaktionelle Freiheit bieten. Bevor jemand Auslandskorrespondent werden kann, muss er sich zunächst Anerkennung in weniger glamourösen Feldern wie der Lokalberichterstattung oder ähnlichem verdienen. Auch mit einem guten Abschlussfilm an einer Filmhochschule kann man in der Regel nicht direkt als leitender Regisseur einsteigen, sondern muss sich trotzdem erst noch als Assistent von namhaften Kollegen beweisen. Bei Medienschaffenden besteht also aus Perspektive des Medienmanagements ein ähnliches Problem wie für die Rezipienten in Bezug auf die Inhalte (vgl. Kapitel 2.1.4): Die Qualität ihrer Arbeit ist im Vorfeld nur schwer einschätzbar. Die spezifischen Beiträge der einzelnen Kreativen zur Qualität des Produkts zu messen ist schwierig, weshalb es im Kontext der kommerziellen kreativen Produktion wenig Übereinstimmung darüber gibt, was die Kompetenz des kreativen Personals ausmacht (Hirsch, 1972). Bei der Personalwahl ist der Auswahlmechanismus allerdings ein anderer: Anstatt einer adversen Selektion, bei der in Unkenntnis der Kompetenzen der kostengünstigste und damit am wenigsten qualifizierte Kandidat ausgewählt werden würde und damit sukzessive immer ungeeigneteres Personal auf dem Arbeitsmarkt verfügbar wäre, werden Leistungsausweise der Bewerber sowie die eigene und vermittelte Erfahrung als Einstellungskriterien herangezogen.

Die erwähnte Ochsentour dient Medienschaffenden also dazu, nach und nach einen Leistungsausweis aufzubauen. Für jedes neue Projekt können sie auf eine wachsende Liste von mehr oder minder erfolgreichen Arbeiten verweisen. Entsprechend wird die Qualität der einzelnen Beiträge nachträglich anhand des kommerziellen Erfolgs des Endprodukts bewertet (DiMaggio, 1977). Die Arbeitgeber können so abschätzen, welche Herausforderungen bereits wie gut gemeistert wurden und welche Fertigkeiten sich die Person schon aneignen konnte. Beispielsweise ist das Engagement in vorangegangen erfolgreichen Projekten der greifbarste Indikator für die zukünftige Produktivität und Leistung (Bielby & Bielby, 1994). Die Karriere eines Kreativen kann am Beispiel der Filmproduktion demnach als „succession of temporary projects embodied in an identifiable line of film credits" (Faulkner & Anderson, 1987, S. 887) beschrieben werden. Da weder die Fähigkeit, noch die Produktivität eines Kreativen leicht gemessen werden können, ist die Reputation das wichtigste Signal für die Position eines Kreativen auf dem Arbeitsmarkt (Powell, 1990). Für die Medienschaffenden ist es also immer wichtig, dass sie mit reputationsstarken Kollegen zusammenarbeiten, da die positive Reputation so auch auf sie abfärbt. Jemandem, der als Regieassistent für Tom Tykwer gearbeitet hat, wird mehr zugetraut, als jemandem, der einem weniger bekannten Regisseur assistiert hat. Dasselbe gilt auch für Journalisten. Die Mitarbeit in einer angesehenen Redaktion, also die Zusammenarbeit mit einem reputationsstarken Chefredakteur, empfiehlt ebenfalls eher für verantwortungsvolle Aufgaben.

Weil es häufig schwierig ist, die Qualität des Personals einzuschätzen, aber auch weil viele Medienprodukte das Ergebnis einer gelungenen Teamarbeit sind, wird die Akquise des Personals häufig mehrstufig gestaltet. So stellt z. B. ein Produzent oder Regisseur nicht alle Mitarbeitenden selbst an, sondern nur die Schlüsselpositionen. Er vertraut z. B. darauf, dass der Kameramann einen Beleuchter mitbringt, von dessen Fähigkeiten er überzeugt ist und mit dem er gut zusammenarbeiten kann (Morley & Silver, 1977). Analog bringen Starreporter bei einem Jobwechsel ggf. auch ihre Zuarbeiter mit.

10.2   Stars als positionale Güter

Kreative, die für ein gemeinsames Projekt zusammen kommen, unterscheiden sich bezüglich ihrer Qualifikation, ihrer Originalität und ihres Könnens. Zwar lässt sich im Einzelfall das Zusammenspiel der unterschiedlichen Kreativen kaum vorhersagen, dennoch ist davon auszugehen, dass sich das Können der Beteiligten im Endprodukt, z .B. dem Film, der Serie, dem Hörspiel etc. niederschlägt. Caves (2000, S. 7–8) beschreibt die vertikale Differenzierung der Inputfaktoren als eine Rangreihe derjenigen Personen, die für eine kreative Position in Frage kommen, sortiert nach ihrer Eignung. Diese Rangreihe lässt sich sehr grob in eine A- und eine B-Liste unterteilen: Jene, die sehr gut für die Position geeignet wären und jene, die auch in Betracht kämen. Andere Autoren (z. B. Ulmer, 2000) unterteilen das Personalangebot in ein kleinteiligeres Ranking. Dabei ist nicht zwingend die kreative Leistung maßgeblich, sondern eher die Verwendbarkeit als Sicherheit bei der Finanzierung. Scarlett Johansson und Johnny Depp können sicherlich gut schauspielern, doch das können andere auch. Entscheidender ist, dass ein Produzent, der die beiden engagiert, potenziellen Inverstoren klar machen kann, dass er an den Erfolg des Projekts glaubt, denn nur so kann die Gage der Stars wieder eingespielt werden (Ravid, 1999). Ob jemand auf der A- oder B-Liste steht, hängt von der fortlaufenden Performance ab. Ausgangspunkt für die Herausbildung von Stars ist jedoch zunächst unterschiedliches Talent (Rosen, 1981). Die Aufgabe des Managements eines Medienangebots ist es erstens diejenigen Rollen und Funktionen in der Produktion zu identifizieren, bei denen es erfolgsentscheidend ist, dass eine Person von der A-Liste gewählt wird; und zweitens die richtigen Kriterien heranzuziehen, um für die fraglichen Jobs eine aktuelle Rangreihe bilden zu können. Wenn und soweit die Unterschiede im Talent der Inputfaktoren dazu führen, dass zusätzliche Nachfrage für das

Produkt entsteht, wenn also ein Star der Grund ist, warum viele zusätzliche Rezipienten das Medienangebot nutzen wollen, bekommt die Qualität des Personals den Charakter eines positionalen Guts (Borghans & Groot, 1998). Ein positionales Gut ist charakterisiert durch seinen vorderen Rang in einer Qualitätsskala, wobei diese Rangeigenschaft und nicht die objektive Qualität besonders nachfragewirksam ist. Ein Star kann nicht ohne weiteres durch einen anderen ersetzt werden oder an beliebig vielen Medienangeboten gleichzeitig mitwirken. Damit kann der Star im „rat race" (Akerlof, 1984, S. 23–44) um die Rangreihen sowohl die Nachfrage des Publikums, als auch jene der Produzenten auf sich konzentrieren (Wirtz, 2009, S. 318). „Stars are mass-marketing tools designed to provide product consistency to as big a buyer base as possible, hence lessening investment risk" (Ulmer, 2000, S. 18). Der Star bekommt die besten Projekte, und sein Status als Star wird durch diese rekursive Schleife verfestigt (Gaitanides, 2001, S. 9f). Große Namen können sich somit in der Regel die Projekte mit einer höheren Erfolgswahrscheinlichkeit aussuchen, tragen aber mit ihrem Können auch tatsächlich zu großer Qualität bei.

Der Begriff des Stars sollte dabei nicht eng auf Schauspieler begrenzt verstanden werden. Auch im journalistischen Bereich (insbesondere im investigativen Journalismus) kann es Stars geben, etwa wenn man an Bob Woodward, Carl Bernstein (Watergate), Glenn Greenwald (Snowden, NSA) oder auch an Kriegsreporter wie Peter Arnett (Vietnam, Irak) denkt. Hier kommt zur Person allerdings jeweils auch der exklusive Zugang zu einer Story dazu, was den positionalen Charakter noch verstärkt. Stars gibt es weiter auch bei Moderatoren im TV und Radio (z. B. John Peel bei der *BBC*, Günter Jauch im deutschen Fernsehen, oder Roman Kilchsberger im Deutschschweizer Frühstücksradio), bei Designern, sei es wenn es um das Screen Design von TV-Sendern geht (z. B. Ulli Krieg für *arte*) oder um das Layout von Zeitungen (z. B. *Mark Porter Associates*) etc. Grundsätzlich gibt es Stars eher bei Medienangeboten mit Projektcharakter. Dabei können sowohl die Teilnehmer wie auch die Initianten eines Projekts Starqualitäten haben. Somit gilt für die Produzenten dasselbe wie für die von ihnen engagierten Schauspieler. Auch ihre Qualität lässt sich aus den bisherigen Projekten ableiten (Track Record) und in eine Rangreihe bringen. Die Position eines Produzenten in der Rangreihe entscheidet maßgeblich darüber, wie gut es gelingt, personelle und finanzielle Ressourcen zu akquirieren.

In diesem Sinne kann das journalistische oder kreative Schlüsselpersonal, wie Chefreporter, Chefredakteure, Drehbuchautoren, Regisseure und Schauspieler, für Medienorganisationen als Ressource (vgl. Kapitel 9.2) verstanden werden, da sie ein Produkt oder Projekt definieren. Während die anderen Mitarbeitenden relativ problemlos ausgetauscht werden können, also weder knapp noch schwer zu imitieren sind, stellen Stars sowohl rare als auch nutzenstiftende Ressourcen dar, die Einfluss auf den Umsatz eines Medienproduktes nehmen. Darüber hinaus sind sie schwer zu imitieren und kaum zu substituieren. Als positionales Gut können Stars jeweils nur durch schlechter rangierte Vertreter ihres Fachs ersetzt werden, die kein vollwertiges Substitut darstellen (vgl. im Kontrast dazu Fallbeispiel 11).

Fallbeispiel 11: Haben Stars ihren Wert verloren?

Stars sind dann besonders nützlich, wenn die Interessen und Vorlieben der Rezipienten homogen sind. Ein Individuum kann somit die Bedürfnisse von vielen Nutzern bedienen und entsprechend die Nachfrage auf sich vereinen. Die Digitalisierung hat jedoch zu einer erheblichen Ausweitung des Angebots geführt. Die Nutzer können aus einem immer vielfältigeren Angebot auswählen, und entsprechend fragmentiert ist die Nachfrage. Anfang der 1980er Jahre konnten die meisten Deutschen aus drei terrestrischen Programmen im TV auswählen. Via Satellit und Kabel können heute mehrere hundert Kanäle empfangen werden, und im Internet ist die Auswahl an audiovisuellen Inhalten noch einmal wesentlich größer. Im Jahr 2012 erschienen in Deutschland 80.000 Bücher in Erstauflage, 60 % mehr als 20 Jahre zuvor. Mit der Ausweitung des Angebots sinkt der Marktanteil der einzelnen Angebote. Die Grenze, ab wann ein Angebot als Erfolg gilt, sinkt entsprechend. Deutlich wird dies insbesondere im Musikmarkt, in dem die Ausdifferenzierung der Nachfrage besonders ausgeprägt ist. In der Schweiz waren bis zum Jahr 2000 25.000 verkaufte Einheiten notwendig, um eine „Goldene Schallplatte" zu erhalten, also sozusagen den Status als Musikstar verliehen zu bekommen. Diese Grenze wurde inzwischen mehrfach gesenkt und liegt mittlerweile bei nur noch 10.000 Einheiten. Das heißt jedoch nicht, dass es heute einfacher ist, ein Star zu werden. Im Gegenteil, denn angesichts der Fragmentierung der Nachfrage müssen schon geringere Stückzahlen als relativ großer Erfolg verstanden werden.

Auch im Filmbereich sinkt die Bedeutung von Stars. Zum einen, weil sich die Erkenntnis durchgesetzt hat, dass Stars oft mindestens ebenso viel kosten wie sie zusätzliche Nachfrage generieren (Chisholm 2004), zum anderen weil auch in diesem Bereich eine Fragmentierung zu beobachten ist. Produzenten suchen daher nach Möglichkeiten, Stars zu substituieren. Die Funktion von Stars, Qualität zu signalisieren sowie Erwartungssicherheit über den Inhalt und den Unterhaltungswert zu schaffen, muss durch andere Elemente eines Projekts geleistet werden. Eine wichtige Rolle kommt dabei bekannten Stoffen zu: Starschauspieler werden durch „Star-Stories" substituiert. Nicht Daniel Radcliffe ist das positionale Gut, sondern die Bestseller Romanvorlage „Harry Potter". Ein anderes Beispiel ist „Avatar", ebenfalls ein Film der keinen aktuellen Star in den Hauptrollen vorweisen konnte. Regisseur James Cameron hatte die männliche Hauptrolle Matt Damon angeboten, der jedoch wegen anderen Engagements absagen musste. Dabei ging es Cameron allerdings nicht darum den Film über den Star zu vermarkten, denn laut Damon erklärte er: „Look, I'm offering it to you, but if you say no, the movie doesn't need you" (in Rebello 2013). Star des Films ist zu einem gewissen Grad der Regisseur, vor allem aber die herausragende Tricktechnik, die in diesem Fall die Rolle des positionalen Guts einnimmt.

Im Massenmarkt können Stars also durch andere positionale Güter substituiert werden, in fragmentierten Nischenmärkten spielen Stars eine geringere Rolle und können durch Matching-Funktionen, wie sie z. B. Buchempfehlungen auf „Amazon" oder der Radiofunktion in Musik-Streamingdiensten wie „Spotify" bekannt sind, ersetzt werden.

So genügt es als Nutzer zu wissen, dass einem z. B. finnischer Tango gefällt, Amadeus Lundberg als Szene-Star muss man dafür nicht kennen.

10.3   Identifikation mit dem Produkt

Medienschaffende zeichnet eine hohe Identifikation mit ihrer Arbeit und mit dem Produkt, das sie erschaffen, aus. Dies gilt gleichermaßen für Journalisten, Regisseure, Infografiker, Musiker, Schauspieler, Kameraleute, Set-Designer, Photographen, Kostümbildner, Make-up-Artists usw., also für all jene Berufe, die im weiteren Sinne als kreativ verstanden werden können. „Creative workers care about their product" hält Caves (2000, S. 3) fest. Anders als in anderen Berufen geht es Medienschaffenden also nicht nur um die Arbeitsbedingungen, ihren Lohn sowie den Aufwand den sie dafür erbringen müssen, sondern auch um die Eigenschaften des geschaffenen Produkts. Es geht ihnen um die Originalität und das Können, das sich im Ergebnis zeigt, und ggf. auch um die Harmonie die sie im kreativen Akt erleben. Damit sind sie bereit Aufwand zu treiben, der vom Publikum gar nicht bemerkt wird, und entsprechend auch auf keine Nachfrage und Zahlungsbereitschaft trifft. Kreative orientieren sich oft eher an ihren Peers und den Idealen des jeweiligen Berufsfelds als am Publikum oder – in einer etwas romantisierten Vorstellung – an einem inneren Schöpfungsdrang. Kreative schaffen somit im Extremfall Kunst um der Kunst willen und nicht, um Geld zu verdienen und ihre Fähigkeiten möglichst gewinnbringend einzusetzen. „Motion picture and television production attracts many ambitious people who will work for practically nothing to showcase their talent. They work alongside others who are household names and command large compensation packages" (Paul & Kleingartner, 1994, S. 666). Gleiches gilt analog für Journalisten, die ebenfalls neben ihrem Bedürfnis nach finanzieller Kompensation intrinsisch motiviert sind (Weaver, Beam, Brownlee, Voakes & Wilhoit, 2007, S. 56f.), und in ihrem Selbstverständnis ein Sendungsbewusstsein und einen Gestaltungswillen zum Ausdruck bringen. Dabei sind sie häufig nicht nur selbstbezogen, sondern auch gemeinwohlorientiert (Marr, Wyss, Blum & Bonfadelli, 2001, S. 118–138; Weischenberg, Malik & Scholl, 2006, S. 97–119). Journalisten wie Kreative adressieren mit ihrer Arbeit nicht nur die Rezipienten, sondern auch sachverständige Kollegen. Besonderer Aufwand, etwa für möglichst detailgetreue Kostüme in einem Historienfilm, mag Kollegen oder einer Fachjury positiv auffallen, wird vom Publikum aber kaum bemerkt und finanziell nicht honoriert.[6] Im Extremfall kann die Konzentration auf die Kollegen oder die eigene kreative Vision dazu führen, dass der Bereich, der dem Publikum zugänglich ist, vernachlässigt wird, und damit die Zahlungsbereitschaft des Publikums insgesamt abnimmt (Caves, 2003, S. 3f). Künstlerische Fähigkeiten und Schaffenswille sind also

---

6   Gleichwohl ist die Orientierung an den Peers durchaus rational, bedenkt man deren Einfluss beim Aufbau eines Track Records. Die Strategie, mit künstlerischen Filmen Preise zu gewinnen, die dann als Türöffner für kommerzielle Projekte dienen könnten, wird von Produzenten jedoch als unrealistisch und unsicher bezeichnet (von Rimscha 2010, S. 253).

einerseits notwendige Inputfaktoren in der kreativen Produktion, andererseits müssen sie gebändigt werden, um kommerziell verwertbar zu sein.

Kreativität ist an einzelne Personen gebunden, deren Input nur begrenzt kontrolliert und koordiniert werden kann und soll, denn für die kreative Entwicklung von Inhalten ist ein beträchtliches Maß an Freiraum notwendig (Gläser, 2006, S. 584). Journalisten und Kreative in der Unterhaltungsproduktion, die sich berufsethischen Vorstellungen über Kreativität verbunden fühlen, sind eine schwer zu steuernde Mitarbeitergruppe (Meckel, 1999, S. 93). Für das Management von Unternehmen im Bereich der kreativen Produktion gilt es deshalb, eine Balance zu finden zwischen kommerzieller Verwertbarkeit und dem künstlerischen Anspruch, der dem kreativen Personal eine nicht-monetäre Befriedigung verschafft (Lampel, Lant & Shamsie, 2000, S. 265). Powdermaker (1950) vermutete dabei ein eher halbherziges Eingehen von Managern auf die Bedürfnisse von Kreativen: „The god is profits, and opportunism the ritual of worship". Des Weiteren glaubt sie, dass ein Film, der von den Kreativen geschätzt wird, per se kein Geld verdienen könne. Die Erfahrung zeigt jedoch, dass dies durchaus gelingen kann. Wenn dies funktioniert, und trotz Nachfrageunsicherheit ein kommerzieller Erfolg erzielt wird, dann kann kreatives Personal als vergleichsweise billige Mitarbeitergruppe interpretiert werden, da sie nicht vollständig für den eingebrachten Wert entlohnt werden muss (Caves, 2000, S. 5). Im Folgenden soll konkreter auf das Wesen der Kreativität und die Eigenheiten kreativer Arbeitnehmer eingegangen werden.

10.4 Kreativität und Kreative[7]

„We are creative animals, homo creator" postuliert Howkins (2002, S. xiv). Kreativität wird also zum Teil sehr weit verstanden. Ganze Branchen werden zu „Creative Industries" erklärt, und in der Alltagssprache werden sowohl Personen als auch Unternehmen und Produkte als kreativ bezeichnet. Damit stellt sich die Frage, was eigentlich kreativ bzw. Kreativität ist. Fast scheint es, als ob jeder seine eigene Vorstellung davon hat, was den Begriff ausmacht (Klausen, 2010, S. 348). Somit wäre Kreativität immer etwas Relatives, abhängig vom Betrachter. Für jemanden der das Original nicht kennt, wäre auch die Kopie kreativ. Wer beides kennt, sieht Kreativität nur im Original. Der Begriff ist schwer zu fassen, und so weichen viele Definitionen von der Eigenschaft auf das Ergebnis aus. Nach dem Schema „ich erkenne Kreativität, wenn sie gewirkt hat", wird aus den Eigenschaften eines Produkts auf die eingebrachte Kreativität bei seiner Entstehung geschlossen (Amabile, 1983, S. 358). Wenn ein Produkt neu ist, muss der Prozess seiner Entstehung kreativ gewesen sein (Greenberg, 1992, S. 76). Aus dieser Perspektive müssen Kreative also produktiv sein, denn ohne ein (nützliches) Produkt lässt sich nicht darauf schließen, dass in der Entstehung Kreativität beteiligt war. Dieser Zwang zur Produktivität kollidiert mit

---

7   Dieser und der folgende Abschnitt basieren auf der Literaturübersicht in von Rimscha und Przybylski (2012).

der Alltagserfahrung, wo gedankliche Umwege und vielleicht auch Sackgassen nötig sind, bevor sich eine konkrete Idee herauskristallisiert. Es ist zudem gut möglich, dass solch ein kreativer Prozess am Ende nicht zu einem Ergebnis führt. Umgekehrt kann ein kreatives Produkt auch schnell und ohne größere Umschweife entstehen. All diese Aspekte zeigen jedenfalls, dass Kreativität nur schwer bewertet werden kann.

Was macht also einen kreativen Prozess aus? Beschreibungen und Definitionen dieses Prozesses greifen selbst ebenfalls häufig auf etwas schillernde und unklare Begriffe zurück. Wallas (1926) spricht etwa von „incubation" und „illumination", Scott (1995) von „imagination" und Henry (1991, S. 3) listet gleich acht i-Wörter auf, wenn er Kreativität als „thinking process associated with imagination, insight, invention, innovation, ingenuity, intuition, inspiration and illumination" definiert. Kreativität wird so eher romantisiert und letztlich als nicht-greifbar entwertet.

Nützlicher scheint da zunächst nach dem Objekt der Kreativität zu differenzieren. Dabei lassen sich drei Typen von Kreativität unterscheiden: ökonomische (Unternehmertum), technologische (Erfindergeist) und kulturelle (Kunst und Unterhaltung). Das Objekt der Kreativität verlangt dabei jeweils unterschiedliche Denkprozesse sowie unterschiedliche Talente und Fertigkeiten. Bei unternehmerischer Kreativität geht es vor allem um das Erkennen und Ergreifen von Möglichkeiten sowie um die Monetarisierung von Ideen. Anders als Künstler, die in der Kreativität ggf. einen Selbstwert sehen, ist im ökonomischen Kontext Neuigkeit alleine nicht genug. „For an idea to be truly creative it must also be appropriate and useful" (Henry, 1991, S. 3). Technologische und kulturelle Kreativität unterscheiden sich vor allem durch ihren Ausgangspunkt: Technologische Kreativität wird durch ein klar beschreibbares technisches oder handwerkliches Problem ausgelöst. Auch wenn Kunst und Kultur häufig Reaktionen auf gesellschaftliche Umstände sind, braucht kulturelle Kreativität nicht notwendigerweise ein Problem als Ausgangspunkt.

Vor diesem Hintergrund ergeben sich zwei Perspektiven auf Kreativität. Eine Denkschule postuliert, dass alle Menschen gleichermaßen kreativ sein können. Kreativität ist somit lernbar, ebenso wie ein Instrument zu spielen, eine Sportart auszuüben oder sich eine Fremdsprache anzueignen. Mit Disziplin und Wiederholung können auch jene, die nicht „von Natur aus" mit Kreativität gesegnet sind, das gleiche Niveau erreichen wie Naturtalente. Aus dieser Perspektive hat sich eine ganze Branche entwickelt, die Training im kreativen Problemlösen (creative problem-solving, CPS) anbietet. So solle man „Applied Imagination" (Osborn, 1963), „Lateral thinking" (Bono, 1981), „Synectics" (Gordon, 1961) oder „Mind mapping" (Buzan, 1977) anwenden, um ein „Rational manager" (Kepner & Tregoe, 1965) bleiben zu können. Ziel ist letztlich, „Creativity as an exact science" (Althuller, 1984) zu verstehen.

Die andere Denkschule argumentiert, dass CPS nur für technisches Problemlösen nicht aber für kulturelle Kreativität geeignet sei. Die Entwicklung einer neuen Show für einen bestimmten Programmslot im Fernsehen lässt sich zwar auch als Problem verstehen und in einzelne Arbeitsschritte zerlegen, es darf jedoch bezweifelt werden, dass jeder der in CPS geschult wurde, gleichermaßen in der Lage ist, ein Erfolgsformat zu entwickeln. Aus dieser Perspektive bleibt ein gewisser Rest an Mystik und Unterbewusstem im Konzept

Kreativität. In Bezug auf Kreativität sind demnach nicht alle Menschen gleich, vielmehr sind Kreative in gewissem Sinne speziell. Entsprechend ist es in der Psychologie mittlerweile kaum noch üblich, dass Kreativität in quantitativen Tests erfasst werden. Schon 1976 vermutete Mintzberg, dass Kreativität in anderen Hirnbereichen verortet sei. Kreative Menschen würden ihre rechte Hirnhälfte stärker nutzen, und Assoziationen und Ideen die ggf. interessant sein könnten, würden weniger stark unterdrückt. In einer extremen Sichtweise kann Kreativität damit als leichte Form einer psychischen Störung verstanden werden, da sie mehr auf primären (irrational, vom Es gesteuert) als auf sekundären (logisch, vom Ich gesteuerten) Denkprozessen aufbaut. Während in einer Schizophrenie primäre Denkprozesse dominieren, und Menschen in einer Psychose Probleme haben, die primäre und sekundäre Ebene zu differenzieren, könnten Kreative traumartig auf die primäre Ebene gehen, um dort nützliche Ideen zu finden, die sich dann auf der sekundären Ebene implementieren lassen (Torr, 2008, S. 55–57). Dieser gelegentliche Kontrollverlust beim Abtauchen auf eine primäre Ebene soll dann auch erklären, warum es gelegentlich so schwer ist, mit kreativen Menschen zusammenzuarbeiten. Die These von hirnorganischen Unterschieden zwischen Kreativen und Nicht-Kreativen ist jedoch umstritten. Sawyer (2006, S. 95) spricht von Kreativität als „whole-brain function", und kommt in einer Übersicht der vorliegenden Forschung zu dem Schluss, dass sich Kreativität nicht biologisch erklären ließe.

Grundlage derjenigen Perspektive, die Kreativität als nicht erlernbar ansieht, sind Phasen-Modelle des kreativen Prozesses wie das von Wallas (1926) – Vorbereitung, Inkubation, Illumination und Verifikation – oder von Csikszentmihalyi (1996) – Vorbereitung, Inkubation, Erkenntnis, Evaluation und Ausarbeitung. Während die Vorbereitung in Geschäftsprozessen abgebildet werden kann, entzieht sich die Inkubationsphase einer allzu starken Standardisierung, soll hier das Problem doch unterhalb der Bewusstseinsschwelle (Kerrigan & McIntyre, 2010, S. 122) bearbeitet werden. Ein Problem beiseite zu legen, um das Unterbewusstsein daran arbeiten zu lassen, stellt eine mystische Blackbox dar, die sich nicht recht in Geschäftsprozessen abbilden lässt und entsprechend schwierig zu greifen ist. Woran erkennt der Medienmanager, ob sich sein kreativer Mitarbeiter gerade in einer Inkubationsphase befindet, oder ob er vielleicht einfach nur faul ist? Und wie viel Zeit ist nötig, dass aus der Inkubation ein Geistesblitz oder eine Erkenntnis entsteht? Muss man dem Kreativen vertrauen, oder gibt es vielleicht Wege diese Phase zu beschleunigen? Die letzten Phasen des Modells passen wieder besser in eine Geschäftslogik: In der Evaluation und Ausarbeitung wird die Idee mit der Realität konfrontiert und geprüft, ob und wie sie unter den gegebenen Voraussetzungen umsetzbar ist. Die Idee muss also nicht nur interessant, sondern auch angemessen, nützlich, stimmig und werthaltig sein (Amabile, 1996).

Einzelne Autoren stellen in diesem Zusammenhang fest, dass das Brechen von Regeln zum kreativen Prozess gehört (Bilton, 2007, S. xiv), und damit die Passung des Neuen auf bestehende Regeln nicht absolut sein darf. Auch Neues muss anschlussfähig sein, weswegen zwar Regeln gebrochen werden dürfen, einige Basisanforderungen allerdings erfüllt sein müssen (Klausen, 2010, S. 355). Kreativität hängt damit von den Strukturen und Regeln eines bestimmten Kontextes ab. In solch einem systemischen Modell von Kreativität gibt es drei Elemente: Das Individuum mit seinem persönlichen Hintergrund, die Domäne als Teil der Kultur und das Feld als soziale Organisation der Domäne (Csikszentmihalyi, 1999; Hooker, Nakamura & Csikszentmihalyi, 2003; Kerrigan, 2010; Kerrigan & McIntyre, 2010). Dabei wird zwischen „large C" als grundlegende Kreativität, die eine Domäne und ein Feld verändern kann, und „small c" als Alltagskreativität im Kleinen differenziert. Nach der systemischen Sichtweise bedeutet kreativ sein demnach, die Kultur zu verändern.

Hesmondhalgh (2007, S. 5) schließlich beschreibt Kreativität als „the manipulation of symbols for the purposes of entertainment, information and perhaps even enlightenment". Kreative sind für ihn damit Schöpfer von Symbolen. Aus dieser Perspektive müssen Kreative zu kultureller Kreativität fähig sein und nicht „nur" technische Probleme lösen.

10.5   Koordination und Management von Kreativität

Kreative Produktion findet häufig in einem kollektiven Prozess statt (Prindle, 1993, S. 8). Gleiches gilt auch für die Produktion von Informationsmedien durch Journalisten. Schon 1933 stellen Carr-Saunders und Wilson (S. 265) fest: „The modern newspaper is the joint product of many persons specializing in different directions". Anders als bei einem Gemälde, das durch den Pinselstrich eines einzelnen Malers entsteht, sind aufgrund der hohen Komplexität der Aufgabenstellung z. B. an einem Filmprojekt eine Vielzahl an Menschen beteiligt, die in ihrem jeweiligen Verantwortungsbereich häufig ihre eigene Kreativität umsetzen möchten. Je komplexer die Projektaufgabe, desto heterogener muss dabei die Projektgruppe sein, und umso mehr muss sie ein Abbild der vielfältigen Gesichtspunkte des Projekts darstellen (Gläser, 2006, S. 585). „The result is an industry based on the work of frequently temperamental, often antisocial participants who are forced to cooperate and who, by doing so, compromise their deepest principles", beschreibt Prindle (1993, S. 8) die Filmbranche. Die Aufgabe von Projektleitern in der Medienproduktion ist es, die ggf. divergierenden Interessen zu einem gemeinsamen Werk zu formen. Dabei sind formelle Verträge wenig geeignet, einen Interessenausgleich zu leisten. Deshalb werden Entscheidungen bei kollektiver kreativer Produktion häufig durch die Rangordnungsmechanismen Macht und Einfluss getroffen (Wallace, Seigerman & Holbrook, 1993).

Bei der Produktion von Gütern gilt bis zu einem gewissen Grad die Substituierbarkeit der Inputfaktoren Arbeit und Kapital in einer additiven Produktionsfunktion. Bei der Produktion von Bauholz lässt sich ein Wald mit Hilfe von zehn Waldarbeitern mit Äxten roden oder es kann eine Motorsäge angeschafft werden, mit deren Hilfe ein Arbeiter dieselbe Anzahl an Bäumen alleine fällen kann. Bei kreativer Produktion – und genauso auch bei der Produktion eines Informationsmediums wie einer Tageszeitung – entsteht der Output in einer multiplikativen Produktionsfunktion. Die Leistung eines Kreativen kann zwar durch einen Kreativen aus dem gleichen Fach ersetzt werden, aber nicht durch den Einsatz von Kapital oder durch die Mehrarbeit von fachfremden Kreativen. Das Gesamtprodukt kann mithin nur so gut sein, wie die Qualität der einzelnen Inputfaktoren.

Fällt ein Kreativer aus, wird – formal gesprochen – die Leistung der anderen mit null multipliziert. Oder plastischer ausgedrückt: Wenn die Kameraleute das Bild nicht scharf stellen, ist das hervorragende Spiel der Darsteller wertlos. Versuche, kreativen Prozessen betriebliche und organisatorische Disziplin aufzunötigen, schlagen häufig fehl (Brown & Duguid, 2001). Kreative Arbeit kann nur begrenzt systematisiert und in festgelegte Prozesse gegossen werden. Sie lässt sich nicht in derselben Art und Weise fassen wie andere Produktions- oder Organisationsprozesse. Ab einem gewissen Punkt können Effizienzvorteile nur auf Kosten der Kreativität realisiert werden. „In all too many cases, imposing a neo-Taylorist managerial process on creative practice ends up killing the goose that lays the golden eggs" (Lampel, 2006, S. 53).

Aus Perspektive der Medienorganisation stellt sich also die Frage, wie individuelle Kreativität für die Organisation nutzbar gemacht werden kann, wie also Symbolproduktion zu marktfähigen Innovationen führen kann (Amabile, 1997; Ekvall, 1997; Woodman, Sawyer & Griffin, 1993). Dabei muss berücksichtigt werden, dass es in der Medienbranche meist eben nicht um Inhalte geht, die von einzelnen Kreativen erdacht und produziert werden, sondern um komplexe Güter, die Inputs von vielen Individuen bedürfen und in Teamarbeit entstehen. Kreativität braucht also Kontext und Organisation (Jeffcutt & Pratt, 2002, S. 226).

In einer Literaturübersicht identifiziert Andriopoulos (2001) fünf Faktoren, die die Kreativität einer Organisation beeinflussen: 1) das Klima in der Organisation, 2) der Führungsstil, 3) die Organisationkultur, 4) Ressourcen und Fähigkeiten und 5) Strukturen und Systeme. Zwar erscheinen diese Faktoren intuitiv nachvollziehbar und potenziell handlungsleitend, allerdings stammen sie hauptsächlich aus theoretischen Arbeiten, die nicht empirisch untersucht wurden. Übergreifende Studien, die die Faktoren in Beziehung setzen und empirisch prüfbar machen, liegen bislang nicht vor.

Auch im Kontext von Forschung zum Innovationsmanagement in Medienunternehmen wird Innovation in der Regel mit Kreativität verknüpft (Fröhlich, 2010; Küng, 2008; Mierzejewska & Hollifield, 2006). Kreativität wird als die Genese der Idee verstanden, Innovation als die ökonomische Verwertung der Idee. Kreativität ist somit eine notwendige, aber nicht hinreichende Bedingung für Innovation. Der kreative Prozess wäre damit der Ausgangspunkt für die Analyse der Medienproduktion, aber „few studies in the media management literature have examined the actual management of the creative process" (Mierzejewska & Hollifield, 2006, S. 52). Neuere Arbeiten aus dem Kontext der Wirtschaftsinformatik (Becker et al., 2012; Karow, 2011; Seidel, 2011) betrachten die Medienproduktion als „kreativitätsintensiven Prozess", bei dem kreative, schwer kontrollierbare Aspekte mit nicht-kreativen, besser kontrollierbaren Aspekten kombiniert werden. Die Autoren versuchen so, den schwer fassbaren Anteil der Kreativität zu reduzieren, indem sie all jene Elemente des Produktionsprozesses identifizieren, die sich mit Standard-Managementtechniken adressieren lassen. Die Unsicherheit in der Produktion wird so reduziert ohne den Freiraum für die Kreativität komplett zu eliminieren. Die verbleibenden „pockets of creativity" entziehen sich weiterhin einer rein rationalen Planung, dominieren aber nicht den gesamten Prozess. Ähnlich fordern Bilton und Leary (2002, S. 59) einen „risk space" für kreative Mitarbeitende, in dem sie sich ausprobieren und auch scheitern dürfen.

Betrachtet man die Branche als Ganzes, so sind die kreativen und „einfachen" Tätigkeiten häufig auf unterschiedliche Akteure in einem Projektnetzwerk verteilt (vgl. Kapitel 9.3). Die Zuschreibung von Kompetenzen bestimmt dabei die Rolle der Projektbeteiligten. Über die Zeit können sich diese Zuschreibungen in Abhängigkeit von der konkreten Arbeitsteilung im Projekt ändern. Obwohl Produzenten eigentlich vor allem eine Koordinationsfunktion haben, in der sie kreatives Personal engagieren und kreative Stoffe entwickeln, wird auch ihnen oft eine kreative Rolle zugesprochen. Andererseits erwarten Sendervertreter im Projektnetzwerk, die sich selbst als kreativ wahrnehmen, von den beauftragten Produzenten nicht, dass diese kreativ sind, und vertrauen entsprechend nicht auf deren kreative Fähigkeiten. Solche Produzenten sind dann auch entsprechend weniger von ihren eigenen kreativen Fähigkeiten überzeugt (Fröhlich 2010: 267-269). Das Management von Kreativität muss somit das Selbstverständnis, die Wahrnehmung und Zuschreibung der Kompetenzen der Mitarbeiter berücksichtigen.

Obschon häufig nicht empirisch belegt, finden sich in der Literatur einige Hinweise, wie mit kreativen Mitarbeitenden umgegangen werden sollte, um den Output an Innovationen zu optimieren. Demnach kann die Wahrscheinlichkeit von Innovationen gesteigert werden, wenn die Leitung Widerspruch zulässt und als wertvoll begreift sowie Meinungsvielfalt fördert (Redmond, Mumford & Teach, 1993). Kreative werden durch zu viel Struktur und Regeln in der Organisation gehemmt. Wenn sie genötigt sind, (auch) langweilige Routinearbeit zu verrichten oder in strikt strukturierten Prozessen zu arbeiten, fühlen sie sich eingeschränkt und demotiviert. „Factory-style production is widely felt to be inimical to the kinds of creativity necessary to make profits" (Hesmondhalgh 2007: 68). Arbeitsbedingungen in denen der kreative Input nur wenig überwacht wird und es eine „freedom to explore [...] ideas" (Killebrew 2005: 104) gibt, seien dagegen förderlicher. Kreative legen großen Wert auf Selbstkontrolle und Selbstverwirklichung (Raudsepp, 1963, S. 128). Sie brauchen Autonomie für ihre manchmal subversive (Florida, 2002, S. 31) Arbeit. Freiheit im Handeln und Entscheiden sowie eine weitgehende Autonomie am Arbeitsplatz fördern die intrinsische Motivation (Hennessey, 2003) und damit die Kreativität (Küng, 2008, S. 2f).

Die Relevanz von intrinsischer Motivation bedeutet umgekehrt, dass Kreative nur bedingt extrinsisch motiviert werden können. Mehr noch: Monetäre extrinsische Motivation durch höheren Lohn, einen Bonus oder einen Dienstwagen können sogar schädlich sein (Amabile, 1996; Frey & Osterloh, 2002). Andere Formen der extrinsischen Motivation, z. B. ein Reputationsgewinn oder die Anerkennung durch Kollegen, kann dagegen durchaus wirksam sein. Der Einfluss von externer Motivation hängt von den individuellen Kontextfaktoren, also der Wahrnehmung des Umfelds und der persönlichen Erfahrung ab. Daneben gibt es noch eine weitere Form der extrinsischen Motivation, nämlich die Aussicht auf Selbstwirksamkeit: „Enable the artist to do something interesting or exiting enhances the quality of work" (Torr, 2008, S. 62). Allerdings ist es schwer einzuschätzen, was ein Kreativer interessant oder aufregend findet. Damit ist man doch wieder auf die intrinsische Motivation zurückgeworfen, bei der es nicht um das Profitmotiv geht: „Creative people produce their best work when they do it for its own sake" (Torr, 2008, S. 62). Auch wenn die meisten extrinsischen Motivatoren ihr Ziel verfehlen, ist doch ein gewisser externer Einfluss notwendig. Abgabetermine spielen hier eine große Rolle. Viele Kreative streben nach Perfektion und würden sich ohne den Druck eines Abgabetermins in immer neuen Überarbeitungen verlieren (Scott, 1995, S. 69). Der kreative Prozess muss sich also den ökonomischen Interessen der Leitung anpassen. Er muss so strukturiert werden, dass er in das organisationale Setting passt, und im Zeit- und Budgetrahmen bleibt (Ettema, 1982). Gewisse Vorgaben in Bezug auf Zeit und Budget können den kreativen Prozess sogar fördern, während eine unbeschränkte Freiheit sich eher negativ auswirkt (Fröhlich, 2008, S. 160 ff.; von Rimscha, 2010, S. 220, 227).

Aufgrund der Dominanz intrinsischer Motivation besteht allerding für Kreative die Gefahr, dass sie ausgebeutet werden. Ein Auftraggeber kann die Leistung von Kreativen unter Wert entlohnen, mit der Rechtfertigung, dass erst enge Zeit- und Budgetvorgaben das kreative Potenzial freigesetzt haben oder dass sie bereits durch die Möglichkeit zur Selbstverwirklichung honoriert wurden.

Jenseits der Motivation des einzelnen Kreativen ist innerhalb von Medienorganisationen Kreativität als Gruppenleistung zu verstehen. Damit kommt es auf die Zusammensetzung der Gruppe an. Die Gruppe ist dabei nicht einfach die Addition der individuellen Fähigkeiten, sondern stellt einen sozialen Kontext her, der das kreative Potenzial beeinflusst. Eine Vielfalt der Perspektiven und Hintergründe gilt dabei als förderlich (Küng, 2008, S. 3), ebenso wie flache Hierarchien (Andriopoulos, 2001, S. 837; Scott, 1995, S. 69) oder ein demokratischer, kollaborativer Führungsstil. Des Weiteren sollen gleichberechtigte Interaktion mit den Angestellten, Ermutigung, Respekt und Dialogbereitschaft einen positiven Effekt auf die Kreativität in Organisationen haben (Fröhlich, 2008, S. 166; Killebrew, 2005, S. 103f; Küng, 2008, S. 3). Kreative möchten ihre Ideen gerne den Entscheidern vorstellen, und nicht den Controllern auf der mittleren Managementebene.

Wenn die kreative Arbeit geschafft ist, ist die der Leitung, also der Motivatoren, noch nicht beendet. Eben weil sich Kreative stark mit ihrem Produkt identifizieren (vgl. Kapitel 10.3), erwarten sie viel Feedback und Anerkennung für ihre Arbeit.

Eine Aufzählung der kreativitätsfördernden Bedingungen ließe sich noch um viele weitere Aspekte ergänzen. Doch allen gemein ist, dass sie zwar intuitiv nachvollziehbar sind, aber kaum verlässlich messbar. So kann zusammenfassend nur festgehalten werden, dass Kreative verhätschelt sowie mit Ressourcen und Freiheiten ausgestattet werden müssen, die man „normalen" nicht-kreativen Mitarbeitern niemals gewähren würde. Damit gewinnt man jedoch keine Sicherheit darüber, dass kreativer Output, also Innovation, entsteht, sondern es lässt sich bestenfalls die Wahrscheinlichkeit dafür erhöhen. Darüber hinaus bietet die Literatur kaum Anhaltspunkte für die Frage, wie viel Freiheit und Unabhängigkeit notwendig oder hinreichend ist. Einen knappen Hinweis bieten (Aris & Bughin, 2009, S. 351f), die glauben, dass die Balance zwischen kreativer Freiheit und unternehmerischer Kontrolle vom Risiko und der Hit Ratio (also dem Umsatzanteil von Topprodukten) abhängt. Hit-basierte Medien verlangen mehr Freiheit für die Macher, da die Opportunitätskosten für einen verpassten Hit groß wären. In Mediensegmenten mit großen Risiken, wie etwa der Filmproduktion, sollte kreative Freiheit nur in der Startphase gewährt werden. Nach der gründlichen Auswahl des Projekts ist die eigentliche Produktion eng zu überwachen.

Grundsätzlich darf man annehmen, dass es einen Deckeneffekt gibt, also eine Situation, bei der zusätzliche Freiheit nicht mehr zu zusätzlicher (verwertbarer) Kreativität führt. Medienproduktion galt lange als kreatives Geschäft. In Lehrbüchern wird immer noch darauf verwiesen, dass jedes Medienprodukt ein Unikat sei, das im Voraus weder von Distributoren noch von den Nutzern bewertet werden könnte. Die Ökonomisierung führt zu Strategien der Standardisierung und Mehrfachverwertung (vgl. Kapitel 4.3.5), so dass diese Sichtweise nicht mehr absolut gelten kann. Die Medienbranche hat im Zuge der Ökonomisierung intensiv daran gearbeitet, den notwendigen kreativen Aufwand für die Produkte zu reduzieren. TV-Shows und Magazine werden auf Formate basiert und Journalisten werden so ausgebildet, dass sich ihre Recherchen möglichst gut mehrfachverwerten lassen. Eben weil kreative Prozesse scheitern können, wird versucht das Ausmaß der Kreativität zu reduzieren. Das Risiko des Scheiterns wird durch stärkere Kontrolle reduziert und damit der kreative Spielraum eingeschränkt. Auf der individuellen Ebene ist Kreativität in der Produktion immer noch wichtig, auf Ebene des Produkts und auf Ebene des Prozesses tritt sie jedoch zurück. Wenn die Fernsehproduktion auf Formaten basiert, ist Kreativität nur noch punktuell notwendig. An die Stelle der kulturellen Kreativität in der Ideenentwicklung tritt häufig die Problemlösung in Bezug auf die Frage, wie ein bestehendes Format adaptiert werden kann. Diese Adaption ist zwar einzigartig, aber nicht im selben Maß wie das Original. Es geht also immer noch um einen „kreativen" Prozess, aber nicht mehr um „innovatives" Fernsehen (Karow, 2011, S. 215). Das positionale Gut „spezielles Talent" wird teurer (vgl. Kapitel 6.4.2), und so konzentrieren sich Medienunternehmen häufig auf selbstgeschaffene Artefakte wie etwa Casting-Show-Teilnehmer (Aris & Bughin, 2009, S. 90). Das Objekt der Kreativität wandelt sich dabei vom Inhalt zur Vermarktung. Die Content-Branche ist mehr darauf fokussiert das Maximum aus einer bewährten Idee herauszuholen als das Risiko einzugehen, eine neue – potenziell erfolglose – zu entwickeln und auszuprobieren.

10.6 Personalmarkt

Je nach Häufigkeit und Regelmäßigkeit der Produktion kommen Medienunternehmen mit einem Minimum an Personal und Produktionsinfrastruktur aus. Besonders deutlich ist dies in projektbasierten Bereichen wie z. B. der Filmproduktion. Der Personalbedarf variiert je nach Filmprojekt erheblich. Bei großen Hollywoodproduktionen ist es keine Seltenheit, dass mehr als tausend Personen engagiert werden, bei einer kleinen No-Budget-Produktion reicht unter Umständen ein Team von weniger als zehn Personen. In beiden Fällen wird das Personal jedoch eigens für das Projekt angestellt. Seit dem Ende der Studioära in Hollywood, dem Zusammenbruch der staatlichen Filmproduktion in den sozialistischen Ländern, und der Inhouse-Produktion von öffentlichen Sendern, verfügt kaum ein Produktionsunternehmen mehr über fest angestellte Autoren, Schauspieler und Regisseure. Auch der Betrieb von Aufnahme- und Postproduktionsstudios, sowie

Ausstattung und Maske sind in der Regel zu Subunternehmen ausgelagert, die jeweils für mehrere Produktionen arbeiten (Davenport, 2006, S. 253). Selbst die Buchhaltung kann an einen Collection Agent abgegeben werden (Alberstat, 2004, S. 175–177). Damit ist im Produktionsunternehmen nur ein minimaler Stab an Mitarbeitern fest angestellt, da alle Aufgaben – außer denen des Produzenten – ausgelagert werden können. Auf ähnliche Weise ist es auch im journalistischen Bereich möglich, die Produktion komplett fremd zu vergeben, etwa wenn die *Huffington Post* keine Inhalte selbst produziert, sondern lediglich die Beiträge von Bloggern zusammenträgt und mit Werbung versieht. Mit automatisiertem Packaging und automatisierter Werbeakquise kann auch ein journalistischer Betrieb mit einem Minimum an Personal auskommen.

Neben der Ungewissheit über die Kompetenz und Qualität der an einer Produktion beteiligten Personen spielt in diesem Zusammenhang auch der in der Kulturproduktion häufig vermutete Konflikt zwischen kommerziellen und kreativen Interessen und Zielen eine Rolle (Bielby & Bielby, 1994; Caves, 2003; DiMaggio, 1977). Die Produktion durch Subunternehmer und externalisierte Beschäftigungsverhältnisse sind häufig die Antworten auf diese Probleme. Arbeitsverträge, die nur über die Laufzeit des jeweiligen Projekts geschlossen werden, erlauben es den Arbeitgebern bzw. Initiatoren der Projekte, schnell Personal mit hoch spezialisierten Fähigkeiten für einen kurzen Zeitraum zusammenzubringen: „Today, the industry is entirely project based and virtually all crew and technicians work on a freelance basis" hält Davenport (2006, S. 250) für die britische Filmbranche fest. Für die Beschaffung des Personals in einem Filmprojekt beschreibt Wirtz (2009, S. 319) in Abhängigkeit von der Erfahrung der Kreativen und der Laufzeit des Engagements sechs mögliche Strategien (vgl. Tabelle 10.1).

Tabelle 10.1 Beschaffungsstrategien für ‚Kreatives Talent‘

		Einzelverträge	Langfristige Bindung
Kreativer	Newcomer	• Geringe Gage • Filmspezifische Besetzung • Sehr geringe bzw. keine Popularität • Hohes Misserfolgsrisiko	• Auch langfristig relativ geringe Gagen möglich • Hohes Risiko hinsichtlich der künftigen Entwicklung der Schauspieler
	Etabliert	• Filmspezifische Besetzung • Geringes Misserfolgsrisiko • Mittlere Gage • Nur mittlere bzw. Nischen-spezifische Popularität	• Mittelbindung in gemäßigtem Ausmaß aufgrund mittlerer Gagen • Hohes Risiko hinsichtlich der künftigen Entwicklung der Schauspieler
	Star	• Best-fit-Strategie • Minimiertes Misserfolgsrisiko • Höchstmögliche Popularität • Sehr hohe Gage	• Reduziertes Risiko hinsichtlich der künftigen Entwicklung der Schauspieler • Popularität zumindest mittelfristig auf sehr hohem Niveau • Langfristig sehr hohe Gagen

Quelle: Wirtz, 2009, S. 319

Aus theoretischer Perspektive stellt sich diese Einteilung stringent und nachvollziehbar dar, in der Praxis stehen die skizzierten Strategieoptionen jedoch selten tatsächlich alle zur Verfügung. Ein freier Produzent mit begrenzter Projekterfahrung und ohne die Finanzkraft eines Konzerns hat beispielsweise nicht die Möglichkeit, einen Star zu engagieren. Unabhängig von der Einbindung in einen Konzern dürfte es keinem Produzenten gelingen, Schauspieler langfristig zu binden; selbst im Kontext von Serien werden lediglich Optionen für weitere Staffeln vereinbart. In der Regel haben aber auch die Produzenten selbst wenig Anreiz, langfristige Verträge anzubieten, da die relevanten Fähigkeiten des kreativen Personals meist projektspezifisch und nicht unternehmensspezifisch sind. Infolgedessen können Fähigkeiten und Talent durch langfristige Beschäftigung weder erworben, noch in diesem Rahmen verifiziert werden (Faulkner & Anderson, 1987, S. 888f). Das Wissen wird nicht in einzelnen Unternehmen akkumuliert, sondern als Branchenwissen in sich ständig wandelnden Projektnetzwerken, basierend auf der Reputation der Individuen, gepflegt und fortentwickelt (Davenport, 2006, S. 250; DeFillippi & Arthur, 1998, S. 134–136). Eine gute Möglichkeit, in diesem Umfeld Personal zu beschaffen, ist das Bewerten von projektspezifischen Arbeitsproben aus vorangegangen Projekten.

Einen Überblick über die Vielzahl von möglichen Kandidaten zu bekommen, kann sehr aufwändig sein und damit große Transaktionskosten verursachen. Das wirtschaftlichste Verfahren, Auftraggeber und -nehmer zusammenzubringen sowie Transaktionskosten zu minimieren, ist nach DiMaggio (1977) ein Maklersystem. Der Makler baut Reputation auf, indem er wiederholt erfolgreich Kreative und Projekte zusammenbringt (Hirsch, 1972). Makler ermöglichen damit – trotz Mehrdeutigkeit, Unsicherheit und Risiko – die Entstehung eines Arbeitsmarkts (Gitlin, 1983, S. 144).

In Märkten, in denen sich ein Starsystem etabliert hat, wie z. B. unter US amerikanischen Schauspielern, übernehmen Agenturen diese Maklerrolle, und sind entsprechend wichtige und einflussreiche Akteure. Für Schauspieler ist es bedeutsam, von welcher Agentur sie vertreten werden. Im besten Fall können sie von der Reputation der ebenfalls vertretenen Stars profitieren. Produzenten dagegen sind auf die Agenturen angewiesen, wenn sie bestimmte Schauspieler oder bestimmte Regisseure etc. unter Vertrag nehmen wollen. In Märkten ohne ein ausgeprägtes Starsystem haben Agenturen eine andere Funktion. Hier treten sie nicht als Anbieter des knappen Gutes Star auf, sondern profilieren sich vielmehr durch die Dienstleistung, in einem großen und weitgehend gleichwertigen Angebot an potenziellen Kreativen, die geeigneten Kandidaten zu identifizieren.

10.7 Zusammenfassung

Ähnlich wie Mediengüter im Vergleich zu anderen Gütern besondere Merkmale aufweisen, zeigen auch Medienschaffende bestimmte Charakteristika, die sie von den Beschäftigten der meisten anderen Branchen unterscheiden. Genau wie bei den Gutseigenschaften handelt es sich dabei nicht um einmalige Eigenschaften vielmehr ist es deren Kombination, die es so in anderen Branchen nicht gibt. Medienarbeit kann nur bedingt standardisiert werden, und somit ist die Einschätzung der Qualität des Personals zum Teil schwierig. Dazu kommt, dass ein Großteil der Berufe im Medienbereich nicht geschützt ist, was den Rückgriff auf Zertifikate oder Ausbildungsstandards erschwert. Als Alternative hat sich ein Starsystem entwickelt, das jedoch in zunehmend fragmentierten Inhaltsmärkten an Nutzen verliert. Weiterhin ist für viele Medienberufe ein großes Maß an Kreativität erforderlich. Dies bedeutet eine hohe Identifikation der Medienschaffenden mit ihrer Arbeit und ihren Produkten. Hierdurch ergeben sich wiederum besondere Herausforderungen an das Management, da intrinsische und extrinsische Motivation bzw. die Orientierung an künstlerisch kreativen und kommerziellen Zielen in Balance gebracht werden müssen.

Kontrollfragen

▶ Inwiefern lassen sich Stars als positionale Güter verstehen?
▶ Welche drei „Sphären" der Kreativität lassen sich unterscheiden?
▶ Was spricht gegen langfristige Anstellungen von Kreativen?
▶ Was unterscheidet Innovation von Kreativität?
▶ Welche Möglichkeiten bestehen, um kreativen/innovativen Output von Medienschaffenden zu optimieren?

Kommentierte Literaturempfehlungen

- Altmeppen, K.-D. & Arnold, K. (2013). *Journalistik. Grundlagen eines organisationalen Handlungsfeldes.* München: Oldenbourg.
  In Kapitel 7 (S. 81-106) stellen Altmeppen und Arnold einerseits das Selbstverständnis von Journalisten dar, andererseits Formen des Managements von Journalismus.
- Hesmondhalgh, D. & Baker, S. (2008). Creative work and emotional labour in the television industry. *Theory, Culture & Society, 25* (7-8), 97–118.
  Hesmondhalgh und Baker bieten einerseits eine knappe Literaturübersicht aus mediensoziologischer Sicht, und geben andererseits eine ethnographische Perspektive auf die Produktion einer Talentshow.
- Hughes, B. (2007). 'Suits' and 'creatives'. Managerial control, the expropriation of fun and the manufacture of consent. *Work Organisation, Labour & Globalisation, 1* (1), 76–88.
  Hughes zeigt in seinem Beitrag, wie das schwammige Verständnis von Kreativität zu prekären Arbeitsverhältnissen für Kreative führen kann.
- Franck, E. (2001). Das Starphänomen. Drei Erklärungsansätze und ihre Anwendung auf verschiedene Segmente des Unterhaltungsmarktes. In M. Gaitanides & J. Kruse (Hrsg.), *Stars in Film und Sport. Ökonomische Analyse des Starphänomens* (S. 41–57). München: Reinhard Fischer.
  Franck interpretiert Stars als Hebelbediener, Standards und Qualitätsmonitore, und illustriert dies an Beispielen aus dem Sport-, Musik- und Filmkontext.

- Schirmer, N. (2013). *Personalmanagement für Kreativschaffende. Das Konzept des Künstlerbeziehungsmanagements.* Wiesbaden: Springer Gabler.
  Schirmer bietet in Kapitel 2.2., Seite 42-68, einen guten Überblick über die Beschäftigungsverhältnisse von Kreativschaffenden.

Die Fernsehlandschaft ist seit einigen Jahren voll mit Kochsendungen: „Frisch gekocht mit Andi und Alex" (*ORF 2*), „Schwiizer Chuchi mit Ivo Adam" (*SF 1*), „Flavorite's" (*ProSieben*), „Küchenschlacht" (*ZDF*), „Das perfekte Dinner" (*VOX*), „Lafer! Lichter! Lecker!" (*ZDF*), „Die Kochprofis" (*RTL II*), „Zu Tisch in…" (*arte*), „Die Kocharena" (*VOX*), „Kerners Köche" (*ARD*), „alfredissimo" (*ARD*), „Schmeckt nicht, gibt's nicht" (*VOX*), „Jamie's School Dinners" (*RTL II*), „Kochen mit Tim" (*ARD*) – um nur einige der aktuelleren Produktionen zu nennen. Mittlerweile werden sie bereits wahlweise als „Bruzzelterror auf allen Kanälen" (Dorfer & Simon, 2010) oder auch als „neue Pornographie" (Häntzschel, 2010) bezeichnet. Dabei erleben wir nicht zum ersten Mal, dass ein bestimmtes Genre bzw. ein bestimmtes Format die Fernsehprogramme dominiert. Ähnliche Tendenzen finden sich im Bereich der Casting-Shows, wo auf allen Kanälen inflationär Talente gesucht werden oder im Bereich der Game-Shows, bei denen es immer und überall etwas zu gewinnen gibt. Auch das Krimi-Genre hat sich in den letzten Jahren massiv ausgeweitet, und bestimmt mit Serien wie „Criminal Mind", „NCIS", „CSI" u. ä. die Programme. Sind diese Homogenisierungstendenzen der Medien, also die Tendenz, gleiche oder ähnliche Inhalte gleich oder ähnlich aufbereitet anzubieten, nur ein Phänomen des Fernsehens? Diese Frage muss verneint werden, denn in anderen Mediengattungen findet sich diese Entwicklung ebenfalls. Welches Radioprogramm kommt ohne „Morgenshow" aus, welche Tageszeitung ohne eine Rubrik „Leben"?

Die hier gestellte Kapitelfrage wird mit Blick auf die drei Ebenen des SVE-Modells (vgl. Kapitel 1.1) beantwortet: 1) die Bedingungen für die Medienproduktion, wie sie z. B. als Marktgröße oder Wettbewerbsintensität zu finden sind; 2) die konkreten Strategien und das Management der Medienproduktion sowie 3) die Medienangebote als Marktergebnisse, die sich eben relativ homogen entwickeln.

Der folgende Teil erläutert die Rahmen- und Marktbedingungen für die Medienproduktion (Kapitel 11.1), weil diese vor allem die Homogenisierung fördern. Wir konzentrieren uns dann stärker auf die konkreten Strategien und das Management der Medienproduktion, also darauf wie Medienorganisationen mit den jeweiligen Bedingungen umgehen. Dazu wird im Kapitel 11.2 als grundlegende Strategien die strategische Positionierung und Produktdifferenzierung vorgestellt. Danach werden wir Produktimitation als strategische Option erörtern (Kapitel 11.2.2) bevor schließlich auf Auswirkungen anderer, eher irrationaler Faktoren eingegangen wird (Kapitel 11.3). Abschließend antwortet die Zusammenfassung (Kapitel 11.4) auf die übergeordnete Kapitelfrage.

11.1 Homogenisierungstendenzen als Folge spezifischer Rahmen- und Marktbedingungen

Die Bedingungen der Medienproduktion wurden in anderen Kapiteln dieses Einführungs-buches bereits weitgehend geklärt. In Kapitel 1 wurde dargelegt, wie politische Systeme, Kulturunterschiede und Marktstrukturunterschiede zu unterschiedlichen Medieninhal-ten führen; in Kapitel 2, welche Gütereigenschaften als Teil der Marktstruktur zur Folge haben, dass eher imitiert wird; in Kapitel 4, welche Homogenisierungstendenzen durch Ökonomisierung verursacht werden, und in Kapitel 5, wie die Vielzahl der Anbieter und die Vielfalt der Angebote zusammenhängen. Diese Ausführungen lassen sich wie in Tabelle 11.1 dargestellt zusammenfassen:

Tabelle 11.1   Erklärungsansätze für Homogenität und Heterogenität der Medienangebote

Bereich	Beispielhafte Indikatoren	Einflusstendenz
Politische Rahmenbedingungen	Umfang der Regulierung	Homogenität innerhalb eines politischen Systems (meist Land); Heterogenität zwischen den Ländern
Kulturelle Rahmenbedingungen	Öffentliche Debattenkultur, Humorvorlieben, Visualisie-rungsvorlieben	Homogenität innerhalb eines kulturellen Systems (meist Land, aber auch Region); Heterogenität zwischen den Ländern
Marktstruktur	Anzahl und Größe der Wettbewerber	Homogenität innerhalb eines Marktes (geografisch variabel); ggf. Heterogenität zwischen den Märkten
Ökonomisierung	Deregulierung, Einfluss der Werbewirtschaft	Homogenität über alle Märkte hinweg

Quelle: Eigene Darstellung

Verschiedene bereits erläuterte Gütereigenschaften wirken derart zusammen, dass die Wahrscheinlichkeit für eine Homogenisierung von Medieninhalten sehr viel größer ist als diejenige für eine Differenzierung. Wie bereits in Kapitel 4.3 angesprochen (dort allerdings mit anderer Argumentationsbasis) wurde, tendiert der Medienmarkt auch deswegen zu suboptimaler Inhaltsvielfalt und „more of the same".

11.1.1 Größenvorteile und hohe First-Copy-Kosten

Bedenkt man zum einen die hohen First-Copy-Kosten in der Medienproduktion und die damit verbundene Fixkostendegression (vgl. Kapitel 2.1.6 und 5.1) sowie zum anderen, dass Medienorganisationen Größenvorteile (economies of scale) realisieren wollen bzw. müssen, werden zwei Aspekte für die Medienproduktion ausschlaggebend. Erstens die Größe des Absatzmarktes (Nachfrage nach bestimmten Medieninhalten), und zweitens die Mehrfachverwertung einmal produzierter Inhalte (vgl. Kapitel 4.2.2). Ein großer Absatzmarkt alleine würde noch nicht zu einer Homogenisierung, also zu ähnlichen und gleichen Inhalten führen. Denkbar wäre ja, dass Rezipienten eine Vielzahl an Interessen und Vorlieben verfolgen, und Medienanbieter, um diese Interessen und Vorlieben zu adressieren sowie optimale Kontakte für die Werbewirtschaft herzustellen, auch eine entsprechende Vielzahl und Vielfalt an Inhalten produzieren. Allerdings sprechen gewisse Homogenisierungstendenzen in der Nachfrage (ein großer Teil des Publikums will eben doch ähnliche Inhalte sehen, vgl. Fallbeispiel 2) ebenso dagegen wie die Kosten, die mit einer solchen Medienproduktion verbunden sind. Denn der Aufwand für einen einmal produzierten Inhalt, z. B. für die Recherche, den fertigen Artikel, die Bilder und die Komposition aller Einzelteile zu einer Zeitschrift, fällt unabhängig davon an, ob diese Ausgabe 10.000 Mal oder 100.000 Mal verkauft wird, und ob sie von 200.000 oder nur 20.000 Personen gelesen wird. Jedoch lassen sich mit 100.000 Käufern und 200.000 Lesern (als Kontakte für die Werbewirtschaft) wesentlich mehr Einnahmen generieren als mit einer geringeren Anzahl. Medienanbieter tendieren infolge dessen einerseits dazu, Inhalte zu produzieren, die eine große Nachfrage haben, also große Zielgruppen ansprechen. Andererseits neigen sie dazu, Inhalte, die bereits einmal Kosten verursacht haben, so oft zu verwerten, dass letztlich viele Rezipienten adressiert werden. In beiden Fällen sollen die Einnahmen optimiert werden, um die angefallenen Kosten zu amortisieren und möglichst hohe Gewinne zu realisieren. In beiden Fällen führt das eher zur Homogenisierung der Inhalte als zu Vielfalt.

11.1.2 Wettbewerbsvorteile der Imitation

Die geringe rechtliche Schutzfähigkeit von journalistischen Informationen und publizistischen Konzepten (vgl. Kapitel 2.1.3) macht innovative Medienproduktionen zu einem ausgesprochen risikoreichen Unterfangen. Medienorganisationen können nur bedingt ihre Eigentumsrechte an den einzelnen Inhalten geltend machen und im Markt durchsetzen. Während fertig produzierte Beiträge in ihrem Charakter analog zu künstlerischen Werken (z. B. Opern) über das Urheberrecht geschützt sind, lassen sich weder journalistische Informationen als Bestandteile von fertigen Beiträgen noch publizistische Konzepte als tragende Ideen für Sendungen oder Zeitschriften rechtlich sichern. Die Marktbedingungen liefern also wenig Anreize innovative Ideen kostspielig umzusetzen, weil sie jederzeit nach Veröffentlichung von anderen imitiert werden können. Vor allem publizistische Konzepte können nach Veröffentlichung von anderen plagiiert werden, was dazu führt, dass die investierten Ressourcen und angefallenen Kosten zum großen Teil irreversibel verloren sind (sunk costs). Es ist folglich wenig verwunderlich, dass parasitärer Imitationswettbewerb den dynamischen Innovationswettbewerb dominiert (Lobigs et al., 2005; Siegert, Weber et al., 2007) denn mit Imitationen geht man ein wesentlich kleineres ökonomisches Risiko ein. Diese Tendenz wird zudem durch die relativ hohen First-Copy-Kosten der Medienproduktion verstärkt. Da ein großer Teil der Kosten bei der Produktion der ersten Version anfällt, sind die versunkenen Kosten auch hoch, wenn eine Imitation durch Wettbewerber am Markt erfolgreicher ist.

Bestimmte technische und ökonomische Schutzmechanismen wie z. B. die Kopplung an einen Träger, die Kopplung an Werbebotschaften oder der Exklusivitätsvorteil bei journalistischen Informationen gehen mit der Verbreitung über das Internet verloren. Dafür jedoch lässt sich das Digital Rights Management wesentlich besser umsetzen.

In begrenztem Umfang kann der mangelnde rechtliche Schutz auch durch faktischen ökonomischen Schutz substituiert werden. Dies ist der Fall bei First-Mover-Vorteilen, die sich aus einer Pionierstrategie ergeben. So lassen sich positionale Inputs sichern (z. B. indem man bekannte und beliebte Moderatoren oder Stars verpflichtet), es können gewisse Standards gesetzt werden (z. B. mit einer professionellen Machart von Serien), oder es können Premiumpreise oder ein Reputationsvorsprung im Markt verankert werden. Leider werden diese ökonomischen Schutzsubstitute aber durch Late-Mover-Vorteile, die aus einer Folgestrategie resultieren, vermindert. Denn Nachahmer können Entwicklungskosten sparen, aus Fehlern des First-Movers lernen bzw. ihre Trägheit überwinden, und vom Preisverfall bei den Zulieferern profitieren.

Alles in allem hat Imitation aufgrund der spezifischen Konstellationen im Medienmarkt mehr Vorteile als Innovation, woraus eine Tendenz zu Homogenisierung resultiert.

11.1.3 Publikumsnachfrage auf der Basis des Erfahrungs- und Vertrauensgutcharakters

Auch die Unsicherheit in der Medienproduktion und die Unbestimmtheit der Input-Output-Relation (vgl. Kapitel 2.1.5) kombiniert mit dem Erfahrungs- und Vertrauensgutcharakter von Medieninhalten (vgl. Kapitel 2.1.4) macht den Erfolg innovativer und differenzierender Medienangebote nochmals ungewisser, denn der Publikumszuspruch kann nicht nur relativ kostengünstig produzierten, sondern auch ähnlichen Medienangeboten gelten. Dabei bevorzugen Rezipienten nicht unbedingt denjenigen Medienanbieter, der zuerst ein neues, differenziertes Medienangebot auf den Markt gebracht hat. Auch Anbieter, die mit ähnlichen Genres und Formaten später auf den Markt kommen oder sogar solche, die nachahmen und imitieren, können dabei erfolgreich sein. Um das Beispiel zu Beginn aufzugreifen: Die meisten Rezipienten werden diejenigen Kochsendung(en) sehen, die auf dem bevorzugten Sender und zur bevorzugten Zeit laufen oder diejenigen, in denen der Lieblingsmoderator bzw. Lieblingskoch agiert, unabhängig davon, ob das jeweils neue Produktdifferenzierungen oder Nachahmersendungen sind.

Weil darüber hinaus die Qualität solcher Kochsendungen fraglich ist oder nicht eingeschätzt werden kann (Ist die Sendung schlecht, wenn schlecht gekocht wird oder dann, wenn sie formal schlecht gemacht ist?), orientieren sich Medienorganisationen stark an den Produktionskosten, was in ähnliche Sendungsabläufe und Dramaturgien mündet. Dies gilt im besonderen Maße für journalistische Produktionen. Nicht nur die Orientierung an Nachrichtenfaktoren trimmt die Berichterstattung in dieselbe Richtung, auch die Zulieferung über Nachrichtenagenturen führt zu großer Ähnlichkeit, und zwar nicht nur in Bezug auf Themen, sondern auch in Bezug auf die Bewertung dieser Themen. Wie viele Mediennutzer können unterscheiden, ob ein Bericht von einem teuren Auslandskorrespondenten selbst recherchiert und verfasst wurde oder ob er ein etwas später „abgeschriebener" Aufguss dieser Rechercheergebnisse ist (vgl. zur geringen Schutzfähigkeit von Informationen als Bestandteilen der Berichte Kapitel 2.1.3)? Die zweite Version könnte zudem einfacher formuliert und deshalb besser verständlich sein, und daher stärker nachgefragt werden.

Im Medienmarkt herrscht deshalb eher „Kostenwettbewerb statt Qualitätswettbewerb" (Heinrich, 1996). Kosten werden in verschiedensten Bereichen optimiert – auch und vor allem in der Medienproduktion und beim involvierten Personal – was die Produktdifferenzierung als strategische Option nicht unbedingt begünstigt. Auch in der Kombination der einzelnen Bestandteile (z. B. Sendungen oder Ressorts) zu einem gesamten Angebot (z. B. Fernsehprogramm, Zeitschrift oder Zeitung) finden sich Homogenisierungstendenzen, weil fast immer „billig produzierte" mit „teuer produzierten" Angeboten kombiniert werden.

11.2 Vielfalt und Homogenisierungstendenzen als Folge strategischen Verhaltens von Medienunternehmen

Medienorganisationen müssen sich sowohl im Publikumsmarkt als auch im Werbemarkt gegenüber anderen Medienanbietern durchsetzen, weil die für die Mediennutzung zur Verfügung stehende Zeit und Aufmerksamkeit aber auch die Werbeinvestitionen begrenzt sind. Dabei orientieren sich Medienorganisationen einerseits an den Strategien und dem Verhalten der Wettbewerber. Andererseits muss die Medienproduktion immer im Kontext der unternehmerischen Ressourcen, die zur Verfügung stehen und investiert werden können, gesehen werden. Dabei ist nicht per se davon auszugehen, dass Wettbewerb der Vielfalt der Medienangebote schadet (vgl. Kapitel 5.4). Vielmehr scheint zu gelten, dass Wettbewerb bis zu einer gewissen Intensität Medienorganisationen dazu motiviert, Ressourcen in ihre Produktion zu investieren, die zu mehr Vielfalt führen können. Überschreitet der Wettbewerb aber eine gewisse Intensität, mündet er in ruinöses Konkurrenzverhalten (Lacy, 1992; Lacy & Blanchard, 2003; Lacy & Riffe, 1994; Russi, 2013b). Zugleich muss berücksichtigt werden, dass nicht nur die Ressourcen im gesamten Markt, sondern auch diejenigen im Unternehmen begrenzt sind. Medienorganisationen streben deshalb immer eine Optimierung des Ressourceneinsatzes an, was häufig vor allem in der Optimierung der Kosten endet.

Im Umgang der Medienorganisationen mit den Rahmen- und Marktbedingungen kann in einem ersten Schritt noch keine eindeutige Tendenz ausgemacht werden, denn es lassen sich generische Strategietypen und strategisches Verhalten unterscheiden (Sjurts, 2005, S. 19f), die in beide Richtungen (Homogenisierung und Differenzierung) führen können: So lässt sich entweder eine Kostenführerschaft oder eine Differenzierung von den Wettbewerbern anstreben. Diese Optionen können sich auf einen Massenmarkt (z. B. mit einem Fernsehvollprogramm) oder aber auf einen Nischenmarkt (z. B. mit einer Special-Interest-Zeitschrift) beziehen. Zugleich können sich Medienorganisationen strategisch innovativ oder aber reaktiv, das heißt imitativ, verhalten. Kostenführerschaft im Medienmarkt anzustreben funktioniert nur, wenn man im Publikumsmarkt auch wirklich Preise verlangen kann, wie bei Zeitschriften. Geht das nicht, wie bei Free-TV, kann diese Strategie auch nicht verfolgt werden.

11.2.1 Vielfalt als Folge strategischer Positionierung und Produktdifferenzierung

Im Fall der Differenzierung als strategischer Option positioniert sich eine Medienorganisation mit ihren Angeboten in Abgrenzung zu ihren Wettbewerbern. Sie sollen besonders, sie sollen einmalig sein, was bereits auf ein innovatives Verhalten deutet. Dieses Ziel kann vor allem über die Produktpolitik und die Etablierung einer Medienmarke erreicht werden. Bereits Porter (1980) zeigt die Produktdifferenzierung (neben der Kostenführerschaft) als generischen Strategietypus auf, wie er auch für Medienorganisationen gilt: Bei der Produktdifferenzierung grenzen sich Medienunternehmen im Wettbewerb von den Konkurrenten dadurch ab, dass sie ihre Angebote anders machen, variieren oder eben konkreter differenzieren: „A company can outperform rivals only if it can establish a difference that it can preserve. It must deliver greater value to customers or create comparable value at a lower cost, or do both." (Porter, 1996, S. 62). Medienunternehmen wollen dadurch die Wettbewerbsintensität niedriger halten, weil die Angebote dann nicht ohne weiteres substituierbar, also durch Wettbewerbsprodukte ersetzbar, sind. Damit entziehen sie sich dem direkten Wettbewerb.

Um ihr mediales Angebot strategisch zu positionieren kann eine Organisation eine strategische Nische besetzen, neue relevante Eigenschaftsmerkmale (Unique Selling Proposition) in den Vordergrund rücken oder einen symbolischen Nutzen schaffen und kommunizieren (Unique Communicating Proposition). So kann z. B. eine neue Zielgruppe anhand bestimmter Merkmale konstruiert und angesprochen werden, wie dies in den letzten Jahren mit Themen zum „städtischen Landleben" der Fall ist. Dabei werden ganz bewusst die LOHAS (life style of health and sustainability) adressiert. Darunter versteht man Personen, deren Lebensstil sich auf Gesundheit und Nachhaltigkeit konzentriert, und die zugleich konsumfreudig sind. Sie sind folglich bereit und fähig, für nachhaltig produzierte und biologisch angebaute Produkte auch einen entsprechenden Mehrpreis zu bezahlen. Deshalb sind sie für die Werbewirtschaft eine bevorzugte Zielgruppe. „Städtisches Landleben" fokussiert daher auf Themen, die dem Lebensstil entsprechen, und beinhaltet solche Aspekte wie „selbst Marmelade kochen" oder „selbst Tomaten anbauen". Ein weiteres Beispiel für eine Positionierung ist die Ausrichtung einer Tageszeitung am politischen Wählerspektrum. Zeitschriften wiederum könnten sich mit einer neuen Art der Visualisierung profilieren, das heißt Bilder anders gestalten und anders einsetzen. Radiosender könnten eine bislang wenig abgedeckte Musikrichtung dominant bedienen. Eine gewählte Positionierung kann auch entsprechend kommunikativ vermarktet werden, wie dies *ProSieben* mit „We love to entertain you" tut.

Verfolgen Medienorganisationen aktiv eine Differenzierung ihrer Angebote, spricht man meist von Medienmarken-Strategie. Denn im wachsenden Überangebot von Titeln, Sendungen und Programmen stellen Medienmarken eine Möglichkeit dar, sich gegenüber der Konkurrenz zu profilieren und zu differenzieren (vgl. u. a. Baumgarth, 2004b, 2004a, Chan-Olmsted, 2006a, 2011; Chan-Olmsted & Ha, 2004; McDowell, 2006, 2011; Siegert, 2001b, 2005; Siegert, Gerth & Rademacher, 2011). Dies kann auch dadurch gut gelingen, weil Medienmarken Funktionen erfüllen, die sowohl für die Medienproduktion als auch für die -nutzung wichtig sind. Konkret stützen Medienmarken durch ihre Signaling-Kompetenz das mediale Angebot als Erfahrungs- und Vertrauensgut ab. Das heißt sie signalisieren, was man konkret von einem bestimmten Medieninhalt, einem Titel, einer Sendung oder einem Programm erwarten kann. Damit beschleunigen und vereinfachen sie z. B. Entscheidungsprozesse, und bringen Ordnung in die Komplexität der medialen Welt. Sie ermöglichen Medienorganisationen auf diese Weise, Verlässlichkeit und Orientierung aufzubauen, Rezipienten und Werbewirtschaft an sich zu binden, und deren Nachfrage langfristig zu stabilisieren oder gar zu steigern.

Innerhalb von Medienmarken-Strategien bieten sich weitere Optionen an: Dachmarken-, Einzelmarken- und Markenfamilien-Strategien sowie die Internationalisierung (Baumgarth, 2004b; Förster, 2011; Siegert, 2001b, S. 132ff, 2005). So werden Dachmarkenstrategien vor allem von Fernseh- und Radiosendern verfolgt (z. B. „ZDF" als Dachmarke: Hefter, 2004), während im Printbereich überwiegend Markenfamilien vorherrschen wie z. B. die „Geo"-Markenfamilie mit „Geo", „Geo Special", „Geo Wissen", „Geo Saison", „Geo Epoche" und „Geolino". Vergleicht man die Boulevardzeitungen in den drei deutschsprachigen Ländern Österreich, der Schweiz und Deutschland, nämlich „Krone", „Blick" und „Bild", findet man immer klassische Medienmarken-Strategien vor, auch wenn sie einen je unterschiedlichen Grad an aktivem Markenmanagement aufweisen. Bei internationalen Lizenzierungen und Joint Ventures wird vor allem auf bekannte Medienmarken zurückgegriffen, um an den jeweiligen Werbemärkten mit einem bekannten Image auftreten zu können. Aus diesem Grund werden Medienmarken mittlerweile bevorzugt auch in Online-Angebote transferiert (Markentransfer).

Würden also alle Medienanbieter für ihre Seiten, Programme und Titel einer Produktdifferenzierung bzw. einer Medienmarkenstrategie folgen, hätte man zwar wenig bis keinen Binnenpluralismus (Vielfalt innerhalb eines Angebots), dafür aber maximalen Außenpluralismus (Vielfalt innerhalb eines Medienmarktes). Allerdings ist mit der Produktdifferenzierungsstrategie auch meist ein höherer Einsatz von Ressourcen verbunden, wodurch folglich mehr Kosten anfallen.

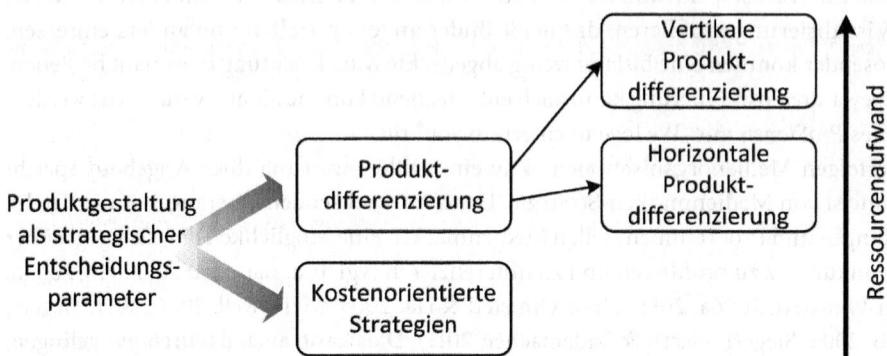

Abb. 11.1   Beziehung zwischen strategischer Produktgestaltung und Ressourcenaufwand

Quelle: © Russi, 2013b, S. 116

Produktdifferenzierung kann sowohl als horizontale als auch als vertikale Produktdifferenzierung umgesetzt werden (zusammenfassend: Russi, 2013b). Während bei der horizontalen Produktdifferenzierung die Machart der Medienangebote unterschiedlich, aber eigentlich gleich teuer ist (vgl. Abbildung 11.1), unterscheiden sich bei der vertikalen Produktdifferenzierung Medienangebote anhand von Qualitätsdimensionen und folglich auch in den Produktionskosten (Hay & Morris, 1979, S. 102). Bei der horizontalen Produktdifferenzierung handelt es sich also um bloße Variationen von Produktmerkmalen und deren Wahrnehmung durch die Mediennutzer. Der Kern des Angebots bleibt gleich, einzelne Aspekte ändern sich (vgl. Abbildung 11.2 horizontal: das Grundmuster des Vierecks bleibt bestehen). Die Adaption eines internationalen Quizshow-Formats wäre hier ein Beispiel: Die Sendung bleibt in Studiodesign, Ablauf und Dramaturgie gleich, Moderator, Fragen und Gäste ändern sich aber (z. B. „Who Wants to Be a Millionaire?" und „Wer wird Millionär?"). Bei der vertikalen Produktdifferenzierung geht es um die unterschiedliche Qualität der Produkte oder Produktmerkmale. Dabei ändert sich der Kern des Angebots (vgl. Abbildung 11.2 vertikal: das Grundmuster ändert sich, ist mal ein Viereck, mal ein Dreieck etc.), obwohl das Genre, zu dem es gehört, gleich bleibt. Die Quizshow würde also beispielsweise mit Geschicklichkeitswettbewerben kombiniert, und ein Kandidat müsste gegen einen gesetzten Prominenten antreten wie z. B. bei „Schlag den Raab". Dennoch gehören beide Sendungen zum Genre Quiz- und Wettbewerbsshows der non-fiktionalen Unterhaltung.

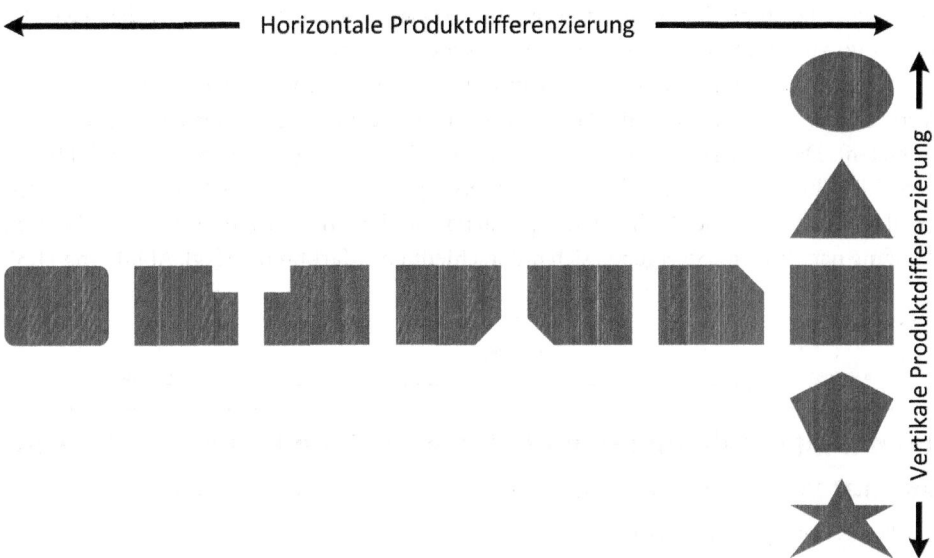

Abb. 11.2 Horizontale und vertikale Produktdifferenzierung

Quelle: in Anlehnung an Russi 2013: 133

In der Medienbranche ist die horizontale Produktdifferenzierung der Normalfall (Hollifield, Vlad & Becker, 2004, S. 144; Lang, 2004, S. 102), allein weil Medienorganisationen Kosten optimieren und durch die relativ hohen First-Copy-Kosten, die im Fall des Scheiterns verloren sind, keine allzu große Risiken eingehen.

11.2.2 Homogenisierungstendenzen als Folge strategischer Positionierung und Produktimitation

Bei der Produktimitation positioniert sich eine Medienorganisation, indem sie sich nur noch minimal von der Positionierung der Wettbewerber unterscheidet. In bestimmten Wettbewerbssituationen – diese wurden bereits in Kapitel 11.1 skizziert – unterscheiden sich Medienorganisationen in ihrer strategischen Produktpositionierung nur minimal, auch weil Größenvorteile eine wichtige Rolle in der Medienproduktion spielen. Dies lässt sich u. a. mit dem räumlichen Positionierungsmodell nach Hotelling (Hotellingsches Positionierungs-Modell: Hotelling, 1929) begründen. Er geht in seinem Szenario von Eisverkäufern an einem Strand aus und stellt sich die Frage, wo sich die Eisverkäufer am günstigsten räumlich positionieren, um die Anzahl an Kunden (die immer nur eine bestimmte Strecke weit laufen möchten), und damit ihren Marktanteil, optimieren wollen. Übertragbar ist dieses Modell insofern, als die räumliche Positionierung der Eisverkäufer mit der Produktpositionierung der Medienorganisationen gleichgesetzt werden kann (Lang, 2004). Je nach Produktpositionierung kann die Anzahl an Rezipienten und Werbekunden, und somit der Marktanteil optimiert werden. In Analogie (ohne jedoch Nash-Gleichgewichte[8] etc. exakt zu berechnen) kann also folgendes festgehalten werden:

In einem Ausgangsszenario gibt es drei Eisverkäufer (Medienorganisationen), die ihre Verkaufsstände an unterschiedlichen Plätzen am Strand aufstellen (unterschiedliche Inhalte anbieten). Dadurch können sie eine bestimmte Nachfrage generieren, weil Eisliebhaber sowohl rechts als auch links der Verkäufer etwa gleich weit zum Eisstand laufen würden (weil Mediennutzer und Werbekunden genau positionierte Inhalte nur in einem bestimmten Umfang nachfragen). So ergeben sich unterschiedliche Marktanteile (vgl. Abbildung 11.3).

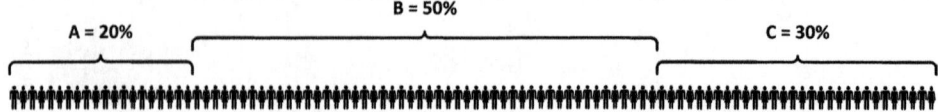

Abb. 11.3 Unterschiedliche Standorte am Strand als unterschiedliche Marktanteile

Quelle: in Anlehnung an Lang 2004, S. 103–106

Aus gesellschaftlicher Perspektive wäre eine solche Art der Positionierung durchaus zu begrüßen, weil es zu einer bestimmten Vielfalt der Medieninhalte führen würde. Noch besser wäre es aus diesem Blickwinkel allerdings, wenn es keine Dominanz eines Anbieters (wie im obigen Fall des Anbieters B) geben würde, sondern die Marktanteile und damit die Marktmacht gleichverteilt wären (vgl. Abbildung 11.4).

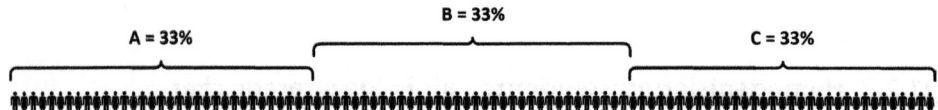

Abb. 11.4 Gesellschaftlich optimale Verteilung als Gleichverteilung der Marktanteile

Quelle: in Anlehnung an Lang 2004, S. 103–106

Tatsächlich muss man aber mit einer völlig anderen Positionierung rechnen, und zwar egal, ob es sich um Eisverkäufer am Strand oder um Medienanbieter handelt. Denn in beiden Fällen wollen die Anbieter ihren Marktanteil maximieren. Das heißt, sie werden sich so positionieren, dass sie eine größtmögliche Anzahl an Kunden generieren können.

---

8   Ein Nash-Gleichgewicht, benannt nach dem Mathematiker John F. Nash, ist in der Spieltheorie eine Kombination von Strategien die im Gleichgewicht ist. Wenn jeder beteiligte Spieler eine Strategie gewählt hat, und es daraufhin für keinen Spieler sinnvoll ist, von seiner gewählten Strategie abzuweichen spricht man vom Nash-Gleichgewicht (Nash (1950)).

Alle Medienanbieter gestalten ihre Inhalte also so, dass sie für ein möglichst großes Publikum attraktiv sind, weil sie einerseits direkt von den Zahlungen der Mediennutzer, und andererseits vom Verkauf der Publikumskontakte an die Werbewirtschaft leben. Medienorganisationen werden es folglich vermeiden, Inhalte zu produzieren, die nur ein kleines Publikum ansprechen (so wie Anbieter A in Abbildung 11.3), und zwar insbesondere deshalb, weil die Produktionskosten hoch sind, und sich diese Medienangebote am Markt nicht rechnen. Das führt dazu, dass sich Medienorganisationen in ihrer strategischen Produktgestaltung höchstwahrscheinlich nur minimal voneinander unterscheiden, so dass es zu einer „strategisch gewollten Clusterung der Inhalte" (Lang, 2004, S. 110) kommt (vgl. Abbildung 11.5 und Fallbeispiel 12).

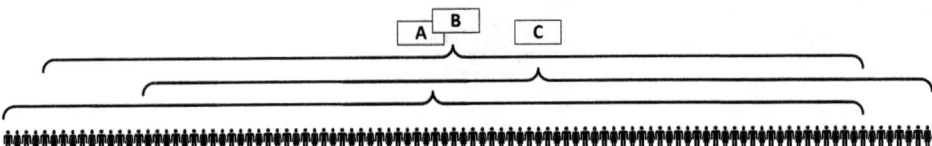

Abb. 11.5   Verteilung bei Maximierung des jeweiligen potenziellen Marktanteils

Quelle: in Anlehnung an Lang 2004, S. 103–110

Fallbeispiel 12:
Landleben und LOHAS – wie aus Produktdifferenzierung Cluster ähnlicher Inhalte werden

Um die für die Werbewirtschaft so wichtige Zielgruppe der LOHAS (lifestyle of health and sustainability) anzusprechen, greifen immer mehr Medien – wie hier auch die Publikumszeitschrift „Bunte" – entsprechende Themen auf und es kommt zu einer Clusterung um das Thema „Landleben".

„Raus aufs (bayerische) Land: danach sehnen sich nicht nur Großstädter. Millionen Menschen zieht es in ihrer Freizeit in die Natur. BUNTE bringt nun in seiner aktuellen Ausgabe 29/2013 vom 11. Juli ein Spezial zu diesem Thema heraus. Es heißt 'Leben auf dem Land' und ist in Zusammenarbeit mit der Bayern Tourismus Marketing GmbH entstanden. Auf 52 Seiten zeigt BUNTE u. a. warum Bayern liebenswert ist und stellt die schönsten Landhotels, die deftige bayerische Küche und die schönsten Badeplätze außerhalb Münchens vor. Prominente wie Simone Ballack, Michaela May und Peter Maffay geben Einblicke in ihr Landleben, Robert Baron von Süsskind und seine Frau Sabine laden zur Besichtigung ihres Landgutes ein. (Abb. 11.6)

Die überformatige Beilage erscheint in einer Auflage von 600.000 Exemplaren zusammen mit BUNTE am Kiosk und innerhalb der Abo-Auflage. Printanzeigen sowie TV- und Hörfunkspots flankieren das Heft."

http://www.burda-news.de/content/leben-auf-dem-land-neues-bunte-spezial (11.07.2013)

Abb. 11.6   Bunte Spezial Cover

Quelle: © Burda GmbH

11.3   Homogenisierungstendenzen als Folge irrationaler Faktoren im Medienmanagement

Auch im Medienmanagement bestimmen nicht ausschließlich rationale Faktoren die Strategiefindung und -umsetzung. Vielmehr kommen Faktoren ins Spiel, die sich aus der Geschichte der Organisation oder auch aus dem persönlichen Verhalten von Medienschaffenden ergeben, aber gleichwohl Entscheidungen prägen. Folgende Aspekte spielen dabei eine Rolle und sind teils aus der Journalismusforschung bekannt:

Medienorganisationen, insbesondere diejenigen in konvergenten Märkten, agieren pfadabhängig. Ursprung und Geschichte der Organisationen, aber auch Organisationskultur fundieren nicht nur die Kernkompetenzen, sondern prägen auch Managemententscheidungen. Was als „redaktionelle Linie" im Journalismus bekannt ist, gilt ähnlich für das Medienmanagement. Pfadabhängigkeit muss nicht zwangsweise in eine Homogenisierung der Medieninhalte münden, da aber nicht wenige Medienorganisationen die Geschichte eines Mediensystems teilen, sind auch hier Ansätze für eine Ähnlichkeit der Inhalte gegeben.

Da Mediennutzung hochgradig habituell ist, müssen sich Mediennutzer zuerst an neue Medienangebote gewöhnen. Dagegen ist der Zeithorizont von Medienorganisationen kürzer. Abhängig von Börsennotierung, die Quartalsberichte erfordert, oder von der Dauer von Verträgen mit Managern, müssen Resultate schnell sichtbar werden. Investitionen, die sich erst langfristig auszahlen könnten, werden folglich immer seltener. Die Zeithorizonte entwickeln sich tendenziell auseinander. Neue innovative Inhalte, die ggf. Zeit benötigen würden, um eine zufriedenstellende Nachfrage zu erzeugen, haben es deshalb ungleich schwerer, so lange im Markt verbleiben zu dürfen.

In der Medienproduktion wird kontinuierlich von der Relevanz des „Bauchgefühls" bzw. des „richtigen Riechers" gesprochen. Sowohl für den Journalismus als auch für die Unterhaltungsproduktion wird konstatiert, dass die Medienschaffenden dem Publikum nur das anbieten, was sie selbst für relevant (wahr, unterhaltsam etc.) halten. Dieses nicht rational fassbare Element beeinflusst auch Managemententscheidungen. Es ist hochgradig mit der Persönlichkeit der Entscheider und z. B. deren Vertrautheit mit bestimmten Themen verknüpft. Am ehesten kann die Zugehörigkeit zur gleichen Alterskohorte oder eine ähnliche Berufssozialisation zur Ähnlichkeit der Inhalte führen. Dies wird zusätzlich befördert, weil sich Entscheider auch im klassischen Management – analog zum Verhalten von Kapitalmarktakteuren (behavioral finance) – wechselseitig beobachten sowie ihre Managementaktivitäten wechselseitig anpassen, was zu homogenem bzw. Herdenverhalten führt (vgl. z. B. Ackstaller, 2005; Welch, 2000). So reagieren sie auf gegebene Umweltanforderungen, wie z. B. eine Verschärfung des Jugendschutzes, ähnlich. Eigene Karriereüberlegungen beispielsweise, aber auch die Absicherung durch die „Masse" lassen dieses Verhalten für die individuellen Akteure durchaus rational werden, führen aber zusätzlich zu Imitationen im Medienmarkt (Isomorphismus). Dabei spielen persönliche Netzwerke und Beziehungen nicht nur in der Medienproduktion, sondern auch für Managemententscheidungen eine Rolle. Besonders die TV-Produktion wird deshalb zu Recht als „people business" (Manning, 2005) bezeichnet, was auch auf den Journalismus und das Management übertragen werden kann. Auf solchen Beziehungen aufbauende Entscheidungen werden nicht selten ex-post-rationalisiert und als Strategie re-definiert (Siegert, 2005; Siegert & Amstutz, 2004).

11.4 Zusammenfassung

Dass tatsächlich oft auf allen Sendern das Gleiche kommt, und auch die Printmedien eines Genres sich in Themen und Aufmachung sehr ähneln, zeigen die vielen Beispiele in diesem Kapitel. Die Gründe dafür sind einmal in den Rahmen- und Marktbedingungen für Medien zu suchen. Gütereigenschaften wie hohe First-Copy-Kosten und economies of scale spielen ebenso eine Rolle wie die Publikumsnachfrage. Die ebenfalls relevanten Wettbewerbsvorteile von Imitation zeigen sich nicht nur auf Marktebene, sondern auch auf

Ebene konkreter Medienstrategien. Produktimitation führt hier zu Clustern ähnlicher bis gleicher Inhalte. Darüber hinaus verstärken irrationale Faktoren wie das Herdenverhalten von Managern die Homogenisierungstendenzen. Einzig Differenzierung als strategische Option wirkt diesem Trend entgegen. Da Medienorganisationen sich in diesem Fall von ihren Wettbewerbern abgrenzen wollen, stärkt dies den Außenpluralismus. Insgesamt gibt es jedoch mehr Faktoren, die eine Homogenisierung der Inhalte forcieren, als solche, die zur Vielfalt führen.

Kontrollfragen

▶ Welche First-Mover-Vorteile bieten einen ökonomischen Schutz für Innovationen?
▶ Inwiefern unterschieden sich die horizontale und vertikale Produktdifferenzierung?
▶ Welche Gütereigenschaften verstärken Homogenisierungstendenzen?
▶ Welche Ziele sollen mit Produktdifferenzierungen erreicht werden?
▶ Inwiefern führt eine Produktpositionierung, die dem Hotellingschen Positionierungs-
   modell folgt, zu Clustern gleicher Inhalte.

Kommentierte Literaturempfehlungen

- Siegert, G. (2005). Medienmarken als Link zwischen Qualität und Profit. In K.-U. Hellmann & R. Pichler (Hrsg.), *Ausweitung der Markenzone. Interdisziplinäre Zugänge zur Erforschung des Markenwesens* (S. 81–98). Wiesbaden: VS Verlag.
  Der Beitrag gibt einen kompakten Überblick über Chancen und Risiken der strategischen Option von Medienmarken und skizziert Umsetzungsstrategien.
- Lang, G. (2004). Strategie und Vielfalt. Eine Anwendung des Hotelling'schen Positionierungsmodells auf Medienmärkte. In G. Siegert & F. Lobigs (Hrsg.), *Zwischen Marktversagen und Medienvielfalt. Medienmärkte im Fokus neuer medienökonomischer Anwendungen* (S. 100–111). Baden-Baden: Nomos.
  Der Beitrag erläutert mit einschlägigen Berechnungen z. B. des Nash-Gleichgewichts die Anwendung des Hotellingschen Positionierungsmodells auf Medien.
- Russi, L. (2013). *Ökonomische Bedingungen publizistischer Vielfalt. Eine theoretische Modellierung und Fuzzy Set Analyse der Beziehung von Wettbewerb und Produktdifferenzierung in europäischen Zeitungsmärkten.* Baden-Baden: Nomos.
  In Kapitel 6 diskutiert der Autor die strategische Option der Produktdifferenzierung im Zusammenhang mit dem finanziellen Engagement der Medienhäuser und den Wettbewerbsbedingungen am Beispiel europäischer Verlage.
- Lobigs, F., Spacek, D., Siegert, G. & Weber, R. H. (2005). Mehr Rechtsschutz für TV-Formate? Eine medienökonomische und medienrechtliche Untersuchung. *Medien & Kommunikationswissenschaft, 53* (1), 93–119.
  Der Beitrag diskutiert kompakt die Problematik des rechtlichen und ökonomischen Schutzes von Medien am Beispiel von TV-Formaten.

- Chan-Olmsted, S. M. (2006b). Issues in strategic management. In A. B. Albarran, S. M. Chan-Olmsted & M. O. Wirth (Hrsg.), *Handbook of media management and economics* (S. 161–180). Mahwah, NJ: Lawrence Erlbaum.
  Im Beitrag werden grundsätzliche Aspekte des strategischen Medienmanagements geklärt.

Warum gibt es öffentlichen Rundfunk?

Wenn wir von öffentlichem Rundfunk oder allgemeiner öffentlichen Medien sprechen, meinen wir solche Anbieter, die einen öffentlichen Auftrag haben. Selbstverständlich richten sich alle Massenmedien, auch kommerzielle und staatliche, an die Öffentlichkeit, doch handeln sie nicht unbedingt im Interesse der Gesellschaft. Die Raison d'Être von kommerziellen Medien ist primär die Kapitalvermehrung der Eigentümer, die der staatlichen Medien die Rechtfertigung und Durchsetzung von Interessen der Exekutive. Mit öffentlichen Medien bezeichnen wir jene Medien, die auf gesetzlicher Grundlage dem Gemeinwohl verpflichtet, und redaktionell unabhängig von der Regierung sind. Wir verzichten dabei bewusst auf den in Deutschland üblichen Begriff öffentlich-rechtlich. Dieser bezieht sich auf die Rechtsform als Anstalt des öffentlichen Rechts. In anderen Ländern sind häufig andere Rechtsformen üblich. Bei der Schweizerischen Radio- und Fernsehgesellschaft *SRG* etwa bildet ein Verein die Trägerschaft der Unternehmung die nach Aktienrecht geführt wird. Der entscheidende Unterschied ist somit weniger die Rechtsform, als vielmehr der öffentliche Auftrag und die Verpflichtung aufs Gemeinwohl. Damit ist „öffentlich" unserer Ansicht nach die passendere Bezeichnung.

Um die Kapitelfrage beantworten zu können, muss man sich zunächst klar machen, dass es öffentlichen Rundfunk nicht überall gibt. In vielen Mediensystemen ist ein öffentlicher Rundfunk unbekannt. Ob es einen öffentlichen Rundfunk gibt hängt zunächst davon ab, welche Funktion den Medien (vgl. Kapitel 2.2.1) in einem Land zugeschrieben wird. Totalitäre Systeme kennen keinen öffentlichen Rundfunk, da hier die politischen Funktionen (Monitoring, Frühwarnfunktion, Forumsfunktion, Aktivierung, und insbesondere Kritik- und Kontrollfunktion) von den Machthabern gar nicht gewünscht sind. Kulturelle und soziale Funktionen werden in solchen Mediensystemen durch Zensur gesteuert, und so können Medien, die damit weitgehend auf ihre wirtschaftliche Funktion reduziert sind, wie jede andere Ware oder Dienstleistung betrachtet werden. Ein Bedarf für öffentliche Medien besteht in diesem Fall nicht, denn für so verstandene Medien besteht keine Marktinsuffizienz, die ausgeglichen werden müsste.

Doch die Tatsache, dass es in totalitären Systemen keinen Platz für öffentliche Medien gibt, bedeutet im Umkehrschluss nicht, dass alle demokratischen Systeme öffentliche Medien haben. Ob es solche Medien gibt, ist häufig historisch bedingt, also pfadabhängig. Wichtige Faktoren sind z. B. die politische Situation zu dem Zeitpunkt als die jeweils notwendige Technik verfügbar wurde, die Bedeutung des öffentlichen Sektors allgemein, und nicht zuletzt auch die Marktgröße. Kleinststaaten wie Luxemburg oder Liechtenstein richten meist nur ein öffentliches Radio, nicht jedoch öffentliches Fernsehen ein; die Kosten der TV-Produktion wären auch nach Umlage auf alle Bürger noch zu hoch. In Großstaaten wie z. B. den USA kann prinzipiell eher davon ausgegangen werden, dass der Markt eine Vielzahl von unterschiedlich ausgerichteten Anbietern finanzieren kann.

Im Folgenden soll die Kapitelfrage zunächst adressiert werden, indem historische und aktuelle Begründungen für öffentlichen Rundfunk benannt werden (Kapitel 12.1). Anschließend stellen und beantworten wir mehrere Anschlussfragen, die sich im Kontext öffentlicher Medien stellen. Dies sind die Fragen, ob der öffentliche Auftrag notwendigerweise mit einer bestimmten Organisationsform zusammenhängt (Kapitel 12.2), und wie weit der öffentliche Auftrag verstanden werden sollte (Kapitel 12.3). Abschließend erweitern wir die Ausgangsfrage, indem wir diskutieren, warum die Argumente für öffentliche Medien jenseits des Rundfunks bislang wenig Gehör gefunden haben (Kapitel 12.4).

12.1   Pfadabhängigkeit, überholte und aktuelle Rechtfertigungen

Die Einrichtung des öffentlichen Rundfunks in Deutschland ist insbesondere als Reaktion auf die Geschichte des Dritten Reichs zu verstehen. Rundfunk hatte sich als ebenso wirkungsvolles wie gefährliches Propagandainstrument erwiesen. Entsprechend wollten die Alliierten verhindern, dass sich nach dem Zweiten Weltkrieg erneut ein Staatsrundfunk mit demselben Propaganda-Potenzial etabliert (Beck, 2012, S. 211). Für eine vielseitige Rundfunklandschaft auf Basis von kommerziellen Anbietern fehlte jedoch sowohl die Vielzahl an Frequenzen wie auch die Finanzierungskraft der Werbetreibenden. Vorbild für den öffentlichen Rundfunk in Westdeutschland war damit vor allem die britische *BBC*. Die Gemeinwohlorientierung wurde durch den Programmauftrag und die Gremien, die sich aus Vertretern von „gesellschaftlich relevanten Gruppen" (vgl. Giersch & Pfab, 2008) zusammensetzen, gesichert. Die Gebührenfinanzierung wurde zwar staatlich organisiert, die zuständigen Ministerpräsidenten konnten jedoch keine Programmpolitik betreiben, denn sie durften die Höhe der Rundfunkgebühr nicht politisch motiviert festsetzen (Scheel, 2007).[9] Dies ist bis heute gültig. So wird der Rundfunkbeitrag auf Basis der Bedarfsmeldung der Anbieter von einer unabhängigen Kommission (*Kommission zur Ermittlung des Finanzbedarfs der Rundfunkanstalten, KEF*) empfohlen.

Jahrelang galten in Deutschland, nicht zuletzt auch durch die Rechtsprechung des Bundesverfassungsgerichts (vgl. BVerfG, Urteil des Zweiten Senats vom 28. Februar 1961, Az. 2 BvG 1, 2/60), die Frequenzknappheit sowie die vergleichsweise hohen Kosten der Rundfunkproduktion und Verbreitung als Rechtfertigung für den öffentlichen Rundfunk

---

9   Über die Rundfunkräte und den Verwaltungsrat des *ZDF* nimmt die Politik allerdings sehr wohl Einfluss. Als dieser Einfluss im Fall der Neubesetzung der *ZDF*-Chefredaktion 2009 allzu offensichtlich wurde, kam es zu einer Verfassungsklage. Im Ergebnis muss der *ZDF*-Staatsvertrag geändert werden, um den Einfluss der Politik und der Parteien zu begrenzen (Geil 2014).

(Gersdorf, 1991). Seit der Einführung der Kabelverbreitung (beginnend in den 1970er Jahren, in der Schweiz teilweise schon früher) und der Satellitenverbreitung (ab Mitte der 1980er Jahre) kann die Frequenzknappheit prinzipiell als überwunden gelten. Einzig im Hörfunk bedeutet die schleppende Verbreitung von Digitalangeboten, dass im UKW-Bereich noch immer eine Knappheit besteht. Auch das Kostenargument kann nicht sinnvoll aufrechterhalten werden; zum einen, weil die realen Kosten der Produktion und insbesondere der Verbreitung gesunken sind, und zum anderen, weil es mittlerweile keinen Mangel an kapitalstarken kommerziellen Anbietern mehr gibt. Entsprechend argumentieren einige Autoren, Rundfunk könne nun als marktfähiges Gut betrachtet werden, und ein öffentliches Angebot sei aus ökonomischer Perspektive nicht länger notwendig (Armstrong, 2005; Scholz, 1995).

Doch die Berufung auf diese beiden Aspekte greift zu kurz, denn sie vernachlässigt weitere Gütereigenschaften, die ebenfalls eine Marktunvollkommenheit nach sich ziehen. Insbesondere sind hier drei Aspekte zu nennen: 1) externe Effekte, 2) die begrenzte Konsumentensouveränität, und 3) das Problem, dass bestimmte Gutseigenschaften nicht erkannt werden können (Kops, 1998).

Wie in Kapitel 3.5 beschrieben wurde, haben Medien neben dem Nutzen für die unmittelbaren Rezipienten auch positive oder negative Effekte auf die allgemeine Wohlfahrt, also Nutzen oder Schaden für Nicht-Rezipienten. Güter mit negativen *externen Effekten* werden zu viel produziert, da die Produzenten den Schaden nicht in ihrer Kalkulation berücksichtigen müssen. Güter mit positiven externen Effekten werden zu wenig produziert, weil die Produzenten nicht unmittelbar für den Nutzen, den sie stiften, belohnt werden. Rein kommerziell ausgerichtete Medienunternehmen sind also nicht motiviert, Inhalte mit positiven externen Effekten anzubieten, und haben auch keinen Anreiz solche mit negativen externen Effekten zu vermeiden. Ein regulatorischer Eingriff in den Markt ist also geboten. Dem in anderen Politikfeldern üblichen Ansatz, Externalitäten über einen Eingriff in die Preise (Steuern) zu internalisieren, sind im Medienbereich Grenzen gesetzt, da sich Art und Umfang der Externalitäten schwer quantifizieren lassen. Eine „Brutalosteuer", die für den Konsum von gewaltverherrlichenden Inhalten erhoben würde, ist schwerlich vorstellbar, und umgekehrt ist der Wert eines gut informierten Stimmvolks nicht einfach zu beziffern. Weiter ist eine Reduktion der Preise im werbefinanzierten Fernsehen nicht möglich. Dem Rezipienten entstehen ohnehin keine monetären Kosten. Also muss auf der Angebotsseite angesetzt werden: Angebote mit negativen externen Effekten können bis zu einem gewissen Grad beschränkt werden, z. B. indem die Ausstrahlung von gewaltverherrlichenden oder rassistischen Inhalte untersagt wird. Angebote mit positiven externen Effekten können gezielt gefördert werden (wie bei der Filmförderung) oder indem eine Organisation mit entsprechendem Leistungsauftrag und Finanzierung etabliert wird (wie dem öffentlichen Rundfunk).

Begrenzte Konsumentensouveränität bedeutet, dass individuelle Konsumenten den Wert der angebotenen Inhalte in der konkreten Nutzungssituation verzerrt wahrnehmen. Wer erschöpft von der Arbeit kommt, möchte sich mit leichter Unterhaltung entspannen, obwohl er unter anderen Bedingungen eine andere Sendung als wertvoller ansehen würde. Es gibt also eine Differenz zwischen dem unmittelbaren Wollen und dem reflektierten Wollen. Die Einschaltquoten an denen sich kommerzielle Anbieter orientieren, spiegeln also nicht die tatsächlichen (intransitiven) Publikumspräferenzen wider, sondern die durch die Nutzungssituation beeinflussten. Die Neue Politische Ökonomie propagiert hierfür das Modell der Selbstbindung (Zintl, 1994): Weil über den Markt die zwar geäußerten aber nicht reflektiert gewollten Angebote bereitgestellt werden, delegiert der Nutzer die Programmentscheidung, sodass Angebote entstehen, die den von ihm eigentlich geteilten gesellschaftlichen Wertvorstellungen entsprechen. Die zunehmende Selbstkommerzialisierung des öffentlichen Rundfunks (Lilienthal, 2005) steht seiner Interpretation als Selbstbindungsinstrument der mündigen Nutzer allerdings entgegen.

Rundfunkangebote sind *Erfahrungsgüter*. Damit ein Markt funktioniert müssen beide Marktseiten über möglichst umfassende Informationen verfügen, damit sie den Wert des Austausches einschätzen können. Bei Erfahrungsgütern besteht jedoch eine Informationsasymmetrie (Kops, 2005, S. 353–355). Anbieter kennen das Angebot, Nachfrager nicht. Zum Ausgleich dieser Asymmetrie sind Signaling (durch die Anbieter) und Screening (durch die Nachfrager) notwendig. Anbieter stellen Informationen bereit und Nachfrager suchen Informationen, die eine Einschätzung fundieren sollen. Wo dies für einige Unterhaltungsangebote noch funktionieren könnte, ist es beim *Vertrauensgut* Nachrichten weitgehend unmöglich. Soweit eine Informationsasymmetrie jedoch nicht aufgelöst werden kann, muss man auf der besser informierten Seite (die der Anbieter) mit opportunistischem Verhalten rechnen. Beim öffentlichen Rundfunk, der sich nicht nach den kommerziellen Interessen seiner Werbekunden richten muss, kann der Anreiz für opportunistisches Verhalten reduziert werden.

12.2 Public Service-Inhalte versus Public Service-Organisation

Die Leistung, öffentlichen Rundfunk zu erbringen, ist prinzipiell nicht an die öffentlich-rechtliche Organisationsform gebunden. Entweder können öffentlich-rechtliche Organisationen einen öffentlichen Auftrag bekommen (wie z. B. in Deutschland und Österreich) oder aber private Unternehmen werden so reguliert, dass sie dem Gemeinwohl dienen (wie z. B. in der Schweiz). Denkbar sind auch Mischformen, indem z. B. private Unternehmen Vorschläge für gemeinwohlorientierte Programminhalte machen und diese dann von einer öffentlichen Organisation finanziert werden (wie z. B. in Neuseeland). Letzterer Ansatz wird in vielen Ländern zur Förderung der kulturellen Produktion angewendet, wie in Deutschland etwa die Filmförderung. In Neuseeland sind bestimmte Programmgattungen grundsätzlich aus der Förderung ausgenommen. Entweder weil sie wie non-fiktionale Unterhaltung genügend Potenzial bieten sich selbst über den Werbe- oder den Publikumsmarkt zu finanzieren, oder, wie im Fall von Nachrichten, weil die Förderung als politisch heikel gilt. Dieses Finanzierungsmodell fokussiert also allein auf den Aspekt des Marktversagens. Auf diese Weise werden zwar Produktionen ermöglicht, die der Markt selbst nicht finanzieren würde, allerdings werden gesellschaftlich wünschenswerte Inhalte eben nur dann angeboten, wenn eine Produktionsfirma einen entsprechenden Antrag in angemessener Qualität einreicht. Der kommerzielle Markt wird also um einen zweiten, weniger kommerziellen

Markt ergänzt. Ein Mandat, sich aktiv z. B. um Interessen und Belange von Minderheiten zu bemühen, gibt es dagegen nicht (Bardoel & d'Haenens, 2008, S. 346). Als Motivation für die Trennung von Mandat und Organisation wird häufig die vermeintlich ineffiziente Arbeitsweise von behördenähnlichen Strukturen in öffentlichen Rundfunkorganisationen (Coppens & Saeys, 2006) bzw. das „Effektivitäts-Effizienz-Dilemma" (Keuper & Brösel, 2005) angegeben. Allerdings sollte berücksichtigt werden, dass ein Vergabesystem wie in Neuseeland selbst auch Bürokratiekosten in der Antragsstellung, -prüfung und -abwicklung verursacht. Weiter muss bedacht werden, dass Effizienz in Bezug auf öffentliche Medien nicht allein ökonomisch, sondern auch funktional betrachtet werden muss. So gilt die Steuerfinanzierung des öffentlichen Rundfunks aus ökonomischer Sicht zwar als effizienter, da so der Aufwand für ein Gebühren-/Beitragssystem gespart werden kann, allerdings ist damit ggf. eine direktere politische Einflussnahme möglich (Grisold, 2001, S. 245).

Viele öffentliche Rundfunksender sind zu einem erheblichen Anteil auch werbefinanziert, insbesondere in Kleinstaaten. Da die Veranstaltung von Rundfunkprogrammen erhebliche Fixkosten verursacht, die in Kleinstaaten auf nur wenige Gebühren- oder Steuerzahler verteilt werden können, wird entsprechend gerne auf die Werbung als zweite Finanzierungsquelle zurückgegriffen. Dabei wird häufig der potenzielle Interessenkonflikt zwischen den Werbekunden und dem öffentlichen Auftrag als problematisch gesehen. Der in der Werbefinanzierung angelegte Erfolgsmaßstab Reichweite läuft den gemeinwohlorientierenden Zielen Qualität und Vielfalt zuwider (Heinrich, 2010b, S. 279–282). Andererseits gibt es auch Beobachter, die in einer Mischfinanzierung einen besseren Schutz für die Unabhängigkeit der Rundfunkanbieter sehen (z. B. Berg, 1995): Der Anteil Werbefinanzierung schützt vor zu großer Einflussnahme durch die Politik, der Anteil Gebühren- oder Steuerfinanzierung vor zu großem Einfluss von Seiten der Werbekunden.

12.3 Programmauftrag des öffentlichen Rundfunks

Dass es einen Bedarf für öffentlichen Rundfunk gibt, ist weitgehend unumstritten. Aus den Gutseigenschaften ergibt sich zwangsläufig, dass bei einer Bereitstellung von Medien nur über den Markt nicht alle Funktionen erfüllt werden können, welche die Gesellschaft ihnen zuschreibt. Die Frage ist nun allerdings wie der Programmauftrag des öffentlichen Rundfunks ausgestaltet sein soll. Grundsätzlich sind dabei zwei Ansätze denkbar.

In Bezug auf die Marktunvollkommenheit könnte dem öffentlichen Rundfunk allein die Aufgabe zugewiesen werden, jene Angebote bereitzustellen, die kommerzielle Anbieter nicht von sich aus offerieren. Das Ergebnis wäre ein „Volkshochschulprogramm" (Heinrich, 2010b, S. 614), das sich im Wesentlichen auf Bildungs- und Informationsangebote beschränkt. In der Programmrealität entspräche dies etwa dem Angebot von „C-Span", dem amerikanischen Parlamentsfernsehen[10] oder dem Bildungskanal des *Bayrischen*

---

10 Am Beispiel *C-Span* zeigt sich das Problem der Verknüpfung von öffentlicher Organisationsform und Programmauftrag. *C-Span* ist als Not-for-profit-Unternehmen formal unabhängig aber finanziert

Rundfunks „ARD-alpha". Solche Angebote stellen keine Konkurrenz für kommerzielle Anbieter dar, weil diese die entsprechenden Inhalte selbst nicht produzieren und ausstrahlen würden. Eine Wettbewerbsverzerrung durch öffentlich finanzierte Angebote ist also nicht zu erwarten. Allerdings werden solche Sender auch kaum wahrgenommen. „ARD-alpha" erreicht in Deutschland einen Tagesmarktanteil von ca. 0,1 % (Bayerischer Rundfunk Medienforschung, 2014). Nun könnte man argumentieren, dass dieser geringe Marktanteil schlichtweg die Quantifizierung der Marktunvollkommenheit darstellt, und dass das öffentliche Angebot also nur notwendig wäre, um die kommerziell nicht abgedeckte Minderheit von 0,1 % zu bedienen. Diese Sichtweise ignoriert jedoch den Aspekt, dass einige Medieninhalte meritorische Güter sind. Das Problem liegt also nicht nur darin, dass sie vom Markt nicht bereitgestellt werden, sondern auch darin, dass sie von den Rezipienten weniger nachgefragt werden als dies aus gesellschaftlicher Perspektive wünschenswert ist.

Im zweiten denkbaren Ansatz sollen öffentliche Rundfunksender nicht auf Information und Bildungsinhalte beschränkt werden, sondern ein Vollprogramm anbieten, wie wir es von der *ARD*, dem *SRF* oder dem *ORF* kennen. Hierfür können zunächst pragmatische Argumente vorgebracht werden. Die Abgrenzung, wann Medieninhalte eine öffentliche Forums- und Bildungsfunktion leisten, und wann sie nur einem privaten Nutzwert dienen, ist im konkreten Programm nicht durchgehend schlüssig möglich. Auch ein „Tatort" kann informieren oder kritisieren. Auch jenseits des engen Bezugs auf Information und Bildungsinhalte gibt es meritorische Inhalte, die gesellschaftlich eher wünschenswert sind als kommerzielle Angebote. Die Sozialisationsfunktion der Medien wird in der „Sendung mit der Maus" im öffentlichen Rundfunk eher im Interesse der Gesamtgesellschaft geleistet als durch „Benjamin Blümchen" auf *SuperRTL*.[11] Eine Beschränkung auf Information und Bildung bedeutet eine Beschränkung auf die Programminhalte mit den höchsten Minutenkosten in der Produktion (Seufert, 2006). Die potenzielle Entlastung von Gebühren- oder Steuerzahlern wäre also gar nicht so groß. Darüber hinaus würde die enge Themenfokussierung bedeuten, dass die öffentlichen Sender weniger Synergien nutzen könnten und Innovationsnachteile hätten.

Das wichtigste Argument gegen eine Beschränkung von öffentlichen Rundfunksendern steht im Zusammenhang mit dem Charakter als öffentliches Gut. Während bei anderen meritorischen öffentlichen Gütern, wie z. B. der Bildung, die Nutzung erzwungen werden kann (durch die Schulpflicht) ist dies bei Medien nicht der Fall. Zwar kann die Produktion von öffentlichen Medien reguliert werden, nicht jedoch deren Rezeption. Öffentlichen Medien die Möglichkeit zu geben, ein Vollprogramm anzubieten, ist somit ein Versuch, die Rezeptionswahrscheinlichkeit für die meritorischen Aspekte des Programms zu erhöhen, indem Rezipienten durch Angebote, die eher dem privaten Nutzen dienen, gebunden werden. So erklärte etwa der *ZDF*-Chefredakteur, dass die Halbzeitpause in Fußballspielen ein toller

---

durch Verbreitungsgebühren, die von jenen Kabel- und Satellitenanbietern bezahlt werden, die den Sender gegründet haben – privat finanzierter Public Value also.

11 Freilich kann die Sozialisierungsfunktion auch jenseits des öffentlichen Rundfunks positiv sein. Zum Beispiel können Kearney und Levin (2014) zeigen, dass die Reality-Show „16 and pregnant" auf *MTV* zur Reduktion von Teenagerschwangerschaften in den USA beigetragen haben.

Sendeplatz sei, um die Reichweite von Nachrichtensendungen zu erhöhen und ein Publikum mit Nachrichten zu erreichen, das diese sonst seltener sehen würden (Krei, 2012). Daneben legen Vertreter von öffentlichen Anbietern jeweils Wert darauf, dass sich ihre Angebote auch jenseits des Forumsbereichs positiv vom Angebot der kommerziellen Konkurrenz abheben würde (z. B. Amgarten, 2008; ORF, 2008), beispielsweise durch die Art der Inszenierung.

Öffentliche Sender haben demnach in allen Programmbereichen einem höheren Qualitätsanspruch zu genügen, als kommerzielle Anbieter. Nicht nur in den Nachrichten können wir als Rezipienten erwarten, dass dem Nachrichtenfaktor gesellschaftliche Relevanz eine größere Bedeutung beigemessen wird als in den kommerziellen Sendungen, auch von Unterhaltungsangeboten im öffentlichen Rundfunk dürfen wir Relevanz erwarten (vgl. Fallbeispiel 13). Die Qualitätsverpflichtung gilt also für das Programm insgesamt und nicht nur für einzelne Teile. Was dabei jeweils als Qualität verstanden werden kann ist nicht unumstritten, und entsprechend vage bleiben meist die rechtlichen Vorgaben in den Rundfunkgesetzen (Siegert, von Rimscha & Sommer, 2014, S. 66). Die Obliegenheit zur Qualität findet sich daher oft eher in Selbstverpflichtungs-Dokumenten der Sender oder dem was Lowe und Jauert (2005) „public service ethos" nennen. Zum öffentlichen Rundfunk gehört somit weniger eine bestimmte absolut messbare Qualität, sondern vielmehr der fortwährende Wille zur Qualität und der fortwährende Diskurs mit der Gesellschaft, wie diese Qualität zu interpretieren ist. Die Qualitätsverpflichtung ist ein publizistisch relevanter Wettbewerbsfaktor, da kommerziellen Angeboten dadurch mit dem Problem adverser Selektion ein hochwertiges Angebot entgegengesetzt wird – auch und gerade in den Bereichen des Programms, die von den Kommerziellen bevorzug bedient werden, wie etwa die Unterhaltung (Kiefer, 1996, S. 165).

Fallbeispiel 13: „Das kleine Fernsehspiel", ZDF

„Das kleine Fernsehspiel" ist die Nachwuchsredaktion des *ZDF*, die eine gleichnamige Sendereihe produziert. Pro Jahr werden 23 Neuproduktionen für den 40-Minuten Sendeplatz am späten Montagabend realisiert. Dort wo *ProSieben* die „Big Bang Theory", *Sat.1* „Criminal Minds" und *RTL* sowie *RTL II* Dokusoaps und Boulevardmagazine wiederholen, bietet das *ZDF* eine Plattform für die Film- und Fernsehmacher von morgen. Gezeigt werden Spiel- und Dokumentarfilme aber auch Mischformen und crossmediale Projekte, die entweder im Auftrag oder als Koproduktionen mit Kinoproduzenten entstanden sind. Die Reihe startete mit Sendebeginn des *ZDF* 1963 und hat seitdem vielen später bekannten Filmemachern eine Chance gegeben. 1972 wurde Rainer Werner Fassbinders „Händler der vier Jahreszeiten" produziert, 1984 Jim Jarmuschs „Stranger than Paradise", 1993 Tom Tykwers „Die tödliche Maria", 1998 Fatih Akins „Kurz und schmerzlos". Zahlreiche Produktionen wurden an Film- und Fernsehfestivals ausgezeichnet.

Dabei ist allen Produktionen gemein, dass sie jenseits des öffentlich-rechtlichen Rundfunks wohl kaum entstanden wären. Die Redaktion sieht sich dabei sowohl als Nachwuchsschmiede des deutschen Films, als auch als Seismograph im Sinne der Identifikation von gesellschaftlichen Themen. So tauchten beispielsweise die Motive „der semi-nostalgischen, semi-ironischen nationalen Selbstvergewisserungsfilme" (Wietstock, 2003) wie „Herr

Lehmann" oder „Das Wunder von Bern" bereits vorab im kleinen Fernsehspiel auf. Gleichwohl wird das *ZDF* für die Sendereihe auch kritisiert: Wenn „Das kleine Fernsehspiel" als Aushängeschild des öffentlichen Fernsehens gilt, warum hat es dann einen so unattraktiven Sendeplatz (Hartig, 2011)? Warum wird nur ein solch kleiner Anteil des ZDF-Budgets für diese Redaktion reserviert (Suchsland, 08.12.2010)? Und warum können die künstlerisch und gesellschaftlich wertvollen Produktionen trotz öffentlich-rechtlichem Budget nur in konsequenter Selbstausbeutung der Macher entstehen (Hartig, 2011; Wietstock, 2003)?
An diesem Beispiel zeigt sich also, wie schwierig es ist die Produktion von meritorischen Inhalten so zu organisieren, dass sowohl Produzenten, als auch das breite Publikum zufriedengestellt werden können.

12.4   Für und Wider einer öffentlichen Presse

Wenn man der Argumentation für einen öffentlichen Rundfunk folgt, und insbesondere die Begründungen jenseits der Frequenzknappheit heranzieht, gibt es eigentlich keinen Grund dafür, warum öffentliche Medien nicht auch gedruckt werden könnten. Heinrich (2010b, S. 609) stellt klar, dass sich die Funktionen der Medien, die über den individuellen Nutzwert hinausgehen (vgl. Kapitel 2.2), nicht auf den Rundfunk beschränken, „sondern von allen Mediengattungen zu erfüllen sind". Entsprechend schlägt er für den Forumsbereich der Medien insgesamt eine kollektiv organisierte aber staatlich unabhängige Finanzierung im Rahmen einer öffentlichen Stiftung vor. Anders als bei den häufig parteipolitisch beeinflussten pluralistischen Interessensvertretungen in den Gremien des öffentlich-rechtlichen Rundfunks in Deutschland schwebt ihm dabei eine Art Selbstkontrolle durch ein Gremium von Experten aus der journalistischen Profession vor.

Weltweit gibt es kaum Beispiele für eine öffentliche Presse. Die Gründe hierfür sind vor allem historisch gewachsen. Die Presse entstand zu einer Zeit, in der die Idee des Public Service noch nicht entwickelt war. Zeitungen waren entweder als Gegenöffentlichkeit zur Regierungskommunikation angelegt (etwa die Arbeiterpresse) oder als staatliches Mitteilungsorgan konzipiert. Die Produktionskosten von Zeitungen sind im Vergleich zu denen elektronischer Medien eher gering, und so hat sich relativ schnell eine Situation entwickelt, in der aus der Konkurrenz der Anbieter publizistische Vielfalt entstanden ist. Dennoch darf angenommen werden, dass diese Vielfalt nicht alle Bedürfnisse abdeckt, dass also auch im Printbereich Marktunvollkommenheit besteht, und meritorische Inhalte nicht im gewünschten Maß produziert und distribuiert werden. Dass es keine öffentliche Presse gibt, ist somit im Wesentlichen einer Pfadabhängigkeit geschuldet. Wie immer, wenn zuerst kommerzielle Anbieter vorhanden sind, wehren diese sich vehement gegen die Einführung eines öffentlichen Angebots, welches sie als illegitime, subventionierte Konkurrenz wahrnehmen. Entsprechend bringt eine Suche nach „öffentlich-rechtliche

Presse" oder „public service press" überwiegend Kommentare und Leitartikel zu Tage, in denen Chefradakteure und Verleger genau davor warnen.

Die Gelegenheit, eine öffentliche Presse einzuführen, bietet sich somit nur dann, wenn autoritäre Regime abgelöst werden, und sich mit der Demokratisierung auch das Mediensystem grundlegend wandelt. In den Transformationsländern Mittel- und Osteuropas wurden nach dem Ende des Sozialismus Zeitungen in Staatsbesitz allerdings nicht in öffentliche Medien umgewandelt, sondern schlicht privatisiert. Nach dem Ende der Militärdiktatur in Myanmar dagegen, sieht der Entwurf des Mediengesetzes neben einem Public Service-Rundfunk vor, dass die zwei staatseigenen Zeitungen zu Public Service-Zeitungen umgewandelt werden sollen (Rougheen, 2014).

Die Digitalisierung und Konvergenz (vgl. Kapitel 3.3) macht indes die Trennung zwischen Rundfunk und Presse weniger eindeutig als früher. Öffentliche Anbieter tendieren dazu, das Internet als zusätzlichen Distributionskanal neben Radio und Fernsehen zu verstehen, und wollen ihre Angebote auch über diesen Kanal ausspielen. Presseverlage interpretieren Onlinemedien dagegen eher als moderne Form der Presse, und möchten entsprechend das Engagement von öffentlichen Anbietern online begrenzen.

Der Konflikt zeigt sich dabei nicht nur bei aktuell informierenden Massenmedien, sondern grundsätzlicher bei der Frage nach dem Zugang zu Informationen. Einigen Beobachtern missfällt, dass das Wissen der Welt online zum Großteil durch wenige kommerzielle Anbieter wie *Google* erschlossen wird. So plädiert z. B. der Chef der Landesmedienanstalt Berlin-Brandenburg für eine öffentlich finanzierte Suchmaschine (Hege, 2012). Die „Deutsche Digitale Bibliothek" beispielsweise ist als öffentlicher Gegenentwurf zu Online-Angeboten von *Google*, *Amazon* und *Apple* zu verstehen. Der zuständige Staatsminister Naumann erklärte zum Projektstart: „Bei diesem Vorhaben geht es um den Zugang zu unserem, seit Jahrhunderten öffentlich gesammelten und bewahrten, meist auch mit staatlichen Geldern erst angekauften Kulturgut – und zwar dauerhaft und ohne rein kommerziellen Zweck" (Staatsminister für Kultur, 2009). Kritikern von öffentlichen Medien dienen freilich genau diese Projekte als Beispiele für die Ineffizienz der nicht kommerziellen Organisationsform. Während die kommerziellen Angebote ständig wachsen und Inhalte wie auch Funktionen ausbauen, ist die „Deutsche Digitale Bibliothek" im Frühjahr 2014 wenig mehr als ein Metakatalog im Beta-Stadium.

12.5 Zusammenfassung

Öffentlichen Rundfunk gibt es, um den Marktunvollkommenheiten zu begegnen, die sich aus den Gütereigenschaften der Medien ergeben. Öffentliche Medien sollen solche Inhalte produzieren und zugänglich machen, die kommerzielle Anbieter nicht oder nicht im gesellschaftlich wünschenswerten Umfang anbieten. Allerdings sollte der Auftrag für öffentliche Medien nicht so eng verstanden werden, dass nur angeboten werden darf, was es sonst nicht gäbe. Allgemein sind öffentliche Medien einer besonderen Qualität verpflichtet. Das heißt, sie sollen auch direkt mit kommerziellen Anbietern konkurrieren, indem sie ein qualitativ hochwertigeres Angebot bieten. Die Erfahrung zeigt dabei, dass die Organisationsform des öffentlichen Rundfunksenders – trotz möglicher Ineffizienzen – für die Erreichung dieses Ziels effektiv ist. Eine Trennung von Inhalt und Organisation bringt keine besseren Ergebnisse. Die Tatsache, dass es öffentliche Medien nur im Rundfunk und im Internet gibt, ist inhaltlich nicht zu begründen, sondern einzig auf historische Kontextbedingungen bei der Etablierung der jeweiligen Medientechnik zurückzuführen.

Kontrollfragen

▶ Warum kann man bei kommerziellen Medien eher negative externe Effekte annehmen, bei öffentlichen Medien dagegen eher positive?
▶ Was versteht man unter begrenzter Konsumentensouveränität?
▶ Welche Probleme stellen sich bei der Trennung von öffentlichen Medieninhalten und der Organisation öffentlicher Rundfunksender?
▶ Warum sollte der Auftrag der öffentlichen Medien weit verstanden werden?
▶ Welche Argumente sprechen gegen eine öffentliche Presse?

Kommentierte Literaturempfehlungen:

- Kops, M. (1996). *Rechtfertigen Nachfragemängel eine Regulierung von Rundfunkprogrammen?* (Arbeitspapiere des Instituts für Rundfunkökonomie an der Universität zu Köln, Bd. 72). Köln: Institut für Rundfunkökonomie an der Universität zu Köln.
  Der Autor diskutiert Nachfragemängel und die Frage, inwieweit diese als Rechtfertigung für öffentlichen Rundfunk herangezogen werden können. Ähnlich auch Brown, 1996.
- Moe, H. (2008). Dissemination and dialogue in the public sphere. A case for public service media online. *Media, Culture & Society, 30* (3), 319–336.
  Der Autor propagiert die Ausweitung des Public Service-Mandats auf das Internet, argumentiert dabei aber nicht ökonomisch.
- Armstrong, M. (2005). Public service broadcasting. *Fiscal Studies, 26* (3), 281–299.
  Der Autor argumentiert, dass sich die Rechtfertigung für öffentlichen Rundfunk überlebt hätte.
- Lowe, G. F. & Steemers, J. (Hrsg.). (2012). *Regaining the initiative for public service media.* RIPE@2011 (RIPE reader, Bd. 5). Göteborg: Nordicom.
  Die Autoren sehen öffentliche Medien in einer Legitimationskrise. Sie schlagen einerseits eine Besinnung auf die Kernleistung öffentlicher Medien, und andererseits eine Neuinterpretation dieses gesellschaftlichen Auftrags vor.
- Dunleavy, T. (2008). New Zealand television and the struggle for 'public service'. *Media, Culture & Society, 30* (6), 795–811.
  Die Autorin beschreibt den neuseeländischen Versuch, Public Service-Inhalte ohne die Institution des Public Service-Rundfunks zu fördern.

Warum überleben Qualitätsmedien? **13**

Diese Frage beschäftigt so oder in ähnlicher Form seit der Finanzkrise 2008/2009 die Medienbranche vieler Länder. Der konjunkturelle Einbruch der Werbeinvestitionen (vgl. Kapitel 6.2.2) hat gerade Tageszeitungen und darunter einige, die als Qualitätszeitungen tituliert werden, betroffen. Stellt man sich jedoch die Frage, warum – oder besser – ob Qualitätsmedien überleben, muss zunächst geklärt werden, was überhaupt Qualitätsmedien sind.

Kann man die „Frankfurter Allgemeine Zeitung" („FAZ"), die „Neue Zürcher Zeitung" („NZZ") und den „Standard" als Qualitätsmedien bezeichnen? Sind „Wer wird Millionär?" (*RTL*) bzw. „Die Millionenshow" (*ORF*), „The Voice" (*SAT.1* und *SRF*) oder „Ich bin ein Star – Holt mich hier raus!" (*RTL*) ebenfalls Qualitätsinhalte? Spontane Einschätzungen dazu orientieren sich häufig am persönlichen Geschmack oder an einem elitären bildungsbürgerlichen Standpunkt darüber, was Qualität sei, und was eben nicht. So einfach und so variabel ist jedoch die Frage der Medienqualität nicht zu beantworten. Obwohl die berühmte Aussage von Ruß-Mohl (1992, S. 85) „Qualität im Journalismus definieren zu wollen, gleicht dem Versuch, einen Pudding an die Wand zu nageln" so nicht mehr gilt, ist es immer noch komplex, Qualität zu definieren. Zumal, wenn es sich um verschiedenste Arten von Medienangeboten handelt, wie journalistische Berichte, Interviews, Serien, Magazine, Filme oder Shows (Kapitel 13.1).

Dann bleibt immer noch die Frage, warum Qualitätsangebote überleben, wo doch der Medienmarkt (wie in den vorherigen Kapiteln ausgeführt) zu Imitation und „more of the same" neigt, die Medienunternehmen vor allem Kosten optimieren wollen, das Publikum die Qualität der Medienangebote nur bedingt einschätzen kann und entsprechend auswählt, und zudem eine geringe Zahlungsbereitschaft aufweist. Es muss folglich ökonomische Mechanismen geben, die es Qualitätsmedien – jenseits des öffentlichen Rundfunks (vgl. Kapitel 12.3) – erlauben, im Medienmarkt zu bestehen. Hier ist vor allem die Markenstrategie als Qualitätsstrategie der Medienunternehmen zu nennen, die im Kapitel 13.2 diskutiert wird. Eine solche Strategie kann jedoch nur funktionieren, weil mit der Medienmarken-Reputation ein institutionelles Arrangement im Medienmarkt wirkt, wie wir im Kapitel 13.3 erläutern. Aber auch Medienkritik und Meta-Medien können die Qualitätsorientierung des Publikums erhöhen, wie Kapitel 13.4 zeigen wird. Ist dies aber angesichts aktueller Entwicklungen ausreichend, um mediale Qualitätsangebote dauerhaft zu sichern? Diese Frage wird im Kapitel 13.5 problematisiert, bevor die Zusammenfassung im Kapitel 13.6 auf die Frage des Kapitels antwortet.

13.1 Qualitätsmedien und die Debatte über Qualität in den Medien

Ein umfassender Qualitätsbegriff kann sich nicht auf die für den Journalismus entwickelten Kriterien beschränken, obwohl sich dazu die älteste und umfassendste wissenschaftliche Auseinandersetzung findet (für eine Übersicht siehe Bucher & Altmeppen, 2003; Engesser, 2013). Ein umfassender Qualitätsbegriff muss vielmehr auch andere Schwerpunkte setzen, weil die Ansprüche des Publikums und der Werbewirtschaft einbezogen werden müssen, und weil Qualität nicht nur in der Information, sondern auch in der Unterhaltung eine Rolle spielt. Allerdings wird in der Kommunikationswissenschaft Qualität vor allem mit Printmedien und Nachrichten sowie deren Berichterstattung verknüpft. So finden sich etwa in der International Encyclopedia of Communication zum Thema Qualität nur die Einträge „quality of the news" und „quality press" (Donsbach, 2008). Auch die öffentliche Debatte um Qualität dreht sich oft nicht nur darum, die Eignung für eine Aufgabe zu haben und die Fähigkeit die Aufgabe zu erfüllen (abstrakter Qualitätsbegriff), sondern um den normativen Wert dieser Aufgabe (Ist die Aufgabe gut oder schlecht?).

In der deutschsprachigen Kommunikationswissenschaft wird im Zusammenhang mit Qualität meist auf das Gutachten von Schatz und Schulz (1992) Bezug genommen, die fünf Kriterien der Qualität identifizieren. Andere Autoren listen ähnliche Kriterien auf (vgl. Tabelle 13.1). Aktueller lassen sich die Qualitätskriterien des Jahrbuchs „Qualität der Medien" aufführen, die auf die Aufklärung zurückgehend, unterschiedliche Ansprüche (Universalität, Ausgewogenheit, Objektivität, Relevanz) adressieren, die vor allem für die journalistischen Medieninhalte gelten (fög-Forschungsbereich Öffentlichkeit und Gesellschaft, 2013, S. 304; Imhof, 2013, S. 13).

Während Qualitätskriterien im Journalismus mittlerweile fest etabliert sind, gibt es im Bereich der Unterhaltung keine allgemein vergleichbaren Standards. Denn es wird befürchtet, dass Qualitätskriterien die Kreativität, die zur Produktion von Unterhaltung nötig ist, zu sehr einschränken. Dennoch finden sich auch für Unterhaltungsangebote Definitionsansätze. Dabei wird oft von der Perspektive involvierter Akteursgruppen, nämlich derjenigen von Regulierern, Produzenten, Distributoren, Kritikern und Rezipienten ausgegangen. Diese einzelnen Perspektiven auf Qualität in der Unterhaltung betonen dabei je andere Facetten (siehe dazu u. a. Gehrau, 2008; Hallenberger, 2011; Leggatt, 1996; Rosengren, Carlson & Tågerud, 1996; Schatz & Schulz, 1992) und lassen sich in Fragenform formulieren (vgl. Tabelle 13.2):

Tabelle 13.1 Qualitätsdimensionen für journalistische Medieninhalte

Schatz & Schulz, 1992	Ruß-Mohl, 1992	Rager, 1994	Hagen, 1995	fög / Imhof, 2013
Relevanz		Relevanz	Relevanz	Relevanz
	Aktualität	Aktualität	Aktualität	Aktualität
Vielfalt			Vielfalt	Vielfalt
Professionalität				Professionalität
	Objektivität			Objektivität
		Richtigkeit	Richtigkeit	Faktentreue
			Ausgewogenheit	Ausgewogenheit
				Neutralität
				Fairness
			Sachlichkeit	
				Sachgerechtigkeit
	Reflexivität			
		Vermittlung		
	Transparenz		Transparenz	
Akzeptanz				
	Komplexitätsreduktion			
			Verständlichkeit	
	Originalität			
Rechtmäßigkeit				

Quelle: Eigene Darstellung

Tabelle 13.2 Qualitätsdimensionen für unterhaltende Medieninhalte

Dimension	Leitfrage
Rechtmäßigkeit	Ist das Unterhaltungsangebot rechtmäßig?
Transparenz	Ist das Unterhaltungsangebot transparent hinsichtlich der Hintergründe und Ziele?
Inhaltliche Qualität	Entspricht der Inhalt des Unterhaltungsangebots den Ansprüchen beispielsweise in puncto gesellschaftlicher Relevanz und Aktualität?
Gestalterische Qualität	Entspricht die Gestaltung des Unterhaltungsangebots den Ansprüchen beispielsweise in Dramaturgie und Kunstsinn?
Verständlichkeit	Zeichnet sich das Unterhaltungsangebot durch Verständlichkeit, Glaubwürdigkeit, Richtigkeit und Realitätsbezug aus?
Unbedenklichkeit	Ist das Unterhaltungsangebot unbedenklich, nicht anstößig, nicht menschenverachtend und kritisch?
Professionalität	Ist das Unterhaltungsangebot professionell?
Innovation	Ist das Unterhaltungsangebot innovativ?
Reputation & Akzeptanz	Ist das Unterhaltungsangebot renommiert und findet es Akzeptanz?
Vielfalt	Ist das Unterhaltungsangebot insgesamt vielfältig?
Beitrag zur Identitätskonstruktion	Werden im Unterhaltungsangebot landes- oder regionenspezifische Aspekte genügend berücksichtigt?

Quelle: Siegert et al., 2014, S. 37–38

Übergreifend gilt demnach, dass man nicht einen einzigen Qualitätsmaßstab an alle Medienangebote anlegen darf, sondern hinsichtlich Funktion, Selbstverständnis, Genre, Medium, Aktualität des Mediums sowie Zielgruppen differenzieren muss, und am ehesten Medienangebote desselben Marktsegments vergleichen kann (Ruß-Mohl, 1992, S. 85, 1994, S. 23).

Insgesamt finden sich unzählige Versuche, eine allgemeine theoretische Grundlage für die Beurteilung von Qualität unter unterschiedlichen Perspektiven – erfolgsorientierten, aufgabenorientierten, wirtschaftlichen, ästhetischen, publizistischen oder rechtlichen – zu entwickeln. Dabei wird versucht, bestimmte Merkmale und Werte für Qualität auf zwei Ebenen zu bestimmen (vgl. u. a. Fabris, 1999; Fabris & Rest, 2001; Meckel, 1999; Weiß, 1997, Wyss, 2002a, 2002b): Erstens wird über Qualität als formaler Aspekt der Medienproduktion und des handwerklichen Könnens diskutiert. Dies zielt sehr klar auf die Produktionsstrukturen sowie auf die Leistungsfähigkeit und Leistungsbereitschaft der Medienschaffenden. Damit werden ihr Wissen, ihre kommunikativen, Sach- und Fachkompetenzen sowie handwerklichen Fähigkeiten (z. B. selektieren, recherchieren, schreiben und redigieren im Journalismus) angesprochen. Zweitens werden Eigenschaften der Medieninhalte thematisiert, die sich an bestimmten ethisch, normativ oder rechtlich begründeten Qualitätsdimensionen und Professionsstandards orientieren sollen.

Darüber hinaus gibt es eine Vielzahl an Ansätzen zur Messung von Qualität, obwohl keine Einigkeit darüber besteht, wie das Konstrukt genau gemessen werden kann. Eigentlich kann nur die kontinuierliche Messung, also die Langzeituntersuchung mit demselben Messinstrument, das Problem beheben, denn so können wenigstens Veränderungen festgestellt werden. Diskussionen über die Qualität der Medien und ihre Messung bleiben jedoch nicht nur auf die Wissenschaft beschränkt. Da die Medien direkt davon betroffen sind, reagieren sie auf Qualitätsmessungen und deren Publikation höchst sensibel. Wenn die Ergebnisse ein kritisches Bild liefern, werden sie nicht selten öffentlich bekämpft, diffamiert oder totgeschwiegen (Jarren, 2013).

13.2   Medienmarkenstrategie als Qualitätsstrategie

Obwohl also keine ganz klare und verbindliche Definition von Qualität existiert, geben die jeweiligen Kriterien hinreichende Hinweise, wie Qualität bei Medienangeboten aussehen soll. Ob allerdings Qualität ein strategisches Ziel für Medienorganisationen ist, und welche Rolle sie spielt, hängt von der grundlegenden Strategiewahl und von der Positionierung ab. Qualitätsorientierung kann in diesem Zusammenhang vor allem mit dem generischen Strategietyp Differenzierung verknüpft werden (vgl. Kapitel 11.2), denn in diesem Fall will eine Medienorganisation mit ihren Angeboten besonders und einmalig sein, und sich so von ihren Wettbewerbern abgrenzen. Dieser Strategietyp ist grundsätzlich in beide Richtungen offen, wäre also auch mit qualitativ sehr schlechten und bedenklichen Inhalten möglich. Immer wird aber entweder eine strategische Nische besetzt oder es werden neue relevante Eigenschaftsmerkmale (Unique Selling Proposition) betont oder ein symbolischer Nutzen geschaffen und kommuniziert (Unique Communicating Proposition). Solche Differenzierungsstrategien werden auch als Medienmarken-Strategien bezeichnet (vgl. u. a. Baumgarth, 2004b; Caspar, 2002; Chan-Olmsted, 2006a; Chan-Olmsted & Kim, 2001; Förster, 2011; McDowell, 2006; McDowell & Sutherland, 2000; Ots, 2008; Siegert, 2001b, 2005; Swoboda, Giersch & Foscht, 2006). Medienmarken werden folglich in der Medienindustrie seit einigen Jahren als „erfolgsversprechendes Profilierungs- und Differenzierungsinstrument" (Caspar, 2002, S. VII; vgl. auch McDowell, 2006, S. 231) eingesetzt.

Dabei formulieren Medienorganisationen ihre sogenannte Medienmarken-Identität (Markenpersönlichkeit) als Ausgangspunkt ihres Managementhandelns. Die Medienmarken-Identität umfasst sowohl publizistische als auch ökonomische Aspekte, die die Medienorganisation ihren Titeln, Programmen, Sendungen oder der Organisation selbst zuschreiben will. Dazu gehören Nutzen- und Kompetenzversprechen, Eigenschaften sowie die Art der Audiovisualisierung, also z. B. die journalistische Orientierung, der Journalismusstil, das redaktionelle Konzept, die politische Blattlinie, die Rubrizierung, die Themen, das inhaltliche Kompetenzgebiet, das Layout, der Informations- und Unterhaltungswert, die Erscheinungsweise, aber auch der Anteil an Werbung oder der Verkaufspreis (Siegert et al., 2011), zudem das Prestige bei den bisherigen Nutzer wie auch die Gruppe der bisherigen Nutzer überhaupt (vgl. Fallbeispiel 14). Kurzum alle Aspekte, die die Marken-Identität ausmachen, und sowohl die Medienproduktion als auch die Vermarktung betreffen. In der Vermarktung (Medienmarken-Positionierung) werden dann vor allem diejenigen Aspekte betont, mit denen man sich von der Konkurrenz differenzieren will. Sichtbar werden solche Positionierungen u. a. in den entsprechenden Claims wie z. B. „Spiegel-Leser wissen mehr" (*Der Spiegel*) oder „We love to entertain you" (*ProSieben*).

Die Medienmarken-Identität beinhaltet somit ein Versprechen an Publikum und Werbewirtschaft, eine bestimmte Art von Qualitäten der oben genannten Aspekte zu bieten, die über die Medienmarken-Positionierung signalisiert wird. Dieses Qualitätsversprechen muss also nicht auf hohe inhaltliche Qualität abzielen, sondern kann z. B. ein Versprechen sein, zugespitzte und bildreiche Skandalgeschichten von Prominenten, die jeweils neusten Serien und Filme aus den USA, die Live-Übertragung aller Fußballspiele weltweit etc. anzubieten. Mit solchen Qualitätsversprechen adressieren Medienmarken das Problem, dass Medienangebote Erfahrungs- und Vertrauensgüter sind. Sie signalisieren damit, was man konkret von einem noch unbekannten Medieninhalt, Titel, Programm oder von einer noch unbekannten Sendung erwarten kann. Medienorganisationen müssen dieses Versprechen dann allerdings auch erfüllen, um die Erwartungen der Nachfrager nicht zu enttäuschen.

Obwohl die Medienmarken-Strategie prinzipiell in beide Richtungen (hohe oder geringe Qualität) offen ist, wird der Begriff fast immer für diejenigen Strategien verwendet, die nach hoher Qualität streben. Picard (2004) zeigt für Medien vier mögliche Strategieoptionen auf, die sich vor allem darin unterscheiden, ob und wie langfristig in Qualität investiert wird (vgl. Abbildung 13.1).

Abb. 13.1   Strategische Optionen in Bezug auf Qualität und Ergebnis

Quelle: in Anlehnung an Picard, 2004, S. 62

Einige Medienmarken positionieren sich explizit als Qualitätsmedien, d. h. das Qualitätsversprechen ihrer Markenidentität signalisiert etwas Besonderes, nämlich das Versprechen
auf hohe journalistische Qualität oder hohe Unterhaltungsqualität in Anlehnung an die
im vorigen Abschnitt skizzierten Kriterien (Tabelle 13.1 für journalistische Qualität und
Tabelle 13.2 für Qualität in der Unterhaltung). Sie investieren längerfristig in inhaltliche
Qualität, wollen so ihre Reputation aufbauen bzw. erhalten und auch Gewinne erwirtschaften. Damit beziehen sich diese Medienmarken auf spezifische berufsethische Standards,
Wertvorstellungen und normative Leitideen (des Journalismus) (McManus, 1995, S. 318ff;
Siegert, 2001b, S. 16; Sylvie, 2007). So kann z. B. Qualität als Kernelement journalistischer
Berichterstattung nur dann Bestand haben, wenn sie in der Markenidentität verankert und
aktiv aufrechterhalten wird. Es besteht die Chance, damit auch ökonomisch erfolgreich
zu sein, weil enttäuschte Qualitätserwartungen zu Reputationsschädigungen, und diese
wiederum über eine geringere Nachfrage auf dem Publikumsmarkt zu wirtschaftlichen
Einbußen führen können (Siegert, Rademacher & Lobigs, 2008). Das heißt für Entschei-
dungsträger in Medienunternehmen ist es durchaus rational, zu investieren und höhere
Kosten in Kauf zu nehmen, um einen Qualitätsanspruch umzusetzen. Dies funktioniert
jedoch nur, wenn auf Marktebene die Medienmarken-Reputation wirkt.

13.3 Medienmarken-Reputation als Qualitätsorientierung im Medienmarkt

Eine Medienmarken-Strategie als Qualitätsstrategie kann sich deshalb für die entsprechende Medienorganisation auszahlen, weil die Medienmarken-Reputation als institutionelles Arrangement Schwächen des Marktmechanismus ausgleicht (Heinrich & Lobigs, 2003, Lobigs, 2004a, 2004b). Wie kann das funktionieren? Aufbauend auf institutionenökonomischen Überlegungen lässt sich die Beziehung zwischen den Mediennutzern und den Medienorganisationen ebenfalls als Prinzipal-Agent-Beziehung modellieren (vgl. Kapitel 7.2). In diesem Setting wissen die Mediennutzer als Auftraggeber (Prinzipale) nicht, ob die Medienorganisationen als Auftragnehmer (Agenten) tatsächlich das Beste und Neueste bringen, welches auf fundierten Recherchen und Produktionsprozessen beruht. Zugleich können sie es auch nicht kontrollieren. Vertrauen und Reputation sind Möglichkeiten, die damit verbundenen Agency-Probleme (adverse Selektion und moralisches Risiko) zu mindern. Infolgedessen werden Medienmarken im Markt daran gemessen, wie gut sie ihr Qualitätsversprechen auf hohe Qualität erfüllen. Wenn sie dies über einen gewissen Zeitraum hinweg tun, dann gelten sie als verlässliche Marktsignale, denen man vertrauen kann. Sie haben mithin Reputation aufgebaut. Medienmarken-Reputation ist folglich die Gewissheit, dass eine Medienmarke so produziert und solche Inhalte anbietet, wie sie es verspricht. Und wenn sie hohe Qualität verspricht, muss sie auch hohe Qualität liefern.

Obwohl Medieninhalte Erfahrungs- und Vertrauensgüter sind, die vom durchschnittlichen Publikum nur bedingt beurteilt werden können, gestaltet sich dies bei Qualitätsmedien etwas anders. Qualitätsmedien haben im Normalfall ein Publikum, das selbst in gewissen Bereichen Expertenstatus genießt, sich also sehr gut auskennt in bestimmten Politikfeldern, Wirtschaftsgebieten oder Kulturbereichen. Die Beurteilungskompetenz dieser Experten ist deshalb in Bezug auf ihr Spezialgebiet besser ausgeprägt als die des durchschnittlichen Publikums. Sie können daher erkennen, wenn Medienorganisationen zwar hohe journalistische oder künstlerische Qualität versprechen, diese aber über einen längeren Zeitraum hinweg nicht liefern. In diesem Fall wäre die Reputation der Medienmarke beschädigt und das Expertenpublikum würde entsprechend reagieren, nämlich zu anderen Medienangeboten wechseln. Da sie höchstwahrscheinlich auch in ihrem Bereich Meinungsführer sind, könnten sie andere Mediennutzer mitziehen. Diese Verluste bei Umsatz und Aufmerksamkeit spezifischer Publika können in Folge auch Ausfälle auf dem Werbemarkt nach sich ziehen. Insgesamt können die kumulierten Verluste größer sein als die Einsparungen, die durch billigere Produktionsprozesse und/oder mindere Qualität der Inhalte getätigt wurden.

Dabei dürfte bereits das Wissen der Medienorganisationen um solche Expertenpublika (vgl. Fallbeispiel 14) und ihre potenziellen Reaktionen zu einer qualitativ hochwertigeren Medienproduktion, und einem entsprechenden Output führen. Mithin gibt es also einen ökonomischen Anreiz, an Qualitätskriterien orientierte Medieninhalte zu produzieren, wenn diese Teil der Medienmarken-Identität sind. Medienmarken-Reputation ist folglich ein institutionelles Arrangement das Schwächen in der Verknüpfung von Angebot und

Nachfrage (Marktmechanismus), die in den Nischenmärkten für qualitativ hochwertige Medieninhalte bestehen, ausgleicht.

Fallbeispiel 14: Das eigene Publikum als Teil der Medienmarken-Reputation

Medienmarken machen seit jeher Werbung mit ihren Nutzern und binden diese so als Teil der Medienmarken-Reputation ein. Sie wollen damit anderen Nutzern signalisieren, zu welcher Gemeinschaft, zu welchem Publikum sie gehören (können), und wie attraktiv eine solche Zugehörigkeit ist. Beispielhaft macht dies die *Frankfurter Allgemeine Zeitung* mit ihrem langjährigen Slogan „Dahinter steckt immer ein kluger Kopf" (Ruß-Mohl, 2014). Die Kampagne lichtet nicht nur prominente „FAZ"-Leser unsichtbar hinter der Zeitung ab, sie inszeniert sie auch in einer Umgebung, die zahlreiche Anspielungen auf Leben und Position der Prominenten zulässt, und eigentlich nur verständlich ist, wenn man genügend Vorwissen hat, also ebenfalls ein kluger Kopf ist: So z. B. mit Vitali Klitschko, Box-Weltmeister, oder mit Lisa Simpson, die eine prototypische Leserin sein könnte. (vgl. Abbildung 13.2)

Je mehr Online-Angebote sich im Markt durchsetzen, desto stärker zahlen auch die Online-Kommentare der Nutzer auf die Medienmarke ein. Angesichts der zum Teil sehr ausfälligen Kommentare ist das nicht immer nur zum Vorteil der Medienmarke. Noch umstrittener ist es, ob dieses Problem von Medienorganisation öffentlich diskutiert werden soll, indem z. B. „the worst of" publiziert wird (Ruß-Mohl, 2014).

Abb. 13.2   Kampagnenmotive der Frankfurter Allgemeinen Zeitung

Quelle: © Frankfurter Allgemeine Zeitung GmbH

13.4   Qualitätsorientierung über Meta-Medien und Medienkritik

Geht man von der Prinzipal-Agent-Beziehung zwischen Mediennutzern als Auftraggebern (Prinzipalen) und Medienorganisationen als Auftragnehmern (Agenten) aus, dann gibt es neben dem Signaling der Medienorganisationen über die Medienmarke auch Möglichkeiten, die das Screening der Rezipienten erleichtern. Die Rede ist von Meta-Medien und Medienkritik, welche den Rezipienten als Prinzipale zusätzliche Informationen und Bewertungsmaßstäbe zum Ausgleich ihres Informationsdefizits liefern können.

Meta-Medien sind Medien, die qua redaktionellem Konzept oder Programm, die Medien und ihre Inhalte thematisieren (Siegert, 2001a, 2001c). Programmzeitschriften sind hier das typischste Beispiel. Sie erfüllen damit eine spezifische Orientierungsfunktion für Rezipienten, indem sie deren Bedarf nach zusätzlichen Informationen und Bewertungen medialer Inhalte, die man als Erfahrungs- und Vertrauensgüter noch nicht kennen kann, abdecken. Diese Orientierungsfunktion wird umso wichtiger, je vielfältiger und undurchschaubarer das mediale Angebot wird. Die Vielzahl (nicht unbedingt Vielfalt) medialer Inhalte (z. B. dutzende Radio- und Fernsehsender, tausende Onlineseiten, hunderte Zeitschriftentitel) stellt hohe Anforderungen an die Medienkompetenz der Rezipienten, sich überhaupt in diesem „Informationsdschungel" zurechtzufinden, und eine begründete Auswahl zu treffen.

Dabei liefern Meta-Medien nicht nur Beschreibungen von Medieninhalten (vgl. Fallbeispiel 5), sondern zugleich Bewertungen der Inhalte z. B. hinsichtlich Spannung oder Humor. Diese Informationen helfen, eine passende Auswahl zu treffen, was besonders relevant wird, wenn Eltern altersgerechte Medieninhalte für Kinder aussuchen wollen. Meta-Medien haben sich mit dem Ziel, diesen Informationsbedarf zu decken, auf dem Medienmarkt positioniert. Sie informieren über einen spezifischen Bereich, nämlich Medieninhalte, und versetzen die Rezipienten damit in die Lage Entscheidungen kompetenter treffen zu können.[12] Daneben wurde auch die Möglichkeit diskutiert, solche Orientierung für die Rezipienten durch externe und unabhängige Instanzen zu sichern, z. B. durch eine „Stiftung Medientest", die als neutrale Institution systematische und objektive Bewertungen medialer Angebote zur Verfügung stellen könnte (Krotz, 1996, 1997). Bislang ist eine solche Idee noch nicht verwirklicht.

Man erhofft sich von den begründeten Kauf- und Nutzungsentscheidungen der Rezipienten auch eine verstärkte Orientierung an Qualität. Dabei wird von folgender Überlegung ausgegangen: Wenn die Rezipienten mit dem Zusatzwissen in der Lage sind, Qualität besser zu erkennen, dann fragen sie diese Qualität auch öfter nach, sind bereit dafür etwas zu bezahlen bzw. sind bereit, dafür mehr zu bezahlen. Erste Versuche von Qualitätsmedien mit bezahlten Online-Inhalten scheinen diese Überlegungen zu bestätigen. Infolge der verstärkten Nachfrage nach Qualität lohnt es sich somit für Medienorganisationen auch ökonomisch solche Qualität zu produzieren und anzubieten.

In diesem Kontext wird des Weiteren diskutiert, inwiefern die kritische Berichterstattung über Medien (Medienkritik) eine solche Orientierungsfunktion einnehmen und qualitätsfördernd wirken kann (Ruß-Mohl & Fengler, 2000; u. a. Beiträge in Weßler, Matzen, Jarren, Hasebrink & Ross, 1997). Viele Beiträge zur Medienberichterstattung über Medien und zur Medienkritik implizieren jedoch, dass alle Medienberichterstattung gleichsam Medienkritik wäre, was jedoch nicht der Fall ist. Medienkritik ist weder die Hauptaufgabe der Medienberichterstattung (Kreitling, 1997, S. 129), noch ist sie besonders

---

12 Dabei kommen auch andere Beurteilungshilfen zum Einsatz, wie z. B. Moderatoren und Stars als Qualitätsmaßstäbe und Heuristiken für die Nutzungsentscheidungen.

prominent. Über die letzten Jahre ist ihr Umfang so stark zurückgegangen, dass ihr nur ein sehr begrenztes Aufklärungspotenzial zugesprochen werden kann. Dagegen haben Satiresendungen, die Medieninhalte kritisch aber humorvoll beleuchten, zugenommen und können diese Lücke ggf. füllen. Auch medienkritische Blogs geben hier wesentliche Impulse und leisten wichtige Aufklärungsarbeit (z. B. www.bildblog.de, „Das Altpapier" weblogs.evangelisch.de/weblogs/d/Altpapier oder medienkritik-schweiz.ch). Obwohl sie zwar mittlerweile ein größeres Publikum gefunden haben, sind sie jedoch weit davon entfernt ein Massenpublikum aufklären zu können. Empirisch gesättigte Befunde zu den Wirkungen neuer medienkritischer Formen stehen aber bislang noch aus.

13.5   Die Zukunft der Qualitätsmedien

Wenn wir uns also auf einigermaßen verbindliche Kriterien für Qualität einigen können, wenn es zudem eine Strategie für Medienorganisationen gibt, die eine Qualitätsorientierung mit Gewinnerwirtschaftung verknüpft, und ein Mechanismus besteht, dass sich dies im Markt trotz aller Besonderheiten auch umsetzen lässt, warum haben wir dann Zweifel, ob Qualitätsmedien überleben können? Unsere Zweifel basieren auf vier Überlegungen:

8. Marken-Strategien sind zwar wohlbekannte und erprobte Strategien in vielen Wirt-schaftsbereichen und werden auch in der Medienbranche umfassend verwendet. Sie werden dennoch nicht nur für das Qualitätsversprechen auf hohe journalistische Qualität oder Unterhaltungsqualität eingesetzt. Das ist vielmehr nur bei einem sehr kleinen Teil der Medienmarken der Fall. Die Medienbranche scheint selbst nur bedingt von den Vorteilen einer solchen Strategie überzeugt, und wendet es vor allem als reines Marke-tinginstrument an. Zudem scheut sie die hohen Investitionen in Qualitätsproduktionen.
9. Die Medienmarken-Reputation als institutionelles Arrangement lässt sich zwar theore-tisch schön modellieren, hat aber in der praktischen Umsetzung einige Haken. Ohne an dieser Stelle ins Detail gehen zu können, sind die Umsetzungsprobleme unter Umständen so groß, dass der Mechanismus nur verzögert wirkt. Zudem gibt es in verschiedenen Medienmärkten aufgrund von hoher Konzentration überhaupt keine adäquaten anderen Medien, zu denen enttäuschte Rezipienten abwandern könnten.
10. Wir haben festgehalten, dass Qualitätsmedien eine Marktnische sind, und Medienmar-ken-Strategien und -Reputation vor allem in dieser Nische wirken. Selbst wenn wir davon ausgehen, dass beide tatsächlich anwendbar sind und so funktionieren wie gedacht, muss diese Nische, damit die Medienmarken darin überleben können, einigermaßen groß sein. An mehreren Stellen wurde in diesem Lehrbuch schon auf die Bedeutung von Größenvorteilen hingewiesen und auch hier spielen sie eine enorme Rolle. Denn selbst wenn Rezipienten für Qualitätsmedien (mehr) zu zahlen bereit sind und auch die Werbeeinnahmen aufgrund des ökonomisch relevanten Publikums fließen, könnte das ggf. für ein dauerhaftes Überleben von Qualitätsmedien zu wenig sein. Da wir von

hohen First-Copy-Kosten ausgehen müssen, sind Nischenmärkte möglicherweise zu klein, um die Kosten zu amortisieren.

11. Auch Meta-Medien und Medienkritik sind in ihrer Wirkungsweise eingeschränkt. Kritische Berichterstattung ist insgesamt in den letzten Jahren in den Massenmedien reduziert worden und existiert fast nur noch für ein Fachpublikum. Meta-Medien auf der anderen Seite beschränken sich zu oft auf einfache Bewertungen und konzentrieren sich ansonsten auf Prominentenberichterstattung. Beides ist zu wenig, um das Qualitätsbewusstsein beim Publikum nachhaltig zu fördern.

Es ist also offensichtlich, dass es nicht nur Argumente gibt, warum es für Rezipienten machbar ist, Qualitätsinhalte auszuwählen, und warum es für Medienorganisationen ökonomisch rentabel ist, Qualitätsinhalte zu produzieren, sondern auch Argumente dafür, dass sie dennoch nicht dauerhaft nachgefragt und produziert werden bzw. dass diejenigen, die es versuchen, nicht überleben werden.

13.6 Zusammenfassung

Ohne nur auf persönlichen Geschmack oder einen elitären Standpunkt auszuweichen, kann die Frage „Was sind Qualitätsmedien?" doch mit einigermaßen verbindlichen Kriterien beantwortet werden: Aspekte wie Professionalität, Relevanz, Rechtmäßigkeit und Aktualität, Reputation und Akzeptanz, Objektivität und Ausgewogenheit in der journalistischen Berichterstattung, Innovation und Unbedenklichkeit in den Unterhaltungsangeboten sowie Vielfalt über das gesamte Medienangebot hinweg, lassen sich hier nennen. Um die Frage „Warum überleben Qualitätsmedien" zu beantworten, lässt sich die erprobte Markenstrategie auch in der Medienbranche anführen. Sie macht es ökonomisch rational, die Kosten für Qualitätsproduktion in Kauf zu nehmen, weil damit aufgrund funktionierender Medienmarken-Reputation auch Gewinne erwirtschaftet werden können. Des Weiteren leisten Meta-Medien und Medienkritik einen Beitrag dazu, dass Rezipienten Qualität besser erkennen, stärker nachfragen und mehr Zahlungsbereitschaft entwickeln. Ob das alles auf lange Sicht genügt, damit Qualitätsmedien überleben, hängt wesentlich von der Größe der Marktnische ab, in der diese sich befinden. Ist die Nische zu klein, könnten die Gesamteinnahmen trotz Qualitätsnachfrage des Publikums nicht dauerhaft für das Überleben ausreichen.

Kontrollfragen

▶   Inwiefern kann Medienmarken-Identität hohe journalistische Qualität garantieren?
▶   Welche Voraussetzungen müssen gegeben sein, dass Medienmarken-Reputation als institutionelles Arrangement Marktschwächen auszugleichen hilft?

▶ Welche Qualitätskriterien sind spezifisch für journalistische Medieninhalte, welche
   für Unterhaltungsinhalte, welche gelten für beide?
▶ Inwiefern können Meta-Medien die Zahlungsbereitschaft des Publikums für Qualitätsinhalte erhöhen?
▶ Welche Bedeutung hat die Größe der Marktnische für das Überleben von Qualitätsmedien?

Kommentierte Literaturempfehlungen:

- fög-Forschungsbereich Öffentlichkeit und Gesellschaft (Hrsg.). (2013). *Qualität der
  Medien. Jahrbuch 2013.* Basel: Schwabe.
  Das Jahrbuch, das seit 2011 erscheint, gibt einen umfassenden Einblick in die Qualität
  der Medien in der Schweiz. Ähnliche Vorhaben sind für Deutschland und Österreich
  geplant.
- McDowell, W. S. (2006). Issues in marketing and branding. In A. B. Albarran, S. M.
  Chan-Olmsted & M. O. Wirth (Hrsg.), *Handbook of media management and economics*
  (S. 229–250). Mahwah, NJ: Lawrence Erlbaum.
  Der Autor gibt einen auch praktisch relevanten Überblick über Medienmarken.
- Siegert, G., Gerth, M. A. & Rademacher, P. (2011). Brand identity-driven decision ma-
  king by journalists and media managers. The MBAC model as a theoretical framework.
  International Journal on Media Management, 13 (1), 53–70.
  Der Beitrag diskutiert die Rolle von Medienmarken im Medienmanagement und ver-
  knüpft Organisationsebene und Medieninhalte.
- Lobigs, F. (2004). Funktionsfähiger journalistischer Wettbewerb. Institutionenökono-
  mische Herleitung einer fundamentalen publizistischen Institution. In G. Siegert & F.
  Lobigs (Hrsg.), *Zwischen Marktversagen und Medienvielfalt. Medienmärkte im Fokus
  neuer medienökonomischer Anwendungen* (S. 53–68). Baden-Baden: Nomos.
  Der Autor arbeitet im Beitrag die Argumentation für Medienmarken-Reputation als
  institutionelles Arrangement anschaulich und theoretisch fundiert heraus.
- Siegert, G., Förster, K., Chan-Olmsted, S. & Ots, M (Hrsg.) (2015): Handbook of Media
  Branding. Springer.
  In den verschiedenen Beiträgen des Handbuchs werden alle wesentlichen Facetten von
  Medienmarken beleuchtet.

Literaturverzeichnis

Ackstaller, E. (2005). *Rationales Herdenverhalten im Licht der Marktversagenstheorie.* Frankfurt a. M.: Peter Lang.

Akerlof, G. A. (1970). The market for "lemons". Quality uncertainty and the market mechanism. *The Quarterly Journal of Economics, 84* (3), 488–500.

Akerlof, G. A. (1984). *An economic theorist's book of tales. Essays that entertain the consequences of new assumptions in economic theory.* Cambridge: Cambridge University Press.

Albarran, A. B. & Dimmick, J. W. (1996). Concentration and economies of multiformity in the communication industries. *Journal of Media Economics, 9* (4), 41.

Albarran, A. B. (2002). *Media economics. Understanding markets, industries and concepts* (2. Aufl.). Ames, IA: Iowa State University Press.

Alberstat, P. (Hrsg.). (2004). *The insider's guide to film finance.* Oxford: Elsevier.

Althuller, G. S. (1984). *Creativity as an exact science. The theory of the solution of inventive problems.* New York: Gordon & Breach.

Altmeppen, K.-D. & Arnold, K. (2013). *Journalistik. Grundlagen eines organisationalen Handlungsfeldes.* München: Oldenbourg.

Altmeppen, K.-D. & Karmasin, M. (2003). Medienökonomie als transdisziplinäres Lehr- und Forschungsprogramm. In K.-D. Altmeppen & M. Karmasin (Hrsg.), *Medien und Ökonomie. Band 1/2: Grundlagen der Medienökonomie: Soziologie, Kultur, Politik, Philosophie, International, Geschichte, Technik, Journalistik* (S. 19–51). Wiesbaden: Westdeutscher Verlag.

Altmeppen, K.-D. (2001). Ökonomisierung und Medienunternehmen. *Medien Journal, 25* (1/2), 14–20.

Altmeppen, K.-D. (2008). Ökonomisierung der Medienunternehmen. Gesellschaftlicher Trend und sektorspezifischer Sonderfall. In A. Maurer & U. Schimank (Hrsg.), *Die Gesellschaft der Unternehmen – Die Unternehmen der Gesellschaft. Gesellschaftstheoretische Zugänge zum Wirtschaftsgeschehen* (S. 237–251). Wiesbaden: VS Verlag.

Altmeppen, K.-D. (2008). Wer macht was? Organisationale Handlungsfelder in der TV-Contentproduktion. In G. Siegert & M. B. von Rimscha (Hrsg.), *Zur Ökonomie der Unterhaltungsproduktion* (S. 30–53). Köln: von Halem.

Altmeppen, K.-D., Lantzsch, K. & Will, A. (2007). Flowing networks in the entertainment business. Organizing international TV format trade. *International Journal on Media Management, 9* (3), 94–104.

Amabile, T. M. (1983). The social psychology of creativity. A componential conceptualization. *Journal of Personality and Social Psychology, 45* (2), 357–376.

Amabile, T. M. (1996). *Creativity in context.* Boulder, CO: Westview Press.

Amabile, T. M. (1997). Motivating creativity in organizations. On doing what you love and loving what you do. *California Management Review, 40* (1), 39–59.

Amgarten, G. (2008). Praxisperspektive. Unterhaltungsproduktion im Service public. In G. Siegert & M. B. von Rimscha (Hrsg.), *Zur Ökonomie der Unterhaltungsproduktion* (S. 116–122). Köln: von Halem.

Anderson, C. (2007). *The long tail. Nischenprodukte statt Massenmarkt – das Geschäft der Zukunft.* München: Hanser.

Andresen, N. (2008). Der Einfluss von Anzeigenkunden auf die redaktionelle Berichterstattung in der Qualitätspresse. Alles Lüge oder offenes Geheimnis? *Fachjournalist, 9* (4), 21–26.

Andriopoulos, C. (2001). Determinants of organisational creativity. A literature review. *Management Decision, 39* (10), 834–841.

Ang, I. (1991). *Desperately seeking the audience.* London, New York: Routledge.

Appel, E. (Hrsg.). (2008). *Ware oder Wert? Fernsehen zwischen Cash Cow und Public Value* (Mainzer Tage der Fernsehkritik, Bd. 41). Mainz: ZDF.

ARD. (2012). *Rundfunkfinanzen 2011* (ARD-Publikationen / Deutsches Rundfunkarchiv, Hrsg.), Frankfurt a. M.

Aris, A. & Bughin, J. (2009). *Managing media companies. Harnessing creative value* (2. Aufl.). Chichester: John Wiley & Sons.

Armstrong, M. (2005). Public service broadcasting. *Fiscal Studies, 26* (3), 281–299.

Auer, M. & Diederichs, F. A. (1993). *Werbung below the line. Product Placement, TV-Sponsoring, Licensing.* Landsberg am Lech: Verlag moderne Industrie.

Axel Springer AG – Marktforschung. (2003). *Mediamix-Strategien. Forschungsbefunde zur effektiven Bündelung der Mediengattungen,* Hamburg. Zugriff am 18.06.2014. Verfügbar unter http://www.axelspringer-mediapilot.de/dl/128583/E__alle_MediaPilot_Forschungsberichte_Wirkungsfaktoren_Mediamix2003.pdf

Baerns, B. & Feldschow, M. (2004). Der Trennungsgrundsatz. Relevanz und Umsetzung des Grundsatzes der Trennung von Werbung und redaktionellem Teil. In F. Duve & M. Haller (Hrsg.), *Leitbild Unabhängigkeit. Zur Sicherung publizistischer Verantwortung* (S. 131–144). Konstanz: UVK.

Baerns, B. (1992). *Journalistische Gratwanderungen. Zur Trennung von Werbung und Programm* (Kommunikationswissenschaftliches Seminar FU Berlin, Hrsg.), Berlin.

Baerns, B. (1996). *Schleichwerbung lohnt sich nicht! Plädoyer für eine klare Trennung von Redaktion und Werbung in den Medien.* Neuwied: Luchterhand.

Baerns, B. (2010). „Transparenz" und „Vielfalt" als Erkenntnismittel. Notizen zum Status quo. In W. Hömberg, D. Hahn & T. B. Schaffer (Hrsg.), *Kommunikation und Verständigung. Theorie – Empirie – Praxis* (S. 55–73). Wiesbaden: VS Verlag.

Bagdikian, B. H. (2004). *The new media monopoly* (5. Aufl.). Boston, MA: Beacon Press.

Bain, J. S. (1951). Relation of profit rate to industry concentration. American manufacturing, 1936-1940. *The Quarterly Journal of Economics, 65* (3), 293.

Bain, J. S. (1956). *Barriers to new competition. Their character and consequences in manufacturing industries.* Cambridge: Harvard University Press.

Baker, C. E. (2007). *Media concentration and democracy. Why ownership matters.* New York: Cambridge University Press.

Balasubramanian, S. K. (1994). Beyond advertising and publicity: Hybrid messages and public policy issues. *Journal of Advertising, 23* (4), 29–46.

Banks, M., Calvey, D., Owen, J. & Russell, D. (2002). Where the art is. Defining and managing creativity in new media SMEs. *Creativity and Innovation Management, 11* (4), 255–264.

Bardoel, J. & d'Haenens, L. (2008). Reinventing public service broadcasting in Europe. Pospects, promises and problems. *Media, Culture & Society, 30* (3), 337–355.

Barney, J. B. (1991). Firm resources and sustained competitive advantage. *Journal of Management, 17* (1), 99–120.

Bauer, H. H. (1989). *Marktabgrenzung. Konzeption und Problematik von Ansätzen und Methoden zur Abgrenzung und Strukturierung von Märkten unter besonderer Berücksichtigung von marketingtheoretischen Verfahren.* Berlin: Duncker & Humblot.

Baum, H. (1986). Im Grenzbereich von Werbung und Redaktionellem. *Media Perspektiven* (11), 699–706.

Baumgarth, C. (2004a). Markenpolitik im Mediensektor. In M. Bruhn (Hrsg.), *Handbuch Markenführung. Kompendium zum erfolgreichen Markenmanagement: Strategien – Instrumente – Erfahrungen* (2. Aufl.,). Wiesbaden: Gabler.

Baumgarth, C. (Hrsg.). (2004b). *Erfolgreiche Führung von Medienmarken. Strategien für Positionierung, Markentransfers und Branding.* Wiesbaden: Gabler.

Baumol, H. & Baumol, W. J. (1984). The mass media and the cost disease. In W. S. Hendon, D. V. Shaw & N. K. Grant (Hrsg.), *Economics of cultural industries* (S. 109–123). Akron, OH: Association of Cultural Economics.

Baumol, W. J. & Bowen, W. G. (1966). *Performing arts. The economic dilemma.* New York: The Twentieth Century Fund.

Baumol, W. J., Panzar, J. C. & Willig, R. D. (1982). *Contestable markets and the theory of industry structure.* New York: Harcourt Brace Jovanovich.

Bayerischer Rundfunk Medienforschung (Bayrischer Rundfunk, Hrsg.). (2014). *Aktuelle Fernsehdaten. Tagesmarktanteile.* Zugriff am 01.04.2014. Verfügbar unter http://www.br-online.de/br-intern/medienforschung/aktuell/tag/tag20140101.shtml

Beck, K. (2012). *Das Mediensystem Deutschlands. Strukturen, Märkte, Regulierung.* Wiesbaden: VS Verlag.

Becker, J. (2013). *Die Digitalisierung von Medien und Kultur.* Wiesbaden: Springer VS.

Becker, J., Schwaderlapp, W. & Seidel, S. (Hrsg.). (2012). *Management kreativitätsintensiver Prozesse. Theorien, Methoden, Software und deren Anwendung in der Fernsehindustrie.* Berlin: Springer.

Berg, K. (1995). Mischfinanzierung als Schutz vor politischer Einflußnahme. Die Aufhebung der 20-Uhr-Werbegrenze im öffentlich-rechtlichen Fernsehen als ein Stück Zukunftssicherung. *Media Perspektiven* (3), 94–99.

Berge, S. & Buesching, A. (2008). Strategien von Communities im Web 2.0. In B. H. Hass, G. J. Walsh & T. Kilian (Hrsg.), *Web 2.0. Neue Perspektiven für Marketing und Medien* (S. 23–37). Berlin: Springer.

Bielby, W. T. & Bielby, D. D. (1994). 'All hits are flukes'. Institutionalized decision making and the rhetoric of network prime-time program development. *The American Journal of Sociology, 99* (5), 1287–1313.

Bilton, C. & Leary, R. (2002). What can managers do for creativity? Brokering creativity in the creative industries. *International Journal of Cultural Policy, 8* (1), 49–64.

Bilton, C. (2007). *Management and creativity. From creative industries to creative management.* Malden, MA: Blackwell.

Black, J. A. & Boal, K. B. (1994). Strategic resources. Traits, configurations and paths to sustainable competitive advantage. *Strategic Management Journal, 15,* 131–148.

Bonfadelli, H. (2001). Was ist (Massen-)Kommunikation? Grundbegriffe und Modelle. In O. Jarren & H. Bonfadelli (Hrsg.), *Einführung in die Publizistikwissenschaft* (S. 17–45). Bern: Haupt.

Bono, E. de. (1981). *Lateral thinking. Creativity step by step* (Pelican Book). Harmondsworth: Penguin Books.

Borghans, L. & Groot, L. (1998). Superstardom and monopolistic power. Why media stars earn more than their marginal contribution to welfare. *Journal of Institutional and Theoretical Economics, 154,* 564–571.

Boyd-Barrett, O. (1997). Global news wholesalers as agents of globalization. In A. Sreberny (Hrsg.), *Media in global context. A reader* (S. 131–144). London, New York: Arnold.

Breyer-Mayländer, T., Seeger, C. & Seeger, C. (2006). *Medienmarketing.* München: Vahlen.

Briglauer, W. (2008). Zwischen Marktabgrenzung und Wettbewerbsanalyse. Der „Drei-Kriterien-Test" der Europäischen Kommission. *Jahrbuch für Wirtschaftswissenschaften / Review of Economics, 59* (3), 226–243.

Brown, A. (1996). Economics, public service broadcasting, and social values. *Journal of Media Economics, 9* (1), 3–15.

Brown, J. S. & Duguid, P. (2001). Creativity versus structure. A useful tension. *MIT Sloan Management Review, 42* (4), 93–94.

Bruhn, M. (2009). Entscheidungskriterien und Methoden der Intramediaselektion. In M. Bruhn, F.-R. Esch & T. Langner (Hrsg.), *Handbuch Kommunikation. Grundlagen - innovative Ansätze - praktische Umsetzungen* (S. 859–889). Wiesbaden: Gabler.

Brumagin, A. L. (1994). A hierachy of corporate resources. *Advances in Strategic Management, 10,* 81–112.

Bucher, H.-J. & Altmeppen, K.-D. (Hrsg.). (2003). *Qualität im Journalismus. Grundlagen, Dimensionen, Praxismodelle.* Wiesbaden: Westdeutscher Verlag.

Bücher, K. (1926). *Gesammelte Aufsätze zur Zeitungskunde.* Tübingen: Laupp.

Burkart, R. (2002). *Kommunikationswissenschaft. Grundlagen und Problemfelder / Umrisse einer interdisziplinären Sozialwissenschaft* (4. Aufl.). Wien: Böhlau Verlag.

Bustamante, E. (2004). Cultural industries in the digital age. Some provisional conclusions. *Media, Culture & Society, 26* (6), 803–820.

Buzan, T. (1977). *How to make the most of your mind.* London: Colt Books.

Caldwell, J. T. (2008). *Production culture. Industrial reflexivity and critical practice in film and television.* Durham, NC: Duke University Press.

Cameron, G. T. & Ju-Pak, K.-H. (2000). Information pollution? *Newspaper Research Journal, 21* (1), 65–77.

Cameron, G. T., Ju-Pak, K.-H. & Kim, B.-H. (1996). Advertorials in magazines. Current use and compliance with industry guidelines. *Journalism & Mass Communication Quarterly, 73* (3), 722–733.

Cantor, M. G. (1971). *The Hollywood TV producer. His work and his audience.* New York: Basic Books.

Carr-Saunders, A. M. & Wilson, P. A. (1933). *The professions.* Oxford: Clarendon Press.

Caspar, M. (2002). *Cross-Channel-Medienmarken. Strategische Optionen, Ausgestaltungsmöglichkeiten und nachfragerseitige Bewertung.* Frankfurt a. M.: Peter Lang.

Caves, R. E. & Porter, M. E. (1977). From entry barriers to mobility barriers. Conjectural decisions and contrived deterrence to new competition. *The Quarterly Journal of Economics, 91* (2), 241.

Caves, R. E. (2000). *Creative industries. Contracts between art and commerce.* Cambridge, MA: Harvard University Press.

Caves, R. E. (2003). Contracts between art and commerce. *The Journal of Economic Perspectives, 17* (2), 73–84.

Chambers, S. (2001). Constitutional referendums and democratic deliberation. In M. Mendelsohn & A. Parkin (Hrsg.), *Referendum democracy. Citizens, elites and deliberation in referendum campaigns* (S. 231–255). Basingstoke: Palgrave Macmillan.

Chang, B.-H. & Chan-Olmsted, S. M. (2005). Relative constancy of advertising spending. A cross-national examination of advertising expenditures and their determinants. *International Communication Gazette, 67* (4), 339–357.

Chan-Olmsted, S. M. & Ha, L. S. (2004). Cross-media use in electronic media. The role of cable television web sites in cable television network branding and viewership. *Journal of Broadcasting & Electronic Media, 48* (4), 620–645.

Chan-Olmsted, S. M. & Kim, Y. (2001). Perceptions of branding among television station managers. An exploratory analysis. *Journal of Broadcasting & Electronic Media, 45* (1), 75–91.

Chan-Olmsted, S. M. (1997). Theorizing multichannel media economics. An exploration of a group-industry strategic competition model. *Journal of Media Economics, 10* (1), 39–49.

Chan-Olmsted, S. M. (2006a). *Competitive strategy for media firms. Strategic and brand management in changing media markets.* Mahwah, NJ: Lawrence Erlbaum.

Chan-Olmsted, S. M. (2006b). Issues in strategic management. In A. B. Albarran, S. M. Chan-Olmsted & M. O. Wirth (Hrsg.), *Handbook of media management and economics* (S. 161–180). Mahwah, NJ: Lawrence Erlbaum.

Chan-Olmsted, S. M. (2011). Media branding in a changing world. Challenges and opportunities 2.0. *International Journal on Media Management, 13* (1), 3–19.

Chatterjee, S. & Wernerfelt, B. (1988). Related or unrelated diversification: A resource based approach. *Academy of Management Proceedings,* 7–11.

Choi, J. & Park, S. (2011). Influence of advertising on acceptance of press releases. *Public Relations Review, 37* (1), 106–108.

Clement, R. & Schreiber, D. (2013). *Internet-Ökonomie. Grundlagen und Fallbeispiele der vernetzten Wirtschaft* (2. Aufl.). Heidelberg: Springer.

Clemons, E. K., Bin Gu & Lang, K. R. (2003). Newly vulnerable markets in an age of pure information products. An analysis of online music and online news. *Journal of Management Information Systems, 19* (3), 2949–2958.

Compaine, B. M. & Gomery, D. (2000). *Who owns the media? Competition and concentration in the mass media industry* (3. Aufl.). Mahwah, NJ: Lawrence Erlbaum.

Coppens, T. & Saeys, F. (2006). Enforcing performance. New approaches to govern public service broadcasting. *Media, Culture & Society, 28* (2), 261–284.

Couldry, N. & Hepp, A. (2012). Comparing media cultures. In F. Esser & T. Hanitzsch (Hrsg.), *The handbook of comparative communication research* (S. 249–261). London: Routledge.

Croteau, D. & Hoynes, W. (2001). *The business of media. Corporate media and the public interest.* Thousand Oaks, CA: Pine Forge Press.

Csikszentmihalyi, M. (1996). *Creativity. Flow and the psychology of discovery and invention.* New York: Harper Collins.

Csikszentmihalyi, M. (1999). Creativity across the life-span. A systems view. In N. Colangelo & S. G. Assouline (Hrsg.), *Talent development III* (S. 9–18). Scottsdale, Arizona: Gifted Psychology Press.

Cunningham, B. M. & Alexander, P. J. (2004). A theory of broadcast media concentration and commercial advertising. *Journal of Public Economic Theory, 6* (4), 557–575.

Cusumano, M. A. (2011). Platform wars come to social media. *Communications of the ACM, 54* (4), 31.

Cusumano, M. A., Mylonadis, Y. & Rosenbloom, R. S. (1992). Strategic maneuvering and mass-market dynamics. The triumph of VHS over Beta. *The Business History Review, 66* (1), 51–94.

Czygan, M. & Kallfaß, H. H. (2003). Medien und Wettbewerbstheorie. In K.-D. Altmeppen & M. Karmasin (Hrsg.), *Medien und Ökonomie. Band 1/1: Grundlagen der Medienökonomie: Kommunikations- und Medienwissenschaft, Wirtschaftswissenschaft* (S. 283–304). Wiesbaden: Westdeutscher Verlag.

Dahinden, U. & Trappel, J. (2010). Mediengattungen und Medienformate. In H. Bonfadelli, O. Jarren & G. Siegert (Hrsg.), *Einführung in die Publizistikwissenschaft* (S. 433–475). Bern: Haupt.

Dahlem, S. (2005). Kalkuliertes Gefühl – Grundlagen und Prinzipien bei der Werbeträgerauswahl. In W. Seufert & J. Müller-Lietzkow (Hrsg.), *Theorie und Praxis der Werbung in den Massenmedien* (S. 35–58). Baden-Baden: Nomos.

Dahlem, S. (2008). Werbeleistungen von Medien im Vergleich. In G. Melischek, J. Seethaler & J. Wilke (Hrsg.), *Medien & Kommunikationsforschung im Vergleich. Grundlagen, Gegenstandsbereiche, Verfahrensweisen* (S. 383–417). Wiesbaden: VS Verlag.

Darby, M. R. & Karni, E. (1973). Free competition and the optimal amount of fraud. *Journal of Law and Economics, 16* (1), 67–88.

Davenport, J. (2006). UK film companies. Project-based organizations lacking entrepreneurship and innovativeness? *Creativity and Innovation Management, 15* (3), 250–257.

de Waal, E., Schönbach, K. & Lauf, E. (2005). Online newspapers. A substitute or complement for print newspapers and other information channels? *Communications, 30* (1), 55–72.

DeFillippi, R. J. & Arthur, M. B. (1998). Paradox in project-based enterprise: The case of film making. *California Management Review, 40* (2), 125–139.

Demers, D. P. (1994). Relative constancy hypothesis, structural pluralism, and national advertising expenditures. *Journal of Media Economics, 7* (4), 31–48.

Deutsche Bundesregierung. (2009). *Kulturstaatsminister Bernd Neumann: Die Deutsche Digitale Bibliothek ist ein Quantensprung in der Welt der digitalen Information*. Berlin.

Deuze, M. (2007a). Convergence culture in the creative industries. *International Journal of Cultural Studies, 10* (2), 243–263.

Deuze, M. (2007b). *Media work* (Digital media and society series). Cambridge: Polity Press.

Dewenter, R. & Haucap, J. (2009). Wettbewerb als Aufgabe und Problem auf Medienmärkten. Fallstudien aus Sicht der „Theorie zweiseitiger Märkte". In D. Wentzel (Hrsg.), *Medienökonomik. Theoretische Grundlagen und ordnungspolitische Gestaltungsalternativen* (S. 35–74). Stuttgart: Lucius & Lucius.

Dewenter, R. (2007). Das Konzept der zweiseitigen Märkte am Beispiel von Zeitungsmonopolen. *MedienWirtschaft, 4* (Sonderheft), 1–14.

d'Haenens, L. & Saeys, F. (Hrsg.). (2007). *Western broadcast models. Structure, conduct and performance*. Berlin: Mouton de Gruyter.

DiMaggio, P. J. (1977). Market structure, the creative process, and popular culture. Toward an organizational reinterpretation of mass-culture theory. *The Journal of Popular Culture, 11* (2), 436–452.

Dimmick, J. W. (1997). The theory of the niche and spending on mass media. The case of the 'video revolution'. *Journal of Media Economics, 10* (3), 33–43.

Dix, S. & Phau, I. (2009). Spotting the disguises and masquerades. Revisiting the boundary between editorial and advertising. *Marketing Intelligence & Planning, 27* (3), 413–427.

Donges, P. (2005). Medialisierung der Politik. Vorschlag einer Differenzierung. In P. Rössler & F. Krotz (Hrsg.), *Mythen der Mediengesellschaft. The media society and its myths* (S. 321–339). Konstanz: UVK.

Donges, P. (2006). Mediengesellschaft. In G. Bentele, H.-B. Brosius & O. Jarren (Hrsg.), *Lexikon Kommunikations- und Medienwissenschaft* (S. 170–171). Wiesbaden: VS Verlag.

Donges, P. (2008). *Medialisierung politischer Organisationen. Parteien in der Mediengesellschaft*. Wiesbaden: VS Verlag.

Donsbach, W. & Büttner, K. (2005). Boulevardisierungstrend in deutschen Fernsehnachrichten. *Publizistik, 50* (1), 21–38.

Donsbach, W. (Hrsg.). (2008). *The international encyclopedia of communication* (12 Bände). Malden, MA: Blackwell.

Dorfer, T. & Simon, V. (2010, 7. Juli). Promi auf Servierplatte. *Süddeutsche Zeitung.* Zugriff am 19.02.2014. Verfügbar unter http://www.sueddeutsche.de/leben/das-duell-kochshows-promi-auf-servierplatte-1.971167

Doyle, G. (2002a). *Media ownership. The economics and politics of convergence and concentration in the UK and European media*. London: Sage.

Doyle, G. (2002b). *Understanding media economics*. London: Sage.

Doyle, G. (2010). From television to multi-platform. Less from more or more for less? *Convergence: The International Journal of Research into New Media Technologies, 16* (4), 431–449.

Doyle, G. (2013). *Understanding media economics* (2. Aufl.). Los Angeles: Sage.

Dunleavy, T. (2008). New Zealand television and the struggle for 'public service'. *Media, Culture & Society, 30* (6), 795–811.

Dupagne, M. (1997). A theoretical and methodological critique of the principle of relative constancy. *Communication Theory, 7* (1), 53–76.

Ekelund, R. B., Ford, G. S. & Jackson, J. D. (1999). Is radio advertising a distinct local market? An empirical analysis. *Review of Industrial Organization, 14* (3), 239–256.

Ekelund, R. B., Ford, G. S. & Jackson, J. D. (2000). Are local TV markets separate markets? *International Journal of the Economics of Business, 7* (1), 79–97.

Ekvall, G. (1997). Organizational conditions and levels of creativity. *Creativity and Innovation Management, 6* (4), 195–205.

Engesser, S. (2013). *Die Qualität des partizipativen Journalismus im Web. Bausteine für ein integratives theoretisches Konzept und eine explanative empirische Analyse.* Wiesbaden: Springer VS.

Erlei, M., Leschke, M. & Sauerland, D. (1999). *Neue Institutionenökonomik.* Stuttgart: Schäffer-Poeschel.

Ettema, J. S. & Whitney, D. C. (1994a). The money arrow. An introduction to audiencemaking. In J. S. Ettema & D. C. Whitney (Hrsg.), *Audiencemaking. How the media create the audience* (Sage annual reviews of communication research, Bd. 22, S. 1–18). Thousand Oaks, CA: Sage.

Ettema, J. S. & Whitney, D. C. (Hrsg.). (1994b). *Audiencemaking. How the media create the audience* (Sage annual reviews of communication research, Bd. 22). Thousand Oaks, CA: Sage.

Ettema, J. S. (Hrsg.). (1982). *Individuals in mass media organizations. Creativity and constraint* (Sage annual reviews of communication research, Bd. 10). Beverly Hills, CA: Sage.

Fabris, H. H. & Rest, F. (Hrsg.). (2001). *Qualität als Gewinn. Salzburger Beiträge zur Qualitätsforschung im Journalismus.* Innsbruck: Studienverlag.

Fabris, H. H. (1999). Qualitätssicherung in Medienunternehmen und im Mediensystem. *Medien Journal, 23* (4), 3–15.

Fargahi, N. & König, L. (2013, 3. Februar). Vier Millionen Dollar für einen Werbespot. *Neue Zürcher Zeitung.* Zugriff am 20.06.2014. Verfügbar unter http://www.nzz.ch/aktuell/sport/super-bowl/vier-millionen-dollar-fuer-30-sekunden-reklame-1.17978429

Fassihi, F. F. (2008). *Werbebotschaften aus der Redaktion? Journalismus im Spannungsfeld zwischen Instrumentalisierung und Informationsauftrag.* Konstanz: UVK.

Faulkner, R. R. & Anderson, A. B. (1987). Short-term projects and emergent careers. Evidence from Hollywood. *The American Journal of Sociology, 92* (4), 879–909.

Fiske, J. (1987). *Television culture.* London: Methuen.

Florida, R. (2002). *The rise of the creative class. And how it's transforming work, leisure, community and everyday life.* New York: Basic Books.

fög-Forschungsbereich Öffentlichkeit und Gesellschaft (Hrsg.). (2013). *Qualität der Medien. Jahrbuch 2013.* Basel: Schwabe.

Förster, K. (Hrsg.). (2011). *Strategien erfolgreicher TV-Marken. Eine internationale Analyse.* Wiesbaden: VS Verlag.

Franck, E. (2001). Das Starphänomen. Drei Erklärungsansätze und ihre Anwendung auf verschiedene Segmente des Unterhaltungsmarktes. In M. Gaitanides & J. Kruse (Hrsg.), *Stars in Film und Sport. Ökonomische Analyse des Starphänomens* (S. 41–57). München: Reinhard Fischer.

Freter, H. (2001). Marksegmentierung. In H. Diller (Hrsg.), *Vahlens grosses Marketinglexikon* (2. Aufl., S. 1069–1074). München: Beck.

Frey, B. S. & Osterloh, M. (Hrsg.). (2002). *Successful management by motivation. Balancing intrinsic and extrinsic incentives.* Berlin: Springer.

Frey-Vor, G., Siegert, G. & Stiehler, H.-J. (2008). *Mediaforschung.* Konstanz: UVK.

Fröhlich, K. (2008). Organisation für Innovation. Kreativitätsfördernde Organisation in der TV-Unterhaltungsproduktion. In G. Siegert & M. B. von Rimscha (Hrsg.), *Zur Ökonomie der Unterhaltungsproduktion* (S. 151–173). Köln: von Halem.

Fröhlich, K. (2010). *Innovationssysteme der TV-Unterhaltungsproduktion. Komparative Analyse der sektoralen Innovationsbedingungen Deutschlands und Großbritanniens.* Wiesbaden: VS Verlag.

Fu, W. (2003). Applying the structure-conduct-performance framework in the media industry analysis. *International Journal on Media Management, 5* (4), 275–284.

Gaitanides, M. (2001). Was sind Moviestars wert? – Empirische Befunde zu Rangpositionen, Substitutionsmöglichkeiten und Kassenerfolg von Stars. In M. Gaitanides & J. Kruse (Hrsg.), *Stars in Film und Sport. Ökonomische Analyse des Starphänomens* (S. 7–22). München: Reinhard Fischer.

Galbraith, J. K. (1958). *The affluent society*. London: Hamish Hamilton.

Gao, Z. (2007). An in-depth examination of China's advertising regulation system. *Asia Pacific Journal of Marketing and Logistics, 19* (3), 307–323.

Gehrau, V. (2008). *Fernsehbewertung und Fernsehhandlung. Ansätze und Daten zu Erhebung, Modellierung und Folgen von Qualitätsurteilen des Publikums über Fernsehangebote.* München: Reinhard Fischer.

Geil, K. (2014, 25. März). Karlsruhe beschneidet Einfluss der Parteien aufs ZDF. *Die Zeit.* Zugriff am 01.04.2014. Verfügbar unter http://www.zeit.de/kultur/film/2014-03/zdf-gremien-verfassungsgericht-brender

Gerhards, J. (1994). Politische Öffentlichkeit. Ein system- und akteurstheoretischer Bestimmungsversuch. In F. Neidhardt (Hrsg.)Öffentlichkeit, öffentliche Meinung, soziale Bewegungen. *Kölner Zeitschrift für Soziologie und Sozialpsychologie*, 77–105 [Themenheft]. Opladen: Westdeutscher Verlag.

Gerhards, M. & Klingler, W. (2007). Programmangebote und Spartennutzung im Fernsehen 2006: Spartennutzung in Zeiten des Medienwandels. *Media Perspektiven* (12), 608–621.

Gersdorf, H. (1991). *Staatsfreiheit des Rundfunks in der dualen Rundfunkordnung der Bundesrepublik Deutschland.* Berlin: Duncker & Humblot.

Giersch, V. & Pfab, S. (2008). Garant für Qualität und hohen gesellschaftlichen Wert. Über die Aufgaben des Rundfunkrates. *Aus Politik und Kultur* (5), 6.

Gitlin, T. (1983). *Inside prime time.* New York: Pantheon Books.

Gläser, M. (2006). Projektleitung. Leitung und Koordination von Medienprojekten. In C. Scholz (Hrsg.), *Handbuch Medienmanagement* (S. 579–599). Berlin: Springer.

Göbel, E. (2002). *Neue Institutionenökonomik. Konzeption und betriebswirtschaftliche Anwendungen.* Stuttgart: Lucius & Lucius.

Gordon, W. J. J. (1961). *Synectics. The development of creative capacity.* New York: Harper & Row.

Gounalakis, G. (2002). Konvergenz der Medien. Sollte das Recht der Medien harmonisiert werden? *Neue juristische Wochenschrift* (Beilage 23), 20–26.

Gounalakis, G. (2004). Medienkonzentrationskontrolle versus allgemeines Kartellrecht. *AfP Zeitschrift für Medien- und Kommunikationsrecht* (5), 394–397.

Grant, R. M. (1991). The resource-based theory of competitive advantage. Implications for strategy formulation. *California Management Review, 33* (3), 114.

Grau, C. & Hess, T. (2007). Kostendegression in der digitalen Medienproduktion: Klassischer First-Copy-Cost-Effekt oder doch mehr? *MedienWirtschaft, 4* (Sonderheft), 26–37.

Greenberg, E. (1992). Creativity, autonomy, and evaluation of creative work. Artistic workers in organizations. *The Journal of Creative Behavior, 26* (2), 75–80.

Grisold, A. (2001). Ökonomisierung der Medienindustrie aus wirtschaftspolitischer Perspektive. *Medien & Kommunikationswissenschaft, 49* (2), 237–248.

Haas, H. & Wallner, C. (2008). Transnational vergleichende Mediensystemforschung: Das erweiterte SCP-Modell und seine Anwendung. In G. Melischek, J. Seethaler & J. Wilke (Hrsg.), *Medien & Kommunikationsforschung im Vergleich. Grundlagen, Gegenstandsbereiche, Verfahrensweisen* (S. 83–98). Wiesbaden: VS Verlag.

Habermas, J. (1990). *Strukturwandel der Öffentlichkeit. Untersuchungen zu einer Kategorie der bürgerlichen Gesellschaft.* Frankfurt a.M.: Suhrkamp.

Hagen, L. M. (1995). *Informationsqualität von Nachrichten. Meßmethoden und ihre Anwendung auf die Dienste von Nachrichtenagenturen* (Studien zur Kommunikationswissenschaft, Bd. 6). Opladen: Westdeutscher Verlag.

Hagen, L. M. (2005). *Konjunkturnachrichten, Konjunkturklima und Konjunktur. Wie sich die Wirtschaftsberichterstattung der Massenmedien, Stimmungen der Bevölkerung und die aktuelle Wirtschaftslage wechselseitig beeinflussen. Eine transaktionale Analyse.* Köln: von Halem.

Hallenberger, G. (Hrsg.). (2011). *Gute Unterhaltung?! Qualität und Qualitäten der Fernsehunterhaltung.* Konstanz: UVK.

Hamilton, J. T. (2004). *All the news that's fit to sell. How the market transforms information into news.* Princeton, NJ: Princeton University Press.

Häntzschel, J. (2010, 17. Mai). TV-Kochshows sind die neue Pornographie. Interview mit Anthony Bourdain. *Süddeutsche Zeitung.* Zugriff am 19.02.2014. Verfügbar unter http://www.sueddeutsche. de/leben/anthony-bourdain-tv-kochshows-sind-die-neue-pornographie-1.243123

Harro-Loit, H. & Saks, K. (2006). The diminishing border between advertising and journalism in Estonia. *Journalism Studies, 7* (2), 312–322.

Hartig, P. (2011, 24. September). *Das kleine Trauerspiel: Wie das ZDF vom Nachwuchs profitiert.* outtakes der Blog der Film und Fernsehbranche. Zugriff am 01.04.2014. Verfügbar unter http:// www.out-takes.de/index.php/2011/das-kleine-trauerspiel-wie-das-zdf-vom-nachwuchs-profitiert/

Hasebrink, U. (1997). Ich bin viele Zielgruppen. Anmerkungen zur Debatte um die Fragmentierung des Publikums aus kommunikationswissenschaftlicher Sicht. In H. Scherer & H.-B. Brosius (Hrsg.), *Zielgruppen, Publikumssegmente, Nutzergruppen. Beiträge aus der Rezeptionsforschung* (S. 262–280). München: Reinhard Fischer.

Hasebrink, U. (2012). Comparing media use and reception. In F. Esser & T. Hanitzsch (Hrsg.), *The handbook of comparative communication research* (S. 382–399). London: Routledge.

Hass, B. (2004). Desintegration und Reintegration im Mediensektor. Wie sich Geschäftsmodelle durch Digitalisierung verändern. In A. Zerdick, A. Picot, K. Schrape, J.-C. Burgelman, R. Silverstone, V. Feldmann et al. (Hrsg.), *E-merging media. Kommunikation und Medienwirtschaft der Zukunft* (S. 33–57). Berlin: Springer.

Hass, B. H. (2007). Größenvorteile von Medienunternehmen. Eine kritische Würdigung der Anzeigen-Auflagen-Spirale. *MedienWirtschaft, 4* (Sonderheft), 70–78.

Havens, T. J. (2010). The business and cultural functions of global television fairs. In K. Lantzsch, K.-D. Altmeppen & A. Will (Hrsg.), *Handbuch Unterhaltungsproduktion. Beschaffung und Produktion von Fernsehunterhaltung* (S. 195–208). Wiesbaden: VS Verlag.

Hay, D. A. & Morris, D. J. (1979). *Industrial economics and organisation. Theory and evicence.* Oxford: Oxford University Press.

Hefter, A. (2004). Branding der Medienmarke ZDF. In C. Baumgarth (Hrsg.), *Erfolgreiche Führung von Medienmarken. Strategien für Positionierung, Markentransfers und Branding* (S. 251–264). Wiesbaden: Gabler.

Hege, H. (2012, 1. September). Wir müssen Google Konkurrenz machen! Internetsuche als öffentliche Aufgabe. *Frankfurter Allgemeine Zeitung.* Verfügbar unter http://www.faz.net/aktuell/ feuilleton/medien/internetsuche-als-oeffentliche-aufgabe-wir-muessen-google-konkurrenz-machen-11874702.html

Heinrich, J. & Lobigs, F. (2003). Neue Institutionenökonomik. In K.-D. Altmeppen & M. Karmasin (Hrsg.), *Medien und Ökonomie. Band 1/1: Grundlagen der Medienökonomie: Kommunikations- und Medienwissenschaft, Wirtschaftswissenschaft* (S. 245–268). Wiesbaden: Westdeutscher Verlag.

Heinrich, J. & Lobigs, F. (2004). Moralin fürs Volk. Gründe und Auswirkungen der Moralisierung in der Politik- und Wirtschaftsberichterstattung aus einer modernen ökonomischen Perspektive. In K. Imhof, R. Blum, H. Bonfadelli & O. Jarren (Hrsg.), *Mediengesellschaft. Strukturen, Merkmale, Entwicklungsdynamiken* (S. 211–230). Opladen: VS Verlag.

Heinrich, J. (1996). Qualitätswettbewerb und/oder Kostenwettbewerb im Mediensektor? *Rundfunk und Fernsehen, 44* (2), 165–184.

Heinrich, J. (2001). Ökonomisierung aus wirtschaftswissenschaftlicher Perspektive. *Medien & Kommunikationswissenschaft, 49* (2), 159–166.

Heinrich, J. (2006a). Fußball – Erfolgsgarant für Pay-TV? In C. Holtz-Bacha (Hrsg.), *Fussball, Fernsehen, Politik* (S. 100–112). Wiesbaden: VS Verlag.

Heinrich, J. (2006b). Medienprodukte — Medienangebote und Mediennutzung. In C. Scholz (Hrsg.), *Handbuch Medienmanagement* (S. 73–96). Berlin: Springer.

Heinrich, J. (2010a). *Medienökonomie. Band 1: Mediensystem, Zeitung, Zeitschrift, Anzeigenblatt* (3. Aufl.). Wiesbaden: VS Verlag.

Heinrich, J. (2010b). *Medienökonomie. Band 2: Hörfunk und Fernsehen* (2. Aufl.). Wiesbaden: VS Verlag.

Hendriks, P. (1995). Communications policy and industrial dynamics in media markets. Toward a theoretical framework for analyzing media industry organization. *Journal of Media Economics, 8* (2), 61–76.

Hennessey, B. A. (2003). Is the social psychology of creativity really social? Moving beyond a focus on the individual. In P. B. Paulus & B. A. Nijstad (Hrsg.), *Group creativity* (S. 181–201). New York: Oxford University Press.

Henry, J. (1991). Making sense of creativity. In J. Henry (Hrsg.), *Creative management* (S. 3–11). London: Sage.

Hepp, A. (2011). *Medienkultur. Die Kultur mediatisierter Welten.* Wiesbaden: VS Verlag.

Herbst, L. & Kweton, S. (2012). Presse im Wandel. In S. Gadringer, S. Kweton, J. Trappel & T. Vieth (Hrsg.), *Journalismus und Werbung. Kommerzielle Grenzen der redaktionellen Autonomie* (S. 145–166). Wiesbaden: Springer VS.

Hesmondhalgh, D. & Baker, S. (2008). Creative work and emotional labour in the television industry. *Theory, Culture & Society, 25* (7-8), 97–118.

Hesmondhalgh, D. & Baker, S. (2011). *Creative labour. Media work in three cultural industries.* London: Routledge.

Hesmondhalgh, D. (2007). *The cultural industries* (2. Aufl.). London: Sage.

Hess, T. & Anding, M. (2003). Wechselkosten und Lock-In-Effekte bei Medienprodukten. In G. Brösel & F. Keuper (Hrsg.), *Medienmanagement. Aufgaben und Lösungen* (S. 85–94). München: Oldenbourg.

Hess, T. & Matt, C. (2013). The internet and the value chains of the media industry. In S. Diehl & M. Karmasin (Hrsg.), *Media and convergence management* (S. 37–55). Berlin, Heidelberg: Springer.

Hess, T. (1999). Das Internet als Distributionskanal für die Medienindustrie. Entwicklungstendenzen im deutschen Markt. *Wirtschaftsinformatik, 41* (1), 77–82.

Hesse, M. (2011). *Wettbewerbsrecht – schnell erfasst* (2. Aufl.). Heidelberg: Springer.

Hirsch, P. M. (1972). Processing fads and fashions. An organization-set analysis of cultural industry systems. *The American Journal of Sociology, 77* (4), 639–659.

Hofsäss, M. & Engel, D. (2003). *Praxishandbuch Mediaplanung. Forschung, Studien und Werbewirkung, Mediaagenturen und Planungsprozess, Mediagattungen und Werbeträger.* Berlin: Cornelsen.

Hofstede, G. (2001). *Culture's consequences. Comparing values, behaviors, institutions and organizations across nations* (2. Aufl.). Thousand Oaks, CA: Sage.

Hollifield, C. A. (2006). News media performance in hypercompetitive markets. An extended model of effects. *International Journal on Media Management, 8* (2), 60–69.

Hollifield, C. A., Vlad, T. & Becker, L. B. (2004). Market, organizational, and strategic factors affecting media entrepreneurs in emerging economies. In R. G. Picard (Hrsg.), *Strategic responses to media market changes* (S. 133–155). Jönköping: Jönköping International Business School.

Hooker, C., Nakamura, J. & Csikszentmihalyi, M. (2003). The group as mentor. Social capital and the systems model of creativity. In P. B. Paulus & B. A. Nijstad (Hrsg.), *Group creativity* (S. 225–244). New York: Oxford University Press.

Hopkins, H. D. (1987). Acquisition strategy and the market position of acquiring firms. *Strategic Management Journal, 8* (6), 535–547.

Horkheimer, M. & Adorno, T. W. (1969). *Dialektik der Aufklärung.* Frankfurt a. M.: S. Fischer.

Horkheimer, M. & Adorno, T. W. (1996). *Dialektik der Aufklärung. Philosophische Fragmente* (Gesammelte Schriften, Bd. 3, 3. Aufl., 3 Bände). Frankfurt a. M. & Bern: Suhrkamp.

Horninger, K. (2008). *Bezahlte Wahrheiten. „Schleichwerbung" in österreichischen Tageszeitungen. Eine Bestandsaufnahme*. Dissertation, Universität Wien. Wien. Verfügbar unter http://othes.univie.ac.at/4351/

Hotelling, H. (1929). Stability in competition. *The Economic Journal, 39* (153), 41–57.

Howkins, J. (2002). *The creative economy. How people make money from ideas*. London: Penguin Books.

Hsu, M. K., Darrat, A. F., Maosen, Z. & Abosedra, S. S. (2002). Does advertising stimulate sales or mainly deliver signals? A multivariate analysis. *International Journal of Advertising, 21* (2), 175–195.

Hughes, B. (2007). 'Suits' and 'creatives'. Managerial control, the expropriation of fun and the manufacture of consent. *Work Organisation, Labour & Globalisation, 1* (1), 76–88.

Imhof, K. (2006a). Mediengesellschaft und Medialisierung. *Medien & Kommunikationswissenschaft, 54* (2), 191–215.

Imhof, K. (2006b). *Theorie der Öffentlichkeit = Theorie der Moderne. fög discussion papers GL-2006-0009*. Zürich: fög-Forschungsbereich Öffentlichkeit und Gesellschaft.

Imhof, K. (2013). Die Demokratie, die Medien und das Jahrbuch. In fög-Forschungsbereich Öffentlichkeit und Gesellschaft (Hrsg.), *Qualität der Medien. Jahrbuch 2013* (S. 11–21). Basel: Schwabe.

Jarren, O. & Meier, W. A. (2001). Ökonomisierung der Medienindustrie: Ursachen, Formen und Folgen. *Medien & Kommunikationswissenschaft, 49* (2), 145–158.

Jarren, O. (2013). Vergessene Selbstaufklärung? In fög-Forschungsbereich Öffentlichkeit und Gesellschaft (Hrsg.), *Qualität der Medien. Jahrbuch 2013* (S. 7–9). Basel: Schwabe.

Jeffcutt, P. & Pratt, A. C. (2002). Managing creativity in the cultural industries. *Creativity and Innovation Management, 11* (4), 225–233.

Jemison, D. B. (1981). The importance of an integrative approach to strategic management research. *Academy of Management Review, 6* (4), 601–608.

Jenkins, H. (2004). The cultural logic of media convergence. *International Journal of Cultural Studies, 7* (1), 33–43.

Jenkins, H. (2009). *Confronting the challenges of participatory culture. Media education for the 21st century*. Cambridge, MA: MIT Press.

Just, N. (2009). Measuring media concentration and diversity. New approaches and instruments in Europe and the US. *Media, Culture & Society, 31* (1), 97–117.

Kaase, M. (1998). Demokratisches System und die Mediatisierung von Politik. In U. Sarcinelli (Hrsg.), *Politikvermittlung und Demokratie in der Mediengesellschaft. Beiträge zur politischen Kommunikationskultur* (S. 24–51). Opladen: Westdeutscher Verlag.

Kamber, E. & Raabe, J. (2012). Publizistische Versorgung. In fög-Forschungsbereich Öffentlichkeit und Gesellschaft (Hrsg.), *Qualität der Medien. Jahrbuch 2012* (S. 105–125). Basel: Schwabe.

Kamber, T. (2002). The brand manager's dilemma. Understanding how advertising expenditures affect sales growth during a recession. *Journal of Brand Management, 10* (2), 106–120.

Kantzenbach, E. & Greiffenberg, H. (1980). Die Übertragbarkeit des Modells des „funktionsfähigen Wettbewerbs" auf die Presse. In S. Klaue, M. Knoche & A. Zerdick (Hrsg.), *Probleme der Pressekonzentrationsforschung. Ein Experten-Colloquium an der Freien Universität Berlin* (S. 189–202). Baden-Baden: Nomos.

Kantzenbach, E. (1988). Zum Verhältnis von publizistischem und ökonomischem Wettbewerb aus ökonomischer Sicht. In W. Hoffmann-Riem (Hrsg.), *Rundfunk im Wettbewerbsrecht. Der öffentlich-rechtliche Rundfunk im Spannungsfeld zwischen Wirtschaftsrecht und Rundfunkrecht* (S. 78–83). Baden-Baden: Nomos.

Karmasin, M. & Winter, C. (2002). Kontexte und Aufgabenfelder von Medienmanagement. In M. Karmasin & C. Winter (Hrsg.), *Grundlagen des Medienmanagements* (2. Aufl., S. 15–39). München: Fink.

Karow, M. (2011). *Business process documentation in creative work systems. A design science study in television production.* Doktorarbeit, Westfälische Wilhelms-Universität. Münster. Verfügbar unter http://miami.uni-muenster.de/servlets/DerivateServlet/Derivate-5908/diss_karow.pdf

Karrh, J. A. (1998). Brand placement. A review. *Journal of Current Issues & Research in Advertising, 20* (2), 31–49.

Kearney, M. S. & Levine, P. B. (2014). *Media influences on social outcomes. The impact of MTV's 16 and pregnant on teen childbearing* (National Bureau of Economic Research, Hrsg.). Verfügbar unter http://www.wellesley.edu/sites/default/files/assets/kearney-levine-16p-nber_submit.pdf

Keel, G. & Perrin, D. (2009). Geschichten in konvergenten Medien erzählen. Fit für Journalismus im Netz. *Message Werkstatt Journalismus* (1), 2–6.

Kelly, K. (1998). *New rules for the new economy. 10 radical strategies for a connected world.* New York, NY: Viking.

Kepner, C. H. & Tregoe, B. B. (1965). *The rational manager. A systematic approach to problem solving and decision making.* New York: McGraw-Hill.

Kepplinger, H. M. (1998). *Die Demontage der Politik in der Informationsgesellschaft* (Alber-Reihe Kommunikation, Bd. 24). Freiburg (Breisgau): Karl Alber.

Kepplinger, H. M. (2002). Mediatization of politics. Theory and data. *Journal of Communication, 52* (4), 972–986.

Kerrigan, S. & McIntyre, P. (2010). The 'creative treatment of actuality'. Rationalizing and reconceptualizing the notion of creativity for documentary practice. *Journal of Media Practice, 11* (2), 111–130.

Kerrigan, S. (2010). Creative practice research. Interrogating creativity theories through documentary practice. *Text* (8), 1–16. Verfügbar unter http://www.textjournal.com.au/speciss/issue8/Kerrigan.pdf

Keuper, F. & Brösel, G. (2005). Zum Effektivitäts-Effizienz-Dilemma des öffentlichrechtlichen Rundfunks. *ZögU,* 1–18.

Kiefer, M. L. (1996). Unverzichtbar oder überflüssig? Öffentlich-rechtlicher Rundfunk in der Multimedia-Welt. *Rundfunk und Fernsehen, 44* (1), 7–26.

Kiefer, M. L. (1998). Die ökonomischen Zwangsjacken der Kultur. Wirtschaftliche Bedingungen der Kulturproduktion und -distribution durch Massenmedien. *Publizistik, 43* (Sonderheft 2/1998: Medien-Kulturkommunikation), 97–114.

Kiefer, M. L. (2005). *Medienökonomik. Einführung in eine ökonomische Theorie der Medien* (2. Aufl.). München: Oldenbourg.

Kienzler, S., Lischka, J. & Siegert, G. (2012). Einflussfaktoren auf unternehmerische Werbeentscheidungen – eine länderübergreifende Studie. In H. Haas & K. Lobinger (Hrsg.), *Qualitäten der Werbung – Qualitäten der Werbeforschung* (S. 172–194). Köln: von Halem.

Killebrew, K. C. (2005). *Managing media convergence. Pathways to journalistic cooperation.* Ames, IA: Blackwell.

King, A. W. (2007). Disentangling interfirm and intrafirm causal ambiguity:. A conceptual model of causal ambiguity and sustainable competitive advantage. *Academy of Management Review, 32* (1), 156–178.

Klausen, S. H. (2010). The notion of creativity revisited. A philosophical perspective on creativity research. *Creativity Research Journal, 22* (4), 347–360.

Klumpp, U. (2013). Neues in der Pressefusionskontrolle. *Wirtschaft und Wettbewerb* (4), 344–356.

Knoche, M. (1978). *Einführung in die Pressekonzentrationsforschung. Theoretische und empirische Grundlagen – Kommunikationspolitische Voraussetzungen.* Berlin: Volker Spiess.

Knoche, M. (1997). Medienkonzentration und publizistische Vielfalt. Legitimationsgrenzen des privatwirtschaftlichen Mediensystems. In R. Renger & G. Siegert (Hrsg.), *Kommunikationswelten. Wissenschaftliche Perspektiven zur Medien- und Informationsgesellschaft* (S. 123–158). Innsbruck: Studienverlag.

Knoche, M. (2001). Kapitalisierung der Medienindustrie aus politökonomischer Perspektive. *Medien & Kommunikationswissenschaft, 49* (2), 177–194.

Knothe, M. & Lebens, J. (2000). Rundfunkspezifische Konzentrationskontrolle des Bundeskartellamtes. *AfP Zeitschrift für Medien- und Kommunikationsrecht,* 125–131.

Koberger, V. (1990). *Product Placement, Sponsoring, Merchandising. Die Zunahme indirekter Werbung bei den öffentlich-rechtlichen Fernsehanstalten seit der Konkurrenz mit kommerziellen Anbietern.* Münster: Lit.

Kohring, M. (2002). Vertrauen in Journalismus. In A. Scholl (Hrsg.), *Systemtheorie und Konstruktivismus in der Kommunikationswissenschaft* (S. 91–110). Konstanz: UVK.

Kolb, S. & Woelke, J. (2010). Einfluss von Werbekunden auf redaktionelle Inhalte. Quasi-experimentelle Modellierung und empirische Erhebung. *Studies in Communication Sciences, 10* (2), 51–77.

Kommission zur Ermittlung der Konzentration im Medienbereich. (2006, 10. Januar). *Beteiligungsveränderungen bei Tochtergesellschaften der ProSiebenSAT.1 Media AG.* Aktenzeichen: KEK 293-1 bis -5 Beschluss, Berlin. Verfügbar unter http://www.kek-online.de/fileadmin/Download_KEK/ Verfahren/kek293prosieben-sat1.pdf

Kopper, G. G. (1982). Medienökonomie – mehr als ‚Ökonomie der Medien'. Kritische Hinweise zu Vorarbeiten, Ansätzen, Grundlagen. *Media Perspektiven* (2), 102–115.

Kops, M. (1996). *Rechtfertigen Nachfragemängel eine Regulierung von Rundfunkprogrammen?* (Arbeitspapiere des Instituts für Rundfunkökonomie an der Universität zu Köln, Bd. 72). Köln: Institut für Rundfunkökonomie an der Universität zu Köln.

Kops, M. (1998). *Eine ökonomische Herleitung der Aufgaben des öffentlich-rechtlichen Rundfunks* (Arbeitspapiere des Instituts für Rundfunkökonomie an der Universität zu Köln, Bd. 20). Köln: Institut für Rundfunkökonomie an der Universität zu Köln.

Kops, M. (2005). Soll der öffentlich-rechtliche Rundfunk die Nachfrage seiner Zuhörer und Zuschauer korrigieren? In C.-M. Ridder, W. R. Langenbucher, U. Saxer, C. Steininger & M. L. Kiefer (Hrsg.), *Bausteine einer Theorie des öffentlich-rechtlichen Rundfunks.* Festschrift für Marie Luise Kiefer (S. 341–366). Wiesbaden: VS Verlag.

Korff-Sage, K. (1999). *Medienkonkurrenz auf dem Werbemarkt. Zielgruppendifferenzierung in der Angebotsstrategie der Werbeträger Presse, Rundfunk und Fernsehen.* Berlin: Schmidt.

Krei, A. (DWDL.de, Hrsg.). (2012, 27. Juni). *Wenn das „heute-journal" zum Halbzeit-Journal wird. Nachrichten im Schaufenster.* Zugriff am 22.01.2014. Verfügbar unter http://www.dwdl.de/magazin/36485/wenn_das_heutejournal_zum_halbzeitjournal_wird/

Kreitling, H. (1997). Das neue Ressort. Medienberichterstattung im bundesdeutschen Vergleich – ein Überblick. In H. Weßler, C. Matzen, O. Jarren, U. Hasebrink & D. Ross (Hrsg.), *Perspektiven der Medienkritik. Die gesellschaftliche Auseinandersetzung mit öffentlicher Kommunikation in der Mediengesellschaft* (S. 123–134). Opladen: Westdeutscher Verlag.

Krotz, F. (1996). Zur Konzeption einer Stiftung Medientest. *Rundfunk und Fernsehen, 44,* 215–229.

Krotz, F. (1997). Verbraucherkompetenz und Medienkompetenz. Die „Stiftung Medientest" als Antwort auf strukturelle Probleme der Medienentwicklung. In H. Weßler, C. Matzen, O. Jarren, U. Hasebrink & D. Ross (Hrsg.), *Perspektiven der Medienkritik. Die gesellschaftliche Auseinandersetzung mit öffentlicher Kommunikation in der Mediengesellschaft* (S. 251–263). Opladen: Westdeutscher Verlag.

Krotz, F. (2001). Die Übernahme öffentlicher und individueller Kommunikation durch die Privatwirtschaft. Über den Zusammenhang von Mediatisierung und Ökonomisierung. In M. Karmasin, M. Knoche & C. Winter (Hrsg.), *Medienwirtschaft und Gesellschaft. Medienunternehmen und die Kommerzialisierung von Öffentlichkeit* (S. 197–217). Münster: Lit.

Kübler, F. (1999). Medienkonzentrationskontrolle im Streit. Komplexe Randbedingungen und aktuelle Konflikte. *Media Perspektiven* (7), 379–385.

Küng, L. (2008). *Strategic management in the media. From theory and practice.* Los Angeles: Sage.

Küng, L., Picard, R. G. & Towse, R. (Hrsg.). (2008). *The internet and the mass media.* Los Angeles: Sage.

Künzler, M. (2013). *Mediensystem Schweiz*. Konstanz: UVK.

Kuss, A. & Kleinaltenkamp, M. (2009). *Marketing-Einführung. Grundlagen – Überblick – Beispiele* (4. Aufl.). Wiesbaden: Gabler.

Lacy, S. & Blanchard, A. (2003). The impact of public ownership, profits, and competition on number of newsroom employees and starting salaries in mid-sized daily newspapers. *Journalism & Mass Communication Quarterly, 80* (4), 949–968.

Lacy, S. & Noh, G.-Y. (1997). Theory, economics, measurement, and the principle of relative constancy. *Journal of Media Economics, 10* (3), 3–16.

Lacy, S. & Riffe, D. (1994). The impact of competition and group ownership on radio news. *Journalism & Mass Communication Quarterly, 71* (3), 583–593.

Lacy, S. & Simon, T. F. (1993). *The economics and regulation of United States newspapers*. Norwood, NJ: Ablex.

Lacy, S. (1992). The financial commitment approach to news media competition. *Journal of Media Economics, 5* (2), 5–21.

Lado, A. A. & Wilson, M. C. (1994). Human resource systems and sustained competitive advantage. A competency-based perspective. *The Academy of Management Review, 19* (4), 699.

Lagetar, M. & Mühlbauer, C. (2012). Skandalös zurückgehalten? Berichterstattung über Werbekunden am Beispiel des Lidl-Bespitzelungsfalles. In S. Gadringer, S. Kweton, J. Trappel & T. Vieth (Hrsg.), *Journalismus und Werbung. Kommerzielle Grenzen der redaktionellen Autonomie* (S. 167–189). Wiesbaden: Springer VS.

Lamey, L., Deleersnyder, B., Dekimpe, M. G. & Steenkamp, J.-B. E. M. (2007). How business cycles contribute to private-label success. Evidence from the United States and Europe. *Journal of Marketing, 71* (1), 1–15.

Lampel, J. (2006). The genius behind the system. The emergence of the central producer system in the Hollywood motion picture industry. In J. Lampel, J. Shamsie & T. K. Lant (Hrsg.), *The business of culture. Strategic perspectives on entertainment and media* (S. 41–56). Mahwah, NJ: Lawrence Erlbaum.

Lampel, J., Lant, T. K. & Shamsie, J. (2000). Balancing act. Learning from organizing practices in cultural industries. *Organization Science, 11* (3), 263–269.

Landers, D. E. & Chan-Olmsted, S. M. (2004). Assessing the changing network TV market: A resource-based analysis of broadcast television networks. *Journal of Media Business Studies, 1* (1), 1–26.

Lang, G. (2004). Strategie und Vielfalt. Eine Anwendung des Hotelling'schen Positionierungsmodells auf Medienmärkte. In G. Siegert & F. Lobigs (Hrsg.), *Zwischen Marktversagen und Medienvielfalt. Medienmärkte im Fokus neuer medienökonomischer Anwendungen* (S. 100–111). Baden-Baden: Nomos.

Latzer, M. (1997). *Mediamatik. Die Konvergenz von Telekommunikation, Computer und Rundfunk*. Opladen: Westdeutscher Verlag.

Latzer, M. (2009). Convergence revisited. Toward a modified pattern of communications governance. *Convergence: The International Journal of Research into New Media Technologies, 15* (4), 411–426.

Lee, E., Lee, J. & Lee, J. (2006). Reconsideration of the winner-take-all hypothesis. Complex networks and local bias. *Management Science, 52* (12), 1838–1848.

Leggatt, T. (1996). Quality in television. The view from professionals. In S. Ishikawa (Hrsg.), *Quality assessment of television* (S. 145–168). Luton: University of Luton Press.

Leibenstein, H. (1950). Bandwagon, snob, and veblen effects in the theory of consumers' demand. *The Quarterly Journal of Economics, 64* (2), 183–207.

Leonarz, M. (2012). Regionen ohne Zeitung. Zur aktuellen Situation der Regionalberichterstattung in der Schweiz. In W. A. Meier, H. Bonfadelli & J. Trappel (Hrsg.), *Gehen in den Leuchttürmen die Lichter aus? Was aus den Schweizer Leitmedien wird* (S. 81–107). Münster: Lit.

Li, F. & Whalley, J. (2002). Deconstruction of the telecommunications industry. From value chains to value networks. *Telecommunications Policy, 26* (9-10), 451–472.

Liebowitz, S. J. (2002). *Re-thinking the network economy. The true forces that drive the digital marketplace.* New York: Amacom.

Lilienthal, V. (2005). Selbstkommerzialisierung als Legitimationsverlust. Schleichwerbung im öffentlich-rechtlichen Rundfunk. In F. Werneke (Hrsg.), *Die bedrohte Instanz. Positionen für einen zukunftsfähigen öffentlich-rechtlichen Rundfunk* (S. 140–150). Berlin: ver.di.

Linnett, R. & Friedman, W. (2002). Magazines pay price of TV recovery. *Advertising Age, 73* (35), 1–28.

Lobigs, F. (2004a). Funktionsfähiger journalistischer Wettbewerb. Institutionenökonomische Herleitung einer fundamentalen publizistischen Institution. In G. Siegert & F. Lobigs (Hrsg.), *Zwischen Marktversagen und Medienvielfalt. Medienmärkte im Fokus neuer medienökonomischer Anwendungen* (S. 53–68). Baden-Baden: Nomos.

Lobigs, F. (2004b). Niveauvolle Unterhaltung im öffentlich-rechtlichen Fernsehen. Notwendige Voraussetzungen eines Arguments der Meritorik. In M. Friedrichsen & U. Göttlich (Hrsg.), *Diversifikation in der Unterhaltungsproduktion* (S. 48–64). Köln: von Halem.

Lobigs, F., Spacek, D., Siegert, G. & Weber, R. H. (2005). Mehr Rechtsschutz für TV-Formate? Eine medienökonomische und medienrechtliche Untersuchung. *Medien & Kommunikationswissenschaft, 53* (1), 93–119.

Lowe, G. F. & Jauert, P. (2005). Public service broadcasting for social and cultural citizenship. Renewing the enlightment-mission. In G. F. Lowe & P. Jauert (Hrsg.), *Cultural dilemmas in public service broadcasting. RIPE@2005* (S. 13–33). Göteborg: Nordicom.

Lowe, G. F. & Steemers, J. (Hrsg.). (2012). *Regaining the initiative for public service media. RIPE@2011* (RIPE reader, Bd. 5). Göteborg: Nordicom.

Ludwig, J. (1996). Wie sich publizistische Hochkultur 'rechnet'. Ein ökonomisches Porträt der 'Zeit'. *Publizistik, 41,* 277–297.

Ludwig, J. (1998). *Zur Ökonomie der Medien. Zwischen Marktversagen und Querfinanzierung;von J. W. Goethe bis zum Nachrichtenmagazin „Der Spiegel".* Opladen: Westdeutscher Verlag.

Luhmann, N. (1996). *Die Realität der Massenmedien* (2. Aufl.). Opladen: Westdeutscher Verlag.

Lüthi, N. (2013, 23. Dezember). Manuel Dähler, Direktor Mediapulse „Damit hatte ich nie gerechnet". *Medienwoche.* Zugriff am 18.06.2014. Verfügbar unter http://medienwoche.ch/2013/12/23/damit-hatte-ich-nie-gerechnet/

Mailänder, P. (2000). *Konzentrationskontrolle zur Sicherung von Meinungsvielfalt im privaten Rundfunk. Eine vergleichende Untersuchung der Rechtslage in Deutschland, Frankreich, Italien, Großbritannien, Spanien, Österreich sowie den Niederlanden und im Europäischen Recht.* Baden-Baden: Nomos Verlagsgesellschaft.

Manning, S. & Sydow, J. (2007). Transforming creative potential in project networks. How TV movies are produced under network-based control. *Critical Sociology, 33* (1-2), 19–42.

Manning, S. (2005). Managing project networks as dynamic organizational forms. Learning from the TV movie industry. *International Journal of Project Management, 23* (5), 410–414.

Marcinkowski, F. (1993). *Publizistik als autopoietisches System. Politik und Massenmedien;eine systemtheoretische Analyse.* Opladen: Westdeutscher Verlag.

Marcinkowski, F. (2005). Die Medialisierbarkeit politischer Institutionen. In P. Rössler & F. Krotz (Hrsg.), *Mythen der Mediengesellschaft. The media society and its myths* (S. 341–370). Konstanz: UVK.

Marr, M., Wyss, V., Blum, R. & Bonfadelli, H. (2001). *Journalisten in der Schweiz. Eigenschaften, Einstellungen, Einflüsse.* Konstanz: UVK.

Mascarenhas, B. & Aaker, D. A. (1989). Mobility barriers and strategic groups. *Strategic Management Journal, 10* (5), 475–485.

Mascaro, M. P. (Autor), Barrere, Jean-Marie & Mascaro, Maria P. (Regie), Boutelier, Denis, Cichowicz, Andreas & Jahn, Frank (Redaktion). (2004). *Marschbefehl für Hollywood. Die US-Armee führt Regie im Kino:* CAPA-Produktion; ARD; NDR.

Mason, E. S. (1939). Price and production policies of large-scale enterprise. *American Economic Review, 29,* 61-74.

Mason, E. S. (1949). The current status of the monopoly problem in the United States. *Harvard Law Review, 62* (8), 1265.

Mast, C. (1999). *Programmpolitik zwischen Markt und Moral. Entscheidungsprozesse über Gewalt im deutschen Fernsehen.* Opladen: Westdeutscher Verlag.

Mazzoleni, G. & Schulz, W. (1999). ‚Mediatization' of politics. A challenge for democracy? *Political Communication, 16* (3), 247-261.

McCombs, M. E. (1972). Mass media in the marketplace. *Journalism Monograph, 24.*

McDowell, W. S. & Sutherland, J. (2000). Choice versus chance. Using brand equity theory to explore TV audience lead-in effects. A case study. *Journal of Media Economics, 13* (4), 233-247.

McDowell, W. S. (2006). Issues in marketing and branding. In A. B. Albarran, S. M. Chan-Olmsted & M. O. Wirth (Hrsg.), *Handbook of media management and economics* (S. 229-250). Mahwah, NJ: Lawrence Erlbaum.

McDowell, W. S. (2011). The brand management crisis facing the business of journalism. *International Journal on Media Management, 13* (1), 37-51.

McIntosh, W., Schwegler, A. & Terry-Murray, R. (2000). Threat and television viewing in the United States, 1960-1990. *Media Psychology, 2* (1), 35-46.

McManus, J. H. (1994). *Market-driven journalism. Let the citizen beware?* Thousand Oaks, CA: Sage.

McManus, J. H. (1995). A market-based model of news production. *Communication Theory, 5* (4), 301-338.

McManus, J. H. (2009). The commercialization of news. In K. Wahl-Jorgensen & T. Hanitzsch (Hrsg.), *The handbook of journalism studies* (S. 218-235). New York: Routledge.

McQuail, D. (2005). *McQuail's mass communication theory* (5. Aufl.). London: Sage.

McWilliams, A. (1993). Efficiency v. structure-conduct-performance. Implications for strategy research and practice. *Journal of Management, 19* (1), 63-78.

Meckel, M. (1999). *Redaktionsmanagement. Ansätze aus Theorie und Praxis.* Opladen: Westdeutscher Verlag.

Meier, W. A. & Jarren, O. (2001). Ökonomisierung und Kommerzialisierung von Medien und Mediensystem. Einleitende Bemerkung zu einer (notwendigen) Debatte. *Medien & Kommunikationswissenschaft, 49* (2), 145-158.

Meier, W. A. (1999). Wandel durch Kommerzialisierung. Transnational operierende Medienkonzerne strukturieren Öffentlichkeit und Märkte. In K. Imhof, O. Jarren & R. Blum (Hrsg.), *Steuerungs- und Regelungsprobleme in der Informationsgesellschaft* (S. 61-74). Opladen: Westdeutscher Verlag.

Meier, W. A. (2001). Kommerzialisierung als Megatrend. *Medien Journal, 25* (1).

Mellmann, U. (2012). *Werbeträgereigenschaften als Basis der Werbefinanzierung verschiedener Medien. Analyse des branchenspezifischen Werbeverhaltens in Deutschland von 1991 bis 2010.* Dissertation, Universität Zürich. Zürich.

Merten, K., Schmidt, S. J. & Weischenberg, S. (Hrsg.). (1994). *Die Wirklichkeit der Medien. Eine Einführung in die Kommunikationswissenschaft.* Opladen: Westdeutscher Verlag.

Mierzejewska, B. I. & Hollifield, C. A. (2006). Theoretical approaches in media management research. In A. B. Albarran, S. M. Chan-Olmsted & M. O. Wirth (Hrsg.), *Handbook of media management and economics* (S. 37-66). Mahwah, NJ: Lawrence Erlbaum.

Mikos, L. (2011). Neue Formate und Programmtrends im deutschen Fernsehen. Ein Rückblick auf das Programmjahr 2010/2011. In Arbeitsgemeinschaft der Landesmedienanstalten in der Bundesrepublik Deutschland (ALM) (Hrsg.), *Programmbericht 2011. Fernsehen in Deutschland. Programmforschung und Programmdiskurs* (S. 117-127). Berlin: Vistas.

Miles, R. E., Snow, C. C. & Miles, G. (2000). TheFuture.org. *Longe Range Planning, 33* (3), 300-321.

Miller, D. & Shamsie, J. (1996). The resource-based view of the firm in two environments. The Hollywood film studios from 1936 to 1965. *The Academy of Management Journal, 39* (3), 519-543.

Miller, T. & Lockett, A. (Hrsg.). (2002). *Television studies*. London: bfi.

Mintzberg, H. (1976). Planning on the left side and managing on the right. *Harvard Business Review, 54* (4), 49–58.

Mitchell, L. A. (1993). An examination of methods of setting advertising budgets. Practice and the literature. *European Journal of Marketing, 27* (5), 5–21.

Moe, H. (2008). Dissemination and dialogue in the public sphere. A case for public service media online. *Media, Culture & Society, 30* (3), 319–336.

Molinari, B. & Turino, F. (2006). *The role of advertising in the aggregate economy. The working-spending cycle.* : Universitat Pompeu Fabra.

Moran, A. & Malbon, J. (2006). *Understanding the global TV format*. Bristol: Intellect.

Morley, E. & Silver, A. (1977). A film director's approach to managing creativity. *Harvard Business Review, 55* (2), 59–68.

Mosco, V. (2009). *The political economy of communication* (2. Aufl.). Los Angeles: Sage.

Müller, D. (2006). „Kein Protokollobst auf den Tischen fotografieren (sonst wird die Bevölkerung neidisch)". Marx, Lenin und die Freiheit der Presse. In J. Schröter, G. Schwering & U. Stäheli (Hrsg.), *Media Marx. Ein Handbuch* (Masse und Medium, Bd. 4, S. 135–150). Berlin: Transcript.

Münch, R. (1991). *Dialektik der Kommunikationsgesellschaft* (2. Aufl.). Frankfurt a. M.: Suhrkamp.

Napoli, P. M. (2001). *Foundations of communication policy. Principles and process in the regulation of electronic media*. Cresskill, NJ: Hampton Press.

Nash, J. F. (1950). *Non-cooperative games*. Dissertation, Princeton University. Princeton.

Neff, B. (2012, 22. April). „Alles mache ich nicht". Interview mit Stefan Klameth. *persoenlich.com.* Zugriff am 18.06.2014. Verfügbar unter http://www.persoenlich.com/news/prcorporate-communication/alles-mache-ich-nicht-229753#.U15jJBBp6g4

Neissl, J. & Renger, R. (2001). Zwischen Sein und Schein. Populärjournalistische Tendenzen in östereichischen Medien. *Medien Journal* (1), 26–37.

Nelson, P. (1970). Information and consumer behavior. *The Journal of Political Economy, 78* (2), 311–329.

Newcomb, H. & Hirsch, P. M. (1984). Televison as a cultural forum. Implications for research. In W. D. Rowland & B. Watkins (Hrsg.), *Interpreting television. Current research perspectives* (Sage annual reviews of communication research, Bd. 12, Bd. 12, S. 58–73). Beverly Hills, CA: Sage.

Noam, E. M. (2009). *Media ownership and concentration in America*. New York: Oxford University Press.

Nussberger, U. (1961). *Dynamik der Zeitung*. Stuttgart: Daco-Verlag.

O'Donovan, B., Rae, D. & Grimes, A. (2000). Determinants of advertising expenditures. Aggregate and cross-media evidence. *International Journal of Advertising, 19* (3), 317–334.

ORF. (2008). *Wert über Gebühr. Public Value Bericht* (ORF, Hrsg.), Wien. Zugriff am 20.10.2009. Verfügbar unter http://caladan.thelounge.net/clients/orf/pv_bericht/ORF_publicvalue.pdf

Osborn, A. F. (1963). *Applied imagination. Principles and procedures of creative problem-solving*. New York: Scribner.

Ots, M. (Hrsg.). (2008). *Media brands and branding*. Jönköping: Jönköping International Business School.

Owen, B. M. & Wildman, S. S. (1992). *Video economics*. Cambridge, MA: Harvard University Press.

Papies, D. (2009). Preismanagement bei Büchern. In M. Clement, E. Blömeke & F. Sambeth (Hrsg.), *Ökonomie der Buchindustrie. Herausforderungen in der Buchbranche erfolgreich managen* (S. 129–143). Wiesbaden: Gabler.

Pasquay, A. (2014). *Die deutschen Zeitungen in Zahlen und Daten 2014* (Bundesverband Deutscher Zeitungsverleger, Hrsg.), Berlin. Verfügbar unter http://www.bdzv.de/fileadmin/bdzv_hauptseite/markttrends_daten/wirtschaftliche_lage/2014/assets/ZDF_2014.pdf

Paul, A. & Kleingartner, A. (1994). Flexible production and the transformation of industrial relations in the motion picture and television industry. *Industrial and Labor Relations Review, 47* (4), 663–678.

persönlich.com (2009, 10. März). Dokusoap „Bauer, ledig, sucht..." illegale Kopie? *persönlich.com*. Zugriff am 18.06.2014. Verfügbar unter http://www.persoenlich.com/news/medien/dokuso-ap-bauer-ledig-sucht-illegale-kopie-285693#.U15quRBp6g4

Peterson, R. A. & Anand, N. (2004). The production of culture perspective. *Annual Review of Sociology, 30* (1), 311–334.

Pettijohn, T. F. & Jungeberg, B. J. (2004). Playboy playmate curves. Changes in facial and body feature preferences across social and economic conditions. *Personality and Social Psychology Bulletin, 30* (9), 1186–1197.

Pettijohn, T. F. & Sacco, D. F. (2009). The language of lyrics. An analysis of popular Billboard songs across conditions of social and economic threat. *Journal of Language and Social Psychology, 28* (3), 297–311.

Pettijohn, T. F. & Tesser, A. (1999). Popularity in environmental context. Facial feature assessment of American movie actresses. *Media Psychology, 1* (3), 229–247.

Pettijohn, T. F. (2003). Relationships between US social and economic hard times and popular motion picture actor gender, actor age, and movie genre preferences. *North American Journal of Psychology, 5* (1), 61–66.

Phalen, P. F. (1998). The market information system and personalized exchange. Business practices in the market for television audiences. *Journal of Media Economics, 11* (4), 17–34.

Picard, R. G. & Russi, L. (2012). Comparing media markets. In F. Esser & T. Hanitzsch (Hrsg.), *The handbook of comparative communication research* (S. 234–248). London: Routledge.

Picard, R. G. (1989). *Media economics. Concepts and issues.* Newbury Park, CA: Sage.

Picard, R. G. (2001). Effects of recessions on advertising expenditures. An exploratory study of economic downturns in nine developed nations. *Journal of Media Economics, 14* (1), 1–14.

Picard, R. G. (2002). *The economics and financing of media companies.* New York: Fordham University Press.

Picard, R. G. (2004). Commercialism and newspaper quality. *Newspaper Research Journal, 25* (1), 54–65.

Picard, R. G. (2005a). Money, media, and the public interest. In G. Overholser (Hrsg.), *The press* (S. 337–350). New York: Oxford University Press.

Picard, R. G. (2005b). Unique characteristics and business dynamics of media products. *Journal of Media Business Studies, 2* (2), 61–69.

Picard, R. G. (2006). Historical trends and patterns in media economics. In A. B. Albarran, S. M. Chan-Olmsted & M. O. Wirth (Hrsg.), *Handbook of media management and economics* (S. 23–36). Mahwah, NJ: Lawrence Erlbaum.

Piore, M. J. & Sabel, C. F. (1984). *The second industrial divide: Possibilities for prosperity.* New York: Basic Books.

Porlezza, C. (2014). *Gefährdete journalistische Unabhängigkeit. Zum wachsenden Einfluss von Werbung auf redaktionelle Inhalte.* Konstanz: UVK.

Porter, M. E. (1980). *Competitive strategy. Techniques for analyzing industries and competitors.* New York: Free Press.

Porter, M. E. (1985). *Competitive advantage. Creating and sustaining superior performance.* New York: Free Press.

Porter, M. E. (1991). Towards a dynamic theory of strategy. *Strategic Management Journal, 12* (Special Issue: Fundamental Research Issues in Strategy and Economics), 95–117.

Porter, M. E. (1996). What is strategy? *Harvard Business Review, 74* (6), 61–78.

Powdermaker, H. (1950). *Hollywood, the dream factory. An anthropologist looks at the movie-makers.* Boston: Little, Brown & Co.

Powell, W. W. (1990). Neither market nor hierarchy: Network forms of organization. *Research in Organizational Behavior, 12,* 295–336.

Prahalad, C. K. & Hamel, G. (1990). The core competence of the corporation. *Harvard Business Review, 68* (3), 79–91.

Preston, P. & Sparviero, S. (2009). Creative inputs as the cause of Baumol's cost disease. The example of media services. *Journal of Media Economics, 22* (4), 239–252.

Prindle, D. F. (1993). *Risky business. The political economy of Hollywood.* Boulder, CO: Westview Press.

Pross, H. (1972). *Medienforschung. Film – Funk – Fernsehen.* Darmstadt: Habel.

Puppis, M. (2010). *Einführung in die Medienpolitik* (2. Aufl.). Konstanz: UVK.

Puppis, M., d'Haenens, L. & Saeys, F. (2007). Broadcasting policy and regulatory choices. In L. d'Haenens & F. Saeys (Hrsg.), *Western broadcast models. Structure, conduct and performance* (S. 61–78). Berlin: Mouton de Gruyter.

Quandt, T. & Singer, J. B. (2009). Convergence and cross-platform content production. In K. Wahl-Jorgensen & T. Hanitzsch (Hrsg.), *The handbook of journalism studies* (S. 130–144). New York: Routledge.

Rager, G. (1994). Dimensionen der Qualität: Weg aus den allseitig offenen Richter-Skalen? In G. Bentele & K. R. Hesse (Hrsg.), *Publizistik in der Gesellschaft. Festschrift für Manfred Rühl* (Journalismus, Bd. 35, S. 189–209). Konstanz: UVK.

Ramstad, G. O. (1997). A model for structural analysis of the media market. *Journal of Media Economics, 10* (3), 45–50.

Raudsepp, E. (1963). *Managing creative scientists and engineers.* New York: Macmillan.

Ravid, S. A. (1999). Information, blockbusters, and stars. A study of the film industry. *The Journal of Business, 72* (4), 463–492.

Redmond, M. R., Mumford, M. D. & Teach, R. (1993). Putting creativity to work. Effects of leader behavior on subordinate creativity. *Organizational Behavior and Human Decision Processes, 55* (1), 120–151.

Redvall, E. N. (2013). *Writing and producing television drama in Denmark. From The Kingdom to The Killing.* Basingstoke: Palgrave Macmillan.

Reiter, S. & Ruß-Mohl, S. (Hrsg.). (1994). *Zukunft oder Ende des Journalismus? Publizistische Qualitätssicherung, Medienmanagement, redaktionelles Marketing.* Gütersloh: Bertelsmann Stiftung.

Renger, R. & Siegert, G. (2001). Wirtschaftlichkeit um jeden Preis. Diskussion über Massenmedien als Geschäft, über Qualität und journalistische Abgründe. *Medien Journal, 25* (1-2), 83–88.

Renger, R. (2000). *Populärer Journalismus. Nachrichten zwischen Fakten und Fiktion.* Innsbruck: Studienverlag.

Reuter, J. & Zitzewitz, E. (2006). Do ads influence editors? Advertising and bias in the financial media. *The Quarterly Journal of Economics, 121* (1), 197–227.

Richter, R., Furubotn, E. G. & Furubotn, E. G. (2003). *Neue Institutionenökonomik. Eine Einführung und kritische Würdigung* (3. Aufl.). Tübingen: Mohr Siebeck.

Riehm, U. (2003). Digitale Güter in der Buch-und Musikbranche. Ein lohnendes Feld für die Technikfolgenabschätzung. In G. Stein (Hrsg.), *Umwelt und Technik im Gleichklang* (S. 181–198). Berlin, Heidelberg: Springer.

Rinallo, D. & Basuroy, S. (2009). Does advertising spending influence media coverage of the advertiser? *Journal of Marketing, 73* (6), 33–46.

Rochet, J.-C. & Tirole, J. (2006). Two-sided markets. A progress report. *RAND Journal of Economics, 37* (3), 645–667.

Rogall, D. (2000). *Kundenbindung als strategisches Ziel des Medienmarketing. Entwicklung eines marketingorientierten Konzeptes zur Steigerung der Leserbindung am Beispiel lokaler/regionaler Abonnementzeitungen.* Marburg: Tectum.

Röper, H. (2012a). Fernseh- und Filmproduktion 2009 und 2010. *Media Perspektiven* (9), 445–459.

Röper, H. (2012b). Zeitungsmarkt 2012: Konzentration erreicht Höchstwert. Daten zur Konzentration der Tagespresse in der Bundesrepublik Deutschland im I. Quartal 2012. *Media Perspektiven* (5), 268–285.

Rosen, S. (1981). The economics of superstars. *American Economic Review, 71* (5), 845–858.

Rosengren, K. E., Carlson, M. & Tågerud, Y. (1996). Quality in programming: Views from the north. In S. Ishikawa (Hrsg.), *Quality assessment of television* (S. 3–48). Luton: University of Luton Press.

Ross, E. A. (1997). The suppression of important news. In P. Golding & G. Murdock (Hrsg.), *The political economy of the media* (Bd. 2, Bd. 2, S. 3–11). Cheltenham: Edward Elgar.

Röttger, B. (1997). *Neoliberale Globalisierung und eurokapitalistische Regulation. Die politische Konstitution des Marktes.* Münster: Westfälisches Dampfboot.

Rougheen, S. (2014, 7. Januar). State mouthpiece to relaunch as broadsheet in march. *The Irrawaddy.* Zugriff am 22.01.2014. Verfügbar unter http://www.irrawaddy.org/burma/state-mouthpiece-re-launch-broadsheet-march.html

Russi, L. (2013a). Der Einfluss von Wettbewerb und Marktverhalten auf die Medienperformanz. In M. Puppis, M. Künzler & O. Jarren (Hrsg.), *Media structures and media performance / Medienstrukturen und Medienperformanz* (Relation, Bd. 4, S. 257–279). Wien: Verlag der Österreichischen Akademie der Wissenschaften.

Russi, L. (2013b). Ökonomische Bedingungen publizistischer Vielfalt. Eine theoretische Modellierung und Fuzzy Set Analyse der Beziehung von Wettbewerb und Produktdifferenzierung in europäischen Zeitungsmärkten. Baden-Baden: Nomos.

Ruß-Mohl, S. & Fengler, S. (Hrsg.). (2000). *Medien auf der Bühne der Medien. Zur Zukunft von Medienjournalismus und Medien-PR.* Berlin: Dahlem University Press.

Ruß-Mohl, S. (1992). Am eigenen Schopfe… Qualitätssicherung im Journalismus – Grundfragen, Ansätze, Näherungsversuche. *Publizistik, 37,* 83–96.

Ruß-Mohl, S. (1994). Anything goes? Ein Stolperstein und sieben Thesen zur publizistischen Qualitätssicherung. In S. Reiter & S. Ruß-Mohl (Hrsg.), *Zukunft oder Ende des Journalismus? Publizistische Qualitätssicherung, Medienmanagement, redaktionelles Marketing* (S. 20–28). Gütersloh: Bertelsmann Stiftung.

Ruß-Mohl, S. (2004). Organisationsethik und Medienmanagement. Wie wirksam sind medienbetriebliche Ethik-Kodizes? In B. Baerns (Hrsg.), *Leitbilder von gestern? Zur Trennung von Werbung und Programm. Eine Problemskizze und Einführung* (S. 123–137). Wiesbaden: VS Verlag.

Ruß-Mohl, S. (2014). Medienmarken, das Publikum und ein „Hate Slam". *European Journalism Observatory (EJO),* 21.2.2014. Verfügbar unter http://de.ejo-online.eu/11562/public-relations-marketing/hate-slam

Sarcinelli, U. (1987). *Symbolische Politik. Zur Bedeutung symbolischen Handelns in der Wahlkampfkommunikation der Bundesrepublik Deutschland* (Studien zur Sozialwissenschaft, Bd. 72). Opladen: Westdeutscher Verlag.

Sarcinelli, U. (1998). Mediatisierung. In O. Jarren, U. Sarcinelli & U. Saxer (Hrsg.), *Politische Kommunikation in der demokratischen Gesellschaft. Ein Handbuch mit Lexikonteil* (S. 678–679). Opladen: Westdeutscher Verlag.

Sawyer, R. K. (2006). *Explaining creativity. The science of human innovation.* Oxford: Oxford University Press.

Saxer, U. (1974). Funktionen der Massenmedien in der modernen Gesellschaft. In R. Kurzrock (Hrsg.), *Medienforschung* (Bd. 16, S. 22–33). Berlin: Colloquium Verlag.

Saxer, U. (1986). Die Publikumsforschung unter gewandelten Bedingungen. In Fribourger Arbeitskreis für die Ökonomie des Rundfunks (FAR), F. H. Fleck & M. Harnischfeger (Hrsg.), *Zukunftsaspekte des Rundfunks. Kommunikationspolitische und ökonomische Beiträge* (S. 107–122). Stuttgart: Kohlhammer.

Saxer, U. (1998). Was heisst Kommerzialisierung? *Zoom Kommunikation und Medien* (11), 10–17.

Schaaf, D. (2010). *Testimonialwerbung mit Sportprominenz. Eine institutionenökonomische und kommunikationsempirische Analyse.* Köln: von Halem.

Schachtner, D. (2002). *Die Beziehung zwischen werbungtreibendem Unternehmen und Werbeagentur. Theoretische Systematisierung und empirische Überprüfung eines Prinzipal-Agenten-Modells.* Wiesbaden: DUV.

Schatz, H. & Schulz, W. (1992). Qualität von Fernsehprogrammen. Kriterien und Methoden zur Beurteilung von Programmqualität im dualen Fernsehsystem. *Media Perspektiven* (11), 690–712.

Schauenberg, B., Schreyögg, G. & Sydow, J. (Hrsg.). (2005). *Institutionenökonomik als Management-lehre?* Wiesbaden: Gabler.

Scheel, T. (2007). *Die staatliche Festsetzung der Rundfunkgebühr. Rechtliche Kriterien und Grenzen der Gestaltungsmacht der Länder im Verfahren zur Festsetzung der Rundfunkgebühr.* Berlin: Duncker & Humblot.

Schein, E. H. (1985). *Organizational culture and leadership. A dynamic view.* San Francisco: Jossey-Bass.

Schierl, T. (2003). *Werbung im Fernsehen. Eine medienökonomische Untersuchung zur Effektivität und Effizienz werblicher TV-Kommunikation.* Köln: von Halem.

Schirmer, N. (2013). *Personalmanagement für Kreativschaffende. Das Konzept des Künstlerbezie-hungsmanagements.* Wiesbaden: Springer Gabler.

Schmidt, S. J. & Weischenberg, S. (1994). Mediengattungen, Berichterstattungsmuster, Darstellungs-formen. In K. Merten, S. J. Schmidt & S. Weischenberg (Hrsg.), *Die Wirklichkeit der Medien. Eine Einführung in die Kommunikationswissenschaft* (S. 212–236). Opladen: Westdeutscher Verlag.

Schmidt, V. L. (2001). *45 master characters: Mythic models for creating original characters.* Cincinnati, OH: Writer's Digest Books.

Schmitt-Walter, N. (2004). *Online-Medien als funktionale Alternative? Über die Konkurrenz zwischen den Mediengattungen.* München: Fischer.

Schnettler, J. & Wendt, G. (2003). *Konzeption und Mediaplanung für Werbe- und Kommunikations-berufe. Lehr- und Arbeitsbuch für die Aus- und Weiterbildung.* Berlin: Cornelsen.

Scholz, R. (1995). Zukunft von Rundfunk und Fernsehen. Freiheit der Nachfrage oder reglementiertes Angebot. *Archiv für Presserecht* (1), 357–362.

Schreyögg, G. & Kliesch-Eberl, M. (2007). How dynamic can organizational capabilities be? Towards a dual-process model of capability dynamization. *Strategic Management Journal, 28* (9), 913–933.

Schumann, M. & Hess, T. (2006). *Grundfragen der Medienwirtschaft. Eine betriebswirtschaftliche Einführung* (3. Aufl.). Berlin: Springer.

Schweiger, W. (2002). Crossmedia zwischen Fernsehen und Web. Versuch einer theoretischen Fundierung des Crossmedia-Konzepts. In H. Theunert & U. Wagner (Hrsg.), *Medienkonver-genz: Angebot und Nutzung. Eine Fachdiskussion veranstaltet von BLM und ZDF* (S. 123–135). München: Reinhard Fischer.

Scolari, C. A. (2009). Transmedia storytelling. Implicit consumers, narrative worlds, and branding in contemporary media production. *International Journal of Communication, 3,* 586–606. Ver-fügbar unter http://ijoc.org/ojs/index.php/ijoc/article/view/477

Scott, R. K. (1995). Creative employees. A challenge to managers. *The Journal of Creative Behavior, 29* (1), 64–71.

Seidel, S. (2011). Toward a theory of managing creativity-intensive processes. A creative industries study. *Information Systems and e-Business Management, 9* (4), 407–446.

Seufert, W. (2004). Medienvertrieb über das Internet. Ende der Intermediäre? In K.-D. Altmeppen & M. Karmasin (Hrsg.), *Medien und Ökonomie. Band 2: Problemfelder der Medienökonomie* (S. 63–93). Wiesbaden: VS Verlag.

Seufert, W. (2006). Programmaufwand, Qualität und Wirtschaftlichkeit öffentlich-rechtlicher Rundfunkangebote. *Medien & Kommunikationswissenschaft, 54* (3), 365–385.

Seufert, W. (2007). Führen Größenvorteile auf Werbemärkten zur Medienkonzentration? Zum theoretischen Gehalt der „Anzeigen-Auflagen-Spirale". *MedienWirtschaft, 4* (Sonderheft), 48–60.

Shapiro, C. & Varian, H. R. (1999). *Information rules. A strategic guide to the network economy.* Boston: Harvard Business School.

Shaver, M. A. & Shaver, D. (2005). *Changes in the levels of advertising expenditures during recessionary periods. A study of advertising performance in eight countries,* Hong Kong.

Siebert, F. S., Peterson, T. & Schramm, W. (1956). *Four theories of the press. The authoritarian, libertarian, social responsibility and soviet communist concepts of what the press should be and do.* Urbana, IL: University of Illinois Press.

Siegert, G. & Amstutz, P. (2004). Krisen-Management by Chance? Der Fall Lizenz- und Joint-Venture Publikumszeitschriften. In M. Friedrichsen & M. Schenk (Hrsg.), *Globale Krise der Medienwirtschaft? Dimensionen, Ursachen und Folgen* (S. 275–286). Baden-Baden: Nomos.

Siegert, G. & Brecheis, D. (2010). *Werbung in der Medien- und Informationsgesellschaft. Eine kommunikationswissenschaftliche Einführung* (2. Aufl.). Wiesbaden: VS Verlag.

Siegert, G. & Eberle, S. (2004). Kommerzialisierung der Kommunikation. Die Werbebranche der Schweiz und die Hybridisierung der Kommunikationsangebote. *Medienwissenschaft Schweiz* (2), 10–15.

Siegert, G. & von Rimscha, M. B. (2013). Economic bases of communication. In P. Cobley & P. J. Schulz (Hrsg.), *Theories and Models of Communication* (Handbooks of Communication Science, Bd. 1, S. 123–145). Berlin: de Gruyter Mouton.

Siegert, G. (1993). *Marktmacht Medienforschung. Die Bedeutung der empirischen Medien- und Publikumsforschung im Medienwettbewerbssystem.* München: Reinhard Fischer.

Siegert, G. (1997). Senderfamilien-Förderung? *Medien Journal, 21* (2), 38–47.

Siegert, G. (1998). „Guten Abend, liebe Zielgruppen". Das entsubjektivierte Publikum als Markt und ⊠coin of exchange⊠. *Medien Journal, 22* (4), 48–58.

Siegert, G. (2001a). Mediale Selbstthematisierung. Phänomene und theoretische Erklärungsansätze. In J. Neissl, G. Siegert & R. Renger (Hrsg.), *Cash und Content. Populärer Journalismus und mediale Selbstthematisierung als Phänomene eines ökonomisierten Mediensystems. Eine Standortbestimmung am Beispiel ausgewählter österreichischer Medien* (S. 205–254). München: Reinhard Fischer.

Siegert, G. (2001b). *Medien Marken Management. Relevanz, Spezifika und Implikationen einer medienökonomischen Profilierungsstrategie.* München: Reinhard Fischer.

Siegert, G. (2001c). ‚Wir über uns'. Zur Selbstthematisierung der Medien. *Medien Journal, 25* (1-2), 50–59.

Siegert, G. (2002). Medienmanagement als Marketingmanagement. In M. Karmasin & C. Winter (Hrsg.), *Grundlagen des Medienmanagements* (2. Aufl., S. 173–195). München: Fink.

Siegert, G. (2003). Im Zentrum des Taifuns. Die Ökonomisierung als treibende Kraft des medialen Wandels? *Medien Journal, 27* (1), 20–30.

Siegert, G. (2004). Die Ökonomisierung als treibende Kraft des medialen Wandels. *Fachjournalist, 4* (15), 21–24.

Siegert, G. (2004). Marketing und Marken. Differenzierungs- und Konkurrenzstrategien. In K.-D. Altmeppen & M. Karmasin (Hrsg.), *Medien und Ökonomie. Band 2: Problemfelder der Medienökonomie* (S. 183–208). Wiesbaden: VS Verlag.

Siegert, G. (2005). Medienmarken als Link zwischen Qualität und Profit. In K.-U. Hellmann & R. Pichler (Hrsg.), *Ausweitung der Markenzone. Interdisziplinäre Zugänge zur Erforschung des Markenwesens* (S. 81–98). Wiesbaden: VS Verlag.

Siegert, G. (2006a). Absatzmanagement. Preis-, Produkt- und Programmpolitik. In C. Scholz (Hrsg.), *Handbuch Medienmanagement* (S. 693–713). Berlin: Springer.

Siegert, G. (2006b). Stabilisierung und Absicherung. Medien- und Marktforschung. In K.-D. Altmeppen & M. Karmasin (Hrsg.), *Medien und Ökonomie. Band 3: Anwendungsfelder der Medienökonomie* (S. 103–120). Wiesbaden: VS Verlag.

Siegert, G., Gerth, M. A. & Rademacher, P. (2011). Brand identity-driven decision making by journalists and media managers. The MBAC model as a theoretical framework. *International Journal on Media Management, 13* (1), 53–70.

Siegert, G., Meier, W. A. & Trappel, J. (2005). Auswirkungen der Ökonomisierung auf Medien und Inhalte. In H. Bonfadelli, O. Jarren & G. Siegert (Hrsg.), *Einführung in die Publizistikwissenschaft* (S. 469–494). Bern: Haupt.

Siegert, G., Mellmann, U., Kienzler, S. & Lischka, J. (2012). Wirtschaftskrise – Werbewirtschafts-krise – Medienkrise? Konjunkturell und strukturell bedingte Veränderungen der Werbung und ihre Folgen für die Medien. In W. A. Meier, H. Bonfadelli & J. Trappel (Hrsg.), *Gehen in den Leuchttürmen die Lichter aus? Was aus den Schweizer Leitmedien wird* (S. 161–188). Münster: Lit.

Siegert, G., Rademacher, P. & Lobigs, F. (2008). Pessimistische Theorie – Optimistische Praxis? Unterschiedliche Sichtweisen auf die Konsequenzen der Ökonomisierung der Medien für deren seismographische Funktion in der Demokratie. In H. Bonfadelli, K. Imhof, R. Blum & O. Jarren (Hrsg.), *Seismographische Funktion von Öffentlichkeit im Wandel* (S. 210–229). Wiesbaden: VS Verlag.

Siegert, G., von Rimscha, M. B. & Sommer, C. (2014). *Unterhaltung als öffentlich-rechtlicher Auftrag* (ORF Public Value Kompetenzzentrum, Hrsg.). Wien: IPMZ. Verfügbar unter http://zukunft.orf.at/rte/upload/texte/qualitaetssicherung/jahresstudie_unterhaltung.pdf

Siegert, G., Weber, R. H., Lobigs, F. & Spacek, D. (2007). *Der Schutz innovativer publizistischer Konzepte im Medienwettbewerb. Eine medienökonomische und medienrechtliche Untersuchung.* Baden-Baden: Nomos.

Siegert, G., Wirth, W., Matthes, J., Pühringer, K., Rademacher, P., Schemer, C. et al. (2007). *Die Zukunft der Fernsehwerbung. Produktion, Verbreitung und Rezeption von programmintegrierten Werbeformen in der Schweiz.* Bern: Haupt.

Singh, H. & Montgomery, C. A. (1987). Corporate acquisition strategies and economic performance. *Strategic Management Journal, 8* (4), 377–386.

Sjurts, I. (2003). Medienmanagement. In G. Bentele, H.-B. Brosius & O. Jarren (Hrsg.), Öffentliche Kommunikation. Handbuch Kommunikations- und Medienwissenschaft (Studienbücher zur Kommunikations- und Medienwissenschaft, S. 523–538). Wiesbaden: Westdeutscher Verlag.

Sjurts, I. (2004). Der Markt wird's schon richten!? Medienprodukte, Medienunternehmen und die Effizienz des Marktprozesses. In K.-D. Altmeppen & M. Karmasin (Hrsg.), *Medien und Ökono-mie. Band 2: Problemfelder der Medienökonomie.* Wiesbaden: VS Verlag.

Sjurts, I. (2005). *Strategien in der Medienbranche. Grundlagen und Fallbeispiele* (3. Aufl.). Wiesba-den: Gabler.

Sjurts, I. (Hrsg.). (2011). *Gabler Lexikon Medienwirtschaft* (2. Aufl.). Wiesbaden: Gabler.

Smet, D. de & Vanormelingen, S. (2011). *Advertiser pressure on newspaper journalists. A survey* (HUB Research Papers no. 37), Brüssel.

Soley, L. C. & Craig, R. L. (1992). Advertising pressures on newspapers. A survey. *Journal of Ad-vertising, 21* (4), 1–10.

Sommer, C. & von Rimscha, M. B. (2013). Was macht Medien erfolgreich? Eine Übersicht und Syste-matisierung der prozess- und angebotsbezogenen Erfolgsfaktoren. *MedienWirtschaft, 10* (2), 10–27.

Spence, M. & Owen, B. M. (1977). Television programming, monopolistic competition, and welfare. *The Quarterly Journal of Economics, 91* (1), 103–126.

Srinivasan, R., Rangaswamy, A. & Lilien, G. L. (2005). Turning adversity into advantage. Does proactive marketing during a recession pay off? *International Journal of Research in Marketing, 22* (2), 109–125.

Stahmer, F. (1995). Ökonomie des Presseverlages. München: Reinhard Fischer.

Steinmaurer, T. (2002). Österreichs Mediensystem – Ein Überblick. In T. Steinmaurer (Hrsg.), *Konzentriert und verflochten. Österreichs Mediensystem im Überblick* (S. 11–69). Innsbruck: Studienverlag.

Steinmaurer, T. (2009). Das Mediensystem Österreichs. In Hans Bredow Institut (Hrsg.), *Interna-tionales Handbuch Medien* (28. Aufl., S. 504–517). Baden-Baden: Nomos.

Streng, I. (1996). *Strategisches Marketing für Publikumszeitschriften.* Frankfurt a. M.: Peter Lang.

Suchsland, R. (Heise Zeitschriften Verlag, Hrsg.). (08.12.2010). *Die Selbstabschaffung des deutschen Fernsehens.* Telepolis. Zugriff am 18.06.2014. Verfügbar unter http://www.heise.de/tp/news/Die-Selbstabschaffung-des-deutschen-Fernsehens-2000676.html

Swoboda, B., Giersch, J. & Foscht, T. (2006). Markenmanagement – Markenbildung in der Medienbranche. In C. Scholz (Hrsg.), *Handbuch Medienmanagement* (S. 789–813). Berlin: Springer.

Sydow, J. & Staber, U. (2002). The institutional embeddedness of project networks. The case of content production in German television. *Regional Studies, 36* (3), 215–227.

Sydow, J. & Windeler, A. (2003). Dienstleistungsproduktion in Projektnetzwerken – Implikationen für Dienstleistungsmanagement und -forschung. In M. Bruhn & B. Stauss (Hrsg.), *Dienstleistungsnetzwerke* (S. 343–359). Wiesbaden: Gabler.

Sydow, J. & Windeler, A. (Hrsg.). (2004). *Organisation der Content-Produktion.* Wiesbaden: VS Verlag.

Sydow, J. (2009). Path dependences in project-based organizing. Evidence from television production in Germany. *Journal of Media Business Studies, 6* (4), 123–139.

Sylvie, G. (2007). *Decision making by nordic newspaper editors. An exploratory study and comparison to US editors* (JIBS Working Paper Series 2007-2). Jönköping: Jönköping International Business School.

Teece, D. J. (2007). Explicating dynamic capabilities. The nature and microfoundations of (sustainable) enterprise performance. *Strategic Management Journal, 28* (13), 1319–1350.

Teece, D. J., Pisano, G. & Shuen, A. (1997). Dynamic capabilities and strategic management. *Strategic Management Journal, 18* (7), 509–533.

Tobias, R. B. (1993). *20 master plots (and how to build them).* Cincinnati, OH: Writer's Digest Books.

Toffler, A. (1980). *The third wave. The classic study of tomorrow.* Toronto: Bantam Books.

Torr, G. (2008). *Managing creative people. Lessons in leadership for the ideas economy.* Chichester: John Wiley & Sons.

Trappel, J., Meier, W. A., Schrape, K. & Wölk, M. (2002). *Die gesellschaftlichen Folgen der Medienkonzentration. Veränderungen in den demokratischen und kulturellen Grundlagen der Gesellschaft.* Opladen: Leske + Budrich.

Tubbs, S. L. & Schulz, E. (2006). Exploring a taxonomy of global leadership competencies and meta-competencies. *Journal of American Academy of Business, 8* (2), 29–34.

Tunstall, J. (1993). *Television producers.* London: Routledge.

Turow, J. (1992). *Media systems in society. Understanding industries, strategies, and power.* New York: Longman.

Ulmer, J. (2000). *James Ulmer's Hollywood hot list. The complete guide to star ranking.* New York: St. Martin's Griffin.

Underwood, D. (2001). Reporting and the push for market-oriented journalism. Media organizations as businesses. In W. L. Bennett & R. M. Entman (Hrsg.), *Mediated politics. Communication in the future of democracy* (S. 99–116). Cambridge: Cambridge University Press.

Unger, F., Durante, N.-V., Gabrys, E., Koch, R. & Wailersbacher, R. (2002). *Mediaplanung. Methodische Grundlagen und praktische Anwendungen* (3. Aufl.). Heidelberg: Physica-Verlag.

van Cuilenburg, J. (1999). On competition, access and diversity in media, old and new. Some remarks for communications policy in the information age. *New Media & Society, 1* (2), 183–207.

van Cuilenburg, J. (2007). Media diversity, competition and concentration. Concepts and theories. In E. de Bens (Hrsg.), *Media between culture and commerce* (S. 25–54). Bristol: Intellect.

van der Wurff, R. & van Cuilenburg, J. (2001). Impact of moderate and ruinous competition on diversity. The Dutch television market. *Journal of Media Economics, 14* (4), 213–229.

van der Wurff, R., Bakker, P. & Picard, R. G. (2008). Economic growth and advertising expenditures in different media in different countries. *Journal of Media Economics, 21* (1), 28–52.

Vizcarrondo, T. (2013). Measuring concentration of media ownership: 1976–2009. *International Journal on Media Management, 15* (3), 177–195.

Voigt, S. (2002). *Institutionenökonomik* (Bd. 2339). München: Wilhelm Fink Verlag.

von Rimscha, M. B. & Przybylski, P. (2012). Managing creativity in media companies. In C. Kolo, T. Döbler & L. Rademacher (Hrsg.), *Wertschöpfung durch Medien im Wandel* (S. 85–102). Baden-Baden: Nomos.

von Rimscha, M. B. & Putzig, S. (2013). From book culture to amazon consumerism. Does the digitization of the book industry lead to commercialization? *Publishing Research Quarterly, 29* (4), 318–335.

von Rimscha, M. B. (2008). Risikomanagement in der Produktion und Entwicklung audiovisueller fiktionaler Unterhaltung. In G. Siegert & M. B. von Rimscha (Hrsg.), *Zur Ökonomie der Unterhaltungsproduktion* (S. 178–203). Köln: von Halem.

von Rimscha, M. B. (2010). *Risikomanagement in der Entwicklung und Produktion von Spielfilmen. Wie Produzenten vor Drehbeginn Projektrisiken steuern.* Wiesbaden: VS Verlag.

von Rimscha, M. B. (2013). It's not the economy, stupid! External effects on the supply and demand of cinema entertainment. *Journal of Cultural Economics, 37* (4), 433–455.

von Rimscha, M. B., Wikström, P. & Naldi, L. (2014). European audio-visual production companies adapting to strategic challenges. In R. DeFillippi & P. Wikström (Hrsg.), *International perspectives on business innovation and disruption in the creative industries* (S. forthcoming). Cheltenham: Edward Elgar.

Vowe, G. (2006). Mediatisierung der Politik? Ein theoretischer Ansatz auf dem Prüfstand. *Publizistik, 51* (4), 437–455.

Wallace, W. T., Seigerman, A. & Holbrook, M. B. (1993). The role of actors and actresses in the success of films. How much is a movie star worth? *Journal of Cultural Economics, 17* (1), 1–27.

Wallas, G. (1926). *The art of thought.* New York: Harcourt, Brace and Company.

Wallner, C. (2007). *Interdisziplinäre Medienmarktanalyse. Ein theoriegeleitetes Analysemodell mit kommunikationswissenschaftlichen und ökonomischen Indikatoren.* Dissertation, Universität Wien. Wien.

Weaver, D.h., Beam, R. A., Brownlee, B. J., Voakes, P. S. & Wilhoit, G. C. (2007). *The American journalist in the 21st century. US news people at the dawn of a new millennium.* Mahwah, NJ: Lawrence Erlbaum.

Weber, M. (1988). Rede auf dem ersten Deutschen Soziologentag in Frankfurt 1910. In M. Weber (Hrsg.), *Weber, Max: Gesammelte Aufsätze zur Soziologie und Sozialpolitik* (S. 431–449). Tübingen: Mohr.

Weber, R. H. (1995). *Medienkonzentration und Meinungspluralismus. Entwicklungstendenzen in Europa und Diskussionsstand in der Schweiz.* Zürich: Schulthess.

Webster, J. G. & Phalen, P. F. (1994). Victim, consumer or commodity? Audience models in communication policy. In J. S. Ettema & D. C. Whitney (Hrsg.), *Audiencemaking. How the media create the audience* (Sage annual reviews of communication research, Bd. 22, S. 19–37). Thousand Oaks, CA: Sage.

Webster, J. G., Phalen, P. F. & Lichty, L. W. (2006). *Ratings analysis. The theory and practice of audience research* (3. Aufl.). Mahwah, NJ: Erlbaum.

Weischenberg, S., Malik, M. & Scholl, A. (2006). *Die Souffleure der Mediengesellschaft. Report über die Journalisten in Deutschland.* Konstanz: UVK.

Weiß, H.-J. & Schwotzer, B. (2011). Die Programmentwicklung deutscher Fernsehvollprogramme. Neue Daten der ALM-Studie. In Arbeitsgemeinschaft der Landesmedienanstalten in der Bundesrepublik Deutschland (ALM) (Hrsg.), *Programmbericht 2011. Fernsehen in Deutschland. Programmforschung und Programmdiskurs* (S. 23–58). Berlin: Vistas.

Weiß, R. (1997). Läßt sich über Qualität streiten? Versuche in der Kommunikationswissenschaft zur Verobjektivierung des Qualtätsbegriffs. In H. Weßler, C. Matzen, O. Jarren, U. Hasebrink & D. Ross (Hrsg.), *Perspektiven der Medienkritik. Die gesellschaftliche Auseinandersetzung mit öffentlicher Kommunikation in der Mediengesellschaft* (S. 185–199). Opladen: Westdeutscher Verlag.

Welch, I. (2000). Herding among security analysts. *Journal of Financial Economics, 58* (3), 369–396.

Weßler, H., Matzen, C., Jarren, O., Hasebrink, U. & Ross, D. (Hrsg.). (1997). *Perspektiven der Medienkritik. Die gesellschaftliche Auseinandersetzung mit öffentlicher Kommunikation in der Mediengesellschaft.* Opladen: Westdeutscher Verlag.

Wietstock, E. (2003). Die Innovation findet im Fernsehen und nicht im Kino statt. Interview mit Heike Hempel. *black box* (158).

Williamson, O. E. (1979). Transaction-cost economics. The governance of contractual relations. *The Journal of Law and Economics, 22* (2), 233–261.

Windeler, A. (2008). Unterhaltungsproduktion in Netzwerken. In G. Siegert & M. B. von Rimscha (Hrsg.), *Zur Ökonomie der Unterhaltungsproduktion* (S. 124–150). Köln: von Halem.

Windeler, A., Lutz, A. & Wirth, C. (2000). Netzwerksteuerung durch Selektion – Die Produktion von Fernsehserien in Projektnetzwerken. In J. Sydow & A. Windeler (Hrsg.), *Steuerung von Netzwerken. Konzepte und Praktiken* (S. 178–205). Opladen: Westdeutscher Verlag.

Winter, C. & Karmasin, M. (2001). Ökonomisierung aus unternehmensstrategischer Perspektive. *Medien & Kommunikationswissenschaft* (2), 206–217.

Winter, U. & Fritzen, T. (1999). Mediaplanung im Marketing-Mix. In W. M. Reiter (Hrsg.), *Werbeträger. Handbuch für die Mediapraxis* (9. Aufl., S. 396–435). Frankfurt am Main: Medien-Dienste.

Wirth, M. O. & Bloch, H. (1995). Industrial organization theory and media industry analysis. *Journal of Media Economics, 8* (2), 15–26.

Wirth, M. O. (2006). Issues in media convergence. In A. B. Albarran, S. M. Chan-Olmsted & M. O. Wirth (Hrsg.), *Handbook of media management and economics* (S. 445–462). Mahwah, NJ: Lawrence Erlbaum.

Wirtz, B. W. & Sammerl, N. (2006). Versandhandel. Erscheinungsformen und künftige Entwicklung. In J. Zentes (Hrsg.), *Handbuch Handel. Strategien, Perspektiven, internationaler Wettbewerb* (S. 423–440). Wiesbaden: Gabler.

Wirtz, B. W. (1999). Convergence processes, value constellations and integration strategies in the multimedia business. *International Journal on Media Management, 1* (1), 14–22.

Wirtz, B. W. (2001). Reconfiguration of value chains in converging media and communications markets. *Long Range Planning, 34* (4), 489–506.

Wirtz, B. W. (2009). *Medien- und Internetmanagement* (6. Aufl.). Wiesbaden: Gabler.

Wirtz, B. W. (2011). *Media and internet management.* Wiesbaden: Gabler.

Woodman, R. W., Sawyer, J. E. & Griffin, R. W. (1993). Toward a theory of organizational creativity. *The Academy of Management Review, 18* (2), 293–321.

Wyss, V. (2002a). Medienmanagement als Qualitätsmanagement. In M. Karmasin & C. Winter (Hrsg.), *Grundlagen des Medienmanagements* (2. Aufl., S. 149–172). München: Fink.

Wyss, V. (2002b). *Redaktionelles Qualitätsmanagement. Ziele, Normen, Ressourcen* (Forschungsfeld Kommunikation, Bd. 15). Konstanz: UVK.

Zabel, C. (2009). *Wettbewerb im deutschen TV-Produktionssektor. Produktionsprozesse, Innovationsmanagement und Timing-Strategien.* Wiesbaden: VS Verlag.

Zerdick, A., Picot, A., Schrape, K., Artopé, A., Goldhammer, K., Heger, D. K. et al. (2001). *Die Internet-Ökonomie. Strategien für die digitale Wirtschaft* (3. Aufl.). Berlin: Springer.

Zintl, R. (1994). Skeptische Fiktionen, Selbstbindung und konsentierte Fremdbindung. In J. Gebhardt & R. Schmalz-Bruns (Hrsg.), *Demokratie, Verfassung und Nation. Die politische Integration moderner Gesellschaften* (S. 215–230). Baden-Baden: Nomos.

Zubayr, C. & Gerhard, H. (2012). Tendenzen im Zuschauerverhalten. Fernsehgewohnheiten und Fernsehreichweiten im Jahr 2011. *Media Perspektiven* (3), 118–132.

Index

Printed by Books on Demand, Germany